UM
DE
NÓS

UM DE NÓS

Åsne Seierstad

Tradução de
KRISTIN LIE GARRUBO

1ª edição

EDITORA RECORD
RIO DE JANEIRO • SÃO PAULO
2016

CIP-BRASIL. CATALOGAÇÃO NA FONTE
SINDICATO NACIONAL DOS EDITORES DE LIVROS, RJ

S46u

Seierstad, Åsne, 1970-
 Um de nós / Åsne Seierstad; tradução de Kristin Lie Garrubo. – 1ª ed. –
Rio de Janeiro: Record, 2016.

 Tradução de: En av oss
 Inclui bibliografia
 ISBN 978-85-01-10368-0

 1. Breivik, Anders Behring, 1979-. 2. Noruega – História. 3. Terrorismo – Noruega.
4. Terrorismo – Reportagem. I. Título.

15-21782

CDD: 839.6
CDU: 94(5-15)

Título original em norueguês:
En Av Oss

Copyright © Åsne Seierstad, 2013

Esta tradução foi publicada com o auxílio da NORLA.

Texto revisado segundo o novo Acordo Ortográfico da Língua Portuguesa.

Todos os direitos reservados. Proibida a reprodução, armazenamento ou transmissão de partes deste livro através de quaisquer meios, sem prévia autorização por escrito.

Direitos exclusivos de publicação em língua portuguesa para o Brasil
adquiridos pela
EDITORA RECORD LTDA.
Rua Argentina, 171 – 20921-380 – Rio de Janeiro, RJ – Tel.: (21) 2585-2000,
que se reserva a propriedade literária desta tradução.

Impresso no Brasil

ISBN 978-85-01-10368-0

Seja um leitor preferencial Record.
Cadastre-se e receba informações sobre nossos
lançamentos e nossas promoções.

Atendimento direto ao leitor:
mdireto@record.com.br ou (21) 2585-2002.

Sumário

Primeira parte	**13**
Uma nova vida (1979)	15
Feixes de luz	26
Um país em mudança	31
A criança de Silkestrå	36
Mijo na escada	47
Al-Anfal	55
Nossos filhos	60
Jovens sonhos	65
A Damasco	88
Pedir asilo	96
Um lugar na lista	102
Diplomas falsos de alta qualidade!!	127
Escolha seu mundo	141
Três amigos	151
Escritos	173
O livro	187
Como posso ter sua vida?	194
Não façam amizade com ninguém até chegarem lá!	204
Patriotas e tiranos	214

Não apenas uma roupa	233
O discurso do presidente	239
Veneno	246
O diário de bordo do químico	258
Tudo com que poderíamos sonhar	279
Febre de verão	287
Eu te amo	294
Sexta-feira	301
Depois de tudo ter acabado	377
Seu filho tem algum sinal característico?	411
Mas nunca ingenuidade	430

Segunda parte — 445

Narciso entra em cena	447
O monólogo	473
O coração do processo	482
O desejo de viver	491
Seminário de psiquiatria	500
A sentença	514

Terceira parte — 515

A montanha	517
O céu do tear	524
A punição	533
Como surgiu o presente livro	549

Bibliografia — 557

ELA CORREU.

Subiu a ladeira, passando sobre a camada de musgo. As galochas afundavam na terra úmida. O chão da floresta fazia um barulho de sucção sob os seus pés.

Ela vira a cena.

Vira o homem atirar e um menino cair.

— Não vamos morrer hoje, meninas — tinha dito para as duas que estavam ali com ela. — Não vamos morrer hoje.

Agora soavam mais tiros. Estampidos rápidos, uma pausa. Depois, outra série.

Ela tinha chegado à Trilha do Amor. As pessoas corriam ao seu redor, tentando encontrar esconderijos.

Atrás dela, uma cerca de arame enferrujada se inclinava, ladeando a trilha. Do lado de fora, penhascos íngremes se lançavam no lago de Tyrifjorden. As raízes de alguns lírios-do-vale se agarravam à ponta do precipício, como se brotassem da própria rocha. Já haviam perdido as flores, e a dobra central das folhas estava coberta da água da chuva que corria num fio sobre a pedra.

Do alto, a ilha parecia verde. As copas dos grandes pinheiros se alastravam, confundindo-se umas com as outras. Árvores finas com delgados ramos folhados se esticavam para o céu.

Ali embaixo, vista do chão, a floresta era rala.

No entanto, em alguns lugares o capim era tão alto que poderia cobrir uma pessoa. Numa encosta, as formações rochosas se projetavam para fora como escudos oferecendo abrigo.

Os tiros soavam mais nítidos.

Quem estava atirando? Quantos eram?

Ela rastejava para a frente e para trás na Trilha do Amor. Havia vários jovens ali. Já era tarde demais para correr.

— Temos que deitar no chão e nos fingir de mortos — disse um rapaz. — É só deitar numa posição estranha que eles vão pensar que estamos mortos!

Ela se deitou com o rosto parcialmente virado para o chão. Um menino se deitou ao lado com o braço cingindo sua cintura.

Eram onze pessoas.

Todos faziam o que um deles disse.

Se ele tivesse dito: "Corram!", talvez eles tivessem corrido. Mas ele disse: "Deitem no chão!" Pertinho um do outro, estavam deitados com as cabeças viradas para a floresta e os troncos escuros das árvores, descansando os pés contra a cerca. Alguns se apinhavam num grupo, dois amigos tinham se lançado praticamente um em cima do outro. Duas amigas do peito estavam de mãos dadas.

— Vai dar tudo certo — disse um dos onze.

O pior aguaceiro havia passado, mas os pingos de chuva ainda escorriam por dentro das golas e pousavam sobre as faces suadas.

Inspiravam o mínimo de ar possível, tentando deixar a respiração inaudível.

Um pé de framboesa estava perdido na ponta do penhasco. Rosas-silvestres, de um rosado pálido, quase branco, se agarravam à cerca.

Então ouviram passos se aproximando.

Ele caminhou tranquilo pelo urzal. As botas pisaram fundo sobre as campânulas, os trevos e os cornichões. Alguns galhos carcomidos quebraram.

A pele era pálida, úmida; os olhos, claros. Sobre uma calva incipiente, havia uma fina camada de cabelo penteado para trás. Seu sangue estava cheio de cafeína, efedrina e aspirina.

Até então, ele havia matado 22 pessoas na ilha.

Depois do primeiro tiro, tudo tinha sido fácil. O primeiro tiro custou. Fora quase impossível. Mas a essa altura, ele andava tranquilamente com a pistola na mão.

Parou na pequena colina que deveria ter escondido os onze. Calmamente, olhou para eles e perguntou:

— Onde está o filho da puta?

A voz era alta e clara.

Ninguém respondeu, ninguém se mexeu.

O braço do menino ao lado pesava sobre ela. Ela vestia uma capa de chuva vermelha e botas de borracha; ele usava uma bermuda xadrez e uma camiseta. Ela tinha a pele queimada do sol; ele era branco.

O homem em cima da colina começou pelo lado direito.

O primeiro tiro entrou na cabeça do menino que estava deitado na extremidade do grupo.

Depois, ele mirou na parte de trás da cabeça dela. Os cabelos castanhos ondulados brilhavam molhados na chuva. O tiro atravessou o crânio e entrou no cérebro. Ele atirou mais uma vez. Dessa vez apontando para o topo da cabeça. Essa bala também atravessou o cérebro e continuou pela garganta em direção à cavidade torácica, parando perto do coração. O sangue estava sendo bombeado para fora. Escorria ao longo do jovem corpo, pingava na trilha, molhava as agulhas de pinheiro e se empoçava em pequenas depressões no chão.

Segundos depois, o menino que a estava abraçando foi atingido. O tiro atravessou o topo da cabeça. A bala se estilhaçou ao atingir pele, tecido, osso. Os estilhaços alcançaram o cerebelo e despedaçaram o tronco cerebral.

O coração parou de bater.

Da cabeça, gotejou um pouco de sangue.

O sangue se misturou com a água da chuva e penetrou no solo.

Um celular tocou dentro de um bolso. Outro emitiu um bipe de mensagem recebida.

Uma menina sussurrou "não" em voz baixa, quase inaudível, no momento em que foi atingida na cabeça. Seu "nããão" alongado foi esvaecendo e emudeceu.

Os tiros vieram em intervalos de poucos segundos.

Suas armas tinham mira a laser. A pistola emitia um raio verde; o fuzil, um vermelho. As balas acertavam o ponto indicado pelo raio.

Uma menina quase no final da fileira lançou um olhar para as botas pretas e lamacentas. Na parte de trás do calcanhar, apontando para a trilha, havia esporas de ferro. Nas calças, reluzia uma faixa refletiva xadrez.

Ela estava segurando a mão de sua melhor amiga. Seus rostos estavam virados um para o outro.

Um tiro disparou, a bala passou pelo topo da cabeça, pelo crânio e pelo lóbulo frontal da mais loura das duas. Os espasmos atravessaram seu corpo, alcançando a mão dela, que se soltou da mão da outra.

Dezessete anos é uma vida muito curta, pensou a que ainda restava.

Então houve outro estampido.

O tiro zuniu no ouvido, rasgou o couro cabeludo. O sangue correu pelo rosto, banhando as mãos nas quais descansava a cabeça.

O menino do lado sussurrou:

— Estou morrendo. Socorro, estou morrendo, me ajude — implorou.

Sua respiração ficou cada vez mais baixa até não sair mais nenhum som.

De algum lugar no meio do grupo soavam gemidos fracos. Havia soluços baixos e alguns sons guturais. Depois se ouviam apenas lamentos fracos. No fim, o silêncio era total.

Onze corações haviam batido sobre a trilha. Agora, um só continuou batendo.

Um pouco mais adiante, um tronco de árvore cobria um buraco na cerca. Vários jovens haviam passado pela pequena abertura, descendo a encosta íngreme.

— As meninas primeiro!

Um rapaz tentava ajudar as pessoas a descerem. Ao ouvir os tiros da trilha, ele mesmo se preparou para o salto. Sobre areia molhada, pedras e cascalho, lançou-se da Trilha do Amor.

Sentada na ponta de uma formação rochosa, estava uma moça de cabelos ondulados. Ela o viu no meio do salto e chamou seu nome.

Ele parou assim que o pé atingiu o chão, freou e olhou em volta.

— Vem sentar aqui comigo! — chamou ela.

Havia jovens ao longo de toda a rocha. Eles se apinharam, abriram espaço, e ele se sentou ao lado dela.

Os dois se conheceram na noite anterior. Ele era do norte; ela, da região oeste.

Ele a pusera em cima do palco durante o show. Namoraram na Trilha do Amor, descansaram no Cabo Desnudo. A noite de julho tinha sido escura. Ela emprestara seu casaco a ele. Na última ladeira antes de chegar ao acampamento, ele lhe pedira que o carregasse nas costas, de tão cansado que estava. Ela rira. Mas o carregara. Só para tê-lo perto dela.

O assassino deu chutes nos onze jovens da trilha para certificar-se de que estavam mortos. Menos de dois minutos foi o tempo gasto com eles.

Não tinha mais o que fazer ali e continuou andando pela Trilha do Amor.

Dentro do uniforme, pendia um medalhão numa corrente de prata, uma cruz vermelha sobre esmalte branco. A cruz era cravada de uma intrincada filigrana, um capacete de cavaleiro e uma caveira. Agora, o medalhão batia contra a cova da garganta enquanto ele, dando passos firmes e calmos, olhava à sua volta. De um lado, a floresta rala; do outro, o precipício para além da cerca.

Ele parou perto do tronco de árvore. Espiou-o e passou os olhos pela encosta íngreme.

Um pé saía para fora de uma formação rochosa. Ele viu algumas cores numa moita.

O menino e a menina seguravam as mãos um do outro com força. Ouvindo os passos pesados pararem, ela fechou os olhos.

O homem de uniforme levantou o fuzil e mirou no pé.

Ele puxou o gatilho.

O menino deu um grito, e sua mão escapou da mão da menina. Areia e pedras salpicaram o rosto dela.

Ela abriu os olhos.

Ele desceu aos saltos. Será que estava caindo, será que estava pulando? Ela não sabia. Seu corpo foi lançado mais longe ao ser atingido por outro tiro, dessa vez nas costas. Ele flutuou no ar.

Aterrissou à beira do lago. Ali ficou pendurado sobre uma pedra. A bala havia atravessado a jaqueta, o casaco que ele lhe pedira emprestado no dia anterior, o pulmão, a caixa torácica, antes de romper a artéria do pescoço.

O homem na trilha cantou vitória.

— Hoje vão todos morrer, seus marxistas!

Ele ergueu a arma novamente.

Primeira parte

Uma nova vida (1979)

"O homem quer ser amado; na falta disso, admirado; na falta disso, temido; na falta disso, odiado e desprezado. O homem quer incutir algum sentimento aos outros; a alma se arrepia diante do vazio, desejando contato a qualquer preço."

Hjalmar Söderberg, *O Doutor Glas*, 1905

ERA UM DAQUELES dias frios de inverno em que a cidade de Oslo fica cintilante. O sol, que as pessoas haviam quase esquecido, fazia a neve brilhar. Pelas janelas dos escritórios, esquiadores ansiosos lançavam olhares ávidos, que subiam a colina branca em direção à rampa de esqui e ao céu azul.

Os caseiros convictos amaldiçoavam os doze graus negativos, e, se algo os forçasse a sair, andavam tiritando de frio com casacos de pele e botas forradas. A criançada estava embrulhada em várias camadas de lã por baixo dos macacões de neve. Gritos e exclamações soavam das pistas de tobogã dos jardins de infância, que tinham pipocado em toda parte à medida que mais e mais mulheres saíram para trabalhar em tempo integral.

Ao longo das cercas da área hospitalar, altos bancos, formados pela neve tirada das ruas e calçadas, se acumulavam. O frio fez a neve ranger debaixo dos pés daqueles que passavam pelo antigo edifício hospitalar na zona norte da cidade.

Era terça-feira, dia 13 do segundo mês do ano.

Na entrada principal, os carros encostavam, davam uma parada e esperavam enquanto as portas se abriam e as futuras mães saíam curvadas, apoiadas por homens que logo se tornariam pais. Todos absortos em seu grande drama particular: uma nova vida que estava por vir.

Desde o início dos anos 1970, os pais tinham a possibilidade de estar presentes durante o parto. Antes relegados aos corredores, onde ouviam os gritos da sala de parto, agora poderiam presenciar o trabalho de parto, ver a cabeça abrir o caminho à força e o sangue fluir, observar de perto a criança inteira assim que ela entoasse seu primeiro grito. A alguns pais, a parteira estendia a tesoura, para que eles mesmos cortassem o cordão umbilical que unia a criança à mãe.

A igualdade entre os sexos e a política familiar foram conceitos importantes ao longo de toda a década de 1970. As crianças e o lar não eram mais o domínio exclusivo da mulher. Os pais deveriam participar dos cuidados com as crianças desde a mais tenra idade. Deveriam fazer passeios de carrinho, preparar a papinha, acompanhar as atividades lúdicas e a educação dos filhos.

Numa sala, uma mulher estava com muita dor. As contrações eram violentas, a criança relutava. Já haviam se passado nove dias da data prevista do parto.

— Segure minha mão!

Ela gemia para o homem perto da cabeceira. Ele pegou sua mão, apertando-a com força. Era a primeira vez que presenciava um parto. Ele tinha três filhos de um casamento anterior, mas na ocasião esperara no corredor para depois ver o bebê lindamente embrulhado; duas vezes numa manta azul-clara, uma vez numa manta cor-de-rosa.

A mulher soltou o ar. O homem segurou.

Haviam se conhecido pouco mais de um ano antes, na lavanderia do porão de um prédio em Frogner. Ela alugava um cubículo no térreo, enquanto ele era o proprietário de um espaçoso apartamento do andar de cima. Ele: recém-divorciado, diplomata do Ministério das Relações Exteriores, em serviço na Noruega depois de duas temporadas em Londres e Teerã. Ela: assistente de enfermagem, mãe solteira com uma filha de 4 anos. Ele, magro e de cabelos ralos, 43 anos; ela, onze anos mais jovem, esbelta, bonita e loura.

Pouco tempo depois do encontro no porão, ela engravidou. Eles se casaram na Embaixada norueguesa em Bonn, onde ele participaria de uma conferência. Ele passou uma semana lá; ela, nem dois dias, enquanto uma amiga cuidava de sua filha em Oslo.

No início, ela se sentira feliz com a gravidez, mas depois de um ou dois meses ficou cheia de dúvidas, não querendo mais ter o filho. A vida se lhe afigurava como incerta e assustadora. Sempre que os três filhos do primeiro casamento dele os visitavam, ele ficava com um ar frio e distanciado. Parecia muito errado ter filho com um homem que dava a impressão de gostar tão pouco de crianças.

No mesmo mês em que ela engravidou, o Parlamento aprovou a lei sobre o aborto com maioria de um único voto. A lei só entraria em vigor no ano seguinte, dando à mulher o direito ao aborto livre até a décima segunda semana da gravidez, sem que ela tivesse de comparecer perante uma comissão. Depois de completadas doze semanas, razões especiais seriam necessárias para interromper uma gravidez. De qualquer forma, já que ela hesitou por tanto tempo, ficou tarde demais para fazer a curetagem do feto. Ele se prendeu ao útero.

Ela logo começou a passar mal, sentindo-se incomodada com o pequeno ser vivo que a cada semana ganhava novos sentidos e habilidades, absorvia nutrientes e crescia. O coração batia com regularidade e força; a cabeça, o cérebro, os nervos, tudo se desenvolvia no ritmo normal. Não havia qualquer deficiência a ser detectada, nenhum pé equino, nenhuma dobra da nuca a mais, nenhuma hidrocefalia. Pelo contrário, de acordo com o médico, era uma criança animada, saudável. Importuna, era a opinião da mãe.

— Parece que ele me chuta quase de propósito para me atormentar — disse ela.

Ao sair, o menino tinha um tom azulado.

Anormal, pensou a mãe.

— Perfeitamente saudável — disse o pai.

Faltavam dez minutos para as 14 horas.

O menino logo testou as cordas vocais.

Um parto normal, de acordo com o hospital.

Foi colocado um anúncio no jornal *Aftenposten*:

Hospital de Aker. Um menino.

Dia 13 deste mês, Wenche e Jens Breivik

Mais tarde, eles teriam histórias diferentes sobre o parto. Ela diria que foi horrível, que tinha sido desagradável ter o marido ali. Ele diria que o parto correu bem.

Os analgésicos que deram a ela certamente fizeram mal à criança, opinava a mãe. O menino tinha boa saúde, dizia o pai.

Mais tarde ainda, eles teriam versões divergentes sobre quase tudo.

O Ministério das Relações Exteriores norueguês havia introduzido esquemas flexíveis para jovens pais, deixando o novo pai ficar em casa com a mãe e a criança no primeiro período após o parto.

Mas, quando Wenche voltou do hospital para o apartamento do prédio nobre em Frogner, algo estava faltando.

Wenche ouviu falar que o pai que não cuidasse de equipar a casa com um trocador para a chegada do recém-nascido não poderia amar a criança, algo que passou a remoer enquanto trocava o bebê no chão do banheiro. Trocar fraldas e cuidar do bebê eram coisas que Jens não fazia de qualquer forma. Se os tempos tinham mudado, ele era da antiga, e quem dava papinha, ninava e cantava era ela. Sofreu com a amamentação, ficando dolorida e sensível. Uma escuridão a encobriu, uma depressão que, dentro de si, trazia toda sua vida passada.

Afinal, ela exigiu que o marido tratasse de comprar aquele trocador. O que Jens fez. Mas aí a fenda já se abrira.

O menino recebeu o nome de Anders.

Ele tinha meio ano de idade quando Jens Breivik foi nomeado conselheiro na Embaixada norueguesa em Londres. O pai foi na frente, Wenche seguiu com as crianças perto do Natal.

Ela passava muito tempo sozinha no apartamento deles em Princess St. Era um apartamento enorme, a maioria dos quartos não estava sendo usada. Enquanto a filha passou a frequentar um colégio inglês, Wenche ficava em casa com Anders e a *au pair*. A metrópole cosmopolita a deixou estressada e inquieta. Ali em Princess St., ela se fechou cada vez mais dentro de seu próprio mundo, do jeito que aprendera quando era pequena.

Fazia pouco tempo, eles estavam apaixonados. Na casa de Oslo, ela tinha uma caixa com bilhetes e cartas de amor que ele escrevera.

Agora, ela andava pelo apartamento arrependida. Culpava a si mesma por ter casado com Jens e ainda por cima ter se amarrado a ele por causa do filho. Desde cedo, ela notara características do marido de que não gostava. Ele era difícil, queria tudo do seu jeito, não era capaz de ver ninguém além dele mesmo; essas eram as coisas que ela pensava. Isso não é nada bom, dissera consigo logo no início. Não devo me envolver com ele. Mesmo assim, tinha feito exatamente isso.

Quando se casaram, ela já estava grávida de vários meses. Tinha ido para o casamento de olhos fechados, esperando que, tão logo os abrisse, tudo estaria bem. O marido também tinha qualidades, poderia ser gentil e generoso, e era uma pessoa organizada. Ele parecia desempenhar bem seu trabalho, e passava muito tempo fora em recepções e eventos de representação. Ela torcia para que a vida conjugal melhorasse quando se tornassem uma família de verdade.

Em Londres, ela se sentiu cada vez mais infeliz, chegando a pensar que ele só precisava de uma mulher para ter uma fachada impecável e uma casa limpinha. Era com isso que ele se preocupava. Não com ela. Não com o filho.

Ela achava que ele se impunha a ela. Na opinião dele, ela era alheia e pouco presente para ele. Uma vez disse que ela o explorava, que só se casara com ele para seu próprio conforto.

Com a chegada da primavera, Wenche já havia entrado em uma depressão profunda. No entanto, ela se recusava a admitir o estado, achando que era o ambiente que a fazia infeliz. Ela não aguentava nem o marido, nem a situação. A cabeça estava confusa; a vida, sem sentido.

Um dia, ela começou a fazer as malas às escondidas.

Depois de ter arrumado as malas por três dias, disse a Jens que queria levar as crianças para casa. O marido reagiu com consternação, pedindo que ela ficasse. Mas naquele momento, parecia mais fácil simplesmente ir embora.

Então ela foi embora mesmo, deixando Jens, Hyde Park, o Tâmisa, o tempo cinzento, a *au pair*, a empregada, a vida privilegiada. Aguentara meio ano como mulher de diplomata.

De volta a Oslo, ela pediu a separação. Estava sozinha de novo, dessa vez com duas crianças.

Wenche não tinha mais ninguém. Seu relacionamento com a própria família, que consistia na mãe e nos dois meios-irmãos mais velhos, era inexistente. Ela não tinha contato com o pai da filha. Ele era sueco e só vira a menina uma única vez, quando ela tinha alguns meses; tão logo chegou, foi-se embora novamente.

— Como você pôde deixar a vida boa e a casa linda em Londres? — admirou-se uma de suas poucas amigas.

Bem, não era Londres que tinha defeitos. Na verdade, tudo havia sido perfeito, era só o homem errado. Cabeça-dura, temperamental e exigente eram as palavras que ela agora usava a respeito do marido. Fria, pouco carinhosa, assim ele a descrevia.

O casamento não tinha salvação. Por meio de advogados, entraram num acordo. Ela ficaria com Anders, ele pagaria pensão. O acordo lhe deu direito de viver no apartamento dele na Fritzners Gate por dois anos.

Três anos se passariam antes de Anders ver seu pai outra vez.

A vida de Wenche fora uma história de perdas.

Uma história de solidão.

Kragerø, 1945. Quando a paz chegou, a esposa do mestre de obras engravidou. Mas, à medida que o parto se aproximava, ela apresentou sintomas parecidos com os da gripe e caiu de cama com paralisias nas pernas e nos braços. Foi diagnosticada com poliomielite, uma doença temida e contra a qual não havia cura em 1946, o ano em que Wenche foi extraída da barriga da mãe.

A mãe ficara quase completamente paraplégica, além de ter paralisia parcial em um dos braços. Wenche foi mandada para um orfanato logo depois do parto, onde passou os primeiros anos de vida. Então, um belo dia, a menininha loura foi levada para casa só com a roupa do corpo.

Na casa do mestre de obras, ela ficava muito sozinha. O pai passava muito tempo trabalhando fora, enquanto a mãe se trancava dentro de casa, evitando o convívio com outras pessoas. Ninguém deveria rir de seu corpo torto.

Quando Wenche tinha 8 anos, o pai faleceu. A casa ficou ainda mais sombria, e a mãe, cada vez mais exigente. *Menina malvada* era ela, que infligira *essa doença* à mãe.

A pequena tinha dois irmãos mais velhos. Com a morte do pai, um saiu de casa; o outro era agressivo e tinha um gênio pavoroso. Estava sempre perseguindo a irmã. Ela levava petelecos até ficar com feridas e rachaduras atrás das orelhas, e tomava surras de urtiga nas pernas. Sendo perseguida pelo irmão, a menina magricela muitas vezes se escondia atrás do fogão. Ali os punhos dele não a alcançavam.

Disfarçar e ocultar. Tudo na casa levava a marca da vergonha.

Se o irmão estava de mau humor, ela passava a tarde toda na rua, só voltando para casa ao cair da noite. Ela perambulava pela cidade de Kragerø, fazia xixi nas calças, fedia, sabia que levaria uma surra assim que chegasse em casa.

Aos 12 anos, ela se perguntava se deveria puiar do precipício. O precipício estava ali, chamando-a.

Mas ela não pulou. Ela sempre voltava para casa. O lugar estava caindo aos pedaços e não tinha água encanada. Era ela quem mantinha o humilde lar em ordem: esvaziava o urinol debaixo da cama que dividia com a mãe e limpava, arrumava e descongelava o vaso sanitário de manhã.

— Você não presta para nada! — gritava a mãe. — Você é a culpada disso!

A mãe preferiria, de longe, ter tido a mobilidade de suas pernas do que uma filha.

Wenche não estava à altura das exigências, era inoportuna, deixava a desejar. Nunca lhe permitiram levar alguém para casa e ela nunca teve amigas próximas. Desde cedo foi alvo de gozações, sendo marginalizada pelas outras meninas. A família vivia tão isolada que era vista como sombria e um pouco assustadora. As pessoas mantinham distância, mesmo que muitos dos vizinhos sentissem pena da menina que trabalhava tão duro.

De noite, Wenche balançava a cabeça para afastar os ruídos da casa. O pior ruído eram os sons secos da mãe ao se movimentar. Usava dois banquinhos para se arrastar sobre o chão. Primeiro um, depois o outro. Ela levantava os banquinhos e, com eles, seu corpo, depois eles batiam nas tábuas do chão.

Deitada na cama, Wenche desejava que a mãe um dia gostasse dela.

No entanto, a mãe só ficou cada vez mais exigente e dependente de cuidados. O irmão, mais bruto. Apenas depois de adolescente, Wenche ouviria de passagem uma das vizinhas comentar que ele na verdade era um meio-irmão, nascido fora do casamento, de pai desconhecido, uma grande vergonha em Kragerø naquela época. Esconderam isso dela, assim como esconderam o fato de que o outro irmão era filho de um casamento anterior do pai.

A mãe começou a se queixar de vozes na cabeça. E, ao fazer um novo amigo que passou a frequentar a casa, a mãe acusou a filha de querer lhe tirar o amigo. Ao mesmo tempo, sua expectativa era de que Wenche, que, em sua opinião, lhe causara a paralisia, ficaria em casa cuidando dela pelo resto da vida.

Uma noite, a menina de 17 anos arrumou a mala e foi para Oslo. Era o ano de 1963. Ela não tinha formação e não conhecia ninguém, mas, depois de algum tempo, arranjou emprego na capital como cuidadora, e, mais tarde, como *au pair* em Copenhague e Estrasburgo. Depois de cinco anos "fugindo" da mãe, do irmão e da cidade de Kragerø, ela fez um curso de assistente de enfermagem em Porsgrunn e conseguiu trabalho no Hospital de Skien. Lá, descobriu, para sua surpresa, que as pessoas gostavam dela. Ela era respeitada como profissional e apreciada.

De acordo com os colegas, ela era habilidosa, ágil, carinhosa e ainda por cima bastante divertida.

Aos 26 anos, Wenche engravidou, mas o pai da criança, um sueco, lhe pediu que fizesse um aborto. Ela insistiu em ter a criança e, em 1973, deu à luz a filha Elisabeth.

Muitos anos se passariam antes de Wenche fazer uma breve visita à cidade natal. A essa altura, a mãe já estava gravemente doente. De acordo com o prontuário, ela sofria de delírios paranoicos progressivos, com mania de perseguição e alucinações. A mãe nunca mais deixou seu leito de enferma e morreu sozinha num lar de idosos em Kragerø. Wenche não foi ao enterro.

A arte de encobrir tudo que era doloroso e repulsivo já se tornara parte dela e seguiria Wenche pelo resto da vida: ocultar a dor sob um exterior polido. Toda vez que Wenche mudava de casa, ela escolhia um apartamento num bairro nobre de Oslo, mesmo que não tivesse dinheiro para isso, mesmo que ela, como assistente de enfermagem, não "se encaixasse". Sua beleza exterior constituía sua própria fachada lustrosa. Em público, ela sempre andava bem arrumada e com o cabelo impecável, usando escarpins de salto alto e *tailleurs* de cintura marcada, provenientes das lojas de confecção mais finas da capital.

Após retornar de Londres, sua construção desmoronou mais um pouco. Agora ela já tinha 30 e tantos anos, morava no apartamento de Jens em Fritzners Gate, mas conhecia poucas pessoas e não tinha nenhum suporte. Primeiro, ela ficou cansada; depois, esgotada e abatida, sentindo-se impotente e isolada.

Deveria ter algo errado com Anders, afirmava ela. Fora um bebê calmo e um menininho de 1 ano relativamente tranquilo, mas se tornara grudento e chorão. Imprevisível e violento. Ela reclamava, queria que ele desgrudasse dela.

Com frequência, deixava as crianças sozinhas de noite. Uma vizinha, com uma filha da mesma idade de Elisabeth, comentou que isso não se fazia.

— Eles estão dormindo quando saio e estão dormindo quando volto — respondeu Wenche, acrescentando que precisava fazer todos os plantões noturnos que conseguisse.

— Na casa da Elisabeth eles nunca jantam — contou a filha da vizinha para sua mãe, um dia. Economizavam em tudo, porém era segredo, então mantinham as aparências.

Em agosto de 1980, logo depois de seu regresso de Londres, Wenche apresentou um pedido de apoio financeiro ao Centro de Assistência Social de Vika, o qual foi deferido. No ano seguinte, em maio de 1981, ela telefonou para lá perguntando se seria possível ter uma pessoa, ou família de apoio, para as crianças. Em julho, mandou um pedido de família de fim de semana para os dois filhos. De acordo com os registros, ela disse ao Centro de Assistência Social que seria bom se a pessoa de apoio para a filha fosse um homem, por exemplo, um jovem universitário. Ao mesmo tempo, informou que mais do que tudo precisava de umas folgas de Anders. Não conseguia mais lidar com ele, reclamou ao Centro.

Nessa época, Anders havia completado 2 anos, Elisabeth já tinha 8. A filha seguiu os passos da mãe, tornando-se a "mãe postiça" de Anders e também de Wenche.

O pedido de uma família de fim de semana para Anders duas vezes por mês foi deferido em outubro de 1981. Anders acabou ficando com um casal recém-casado de 20 e poucos anos. Quando Wenche chegou pela primeira vez, eles a acharam um pouco estranha. Da segunda vez, pensaram que era maluca. Naquela ocasião, ela pediu que de vez em quando deixassem Anders tocar no pênis do pai de fim de semana. Isso era importante para a sexualidade do menino. Ele não tinha nenhuma figura paterna em sua vida, e Wenche queria que o jovem desempenhasse esse papel. Anders não tinha ninguém com quem se identificar no que dizia respeito à aparência física, ressaltava Wenche, pois "ele só via menina fazendo xixi" e não sabia como funcionava o corpo de um homem.

O jovem casal ficou boquiaberto. Estavam envergonhados demais para relatar as declarações a instâncias superiores. Deixaram para lá. Levavam Anders para passear no bosque e no campo e também nos parques e pracinhas da cidade. Anders se dava bem com eles, e eles o achavam um ótimo menino.

Certo fim de semana, Wenche não levou o filho ao jovem casal. De acordo com ela, eles não combinavam com Anders. "É difícil agradar a mãe, ela tem cada vez mais exigências", constava do registro do Centro de Assistência Social em maio de 1982. Ela então apresentou um pedido de outra família de fim de semana para o filho. "A filha de 9 anos começou a fazer xixi nas calças", escreveu o Centro de Assistência Social.

No mês anterior, a mãe havia procurado o Departamento de Famílias de Acolhimento do Conselho Tutelar. Ela quis investigar a possibilidade de conseguir colocação em família de acolhimento para ambos os filhos. Ao Conselho Tutelar disse desejar que os dois fossem "às favas".

O outono estava chegando, e a vida escureceu mais ainda. Em outubro, Wenche passou no posto de saúde de Frogner. "A mãe parece muito deprimida", foi o que escreveram. "Ela chegou a pensar em simplesmente abandonar os filhos e deixá-los a cargo da sociedade para viver sua vida."

A essa altura, Wenche e as crianças estavam há pouco mais de dois anos em Fritzners Gate. Os anos do acordo já haviam se passado. Jens quis o apartamento de volta. Mas Wenche tardou a se mudar. Ela não tinha forças.

"Uma pilha de nervos" foi a expressão que usou sobre si mesma. Perto do Natal, chegou ao fundo do poço. Criar um espírito festivo parecia impossível.

Era como se ela estivesse a ponto de se desintegrar.

Tinha de vigiar Anders o tempo todo para evitar o que ela chamava de pequenas catástrofes. Ele era capaz de bater tanto nela como em Elisabeth. Se ela o censurasse, ele só ria com desdém. Se o chacoalhasse, ele só gritava "não dói, não dói".

Ele nunca a deixava em paz. De noite, dormia na cama dela, bem pertinho, e "a importunava".

Feixes de luz

"Porém, a maior delas é o amor."

Primeira Carta de Paulo aos Coríntios

A ESCURIDÃO ENVOLVIA a região norte da Noruega.

Era escuro como breu quando as pessoas acordavam, escuro quando saíam, sombrio no meio do dia e preto outra vez quando iam dormir. O frio mordia as faces. Todo mundo tinha cortado lenha às carradas e fechava a porta com rapidez para trancar a nevasca e o inverno do lado de fora.

A ursa da montanha estava hibernando, até o bacalhau fazia movimentos mais lentos no mar. O importante era poupar forças para a primavera, para a luz. A natureza e os seres humanos haviam entrado num estado hibernal próprio dessa época do ano. As pessoas dormiam mais, movimentavam-se menos. Os afortunados tinham alguém para se esquentar. Em geral, as pessoas eram mais tristes do que no verão. A dor do inverno já se fazia sentir.

Mas, de vez em quando, o céu escuro pegava fogo.

— Agora ela quer é dançar — dizia o povo, olhando das janelas.

Pois a aurora boreal nunca fica parada. Ela passa veloz pelo céu, formando arcos e laços, afasta-se, quase desaparece, para depois reaparecer cintilando.

Com a aurora boreal, nunca se sabe.

Com os seres humanos, também nunca se sabe. Eles podem estar pesados e tristes embaixo dos cobertores, mas de repente pegam fogo.

Eles se enfeitam e saem. Eles cintilam como qualquer fenômeno natural.

Aquela noite era uma noite assim, a noite de Santa Lucia, em Lavangen, no ano de 1980.

Os jovens se contorciam e serpenteavam na pista de dança. Usavam calças justas com e sem boca de sino. As meninas vestiam blusas apertadas com mangas bufantes. Os meninos usavam camisas. No palco, a banda tocava *covers* de Smokie, Elton John e Boney M. Os jovens vinham dos vilarejos situados ao redor dos fiordes, que se estendiam até o interior da província de Troms. Era a grande festa pré-natalina, uma noite de esperança e expectativas, de bebedeira e asneiras.

Tone entrou no salão. Ela era uma beldade loura de 15 anos. Logo depois veio Gunnar. Ele era um valentão de 18.

"Inacessível", ambos pensaram ao ver o outro na semiescuridão daquela noite.

Tone tinha virado a franja para trás com a chapinha, exatamente igual àquela loura das Panteras. Gunnar tinha um corte de cabelo *mullet*, curto nas laterais e longo e levemente ondulado na parte de trás da nuca. Ela ainda tinha um pouco de gordurinha de criança, ele era musculoso e magro.

Cada um morava à beira de um fiorde, ela em Lavangen; ele em Salangen. Tone o tinha visto uma vez antes.

Ela fora encaminhada para fazer um *check-up* dos dentes em Salangen, já que em Lavangen não havia dentista. Depois da consulta no dentista da escola, ela costumava passar na padaria, outra coisa que não existia em seu vilarejo. Ali estava ela, perto da janela da casinha branca de madeira, na ladeira que levava ao fiorde, querendo comprar pãozinho doce de massa folhada. Três amigos estavam passando na rua lá fora. O do meio emitia uma luz muito forte entre os outros dois.

É o rapaz mais bonito que já vi na minha vida, pensou ela.

Agora ele estava ali. O rapaz da padaria. Ele estava diante dela. E, no palco, a banda tocava Bellamy Brothers.

If I said you had a beautiful body, would you hold it against me?
*If I swore you were an angel, would you treat me like the devil tonight?**

É claro que ela aceitou.

É que, às vezes, os seres humanos também pegam fogo. Lampejos os tocam, soltando faíscas e atingindo o coração. E tão logo fazem a descoberta, ficam com medo da perda.

Um amigo foi até Tone na pista de dança.

— Sua amiga está na fila lá fora, mas não tem dinheiro para pagar a entrada. — Tone teve um sobressalto. — Ela me disse para vir buscá-la para que empreste o dinheiro a ela.

— Hum — murmurou Tone, mas ela nunca chegou a sair. Imagine só se a amiga roubasse o rapaz que naquele momento segurava sua cintura?

Não, agora ela queria era dançar.

Eles passaram a se encontrar com a maior frequência possível. Iam e voltavam de ônibus, ou pegavam carona com amigos. Cada viagem demorava cerca de uma hora. Depois que Gunnar tirou a carteira de motorista ficou mais fácil: ele pegava o carro do pai emprestado e dirigia que nem um doido até Tone, para depois voltar voando para casa. Comemoraram a volta do sol em pleno inverno. Em abril, Gunnar foi fazer o serviço militar lá no sul, em Jørstadmoen, perto de Lillehammer. Tone escrevia longas

---

*Se eu dissesse que você tem um belo corpo, você usaria isso contra mim? / Se eu jurasse que você é um anjo, você me trataria como o demônio hoje à noite? *(N. do R.)*

cartas de amor. Gunnar fazia tentativas de escrever poemas. Geralmente, ele os amassava e jogava fora, mas algumas vezes os mandava.

Numa noite, num lugar abençoado, havia um casal apaixonado, que jamais esqueceria a paixão que sentia, estava escrito num papel azul-claro.

Encontraram o grande amor, o encontraram um no outro, nunca o perderiam ou mudar tentariam.

O casal somos você e eu, você é a coisa mais preciosa que tenho, sem você, sou absolutamente vazio. Consolo-me com suas cartas e respostas.

Tone foi cursar uma escola de internato na cidade de Harstad.

Ontem passei o dia inteiro dentro do quarto chorando, escreveu ela. *Uma colega de sala entrou no meu quarto querendo saber o que havia acontecido. Não consegui falar, só lhe mostrei sua foto. Então ela entendeu por que eu estava chorando. Sinto saudades de você o tempo todo, e acho que pode imaginar minha felicidade por ter menstruado no domingo.*

Toda semana, no horário combinado, ela ficava na escada perto do orelhão, vigiando-o, com medo de que alguém viesse telefonar naquele exato momento, naquela hora, quando ele estaria no telefone do quartel, a 2 mil quilômetros de distância, inserindo uma moeda e discando o número de seu orelhão. O telefone tocava religiosamente a cada semana.

Nem precisa ligar porque o orelhão foi roubado, era o que constava como pós-escrito no envelope que ele recebeu um belo dia. Na carta seguinte ela escreveu: *Ligue para o internato dos meninos!* Pois aquele telefone estava funcionando. *Eu poderia fugir de Harstad e ir encontrar você*, dizia na carta.

Depois de terminar o serviço militar, Gunnar ingressou na Faculdade de Educação em Tromsø, e Tone se mudou para lá com ele. A moça de 17 anos fez o último ano do programa de Comércio e Administração do ensino médio, enquanto Gunnar, que tinha 19 anos, quase completando 20, se especializou na recém-criada disciplina "Computação e Informática". Além disso, cursou Educação Física, caso sua primeira opção não se mostrasse a disciplina do futuro.

Alugaram uma quitinete para os dois. Finalmente, poderiam ficar juntos o tempo todo.

— Sinto como se tivesse ganhado na loteria — disse Gunnar sobre seu encontro com Tone. — Pura sorte.

Melhor que ela não existia.

A felicidade quase doía.

Na noite polar, eles se escondiam debaixo dos cobertores. Só davam uma olhadela para fora quando a aurora boreal dançava.

Ainda adolescentes, já sonhavam com os filhos que teriam.

Um país em mudança

O VELHO PRIMEIRO-MINISTRO estava exausto por causa da enxaqueca. O médico o mandara tirar uma licença, descansar, recuperar as forças, mas o nativo da província de Hedmark achou que não podia fazer isso. Criado numa família de operários, para quem o trabalho era sagrado, a ociosidade não combinava com ele. No entanto, com os mais próximos, ele chegou a comentar sobre a doença que de vez em quando o paralisava.

No decorrer de uma longa vida como artesão da política, Odvar Nordli proporcionara generosos esquemas de bem-estar social à população e fizera parte da construção do sistema de saúde pública. No mesmo período, o sindicalismo havia consolidado seu poder, as pessoas tinham mais tempo livre e mais dinheiro para gastar com lazer. O homem de cabelos ralos foi o primeiro chefe de governo que pôde usar a crescente receita do petróleo para valer, e, a partir de meados da década de 1970, as receitas públicas tiveram desenvolvimento expansivo. Durante o mandato de Nordli, todos os trabalhadores ganharam o direito a salário integral desde o primeiro dia de ausência por doença.

Ao mesmo tempo, houve uma desaceleração na economia global. O período de recessão foi enfrentado com uma política anticíclica distintamente norueguesa, incluindo o congelamento de salários e preços a fim de manter o desemprego baixo. Nordli seria o último primeiro-ministro norueguês com fé inabalável num forte controle estatal da economia e na regulação política dos juros, do mercado habitacional e do sistema financeiro. O direitismo dos EUA e da Grã-Bretanha tinha chegado à Noruega. O filho do trabalhador ferroviário seria uma de suas primeiras vítimas.

O Partido Trabalhista governara o país quase ininterruptamente desde 1935. Ao mesmo tempo que o clima político do país estava prestes a mudar, as intrigas da cúpula partidária chegaram ao seu auge, os sussurros se tornaram um rumor de vozes e o descontentamento dentro do partido não pôde ser contido.

Certas pessoas "tiveram uma conversa" e, no final de janeiro de 1981, a Assessoria de Imprensa Trabalhista emitiu um comunicado anunciando a renúncia de Odvar Nordli. O velho primeiro-ministro não tivera parte na decisão e tentou desmentir o comunicado. Mas a essa altura, o desenrolar dos acontecimentos foi rápido demais; houve uma ação relâmpago, um golpe, e Nordli, comumente conhecido como um homem gentil, era fiel demais ao partido para sair na mídia. Ele engoliu a derrota em silêncio.

O país ficou à espera. O primeiro-ministro da Noruega anunciara sua resignação, mas quem assumiria seu lugar?

O drama teria seu desfecho na casa do antecessor de Nordli, Trygve Bratteli, um filho de sapateiro. Ali se reuniu a comissão coordenadora do partido, composta por cinco homens poderosos e uma mulher.

Odvar Nordli quis ter pelo menos um voto na decisão sobre quem o sucederia. Na reunião, ele indicou Rolf Hansen, firme veterano do partido e conhecido como "o zelador da Praça de Youngstorget", onde ficava a sede partidária. Mas o sexagenário simplesmente não quis ser primeiro-ministro e sugeriu a única mulher naquela sala, Gro Harlem Brundtland, uma jovem médica e defensora da linha pró-escolha na questão do aborto. Com isso, ele também sintonizou com a vontade do partido: uma campanha das bases acabara de ser lançada a favor de sua candidatura como nova líder.

Três dias mais tarde, em 4 de fevereiro de 1981, ela estava na frente do Palácio Real sorrindo para a imprensa, depois de ter apresentado seu novo governo ao rei, um governo predominantemente masculino. A mulher de 42 anos que vestia um *tailleur* de seda em tons de vermelho e azul herdara a maior parte do gabinete do antecessor.

Mesmo assim, aquele dia de fevereiro anunciou uma nova era. Gro foi a primeira mulher premiê da Noruega. Nascida dentro da elite política, filha do ilustre ministro Gudmund Harlem, ela foi a primeira com formação superior a ocupar o cargo de primeiro-ministro pelo Partido Trabalhista.

Durante todo o pós-guerra, os primeiros-ministros do Partido Trabalhista vieram da classe operária. Einar Gerhardsen trabalhara como *office boy* desde os 10 anos. Oscar Torp, que ocupou o cargo por alguns anos na década de 1950, fizera trabalhos remunerados na fazenda de Hafslund já com 8 anos. Trygve Bratteli, que se tornou primeiro-ministro em 1971, havia trabalhado como *office boy* na infância, antes de ser baleeiro e peão de obra. Odvar Nordli, que assumiu quando Bratteli passou o bastão em meados da década de 1970, era filho de assentador de trilhos das estradas de ferro. Nordli foi o primeiro dos premiês do pós-guerra a ter formação além dos sete anos da escola primária: ele era auditor.

Com raízes na classe operária, o partido lutou para dar as mesmas oportunidades ao peão de obra e ao dono da obra, visando apagar as barreiras da sociedade de classes.

Mas em uma área, a ideia da igualdade era menos forte. Os homens estiveram no poder. Eles se tornaram líderes partidários e sindicais, primeiros-ministros, e, sobretudo, era aos homens que se dava ouvidos nos círculos íntimos do poder.

O novo movimento feminista dos anos 1970 abriu caminho para Gro Harlem Brundtland. Criada numa família em que homens e mulheres dividiam as tarefas de casa naturalmente, ela fez sua entrada desenfreada na política norueguesa com naturalidade e autoconfiança sem iguais.

A campanha contra ela foi igualmente forte, e as técnicas de supressão se disseminaram durante a campanha para as eleições parlamentares no segundo semestre de 1981. Seus opositores nos debates muitas vezes optaram por não comentar os enunciados dela, mas sim o que "os outros do partido haviam dito". Expressões pejorativas como "megera" se repetiam, ao mesmo tempo que adesivos surgiam nos carros e nas janelas com uma única linha: "Descarte-A!", sendo a letra A uma forma popular do pronome oblíquo feminino em norueguês e também o logotipo do Partido Trabalhista.

A nova primeira-ministra foi alvo de discursos de ódio, tanto em cartas como na rua: uma mulher não era capaz de governar um país. Fazia parte da personalidade de Brundtland desconsiderar as pessoas se elas a mandassem voltar para o fogão. Dotada de autoridade natural, ela raramente perdia a compostura. Foi pior para o filho Knut, que estava fazendo o serviço militar no Exército, meio em que a mãe era difamada e ridicularizada, com o filho na plateia.

O adesivo do "Descarte-A" era visto sobretudo nas BMWs e Mercedes estacionadas na frente dos casarões e prédios elegantes da zona oeste de Oslo. Ali, as pessoas se irritavam com o poder quase perpétuo do Partido Trabalhista no país.

Era nessa vizinhança que Wenche e as crianças moravam. Em agosto de 1981, Anders tinha 2 anos e meio.

Em setembro de 1981, o Partido Trabalhista não obteve o respaldo do eleitorado nas urnas. Com a primeira vitória da direita na Noruega do pós-guerra, as taças se ergueram nas casas senhoriais de Frogner.

Finalmente, os impostos seriam reduzidos e a liberdade do indivíduo ganharia destaque.

A família Behring Breivik, no entanto, precisava da ajuda do Estado de bem-estar social. A mãe já entrara em contato com o Centro de Assistência Social de Vika diversas vezes, pedindo ajuda. Como mãe divorciada, ela era considerada vulnerável, e, portanto, o Estado lhe prestou ajuda financeira.

O novo governo do Partido Conservador liberou os juros, aumentou a liberdade dos bancos, parou a regulação dos preços dos imóveis e planejou a privatização de diversas entidades públicas.

Gro Harlem Brundtland iniciou uma luta ferrenha para voltar.

Wenche e as crianças lutavam para encontrar um ponto de apoio num cotidiano de areia movediça. "Um inferno" eram as palavras de Wenche sobre a vida naquela época. A documentação do divórcio demorou, ela se sentiu presa num limbo, sozinha, mas com a responsabilidade pelas crianças, sem casa própria para morar. A briga sobre a partilha se agravou. Anders tentou encontrar um lugar onde pudesse se sentir seguro.

Mais tarde, quem se tornaria o objeto de seu ódio era aquela mulher poderosa. Ela, que simbolizava a nova Noruega autoconfiante. A nova Noruega, onde as jovens mulheres logo avançariam em alta velocidade, conquistando os altos cargos do país com a maior naturalidade.

A criança de Silkestrå

"Todas as famílias felizes se parecem; cada família infeliz é infeliz à sua maneira."

Leon Tolstoi, *Ana Karenina*

CINCO CÔMODOS PARA a família de três. Espaçoso, bem iluminado e novinho em folha. Um quarto para cada um, com portas que poderiam ser fechadas, uma sala onde poderiam receber visitas, uma cozinha e uma varanda com vista para o parquinho do Pátio Azul. O novo condomínio atrás do parque Vigeland foi concebido para famílias com crianças. Os prédios de três andares se espalhavam como labirintos na área verde do parque, com espaços internos, trilhas e pequenos pátios, onde bancos, escorregadores e balanços tinham sido pintados em cores vibrantes.

O condomínio recebeu o nome convidativo de Silkestrå (folha de seda), e Wenche foi uma das primeiras compradoras.

Com sua filiação à OBOS (Sociedade de Crédito Imobiliário e Construção de Oslo), Jens lhes proporcionou a possibilidade de compra. Ele também pagou a entrada do apartamento.

Arrumar as coisas para sair de Fritzners Gate durou uma pequena eternidade, pois Wenche fez tudo sozinha. Ela embrulhou tudo em jornal, depois colocou em caixas de papelão. Jogou fora a maior parte dos papéis de sua vida antiga, as cartas de amor e outras coisas que haviam se acumulado em gavetas e armários.

Quando as coisas finalmente estavam instaladas no apartamento bem iluminado do piso superior em Silkestrå, Wenche poderia tomar fôlego. Ela poderia fumar um cigarro na varanda, ver as árvores e o céu, e o paraíso da classe média. Logo atrás da casa, havia um pequeno bosque com carvalhos raros, córregos e caminhos estreitos.

Ali, ela poderia relaxar; ali, eles poderiam ser felizes.

Mas aí toda a energia sumiu. A mudança de Frogner para Skøyen esgotara suas forças, assim como a partilha final dos bens. A partir de agora, ela teria de cuidar de tudo sozinha. Muitos dos apartamentos à sua volta ainda estavam vazios. Anders e a irmã Elisabeth, que tinha seis anos a mais que ele, discutiam e brigavam. Anders ficava zangado com frequência e era capaz de bater com força.

No início do ano de 1983, Wenche entrou em contato outra vez com o Centro de Orientação Familiar do Conselho de Saúde de Oslo, situado em Christies Gate, e pediu uma nova família de apoio para Anders. Os desafios práticos do dia a dia, como levar o menino à creche do parque Vigeland, a poucos minutos do apartamento, e buscá-lo à tarde, pareciam intransponíveis. Ele era capaz de fugir dela no caminho. Muitas vezes, ele simplesmente saía correndo. A própria escolinha também havia manifestado preocupação com o menino. Ele tinha dificuldade de fazer amigos, não inventava brincadeiras próprias e não chorava quando se machucava.

"Grudento e difícil, exige muita atenção", disse Wenche sobre o filho para o funcionário do Conselho de Saúde de Oslo. "Agressivo de forma maldosa", informou o registro.

Ela gostaria de receber um diagnóstico para Anders. Talvez tivesse um remédio. Ao funcionário, aventou a ideia de que ele pudesse ter diabetes, fazendo referência à mamadeira de groselha à qual sempre se agarrava. Mas na escolinha ele se virava sem ela, e a largava também na família de fim de semana. Era em casa que precisava dela. E não havia nada errado com o nível glicêmico de seu sangue.

Wenche tinha duas faces externas. Geralmente, ela mostrava a face risonha, tagarela, despreocupada. Outras vezes, ela era distante, podendo passar direto pelas pessoas sem cumprimentá-las ou desviar o rosto. Se dissesse alguma coisa, era com voz arrastada, quase balbuciante.

Os vizinhos cochichavam e fofocavam. Ela não estava bêbada, não era isso, será que poderiam ser pílulas?

Os vizinhos com quem dividia a mesma entrada logo tiveram a sensação de que, por trás da porta da família, as coisas não estavam do jeito que deveriam estar. Ambas as crianças eram como que invisíveis, caladas, medrosas, e Anders ia pouco ao parquinho. A criançada da vizinhança o chamava de "Menino Mecano", pois, com seu jeito rígido e angular, ele parecia ter sido construído de um conjunto de peças para montar. Mas a irmã mais velha era quem causava a maior preocupação entre os vizinhos, pois ela se comportava como uma mãe, tanto em relação a Wenche como ao irmão pequeno. Era ela quem organizava a casa, quem cuidava de Anders.

— Wenche não se toca — disse uma vizinha à outra. A mulher do apartamento de frente sempre esperava do lado de dentro se ouvisse Wenche no corredor. — Aí não dá para ir a lugar nenhum. Ela fala sem parar, uma torrente de palavras, somente besteiras, pula de um assunto a outro, de preferência sobre sexo, ela fala muito de sexo, distorcendo as palavras e rindo muito.

Os vizinhos ficaram surpresos ao ver que ela não tinha nenhuma inibição, mesmo com as crianças por perto. Em geral, era Elisabeth quem finalmente conseguia levá-la para dentro do apartamento, dizendo coisas como:

— Mãe, temos que ir, os congelados vão derreter. A gente precisa colocar as coisas no freezer para que não estraguem.

Os boatos corriam. Muitos homens a visitavam, fofocavam as vizinhas. Wenche estava sempre saindo, reclamavam entre si. De noite também. E ninguém via qualquer "*baby-sitter* ou avó" entrando. Certa vez Wenche chamou uma vizinha para ajudá-la a consertar algo que tinha quebrado dentro do apartamento. A vizinha notou que não havia sinal de crianças ali, era como se não existissem.

Um dia, Jens Breivik recebeu um telefonema de uma vizinha. Ela disse que havia muito barulho no apartamento e que Wenche saía toda hora. A vizinha deu a entender que Wenche recebia diversas visitas masculinas e que as crianças ficavam muito tempo sozinhas.

Jens não deu bola. Ele tinha uma nova vida em Paris, uma nova esposa e novas preocupações.

Certa manhã, uma jovem vizinha ouviu barulho e ruídos altos do apartamento e decidiu conferir. Ela tocou a campainha. Elisabeth entreabriu a porta.

— Não, não tem nada errado aqui, mamãe está dormindo — disse ela. Sob o braço magro que segurava a porta ligeiramente aberta, havia um menino de rosto impassível que olhava para o nada.

Mas, para os vizinhos, o respeito pela privacidade venceu as preocupações com as crianças. Além do mais, a família já estava sob observação do Conselho Tutelar, porque a própria Wenche havia pedido ajuda. A conselheira do Centro de Assistência Social de Vika ficara seriamente preocupada depois da última entrevista com Wenche, avaliando que os problemas da família pertenciam ao âmbito da psiquiatria, e não do Conselho Tutelar. Ela encaminhou a família para o Centro Nacional de Psiquiatria Infantojuvenil. Duas semanas antes de Anders fazer 4 anos, no final de janeiro de 1983, a família inteira foi convocada para avaliação.

Os profissionais encontraram uma mulher confusa, agitada. Teve grande dificuldade em chegar ao local, mesmo depois de uma descrição detalhada do caminho. Ela se mostrou incapaz de conseguir chegar ali com as crianças, por isso acabaram lhe concedendo transporte de táxi.

A família foi admitida na seção de terapia familiar ambulatorial, na qual as crianças seriam avaliadas por um psiquiatra infantil e a mãe, por um psicólogo. No Centro, havia assistentes terapêuticos, enfermeiros e especialistas em serviços de proteção à criança. Os profissionais observariam a interação da família durante as rotinas diárias, como refeições e brincadeiras, e realizariam testes psicológicos nos três. Problemas comportamentais em crianças poderiam ser ligados a fatores da estrutura familiar, e se as "coisas se encaixassem na família", a criança poderia melhorar, de forma que os sintomas diminuíssem.

Anders foi posto no jardim de infância que fazia parte do programa terapêutico do Centro. Além disso, ele tinha acesso à brinquedoteca, onde havia carros, casas, figuras humanas, bichinhos de pelúcia, caubóis, índios, teatro de fantoches, lápis de cor, tesouras e papel, e um monte de jogos.

Os especialistas viram um menino de 4 anos sem alegria de viver. Muito diferente da criança exigente que a mãe havia descrito.

"Notável incapacidade de se envolver em brincadeiras. Falta-lhe alegria ao usar brinquedos. Quando as outras crianças brincam, ele assiste sem participar. Desconhece completamente as brincadeiras de faz de conta. É cuidadoso com os brinquedos. Anders carece de espontaneidade, iniciativa, imaginação e empatia. Tampouco apresenta variações de humor, algo que a maioria das crianças de sua idade apresenta. Falta-lhe uma linguagem para expressar emoções", escreveu o psiquiatra infantil que fez a avaliação. Quando encena um faz de conta de uma loja, a função da máquina registradora é o que o interessa, não a brincadeira em torno dela.

"É notável como Anders requer muito pouca atenção. É cuidadoso, controlado, pede pouco, é extremamente organizado e limpo, e pode ficar inseguro sem isso. Ele não toma a iniciativa para ter contato com as outras crianças. Participa de forma mecânica nas atividades, sem demonstrar alegria ou vontade significativa. Muitas vezes parece triste. Tem dificuldade de se expressar emocionalmente, mas, se chega a ter uma reação, as emoções são notavelmente fortes", rezou o relatório.

Ele se tornava mais agitado quando alguém, adulto ou criança, procurava contato. Era como se erguesse uma defesa mecânica que dizia "não me perturbe, estou ocupado". O psiquiatra infantil também notou um sorriso forçado, defensivo.

No entanto, Anders logo mostrou capacidade de adaptação. Depois de poucos dias, ele disse que era bom chegar ao jardim de infância do

Centro e "chato ir embora". Demonstrava prazer ao conseguir fazer as coisas e era capaz de receber elogios. A conclusão dos especialistas era que Anders não tinha danos psicológicos individuais, ou seja, não havia danos que não pudessem ser corrigidos se ele fosse transferido para uma nova e favorável situação doméstica. Ele possuía muitos recursos. Eram as condições da casa que o estragavam. A conclusão foi que Anders se tornara o bode expiatório das frustrações da mãe.

O psicólogo realizou entrevistas e testes com Wenche, encontrando uma mulher que vivia em seu mundo particular, interior, com uma relação pouco desenvolvida com as pessoas ao redor. Ela apresentava uma atitude angustiada no que dizia respeito aos relacionamentos pessoais e era emocionalmente afetada por uma depressão reprimida, escreveu o psicólogo no relatório de alta de Wenche.

"É ameaçada por conflitos caóticos e mostra sinais de pensamentos ilógicos em situações estressantes. Mentalmente, é uma mulher com transtorno de personalidade borderline e um funcionamento muito instável. Dada uma situação de vida externa que seja estruturada, ela pode funcionar bem, mas é vulnerável em crises."

O comportamento da mãe em relação a Anders passava por mudanças bruscas. Gentil e meiga num momento, ela poderia se transformar completamente no momento seguinte e gritar com ele de forma agressiva. A rejeição às vezes era brutal. Os especialistas ouviram-na gritar alto para o filho: "Eu queria que você estivesse morto!"

A mãe logo se tornou assunto entre os funcionários. Ela estava sempre flertando.

"No ambiente da unidade, ela falava um tanto indiscriminadamente sobre fantasias e medos sexuais agressivos, demonstrando ambivalência com relação aos integrantes masculinos da equipe", observou o psicólogo. No entanto, ele anotou que ela se recompôs e ficou mais centrada durante a estadia.

As famílias avaliadas voltavam para casa depois do período de observação de quatro semanas, enquanto se estabelecia uma cooperação com o Conselho Tutelar local e o serviço de psiquiatria infantil no lugar de residência. A conclusão depois da estada da família Behring Breivik foi que a situação familiar era tão prejudicial para as crianças, principalmente para Anders, que o Centro recomendava ao Serviço de Assistência Social a avaliação de uma família de acolhimento.

"A família inteira sofre com o mau funcionamento psicológico da mãe. Isso afeta sobretudo sua relação com Anders. Esse relacionamento é muito ambíguo, já que a mãe por um lado o liga simbioticamente a si mesma e por outro o rejeita de forma muito agressiva. Anders é vítima das projeções da mãe de um medo paranoico, agressivo e sexual em relação aos homens em geral. Por ser menina, Elisabeth se livra disso em maior grau. Por sua vez, Elisabeth parece se exceder um pouco no papel materno precoce em relação a Anders."

Concluíram que "Anders deve sair da família e passar a uma situação doméstica melhor, já que a mãe constantemente se deixa provocar pelo menino, assumindo uma posição ambivalente que o impede de se desenvolver de acordo com suas próprias condições".

Na opinião do Centro, a mãe e a filha provavelmente teriam melhores condições de viver juntas. Mas o desenvolvimento de Elisabeth também deveria ser acompanhado com atenção, pois viam sinas de perigo nela, por exemplo, o fato de ter poucos amigos e certa tendência a ficar absorta demais em suas próprias fantasias.

Numa carta ao Conselho Tutelar local, o Centro chamou a atenção para o seguinte: "Dado o relacionamento fortemente patológico entre Anders e a mãe, será muito importante entrar com medidas o quanto antes para prevenir um sério desvio de desenvolvimento no menino. O ideal seria que ele fosse transferido para uma família de acolhimento com estabilidade. No entanto, a mãe se opõe fortemente a isso, e não são claras as consequências de uma intervenção forçada."

Já que a mãe havia pedido apoio em forma de uma família de fim de semana, o Centro Nacional sugeriu que, num primeiro momento, houvesse uma tentativa de usar isso como ponto de partida, informando aos pais substitutos que a questão de uma família de acolhimento permanente poderia surgir.

Ao Conselho Tutelar, o Centro Nacional de Psiquiatria Infantojuvenil ressaltou que o caso era importante e que a procura por uma nova família de fim de semana para Anders deveria se iniciar de imediato. O Centro ofereceu contribuir com a avaliação de famílias de acolhimento, o estabelecimento de contato entre a família e o lar de apoio, e o acompanhamento do caso para que as coisas pudessem caminhar na direção certa.

Então aconteceu algo que estragaria o plano. Pois, a essa altura, Jens Breivik, que estava morando em Paris, tinha recebido o relatório devastador do Centro Nacional de Psiquiatria Infantojuvenil. Por meio de seu advogado, ele exigiu que a guarda física de Anders fosse transferida a ele. O diplomata queria uma liminar, o que significaria a transferência imediata e urgente da guarda do filho para ele, antes de o processo ir a instrução e julgamento. A mãe, que a princípio tinha sido favorável à família de apoio nos fins de semana, passou a recusar terminantemente qualquer ajuda, já que isso poderia dar uma vantagem a Jens Breivik perante o Tribunal. Ela recontratou o advogado que a ajudou com a partilha dos bens e o divórcio, e ele escreveu para o Conselho Tutelar que "a assistência, em forma de uma família de acolhimento para Anders, é uma solução que minha cliente considera completamente inaceitável. Aliás, sua necessidade de apoio já não existe há muito tempo".

Com isso, o Centro Nacional e o Conselho Tutelar recuaram, aguardando o resultado do Tribunal de Justiça de Oslo. Em outubro de 1983, o Tribunal decidiu que as condições de vida de Anders não representavam um caso urgente e que o menino poderia morar com a mãe até o início previsto dos procedimentos de instrução e julgamento.

Na interpretação do pai, o Tribunal de Justiça entendia que não havia negligência grave e, portanto, suas chances de assumir a guarda física do filho seriam pequenas. De qualquer forma, no início dos anos 1980, era incomum ter um julgamento a favor do pai em processos de regulação da guarda. Em geral, a preferência era dada à mãe.

Fazia três anos que Jens Breivik não via seu filho. Ele acabou desistindo de seu pleito para assumir a guarda física, e, consequentemente, o caso nunca chegou a ser julgado pelo Tribunal. O advogado do pai escreveu para o Centro Nacional que Jens Breivik e sua mulher começaram a titubear depois da audiência no Tribunal de Justiça. Inicialmente, tiveram a "sensação de que estava claro que Anders se encontrava numa situação crítica e, portanto, não hesitaram em abrir as portas de sua casa a ele. Nesse momento, porém, sentem que precisam lutar para ter Anders consigo. Essa é uma nova situação, e eles se sentem subitamente transferidos para circunstâncias em que nunca tiveram a intenção de se encontrar".

Mas o jovem psicólogo do Centro Nacional de Psiquiatria Infantojuvenil não quis desistir do caso de Anders. Menos de um mês depois da decisão do Tribunal de Justiça, ele pediu que o Conselho Tutelar de Oslo instaurasse processo ordinário de transferência de guarda física, ou seja, tirasse Anders da mãe à força. O psicólogo ressaltou: "Mantemos nossa conclusão de que, para Anders, a situação em casa é tão precária que ele corre o risco de desenvolver uma psicopatologia mais grave, portanto comunicamos novamente nossa avaliação da necessidade de mudar a situação da guarda física de Anders, algo que consideramos nosso dever de acordo com o artigo 12, cf. o artigo 16 (a), do Estatuto da Criança. Depois de o pai ter desistido de sua ação, o Conselho Tutelar deve apresentar o caso com embasamento próprio."

Em novembro do mesmo ano, o advogado da mãe acusou o psicólogo assistente do Centro Nacional de Psiquiatria Infantojuvenil de "perseguição monomaníaca".

"É verdade que não sou psicólogo, mas durante trinta anos de advocacia adquiri algo que se supõe deva faltar ao jovem X, a saber, um conhecimento bastante amplo e profundo da natureza humana. Assim, atrevo-me a afirmar, sendo essa minha firme convicção, que, se Wenche Behring não estiver apta a cuidar de Anders sem a interferência do Conselho Tutelar, na realidade são poucas as mães, se é que há alguma neste país, aptas a criar seus filhos com autonomia", escreveu ele ao Conselho Tutelar.

Os especialistas do Centro Nacional de Psiquiatria Infantojuvenil não poderiam fazer mais nada. Não tinham autoridade para emitir decisões formais, isso cabia somente à unidade do Conselho Tutelar do Centro de Assistência Social.

O que seria comparado com o relatório gravíssimo do Centro Nacional de Psiquiatria Infantojuvenil era uma nova avaliação do jardim de infância do parque Vigeland, na qual Anders de repente era caracterizado como um "menino feliz e contente". Segundo Jens Breivik, a avaliação foi redigida por uma funcionária que era amiga de Wenche.

Quando o caso ia ser avaliado pela Comissão de Proteção ao Menor, Wenche Behring compareceu bem preparada ao Centro de Assistência Social de Vika, acompanhada de seu advogado. Ele ressaltou que a mãe já havia se recuperado depois da breve crise que se seguiu ao processo esgotante do divórcio. O funcionário que inicialmente fora responsável pelo caso tinha saído, e a nova encarregada tinha pouca experiência com casos de transferência da guarda física e nunca havia comparecido perante a Comissão de Proteção ao Menor. Ela foi enviada sem ter trabalhado com o caso, tendo feito apenas a leitura dos documentos. A reunião foi desagradável para a jovem funcionária, que se sentiu jogada aos lobos.

Era preciso haver razões de grande peso, como maus-tratos, abuso ou negligência evidente para que o Estatuto da Criança oferecesse base legal para a transferência forçada de uma criança a uma família de acolhimento. O Centro de Assistência Social sugeriu uma espécie de meio-termo. Por enquanto, a família seria sujeita apenas à observação. No inverno de 1984, foram feitas três inspeções, uma com notificação e duas sem. No relatório do Centro de Assistência Social, depois das visitas à família de Silkestrå, consta o seguinte: "A mãe parecia ordeira e organizada, no controle. Conversou com facilidade, sendo tranquila e imperturbável independentemente do assunto da conversa. A menina era calma, educada e cuidadosa. Anders é um menino simpático, descontraído, com um sorriso afável, que imediatamente agrada as pessoas. Durante a conversa na casa, ele estava sentado à mesa de jantar, ocupado com jogos, massa de modelar e Playmobil." Além disso, informaram que nunca foram ditas palavras ásperas entre os membros da família. Anders era muito educado, nunca chorão ou contestador. "A mãe nunca muda de expressão e não se exalta em situações difíceis com Anders. Ela fala com calma, e Anders recebe a mensagem e faz o que ela diz." A única coisa que a avaliadora de visitas tinha a criticar era o fato de a mãe mandar as crianças buscar pizza, pois "eram um pouco pequenas demais para esse tipo de tarefa, e, além disso, pizza não era exatamente um alimento nutritivo".

No final, a avaliadora observou que poderia haver motivo de preocupação sobre como a mãe lidaria com eventuais crises futuras. Porém, a seu ver, essa preocupação por si só não seria o suficiente para sugerir uma transferência da guarda física.

Logo depois do dia de São João de 1984, quando Anders tinha completado 5 anos, a Comissão de Proteção ao Menor de Oslo chegou a uma decisão unânime.

"Os requisitos para alguma medida de proteção não estão presentes. O caso será arquivado."

Mijo na escada

QUE PIRRALHO CHATO, pensou uma jovem mãe do prédio, que mais uma vez tentou dizer oi para Anders. Ele nunca respondia, só se virava ou se afastava.

Ah!, pensou a mãe, que tinha crianças pequenas, e seguiu em frente.

Os que prestavam atenção às brincadeiras das crianças notavam o menino que quase sempre se isolava dos outros. Ele era aquele que observava, que não se envolvia em nada, que ficava à margem. Mas em geral os pais apressados tinham mais o que fazer para controlar seus próprios filhos. Entre os prédios de Silkestrå, os pátios e as ruelas sem carros fervilhavam de crianças.

Um dia houve uma novidade no condomínio. Vários dos apartamentos que não tinham sido vendidos foram comprados pela Prefeitura de Oslo e entregues a famílias de refugiados. Requerentes de asilo de países como o Irã, a Eritreia, o Chile e a Somália se mudaram para o Pátio Azul, o Pátio Verde e o Vermelho, e o cheiro de alho, cúrcuma, pimenta-da-jamaica e açafrão começou a exalar pelas portas abertas das varandas.

Até o começo da década de 1980, Skøyen tinha sido um bairro exclusivamente branco. Poucos estrangeiros haviam chegado à Noruega. Na entrada da década de 1970, havia menos de mil imigrantes não ocidentais na Noruega. Com a falta de mão de obra, em 1971, os primeiros trabalhadores imigrantes do Paquistão foram convidados ao país pelo governo norueguês. Naquele ano, seiscentos homens solteiros chegaram para trabalhar, aceitando empregos que os noruegueses em geral não queriam. Mas os imigrantes não foram morar em Skøyen. Eles viviam em condições apertadas e humildes nas áreas mais degradadas da cidade.

Nos anos 1980, chegaram os primeiros requerentes de asilo. Os refugiados apareceram nas fronteiras norueguesas pedindo proteção. Era algo inédito. Em 1983, o primeiro ano da família Behring Breivik em Silkestrå, 150 requerentes de asilo vieram para a Noruega. No ano seguinte, chegaram trezentos. Três anos mais tarde, o número foi quase 9 mil.

Uma família chilena se mudou para o andar debaixo do de Anders. Os pais fugiram da perseguição de Augusto Pinochet e, depois de passarem quase um ano num centro de acolhimento em Oslo, receberam um apartamento em Silkestrå. Wenche foi a primeira a aparecer na sua porta, com um caloroso "bem-vindos" e uma criança em cada mão.

Anders se apaixonou pela filha mais nova da família, uma menininha de cabelos encaracolados, dois anos mais nova que ele. Vamos chamá-la de Eva.

Ela passou a seguir o menino do terceiro andar onde quer que ele fosse. Ele mesmo se descontraiu na companhia da nova menina, ficando mais comunicativo e lhe ensinando palavras novas em norueguês todo dia. Na casa da família latino-americana, ele se sentia à vontade.

Eva entrou também para o jardim de infância no parque Vigeland, e quando Anders passou para o ensino fundamental, enquanto ela ainda tinha mais dois anos de escolinha, ele a aguardava todas as tardes depois da aula.

Na escola de Smestad, Anders acabou andando sozinho. Era uma instituição de ensino para a elite, para aqueles com pais de camisas engomadas, nomes chiques e mansões cercadas de amplos jardins. O príncipe Harald frequentara essa escola depois da Segunda Guerra, assim como, mais recentemente, seus filhos Haakon Magnus e Märtha Louise. O príncipe herdeiro, que era alguns anos mais velho que Anders, terminou a 6ª série quando Anders entrou na escola.

Era uma região conservadora de Oslo, que ajudou a dar a vitória eleitoral à direita em 1981. Uma onda de privatizações e a desregulamentação dos preços dos imóveis se seguiram. O valor de mercado dos apartamentos das cooperativas logo se multiplicou.

No primeiro semestre de 1986, o mesmo ano em que Anders Behring Breivik começou a frequentar a escola, o Partido Trabalhista reconquistou o poder. O primeiro-ministro do Partido Conservador, Kåre Willoch, pediu um voto de confiança para aumentar o preço da gasolina, mas não conseguiu o apoio do Partido Progressista.

De repente, Gro Harlem Brundtland tornou-se novamente primeira-ministra. Dessa vez, ela teve mais tempo de se preparar. Foi a primeira chefe de governo do mundo a formar seu novo gabinete com quase o mesmo número de mulheres e homens: oito mulheres de um total de dezessete ministros.

Era um novo Partido Trabalhista, um partido que se adaptara ao espírito da época e que deu seguimento a muitas das mudanças econômicas que o governo conservador de Kåre Willoch havia iniciado.

A política de Brundtland conferiu direitos às mulheres norueguesas que poucos países, se é que havia algum, poderiam emular. Sendo pragmática, ela se propôs a tornar a vida mais prática para as mulheres, e também para os homens. As licenças-maternidade foram prolongadas, a educação infantil passou por expansão, as famílias monoparentais ganharam mais direitos, e o foco na saúde de crianças e mulheres intensificou-se. O resultado foi que cada vez mais mulheres autoconfiantes se manifestaram, querendo participar da formação da sociedade.

Nem todos estavam contentes. Para alguns, "feminismo estatal" se tornou um termo pejorativo. Um matriarcado, reclamavam outros. O Estado Vaginal era o nome que surgiria mais tarde para descrever o fenômeno. Não obstante, Gro Harlem Brundtland foi a política que mais do que qualquer outro deixou sua marca na Noruega durante toda a vida escolar de Anders.

O próprio Anders cresceu num mundo feminino, constituído pela mãe, a irmã e Eva. Por um tempo Eva achou divertido brincar com Anders. Pois era sempre Anders que mandava nas brincadeiras. Somente quando estavam na casa dela, ela também podia mandar. Aí eles constru-íam casinha na sala, brincavam com suas bonecas ou ficavam na cozinha com os pais. Na casa de Anders, nunca brincavam perto da mãe. Lá, era proibido brincar na sala, que sempre estava impecável, e também na cozinha. Só tinham permissão para ficar no quarto dele, e sempre com a porta fechada. Ali, Anders tinha seus brinquedos, todos arrumados em fileiras sobre as prateleiras. De preferência, Wenche queria que brincassem fora de casa. Pois a mãe de Anders gostava de tranquilidade.

Se a menina do andar de baixo tentasse brincar com outras crianças, Anders a puxava de volta, ele a queria para si. Preferia que fossem só os dois.

Mas às vezes o grupo tomava conta. Tinha tantas crianças em Silkestrå que era difícil manter um grupinho fechado de dois. No porão, havia uma sala onde alguns pais montaram mesas de pingue-pongue. Para lá, as crianças levavam toca-fitas e dançavam ao som de Michael Jackson, Prince e Madonna, e, com o tempo, rap. Lá embaixo, Anders encontrou um lugar fixo. Ele sempre ficava sentado em cima dos tubos de ventilação no canto, não participando nem da dança nem do jogo. Dali, ele via tudo; ali, poderia ficar em paz. Aquele canto sempre cheirava a mijo. Se o fedor se espalhava pelo porão, Anders era quem levava a culpa.

— Está cheirando a mijo, é o Anders! — caçoavam os outros.

As formigas do muro faziam sempre o mesmo caminho: saíam do gra-mado, atravessavam o asfalto, beiravam a calçada, passavam pela grade e subiam a escada. Ali, Anders estava esperando.

— Você vai morrer!

— Peguei você!

Ele pegava uma por uma, esmagando-as com o dedo. Às vezes, o polegar, às vezes, o indicador. Uma por uma, elas eram exterminadas.

— Você e você e você e você! — dizia ele ali na escada, o senhor da vida e da morte.

As menininhas o achavam nojento. Ele era muito intenso, e, pior que isso, não era legal com os animais. Por um tempo, ele manteve algumas ratazanas presas numa gaiola, atormentando-as com canetas e lápis. Eva disse que elas deveriam estar sofrendo, mas ele não escutava. Anders capturava abelhões, os mergulhava em água e, com a ajuda de uma peneira com tampa, acompanhava como eles se afogavam e morriam. Os adultos de Silkeströ que tinham bichos de estimação deixavam claro às crianças que Anders não poderia chegar perto de seu gato ou cachorro. Quando alguém ganhava um novo filhote, Anders era geralmente o único a não ser convidado para passar a mão no bichinho.

Aos poucos, Eva ficou com uma sensação ruim de que havia algo errado. Mas ela não tinha coragem de dizer aos pais que realmente não queria mais brincar com Anders, pois sua mãe e Wenche se tornaram boas amigas. Wenche os ensinava como se adaptar à vida na Noruega e as crianças herdavam as roupas velhas de Anders e Elisabeth.

Eva nunca contou aos pais que quem dava piparotes nas rosas do vizinho, deixando apenas as hastes, era Anders; que ele jogava pedrinhas pelas janelas abertas e saía correndo, que caçoava e agredia os que eram menores que ele, de preferência aqueles que não dominavam o idioma para se defender. Se alguém chorasse, ele se deliciava, e então havia um brilho em seus olhos. De resto, ele estava quase sempre sério.

Um menininho franzino da Eritreia era uma das vítimas. Certa vez Anders achou um cobertor no qual enrolou o menino, antes de começar a pular em cima dele.

— Não faça isso, isso dói! — gritou Eva, mas ela ficou ali, olhando.

Havia apenas uma coisa que Anders não suportava: ser repreendido. Aí ele sumia. Eram as outras crianças que ficavam levando bronca por terem roubado as maçãs das árvores dos vizinhos ou por terem tocado a campainha e saído correndo. Só depois de as coisas acalmarem, Anders reaparecia.

Certa vez, ele não conseguiu fugir e foi pego pela senhora Broch. Como retaliação pela bronca, ele mijou em seu capacho depois. Mijou em seu jornal. Mijou em sua caixa de correio. Mais tarde, foi mijar em seu quarto de despejo externo. A partir de então, ele foi responsabilizado pelo cheiro enjoativo de xixi no porão.

Uma das vítimas do *bullying* era uma menina com deficiência mental. Um belo dia, Anders esmagou uma maçã podre no rosto de sua boneca preferida no momento exato em que o pai da menina passou.

— Se atormentar minha filha mais uma vez, vou pendurar você no varal do porão — berrou o pai.

Anders acatou as palavras. As ameaças de um pai, ele respeitava. Nunca mexeu com a menina outra vez.

Nessa época, ele via seu pai nas férias. A primeira vez foi aos 4 anos e meio, quando o pai o levou para passar três semanas de férias de verão num chalé perto de Tønsberg.

De vez em quando, Jens telefonava para Wenche dizendo que queria ver o filho. Nessas ocasiões, o moleque era capaz de sair correndo e se esconder, e as crianças da vizinhança eram escaladas para ir à sua procura.

O pai costumava passar o verão numa casa de campo na Normandia. Anders era então entregue pela mãe ao pessoal da companhia aérea SAS no aeroporto de Fornebu, e, depois de um voo de duas horas, o pai o buscava no aeroporto de Paris. Às vezes, seus meios-irmãos mais velhos estavam lá. A família fazia passeios, ia à praia, visitava as atrações da região. Na casa de veraneio, quem cuidava mais do menininho era a terceira esposa do pai. Sem filhos próprios, ela tinha muito carinho por Anders, e ele também se apegou a ela. Ele ficava muito feliz quando alguém queria ler para ele.

— Você quer ler mesmo? — perguntava a ela. — Tem certeza de que tem tempo?

Anders era capaz de passar horas enroscado no colo dela ouvindo histórias. Ali, ele ficava completamente calmo. Completamente seguro. E esquecia tudo à sua volta.

Quando Eva foi para a escola, Anders estava na 3ª série. Aí ele não quis mais falar oi para ela. Quer dizer, não na escola.

O Pátio Azul, o parque e o bosque eram separados da escola como se fossem dois continentes. Sua amizade só cabia num deles.

Isso deu à menina o espaço que ela precisava para fazer suas próprias amigas. Uma delas era a menina que morava no térreo, embaixo de Anders e de Eva. Ela também tinha medo de Anders. Sempre que saía do apartamento, receava que ele fosse cuspir nela do terceiro andar. Isso só acontecera uma vez, mas era o suficiente para que o pavor da cusparada a acompanhasse durante toda a infância.

De qualquer forma, Eva passou a ter seu próprio grupinho. A menina refugiada tinha adquirido confiança suficiente para dizer não a Anders quando ele a chamava para brincar.

Mais uma vez, Anders estava sozinho.

No entanto, um belo dia ele começou a se entrosar com alguns alunos da sala. Afinal, não era tão difícil. Fora só uma questão de dizer olá, e então eles também o cumprimentaram.

Durante o ensino fundamental, Anders chamava pouca atenção. Ele estava ali, mas não se destacava, nem pelo bem, nem pelo mal. Chegou a ser escoteiro, jogava futebol, passeava de bicicleta com os amigos.

O que o distinguia dos outros era que seus pais nunca participavam de nada. Nem a mãe, nem o pai. O futebol se baseava num rodízio entre os pais, que levavam os meninos a jogos e torneios. Anders sempre pegava carona com o vizinho Kristian.

Os esportes de equipe jamais se tornaram seu forte. Ele não tinha habilidade com a bola, muitas vezes errava os passes, mas, mesmo assim, participava.

Ele continuou a praticar *bullying* com aqueles que se deixavam intimidar. Assim como muitos outros faziam. Ele não era dos piores. Anders era mediano em praticamente tudo, tinha altura média, rendimento médio na escola, era um agressor médio. Mas também era capaz de demonstrar uma espécie de carinho, por exemplo, ajudando a vítima de *bullying* que tinha levado uma bola de neve na cara a procurar seus óculos. Se os óculos estivessem cheios de neve, ele os limpava antes de devolvê-los.

Um menino da sala era especialmente visado. Ele andava bem-vestido, era alto e moreno, o único paquistanês da escola. Em geral, o menino ficava na biblioteca estudando durante os intervalos, para não ter de andar sozinho pelo pátio da escola.

Eles o chamavam de Brunost.*

Mas um dia Anders foi derrubado pelo Brunost. Ahmed revidara pela primeira vez.

Quando Anders se levantou, golpeado e ferido, tudo havia mudado. Isso foi o início de uma amizade.

Os dois corriam pela floresta, jogavam basquete, iam para a casa um do outro e assistiam a filmes. Já na escola, os dois estavam muito interessados em ganhar dinheiro. Todo dia, aguardavam juntos a chegada do jornal *Aftenposten*. Tendo recebido os jornais, eles os passavam para seus carrinhos de mão e os deixavam nas entradas das casas da vizinhança.

Anders havia feito um amigo.

---

*Brunost também conhecido em português como queijo marrom ou queijo castanho, é um queijo típico e muito famoso na Noruega. Doce e de massa firme, parece caramelo e é vendido em formato de blocos retangulares. [*N. do E.*]

Al-Anfal

"E de quando o teu Senhor revelou aos anjos: Estou convosco;
firmeza, pois, aos fiéis!
Logo infundirei o terror nos corações dos incrédulos;
decapitai-os e decepai-lhes os dedos!
Isso, porque contrariaram Deus e o Seu Mensageiro;
saiba, quem contrariar Deus e o Seu Mensageiro,
que Deus é Severíssimo no castigo.
Tal é (o castigo pelo desafio); provai-o, pois!
E sabei que os incrédulos sofrerão o tormento infernal."

Alcorão, 8ª surata, versículos 12 a 14

NÃO FOI POR acaso que Saddam Hussein escolheu um capítulo do
Alcorão para dar nome à planejada campanha militar contra os curdos.
Al-Anfal significa "o espólio de guerra" e descreve a ordem de Deus a
Maomé de lutar contra os infiéis com toda sua força.

Os incrédulos serão congregados no inferno, disse Deus a Maomé
depois da primeira grande batalha pelo Islã, a Batalha de Badr de 624.
Isso, para que Deus possa separar os maus dos bons, e amontoar os

maus uns sobre os outros; juntá-los-á a todos e os arrojará no inferno. Estes são os desventurados.

Da mesma forma, em 1988, os oficiais do Exército iraquiano ordenaram aos soldados que amarrassem os curdos pelos pés de dois em dois, cegando-os e jogando-os da caçamba dentro de valas comuns, já cavadas no deserto. Ali, as vítimas ficaram jogadas, amontoadas sobre os corpos ainda quentes de vizinhos, irmãos e parentes, aguardando o tiro que os mataria.

O *al-Anfal* foi o Holocausto dos curdos, um genocídio destinado à arabização do Curdistão. A arabização já estava em andamento havia umas duas décadas. Os curdos e outras minorias foram sujeitos à migração forçada das áreas fronteiriças, enquanto tribos árabes pobres foram transportadas do sul, monitoradas pelo Exército iraquiano. Era importante para o governo ter controle sobre as áreas ricas em petróleo ao redor de Kirkuk e Khanaqin.

O Estado-Maior do Exército iraquiano calculou meticulosamente como matar o maior número de pessoas com rapidez e eficiência. Primeiro, as aldeias que seriam exterminadas eram cercadas pelo Exército; depois, forçavam as pessoas a saírem de suas casas e as levavam embora. Ao chegarem ao local da execução, elas eram deixadas nas mãos dos pelotões de fuzilamento das tropas de elite. As escavadeiras passavam terra e areia sobre os corpos, e o problema dos curdos se aproximava de uma solução.

Ao batizar a campanha de exterminação com o nome de uma surata do Alcorão, o governo iraquiano quis legitimar as execuções como uma guerra contra os infiéis. As mesquitas curdas nas áreas escolhidas pela Comissão Central de Segurança de Aldeias Proibidas foram destruídas pelo corpo de engenheiros do Exército iraquiano. Primeiro, com dinamite, depois, com escavadeiras. Foi decidido por decreto da mais alta autoridade que nenhum edifício seria poupado. Após as incursões, a destruição era inspecionada por helicóptero, e, se uma única casa sobrasse, o comandante da área teria de prestar contas.

Uma bela manhã de primavera, o perfume de flores e maçãs doces se espalhou sobre os telhados de uma aldeia no alto da serra curda. Em seguida, os olhos começaram a lacrimejar, a pele a queimar. As crianças pequenas morreram primeiro, depois, as crianças maiores; logo, os idosos, e, por fim, os mais fortes. Os sobreviventes continuariam suas vidas com cegueira ou outras sequelas graves.

Mais tarde, uma aldeia depois da outra foi alvo de bombardeios de gás de mostarda, sarin e gás nervoso, culminando com o ataque a Halabja em março de 1988, que matou 5 mil pessoas em um único dia e deixou milhares de outras mutiladas para o resto da vida.

Em meio a tudo isso, mas fora das áreas proibidas, vivia um jovem curdo chamado Mustafa. Ele era formado em engenharia e havia servido no Exército iraquiano, consertando tanques de guerra e equipamentos militares no sul do país. Mustafa sentia-se um escravo do sistema, capturado, vigiado. O serviço secreto iraquiano, que fora treinado pela Stasi da Alemanha Oriental, tinha olhos e ouvidos em todos os cantos.

Depois do serviço militar, Mustafa conseguiu emprego como engenheiro na companhia de água e esgoto da cidade de Erbil, e, quando o *al-Anfal* começou, Mustafa ali estava. Vozes aterrorizadas sussurravam sobre as valas comuns, os rostos azul-ferrete, os olhos que secaram. Histórias perigosíssimas de se comentar.

No escritório de contabilidade da companhia de água, trabalhava uma mulher linda, cheia de curvas e com cabelos cacheados, seis anos mais nova que ele. Ela tinha uma risada que saía trilando pela porta e se estendia ao longo do corredor quando ele passava. Sua família fugira de Kirkuk, e, com o início do *al-Anfal*, ela teve de desistir de sua formação universitária.

Primeiro, Mustafa tratou de fazer a mulher dos cachos conhecer sua irmã. Logo, aproveitando que todos os funcionários foram incumbidos por uma comissão estatal de fazer a contagem do estoque de um depósito, ele tomou as providências para que as duas ficassem uma do lado da outra enquanto classificavam os itens.

Ela se chamava Bayan. E era tudo o que ele queria.

Alguns dias mais tarde, ele fez a irmã perguntar à encantadora mulher: Você quer se casar com meu irmão?

Bayan queria, sim. E, embora não pertencessem ao mesmo clã, receberam a aprovação das famílias para o casamento.

Estava nevando quando se casaram em fevereiro de 1992. Era um sinal de sorte!

Mas, depois da retirada do Exército iraquiano da cidade, conflitos eclodiram entre as diversas facções curdas. Houve tiroteios nas ruas, os preços dispararam, o dinar iraquiano caiu. Para comprar os ingredientes de uma refeição simples, era preciso ter sacolas de cédulas.

Também estava nevando num dos últimos dias de dezembro do mesmo ano, quando Mustafa levou sua esposa gravidíssima a toda velocidade pelas ruas esburacadas de Erbil. Toda vez que esbarravam num buraco, Bayan se queixava de dor; as contrações eram frequentes. Uma lufada de vento gélido entrou com eles assim que Mustafa abriu a porta do hospital. Ali dentro, a temperatura mal chegava a alguns graus positivos; não havia energia elétrica e o querosene tinha acabado. Com Bayan bem instalada na cama, Mustafa conseguiu avisar os amigos e parentes, que arrecadaram combustível para pôr o gerador do hospital em funcionamento.

O ronco do motor logo passou a acompanhar os gritos das parturientes.

Neve durante o casamento em fevereiro e no parto em dezembro. Sorte dupla!, pensou Mustafa, enquanto aguardava no corredor, que cheirava a querosene. Essa teria de ser uma criança nascida sob uma boa estrela.

Naquela noite, três mulheres deram à luz uma filha na sala de partos de Erbil.

Duas receberam o nome de Befrin, que significa Branca de Neve, pois o lindo nevisco encheu o ar a noite toda.

Bayan estava deitada com a filha no peito. Não, Branca de Neve, não, pensou ela. Você não é nenhuma Branca de Neve.

— Vamos chamá-la de Maria — sugeriu Mustafa.

— Não, conheço uma velha doente que tem esse nome. Não podemos lhe dar o nome de uma moribunda — respondeu Bayan.

— Então decida você — sorriu Mustafa.

A mãe nova olhou para sua primogênita. A criança tinha grandes olhos castanhos, a cabeça era emoldurada por cabelos escuros, densos. Você parece uma princesa, pensou Bayan.

— Bano — disse ela. — Ela vai se chamar Bano.

Nossos filhos

"De dois filhos, sou pai
De dois filhos, és mãe —
Viva a vida, viva
É nossa obra-prima!"

Einar Skjæraasen, *Nossos filhos*

No MESMO MÊS do colapso da União Soviética, o teste mostrou duas linhas vermelhas.

Finalmente!

A gravidez tardara a chegar. Tone e Gunnar já eram professores formados. Haviam se mudado para o norte, para o lugar mais setentrional possível, Kirkenes, uma cidade perto da fronteira entre a Noruega e a União Soviética. Quando iam acampar, levando a barraca e a vara de pesca para o vale de Pasvik, podiam ver o país vizinho. Dos dois lados, a mesma floresta: de um lado, uma sociedade de bem-estar cada vez mais avançada; do outro, decadência e um pesadelo ecológico prestes a explodir.

Em dezembro de 1991, quando o teste mostrou as duas linhas vermelhas, o reino de Gorbachev foi dividido em quinze repúblicas. Tone e

Gunnar quiseram comemorar a tão ansiada gravidez com uma viagem para o outro lado, para a cidade vizinha de Murmansk, onde as pessoas ainda viviam numa espécie de pobreza equitativa.

Estavam no convés, expostos ao frio, aproximando-se da cidade de mais de 1 milhão de habitantes, e viram a grande quantidade de submarinos nucleares sucateados no cemitério naval que se estendia até a metade do fiorde.

Tone se arrepiou. Imagine se a radiação prejudicasse o bebê! Uma vida nova, vulnerável, muito desejada. Ela teria de tomar mais cuidado agora.

Eles tinham se mudado para o norte, já assumir um cargo na província de Finnmark acelerava a amortização do empréstimo estudantil. Tone conseguira um cargo no colégio da antiga cidade mineira, Gunnar dava aula na escola de ensino fundamental, onde logo foi eleito o delegado sindical dos professores.

A neve derreteu, a primavera chegou, e se tornou verão. Ou melhor, uma espécie de verão, pois a temperatura média no alto verão girava em torno de seis a sete graus, boa para uma gestante que estava ficando cada vez maior e mais quente.

No final de julho, vieram as contrações.

O trabalho de parto no Hospital de Kirkenes foi difícil e demorado, estendendo-se por toda a noite clara. De manhãzinha, ele finalmente chegou, grande e bonito. Tone decidiu que ele se chamaria Simon.

Um ano e meio depois, veio Håvard, e Simon tratava o irmão mais novo como um ursinho de pelúcia. Volta e meia, ficava deitado fazendo carinho no pequeno bebê, e o que mais gostava era de fazer cócegas nos lóbulos de suas orelhas. Se Simon ia sair, ele jogava seus brinquedos dentro do chiqueirinho para Håvard não ficar sozinho.

Foi Håvard que se tornou o *showman* da família: ele adorava cantar. Muitas vezes fazia shows em casa, com o restante da família como plateia.

Dois professores com dois filhos, uma família média norueguesa.

Todo fim de semana eles faziam passeios em Pasvik, levando as crianças em cadeirinhas. Pescavam salmão selvagem nos rios, acendiam fogueiras sob o sol da meia-noite, antes de irem dormir, todos os quatro, na barraca que haviam levado. Em julho colhiam mirtilos, em agosto, amoras árticas, e, no inverno, embrulhavam as crianças em pelegos e as puxavam em trenós sobre o planalto.

Se Simon e Håvard ficassem com frio nos pés, os pais os deixavam correr descalços sobre a crosta de neve. Um velho truque dos índios, contava o pai. A primeira vez, ele teve de convencer os meninos congelados, dançando ele próprio de pés descalços na neve. Funcionou. A circulação voltou ao máximo outra vez.

Desde cedo, Gunnar ensinou os filhos a distinguir entre as pegadas de animais selvagens e domésticos. Os animais selvagens andavam em linha reta, os animais domésticos iam de um lado para o outro. O lince, com patas grandes e arredondadas, sempre escolhia uma direção e a seguia. O glutão fazia a mesma coisa, com suas patas alongadas e estreitas.

Ficou inculcada nos meninos a importância de sempre estarem atentos aos perigos da natureza. O lobo podia atacar um alce crescido, e dificilmente havia formigueiro intocado por algum urso andarilho.

Um dia de verão, quando a família tinha feito uma pausa para lanchar, ele veio, *o mau*. Em cima do morro atrás deles, um lobo estava olhando atentamente. Cinza e magro, ele quase se confundia com o morro pedregoso. Gunnar gelou.

— Quietos. Não se mexam — disse ele aos dois rapazinhos. Tone carregou Håvard no colo, Gunnar levou Simon pela mão, andando de costas. Bem de mansinho, sem movimentos ou gestos bruscos, eles se afastaram e subiram até a estrada. O lobo se enfiou por entre as árvores e desapareceu.

— As crianças precisam conhecer sua parentada — disse Tone certo dia. As distâncias no norte da Noruega eram grandes, e as viagens, caras. Estava na hora de voltar para casa. Em Kirkenes, eles moravam num apartamento da administração da província, um bom apartamento, sim, mas não era deles.

— Temos que achar uma coisa nossa — concordou Gunnar.

Um belo dia tiveram sorte. A casa vizinha dos avós de Gunnar vagou. Então se mudaram para uma província mais ao sul, para o mesmo lugar onde Tone vira Gunnar pela primeira vez: Salangen, na província de Troms.

— Que lugar mais romântico! — exclamou Gunnar ao voltar para Øvre Salangen, localizado a alguma distância do fiorde, em direção à montanha, no meio de uma paisagem bravia.

— A gente precisa conhecer as pessoas — Tone logo resolveu. Assim, ela e a mulher do sítio vizinho deram início a um grupo de teatro de revista. As duas queriam reavivar o salão comunitário, que estava ocioso. Foram atrás de roteiristas e atores. Gunnar andara escrevendo poemas de amor uma época, será que não levaria jeito para roteirista? Tone, por sua vez, tinha vontade de se aventurar no palco como diva.

A moça de Havana, ela está sem grana.
Fica na janela, acenando a mão bela.

O carro era um bom lugar para ensaiar as peças. A família inteira soltava a voz nas canções populares de Evert Taube. Håvard mais que todos.

Ai, volte logo, papai, pois sentimos saudades.
Antes do fim do verão, venha pra cá, papaizão!

Todo ano, depois de soltarem os fogos do Réveillon, as crianças de Øvre Salangen faziam sua própria apresentação. Astrid, a filha mais velha dos vizinhos, cuidava da produção. A criançada tinha feito esquetes com base em piadas e ensaiado números de ginástica. Logo depois da virada do ano, papeizinhos dizendo *reservado* foram colocados em cadeiras e almofadas espalhadas pelo salão. Agora, era só os adultos se acomodarem.

Håvard costumava abrir o espetáculo com um número musical. Simon era tímido demais para subir no palco, por isso cuidava da iluminação. Durante todo o espetáculo ele acompanhava atentamente os atores no palco com a lanterna da casa. Seu orgulho do irmão mais novo nunca era maior do que no Ano-Novo, quando via Håvard ali em cima, sozinho no tablado, bem iluminado pelo irmão mais velho.

Os textos de Gunnar ganharam fama na região, e logo as escolas e os clubes infantis estavam telefonando para lhe pedir que escrevesse peças. O professor de Educação Física passava as noites escrevendo e compondo. Ele aprendeu sozinho as notas, e, depois de as crianças terem ido para a cama, ficava retocando falas e escalas.

Desde cedo, os filhos aprenderam a se virar sozinhos. A partir da 1ª série, os pais os mandaram atravessar o pátio sozinhos, subir a estradinha de terra até a estrada principal, e depois ir até o cruzamento onde parava o ônibus escolar. No inverno, quando a noite polar cobria o norte da Noruega, era escuro como breu, pois nem a estradinha de terra nem a estrada principal tinham iluminação. Certa manhã, ao olhar pela janela, Tone viu uma sombra no lusco-fusco. Um alce enorme estava avançando a toda velocidade em direção a Simon, que caminhava de cabeça baixa para se proteger da ventania e da nevasca. O alce e o menino de 7 anos estavam indo de encontro um ao outro. Tone deu um grito quando perdeu os dois de vista subitamente. De pantufas, saiu correndo e berrando na neve.

Assim que alcançou Simon perto da estrada, ele olhou para ela e perguntou:

— Está gritando por quê?

Simon nem se dera conta do alce.

Pais vivem com um medo eterno de que algo aconteça a suas preciosas crianças. Simon ficou de costas para o vento e olhou para a mãe.

— Não se preocupe comigo, mãe — disse calmamente. — Sabe que sou um homem da natureza.

Jovens sonhos

"Journey with me
Into the mind of a maniac
Doomed to be a killer
Since I came out of the nutsack
I'm in a murderous mindstate
With a heart full of terror
I see the devil in the mirror
(...)
Decapitatin', I ain't hesitatin'
To put you in the funeral home
With a bullet in your dome
I'm hot like lava

You got a problem?
I got a problem solver —
And his name is revolver
(...)
Nobody iller
Than this graveyard filler
Cap peeler
Cause I'm a natural born killa
Terror illustrates my era
Now I can't hang around my
momma
Cause I scare her"*

Dr. Dre & Ice Cube: *Natural Born Killaz*, 1994

---

*Venha comigo / Para a mente de um maníaco / Destinado a se tornar um assassino / Desde que nasci / Tenho uma mentalidade homicida / Com o coração cheio de horror / Vejo o demônio no espelho / (...) / Degolo, não hesito / Em colocar você num túmulo / Com uma bala em sua cabeça / Sou quente como lava / Você tem um problema? / Tenho uma solução para problemas / E seu nome é revólver / (...) / Não há ninguém mais doente / Do que esse enchedor de covas / Escalpelador / Pois sou um assassino nato / O terror explica a minha era / E agora não posso ficar perto da minha mãe / Porque eu a assusto. *(N. da R.)*

ANDERS PRECISAVA INVENTAR um nome. Antes de começar a pichar as paredes, ele tinha de achar uma assinatura bacana. Não podia ter muitas letras, de preferência entre três e cinco. Algumas letras eram mais legais que outras, e era importante que ficassem bem juntas, inclinadas umas sobre as outras. Ele fez vários esboços, experimentando em seu quarto com canetas hidrográficas e papel.

Quanto mais você escrevia sua assinatura, mais você se tornava sua assinatura. Ele admirava as assinaturas dos grandalhões espalhadas pela cidade. Fora o Anders mediano, o pichador estava entrando em cena! O nome deveria dizer algo sobre quem você desejava ser, distingui-lo da multidão.

Acabou sendo uma figura da HQ *Marvel Comics*. No universo de Marvel reinava o todo-poderoso Galactus. Um de seus carrascos traíra a raça ao executar seu próprio povo. Cheio de rancor e vingança, esse carrasco era destemido e sem escrúpulos, características de que o soberano Galactus precisava, pois vários de seus homens haviam sucumbido à dor de consciência ao serem obrigados a matar os seus. A ele foi confiado o cargo de carrasco-mor, e Galactus lhe deu um machado de duas lâminas para concluir o ataque mortal. O nome do carrasco era Morg.

O M e o O fluíam bem sobre o papel, o R era supermaneiro, o G estava difícil. O nome era para ser pronunciado como a palavra necrotério em inglês — *morgue*.

Anders saiu do caminho estreito entre os prédios de Silkestrå à procura de superfícies. Como substituto de um machado de duas lâminas, o menino de 13 anos tinha arranjado marcadores e latas de spray. O dinheiro fora ganho entregando o jornal na vizinhança. O mundo fora do Pátio Azul e do arvoredo o estava aguardando. Ele descartou a infância como se fosse um velho trapo. De repente, havia muitas identidades a escolher.

Ele era um pichador,

um grafiteiro,

um artista,

um vândalo,
um gângster,
um carrasco.

O ano era 1992. Ele havia mudado de escola ao passar para o segundo ciclo do ensino fundamental. Em sua nova sala da escola de Ris, os alunos vinham de diversos colégios do primeiro ciclo, e poucos o conheciam, portanto, ele poderia recriar a si próprio. A insegurança e os modos desajeitados da infância eram menos visíveis. Ele continuava quieto e reservado nas aulas, não era aquele que levantava a mão querendo ter a palavra, mas, fora da sala de aula, ele sabia o que queria.

Quatro meninos da sala acabaram ficando amigos. Um se chamava *Wick*, o outro *Spok*, e depois vinham *Morg* e Ahmed. Spok se mudara de Trondheim para Oslo no início do ano letivo e não conhecia ninguém. Ele usava o cabelo partido ao meio, tinha um rosto redondo e sardento de criança, e achava que Anders parecia bonzinho e um pouco tímido. Comprido e esgalgado, Wick tinha um semblante marcante, anguloso, e morava na vizinhança de Anders. Ahmed era o amigo paquistanês dos primeiro anos de ensino fundamental. No segundo ciclo, ele continuou sendo o único estrangeiro da sala.

A amizade dos colegas de sala girava em torno de uma obsessão comum.

Entraram na adolescência no auge do hip-hop e devoraram tudo indiscriminadamente. Ouviam rap em casa e no walkman indo para a escola, frequentavam shows no Blitz, o clube dos punks. Anders praticava os movimentos do breaking no gramado contíguo ao Pátio Azul. Ele, que antes se recusava a participar das competições de dança no porão, agora havia deixado toda a timidez de lado.

A música e os ritmos que inicialmente foram criados pelos negros do Bronx, no final da década de 1970, arrebataram Oslo. Os breakbeats, provenientes do funk, da música disco e eletrônica, compunham os loops dos shows, sendo sujeitos à técnica do scratch, que repetia o padrão rítmico determinado por percussão, baixo e guitarras. *Hip hop, don't stop.* Os DJs eram os novos heróis, e, com a agulha na faixa, os discos eram arrastados para frente e para trás, havia cortes e *phasing, crossfading* e mixagem. O toca-discos se tornara um instrumento próprio, e, aos poucos, surgiram os rappers de Oslo, cantando sobre a realidade local: a vida dos adolescentes da cidade.

Era uma música crua, rápida, muitas vezes agressiva. Os primeiros intérpretes do Bronx tinham uma mensagem contra a violência, as drogas e o racismo, e a esperança de que o hip-hop substituiria a violência das ruas. As pessoas se encontrariam para festas, não para brigas. Mais tarde, no entanto, a música passaria a ressaltar a violência das ruas, glorificando-a, e os rappers gângsteres, muitas vezes sexistas e racistas, inundavam suas letras de drogas. O hip-hop era um estilo de vida com regras aparentemente simples, conforme a explicação de KRS-One, um dos primeiros rappers de South Bronx: "*Hip means to know. Hop is the movement. Hip and Hop is an intelligent movement.*"

Para Anders, tanto o *hip* como o *hop* eram trabalhosos. *Hip* significava manter-se atualizado e relevante. Acompanhar as últimas tendências, entender as coisas, ser admirado. Ele trabalhava nisso todos os dias. *Hop* era o movimento. Ele treinava intensamente sobre a chapa do gramado do lado de fora do prédio. Tentava fazer o break e o twist, mas nunca conseguiu executar o giro de cabeça ou o giro de costas. Para dançar bem, faltavam-lhe o ritmo e o controle corporal.

Talvez ele pudesse se tornar um rapper. Afinal, mantinha um diário, anotando seus pensamentos e o que se passava com ele, assim como faziam os rappers. Mas sua voz não combinava com o tipo de música, era aguda, mansa, quase como a voz de uma menina.

Sua escolha foi a terceira expressão do hip-hop: a pichação.

Enquanto o break era um rap visual e tridimensional, a pichação era um break enrijecido. As letras se retorciam da mesma forma que o corpo na dança. Para criar um traçado bom era preciso balançar o corpo, tomar impulso, de modo que o ritmo se propagasse do corpo para a mão que direcionava o esguicho de spray na parede.

O grafite repercutiu na pulsação dos corpos da juventude. Os traçados das paredes eram como eles, angulosos, duros, insistentes. Os motivos deveriam ter velocidade, movimento, ser ao mesmo tempo duros e joviais. Mas se tratava também de uma cultura de desempenho. Tudo era avaliado, aprovado ou rejeitado. Com bom estilo e execução original, você poderia se distinguir dos jovens anônimos da cidade, você poderia brilhar um pouco.

Para o público das calçadas, a pichação dava a impressão, assim como a cultura adolescente geralmente faz, de algo importuno, feio e sem harmonia. Mas desde quando a cultura juvenil primou pela beleza?

No bairro onde Anders cresceu, os ideais da juventude se dividiam de forma intransigente entre o jogo de tênis e a pichação. Não era aqui, na terra das mansões, entre velhas macieiras e peônias, que os ídolos de Morg viviam. "O hip-hop é uma tendência internacional entre os adolescentes, mas só mostrou força em Stovner até então", escreveu o *Aftenposten* em 1991.

Ris era uma escola da zona oeste com alunos provenientes de uma área que se estendia desde a rampa de esqui da colina de Holmenkollen até a baixada de Skøyen. A maioria cresceu com a "autoconfiança dos grandes jardins", e, fora da escola, eles frequentavam as pistas de esqui, os campos de futebol e as quadras de tênis. Passavam os fins de semana juntos, dando festas em casa sem a presença dos pais, ou assistindo a filmes na sala de jogos do porão. Era importante que as grifes certas aparecessem nas blusas e casacos de neve, como Polo, Phoenix ou Peak Performance. Muitos da sala de Anders se tornariam advogados ou profissionais do mercado financeiro. Na foto da sala 8A de 1993, a maioria dos alunos vestia uma malha fina, branca, de gola rulê por baixo da camisa ou suéter de lã.

Um menino no meio da última fileira se destacava. De camisa xadrez GG e moletom de capuz escuro, ele sorria com fones nos ouvidos. A pose e os fones de ouvido marcavam uma distância em relação aos outros.

Grosso modo, a sala poderia ser dividida em quatro. Havia aqueles das malhas de gola rulê, os convencionais. Eles eram a maioria. Anders nunca se misturava com eles. Havia também uns dois que andavam de cabeça raspada e usavam jaqueta de piloto, calça camuflada com as barras dobradas e bota preta. Flertavam com o neonazismo e gostavam de rock pesado. Anders os conhecia superficialmente. Não incomodavam ninguém, e ninguém os incomodava. Eles eram contra a imigração, e Anders tinha alguns amigos estrangeiros, por isso não convinha andar com eles. Além disso, ele não suportava heavy-metal. Em seguida, vinha a turma do hip-hop. Eles pichavam um pouco, eram um pouco rebeldes, um pouco gângsteres experimentais. Se o movimento hip-hop alguma vez teve uma mensagem política, ela desapareceu no caminho para Ris. Ali, a pichação era sem objetivo, salvo sua função como expressão de liberdade, anarquista por natureza. Por fim, havia os perdedores. Eram uns dois ou três. Eles andavam sozinhos.

Anders pertencia ao terceiro grupo. Gradualmente, ele ganhara respeito na escola, onde passou a ser considerado como um pichador desordeiro, um brigão. Se alguém dizia alguma merda, ele o derrubava com uma pancada.

Anders se apresentava com autoconfiança, e não tinha medo de levantar a voz para manifestar suas opiniões. Tinha o estilo certo, com roupas compradas na Jean TV, a lojinha de hip-hop do Arkaden, primeira tentativa de um shopping em Oslo. Usava Nike nos pés, calças grandes demais e moletons de capuz da marca Champion. Todas as manhãs, ajeitava o cabelo na frente do espelho, partindo a franja ao meio e passando várias camadas de gel para que a divisão ficasse retinha. A imagem de valente era para parecer descontraída, mas, no fundo, o "pichador desordeiro" era extremamente vaidoso e se atormentava por causa de seu narigão.

O Bando dos Quatro começou pequeno: primeiro, horas de esboços no papel, passando em seguida para os muros e cercas da vizinhança, ou se enfiando na área da escola de noite. Mais tarde, com as mochilas cheias de latas de spray, entraram às escondidas no terminal de ônibus de Skøyen, depois de encerradas as corridas noturnas, e escreveram seus nomes com caracteres fortes, angulares.

Conquistadas as redondezas, Morg quis expandir. Ele arranjou um mapa de Oslo. Um dia, Spok entrou em seu quarto, que estava sempre meticulosamente arrumado, e encontrou Anders sentado ali como um general pronto para a batalha. Ele apontava e traçava linhas, bairros, ruas, casas. Sabia quais pichadores dominavam as áreas de que queria se apossar, sabia onde moravam e aguardava ansiosamente o momento em que sua própria assinatura estaria numa parede da área deles. Ele tinha feito sondagens para descobrir quando seria mais fácil escapar. Era como se planejasse um ataque ou um assalto, com rotas detalhadas que incluíam estratégias de saída caso a polícia aparecesse. Spok, com aquela cara inocente de bebê que o safava de tanta coisa, prestava atenção em silêncio. Depois de Anders ter apresentado tudo, Spok achou a ideia excelente.

Os rapazes ainda eram toys, ou seja, novatos. Embora parecesse livre e anarquista, o meio dos grafiteiros era rigidamente hierárquico. Você precisava encontrar seu lugar na escala. Ser toy era ok, a maioria pertencia a essa categoria; o que pegava mal era ser um wannabe, isto é, alguém com pretensões de ser mais do que era.

O objetivo dos ambiciosos era se tornar King. A designação se aplicava aos maiores pichadores, àqueles que eram bons e atrevidos ao mesmo tempo. Para ser King, era preciso deixar sua assinatura no maior número de lugares possível. Além disso, deveria fazer algo excepcional, por exemplo, pichar um muro inteiro, cobrir uma estação inteira de metrô com grafite ou pichar num lugar altamente vigiado. De preferência, seu nome deveria ser visto no centro, onde havia maior vigilância, na avenida principal de Oslo, a Karl Johan, ou ao longo da linha de metrô que ia da Estação Central, via Parlamento, até o Palácio Real. Não tinha como se tornar King em Skøyen.

— Como posso me tornar grande? — ponderou Anders, dirigindo-se a um colega de sala, um dos convencionais, certa tarde em que os dois passavam o tempo depois da aula na escada da estação de metrô de Majorstua. — O que *eles* fazem que eu não faço?

— Acho que o único jeito é você pichar em todos os lugares onde as pessoas olham — disse o colega. — Como, por exemplo, aquela parede ali. — Ele apontou para uma joalheria do outro lado do cruzamento movimentado.

Anders não respondeu; ele simplesmente foi direto para a loja de paredes brancas de mármore, pegou um marcador que levava escondido debaixo do braço e escreveu seu nome sobre a parede inteira. Em seguida, deu meia-volta e, de cabeça erguida, saiu andando calmamente pela Bogstadveien e sumiu. O colega ficou superimpressionado. As multas por pichação eram altas. Anders não tem medo de nada, pensou o colega de sala. Ele mesmo havia se preparado para correr.

Mas para subir também era preciso se relacionar com as pessoas certas. Uma tarde, os quatro rapazes da 8ª série foram até o ponto de encontro dos pichadores, a praça de Egertorget, no meio da avenida Karl Johan. A escadaria que descia para a estação de metrô do Parlamento era seu *Writers' Bench*. Ali ficavam em grupos, a maioria meninos, variando de uma meia dúzia a uns cinquenta, mostrando esboços um para o outro, trocando ideias e conversando sobre campanhas de pichação. Havia os ultrarradicais do clube Blitz, os jovens de famílias desfeitas, alguns pequenos delinquentes, muitos imprevisíveis. O número de imigrantes era maior ali do que nas outras tribos juvenis dos anos 1990.

Todos os novos eram vistos com desconfiança. Não se poderia simplesmente aparecer no *Writers' Bench* do nada. Você tinha de ter o aval de alguém, ser conhecido de alguém. Senão você seria rejeitado imediatamente, e, se não se tocasse, seria excluído por meio de intimidação e *bullying*.

Para ficar, era preciso provar algo. Você deveria pichar ilegalmente para subir, e, para ganhar respeito mesmo, teria de passar pelo teste máximo: ser preso e mostrar que não dedurava ninguém.

Tinha começado tão bem! No meio dos anos 1980, quando a onda do grafite voou sobre o Atlântico, do Bronx para Grünerløkka, ela era vista como um fenômeno juvenil novo e interessante. No primeiro artigo sobre o grafite na Noruega, o jornal *VG* usou palavras como *extremamente profissional* sobre uma *obra* perto do metrô de Brynseng. A Companhia do Metrô de Oslo chamava os pichadores de *artistas do grafite*. Orgulhosos, os meninos se apresentaram com seus nomes completos. A única coisa que a Companhia do Metrô exigiu dos jovens era que pedissem permissão antes de começar a usar as latas de spray ao longo da linha.

No final da década de 1980, a linguagem mudou. Não se tratava mais de arte, e sim de imundície. A Companhia do Metrô era da opinião de que o grafite comprometia a sensação de segurança dos passageiros. Milhões de coroas foram gastos com limpeza.

— Cada vez mais pessoas têm seu patrimônio destruído por imundícies. Está na hora de uma resposta rápida e vigorosa — declarava o Partido Progressista no Parlamento, exigindo pulso firme do ministro dos Transportes do Partido Trabalhista.

Na época em que Anders começou a frequentar a cena da rua, palavras como *guerra* e *vândalos violentos* se repetiam.

— Lutamos contra uma máfia — disse um chefe de seção da Companhia do Metrô à mídia no verão de 1993. — Essa máfia é bem organizada, com equipamentos de comunicação, sua própria estação de rádio e revista. Eu chamaria de guerra aquilo que está acontecendo entre a Companhia do Metrô de Oslo e a máfia do grafite.

Os guardas da Companhia do Metrô não hesitavam em pegar pesado com os reincidentes. Pelos pichadores, a empresa de segurança Concept era considerada a mais dura. Vários guardas eram ex-cobradores de dívidas que exerciam sua própria justiça.

Ao longo dos anos 1990, cada vez mais jovens foram levados à polícia. Alguns receberam penas de prisão e multas astronômicas da ordem de centenas de milhares de coroas, uma dívida cujo peso os jovens levariam para a vida adulta. Os condenados eram impedidos de continuar a pichar, pois a polícia conhecia seus tags, e parte da pena muitas vezes era condicional.

Nos interrogatórios, a polícia procurava fazer os adolescentes entregarem outros do grupo. Dizendo que fulano ou sicrano já tinha confessado, os interrogadores induziam muitos a contar sobre os comparsas. Não era fácil para um jovem de 14 anos resistir a investigadores experientes.

Com a perseguição policial, o caráter da cena do grafite também mudou. A coragem passou a contar mais que o talento. Havia mais borrões, menos arte. Para fazer o que os grafiteiros chamam de um piece — um quadro maior com várias cores e figuras — era preciso ter tempo, concentração e calma. Um bom piece não era coisa que se fazia passando o spray e estando de vigia ao mesmo tempo. Era mais um caso de "hit and run". "A sociedade ganha o grafite que merece", disse um criminologista sobre as galerias de rua que ficavam cada vez mais irregulares.

Já que as penas haviam se tornado tão duras, os pichadores precisavam expulsar possíveis delatores logo, e o meio ficou ainda mais fechado em relação aos novatos. Mas, para a sorte dos mauricinhos rebeldes de Skøyen, Ahmed conhecia um dos pichadores veteranos, Minor. Ele deu um jeito para que Morg e seus amigos tivessem aceitação inicial na escadaria prometida.

No inverno de 1994, quando Anders estava na 8ª série, as autoridades fizeram de tudo para que Oslo ficasse limpa e polida, asseada e impecável. Excepcionalmente, as lentes das câmeras do mundo estavam viradas para a Noruega. O governo queria pôr à mostra uma nação saudável, e os ministros ficavam pulando na TV enquanto agitavam os braços sob o lema "Em forma para as Olimpíadas".

As autoridades municipais de Oslo iniciaram campanhas agressivas contra "o vandalismo, a violência e a poluição da cidade" no período anterior ao início dos jogos. A Câmara Municipal, controlada pelo Partido Trabalhista, lançou uma campanha contra os grafiteiros intitulada "Cabeça de pichador". No metrô, havia uma imagem de um rapaz com expressão vazia. O cérebro tinha sido levado embora, e o oco fora preenchido por uma bolinha, igual àquelas que estão nas latas de spray.

O patriotismo borbulhou nos Jogos Olímpicos de Inverno, sediados em Lillehammer, em fevereiro de 1994. Os atletas noruegueses levaram muitas medalhas de ouro, e o país inteiro se deixou embriagar pelo slogan de Gro Harlem Brundtland de uns anos atrás: Ser norueguês é ser bom.

Anders, que acabara de fazer 15 anos, pouco se importava em ser bom no esqui. Ele não tinha nada em comum com os ricos patronos do esporte do bairro nobre. Depois do breve período que passou com a família de fim de semana quando tinha 2 anos, ninguém mais o levara para passear na floresta aos domingos. A cidade era sua selva.

Foram semanas tranquilas na capital, um frio intenso em toda a cidade de Oslo. Os dias eram de um azul intenso e as noites, estreladas. Morg não se deixou afetar pelos vinte graus abaixo de zero na única competição que importava: ganhar o título de King. De noite, várias vezes por semana, ele saía, descendo da varanda para assinar a cidade.

Certa noite, ele e Ahmed estavam caminhando juntos em direção ao terminal de ônibus de Skøyen. Um ficaria de vigia enquanto o outro pichava. Eles se revezavam e passavam frio, se revezavam e agitavam os braços para se esquentar. No meio das Olimpíadas de Inverno, às 2 horas da madrugada, enquanto Morg estava de vigia, eles foram pegos.

Levaram os rapazes à delegacia e chamaram seus pais. O fato foi denunciado e registrado, mas já que nenhum dos dois tinha sido pego antes, e por serem tão jovens, a pena se resumiu a uma semana lavando ônibus durante as férias de verão. No entanto, foram advertidos a ficar longe da pichação, pois na próxima vez não seriam tratados com a mesma leniência.

Finalmente, tinham o que contar na praça de Egertorget. Eles tinham mantido silêncio.

Anders explicava, usando os gestos e as expressões que ouvira nas gangues dos imigrantes. Às vezes, ele trocava palavras norueguesas por palavras árabes, assim como faziam os poderosos das gangues barras-pesadas.

Que babaca, pensou Net, pichador da zona leste, um pouco irritado. Sem saber um do outro, tanto Morg como Net tinham passado um tempo no Centro Nacional de Psiquiatria Infantojuvenil. Net era um menino rebelde e muito agitado. Fora matriculado na escola do Centro Nacional e sujeito à observação na mesma época em que Anders frequentara o jardim de infância lá. Crescido em Grünerløkka — que nos anos 1980 era um bairro operário, um bairro que os pais de Ris proibiam seus filhos de visitarem —, ele gozava de um respeito que faltava a Anders. Começou a pichar aos 12 anos, e era um dos talentosos, um artista do grafite com originalidade e estilo próprio. Mais tarde, já adulto, Net se tornaria parte da elite do mundo das artes.

— Fomos rastreados pela Concept e pegos pela polícia — continuou Anders com sotaque estrangeiro. — Foi totalmente louco!

Alguns na escada riram veladamente.

Não eram muitos da zona oeste que frequentavam Egertorget, por isso Net havia notado Anders, aquele zé-ninguém com sua obstinação em ganhar acesso. Mas Net também viu que Anders queria algo mais do que só passar o tempo. Ele era ambicioso, determinado, não apenas frouxamente interessado como tantos outros. Será que deveriam lhe dar aceitação?

Era difícil dar o braço a torcer. O rapaz de Grünerløkka manteve distância, assim como a maioria. Afinal, não se podia confiar naqueles do outro lado da cidade. Enquanto a zona oeste tinha o capital, os moleques da zona leste eram os donos da rua; as paredes eram grátis.

Além disso, Morg era comum, pensou Net. Medianamente bom. Não alguém que fortaleceria um crew.

Fazer parte de um crew era o próximo passo para Anders. Antes de se tornar King. Colocar seu nome do lado dos bons. Mas, para fazer parte, era preciso ser convidado. E o convite tardava a chegar.

Em março, quando a neve compactada se tornara encharcada, a polícia flagrou Morg pela segunda vez. Mais uma vez, ele ficou quieto. Mais uma vez, ele foi liberado.

Durante os quinze anos que se passaram desde que Anders nasceu, o número de imigrantes não ocidentais na Noruega havia quase quintuplicado. Em Oslo, a tendência era ainda mais acentuada. Em meados da década de 1990, um terço dos habitantes do centro-leste de Oslo era de origem estrangeira. Os paquistaneses que chegaram à Noruega para trabalhar na década de 1970 formavam o maior grupo. A essa altura, seus filhos estavam com um pé em cada cultura. As meninas eram bastante vigiadas e, em geral, mantidas dentro de casa depois do horário das aulas, enquanto os meninos tinham rédeas mais soltas.

Aos olhos de Anders, os estrangeiros eram os heróis. As gangues estrangeiras tinham uma atitude mais agressiva e um tom mais brusco do que os jovens noruegueses. A Câmara Municipal do Partido Trabalhista havia comprado apartamentos para os refugiados na zona oeste no intuito de combater a criação de um gueto de imigrantes na zona leste. Os apartamentos ficavam nos prédios e casas geminadas onde Anders morava, apelidados de "favela" pelos esnobes do mesmo distrito escolar, que habitavam as áreas mais exclusivas.

Os contrastes entre a classe média norueguesa, socialmente protegida, e os imigrantes eram acentuados. Os códigos de honra passados de uma geração a outra, que causavam estranheza entre crianças e jovens noruegueses, explicavam alguns dos conflitos que surgiam, mas muitas vezes as pessoas simplesmente perdiam a cabeça. Wenche se irritava em voz cada vez mais alta com as crianças somalis que corriam em volta do prédio fazendo barulho a qualquer hora do dia, enquanto os estrangeiros se amarguravam com os noruegueses que os recebiam jogando bombinhas em suas varandas. Um pai somali do mesmo prédio saía de taco na mão para espancar os meninos que espirravam água em seu filho.

— Não jogar água em meu filho! — soava a voz dele por todo o condomínio de Silkestrå.

Não valia a pena provocar as gangues. Um dos amigos de Anders foi espancado por uma gangue de estrangeiros e quis se vingar. Alguns dias mais tarde, o líder da gangue levou uma surra de dois noruegueses com tacos, na frente do mercado Rimi, e ficou sangrando no chão. A vingança teria de ser retribuída com vingança. Uma noite, alguns integrantes da gangue escalaram o muro da mansão do homem mais rico da Noruega, o armador bilionário John Fredriksen, em Bygdøy, onde suas filhas gêmeas de 14 anos estavam recebendo alguns amigos. O rapaz que tinha feito a provocação era namorado de uma das filhas do bilionário, e estava na mansão aquela noite. Uma janela fora deixada aberta. O rapaz que era o alvo da vingança da gangue se escondera em um dos guarda-roupas da Sra. Fredriksen. Eles o encontraram, o arrastaram para fora do guarda-roupa, o espancaram até sangrar, quebraram seus dedos e o jogaram escada abaixo. Somente depois de largar o rapaz inconsciente no chão, a gangue se retirou, calmamente.

As gangues tinham seus territórios e os vigiavam como jovens lobos. Onde Anders morava, a linha do bonde formava uma fronteira. Era melhor ficar do lado certo dela. As estações de Skøyen, Hoff, Majorstua e Tåsen eram controladas por diversas gangues, a maioria baseada em etnia, e, se precisassem, eles pediam ajuda dos parentes da zona leste.

Nos anos 1990, um novo conceito entrou na língua norueguesa: assalto a menor. As gangues pegavam o metrô na zona leste, passavam pelo centro debaixo da terra e ressurgiam na zona oeste. Eram meninos contra meninos, crianças contra crianças. E as crianças da escola de Ris tinham muitas coisas com que as crianças dos subúrbios sonhavam. O pior era se as gangues "marcassem você para cobrança". Aí era só pagar. Muitas vezes, mal havia pretexto para alguém ficar com uma dívida, simplesmente alegavam um motivo fictício do tipo "Você olhou para mim. Você me deve". Um membro da gangue poderia dar uma cutucada em você, dizendo que estava no caminho, e como punição você teria de pagar.

Ninguém delatava nada à polícia. Não se fazia isso. Ninguém se atrevia a tanto.

Era melhor atravessar a rua se certos paquistaneses ou somalis viessem em grupo, ou sair do metrô na primeira parada se estivessem avançando pelos vagões.

Os noruegueses eram chamados de batatas.

Neguinhos filhos da puta, soava o revide.

Seu iogurte azedo!

Paquistanês desgraçado!

Anders se dava melhor com os Brunosts.

Certo dia, Morg pichou as janelas do diretor de sua escola, o sr. Egeland, com listras. Knut Egeland, que exigia uma disciplina quase militar e muitas vezes usava uniforme na escola, quis repreendê-lo. O diretor entrou na sala logo antes de a aula começar e deu em Anders, que estava sentado em sua carteira, um golpe no peito. Foi um golpe relativamente forte. Anders se levantou, perguntando se não deveria bater no diretor da mesma forma.

— Pode me bater se tiver coragem — respondeu o diretor. Como se estivesse refletindo, Anders demorou um pouco antes de lhe dar um golpe bem no marca-passo. O diretor caiu para trás, enquanto o professor e os colegas assistiam atônitos. Logo, ele se recompôs e, antes de sair da sala, falou entre os dentes: — Olho por olho, dente por dente.

Com aquele golpe, Anders ganhou respeito.

Morg era admirado pelos pequenos de Skøyen, eles sabiam que "essa noite Morg passou aqui, aqui e ali". Ele tinha um estilo, ele tinha atitude. Suas letras eram pontudas em cima, arredondadas embaixo e tinham uma sombra inclinada para a frente. Formas legais, esse era o consenso entre os meninos pequenos. Morg usava muitas cores, pelo menos três ou quatro, geralmente mais, com preferência pelos tons pastel.

As cores variavam um pouco, dependendo do acesso à tinta em spray. A regra entre os pichadores era que o spray deveria ser roubado. Roubavam de postos de gasolina e de lojas de material de construção, principalmente das grandes redes, não das pequenas lojas de tinta, pois isso não era legal. Os rapazes se enfiavam nas lojas como sombras magras de moletons de capuz, se esgueiravam ao longo das prateleiras, deixavam algumas latas caírem na mochila e iam tranquilamente até o balcão para comprar uma Coca-Cola, ou simplesmente agarravam umas latas de Quick e saíam correndo. As latas eram caras, 100 coroas cada. Era preciso ter pelo menos quatro para fazer um piece razoável, que nem seria grande. Algumas paredes absorviam mais spray do que outras; velhas paredes de alvenaria sugavam muito spray, mas as superfícies mais lisas, como ônibus e bondes, não exigiam tanto.

Anders não queria roubar. Ele queria comprar. Ir até o caixa e pagar.

Na Dinamarca, as latas custavam um quarto do preço. Morg, Spok e Wick planejaram pegar o navio para Copenhague; a viagem levaria duas noites, e eles disseram aos pais que iam dormir na casa do amigo. No total, compraram quase trezentas latas de spray, arrastando malas pesadas para o ferryboat de volta. Assim que o navio partiu do cais, os adolescentes foram chamados pelo alto-falante. Não tinham opção senão se apresentar ao capitão. O resto da noite passaram detidos na ponte de comando.

Os pais de Spok haviam ficado desconfiados. Não precisaram fazer muitas ligações antes de tirar a limpo a história. Telefonaram para a companhia de navegação, que logo identificou os rapazes na lista de passageiros.

O pai de Spok e a mãe de Morg quase brigaram. "Não era nada de mais", respondera ela quando ele contou que tinham localizado os meninos no navio que fazia a travessia para a Dinamarca. Ele a julgava irresponsável, ela achava que ele exagerava. No cais de Oslo na manhã seguinte, os pais de Spok e Wick estavam aguardando os filhos; ninguém estava à espera de Anders.

Os pais de Spok tentaram de tudo para tirar o filho daquilo que consideravam um ambiente barra-pesada. Como disfarce, Spok começou a jogar futebol, fazendo malabarismo entre os dois mundos, o certinho e o torto, e continuou com a pichação.

Anders era o instigador. Ele seguia seu próprio caminho e criava sistemas para tudo. Nessa época, a mãe havia se mudado para uma casa geminada de Konventveien, e ele colocou as latas, adquiridas a duras penas, rente à parede embaixo da varanda. Organizadas de acordo com número e código cromático, elas formavam uma longa fileira luminosa. As latas das cores que ele mais amealhara estavam alinhadas uma na frente da outra, saindo da fileira principal. Verde. Laranja. Amarelo. Prata.

Por trás da parede de alvenaria, depois das latas de spray, havia outra guerra, ora fria, ora quente. Os vizinhos escutavam as palavras passarem pelas paredes finas da casa. A rebeldia juvenil de Elisabeth viera com força total. As portas batiam, os copos e as panelas voavam entre as paredes. A moça tinha muitos anos de raiva a pôr para fora.

Durante as brigas da mãe e da irmã, Anders geralmente sumia dentro de seu quarto e só aparecia na cozinha para as refeições. Aí era a vez de Elisabeth sair da cozinha. Ela se recusava a comer com a mãe e o meio-irmão, preferindo ficar sozinha no quarto com o prato no colo.

Mas, fora de casa, Elisabeth desabrochou. A irmã passara por uma metamorfose. Ela era engraçada e espirituosa, bonita e popular. E queria ir embora. Ir embora de Skøyen, ir embora de Oslo, ir embora da Noruega. Aos 18, tinha ido para os EUA como *au pair*. A Califórnia era o lugar dela. Agora, estava juntando dinheiro a fim de voltar para lá, esperando que fosse de vez.

Quando Anders estava no ginásio, Wenche começou a namorar Tore, um oficial do Exército. Tore e Anders se deram bem. Ele era uma pessoa calorosa, fácil de lidar. Por alguns anos, foi uma espécie de figura paterna para Anders, embora desse a entender que achava o rapaz um tipo meio frouxo, desajeitado e sem muita habilidade para coisas de homem, como bater pregos ou consertar uma bicicleta.

Depois de atingir a adolescência, Anders podia ir sozinho de bicicleta visitar o pai no bairro de Frogner ao ser convidado para jantar. Às vezes, eles jogavam Banco Imobiliário ou Master, ou ele recebia ajuda com a lição de casa. Uma vez o pai o convidou para uma viagem a Copenhague. Mas a relação nunca ficou próxima. Em geral, Jens estava insatisfeito com o filho e se irritava com ele, que gostava de dormir até tarde, fazia uma dezena de sanduíches e se sentava na frente da TV logo ao acordar. O pai o achava preguiçoso e indiferente, apático e calado. Ele nem era particularmente curioso ou interessado em aprender, comentava o pai. Pelo contrário, diria mais tarde, Anders gostava de conforto e de ser paparicado.

Ao mesmo tempo, Jens notara que o filho às vezes era triste e pesaroso, como se algo o atormentasse. Mas Anders jamais disse ao pai que tinha problemas ou o que o incomodava.

Mais tarde, Jens admitiria que Anders ansiara por carinho e amor, com um sentimento de que algo lhe faltava. Mas o próprio pai nunca conseguiu dar ao filho o que ele precisava. Ele se manteve distante e nunca fez Anders se sentir amado.

Quando Anders foi flagrado pichando pela primeira vez, tanto o pai como a mãe receberam um telefonema da polícia. O pai ficou possesso ao saber que seu filho cometera um crime, ameaçando cortar o contato com ele.

A segunda vez que isso aconteceu, ele reagiu com frieza.

Anders prometeu que nunca mais picharia. Com isso, o pai se acalmou.

Anders estava adquirindo uma mão firme. Ele não deixava manchas, o spray não criava bolhas, os traços ficavam regulares, sem tremer. Aplicava o spray de prata sem deixar pingos ou partículas de pó na parte preta, ao mesmo tempo que a cor ficava uniforme, preenchendo a imagem.

Mas, um dia, alguns da praça de Egertorget começaram a zombar de Morg abertamente. De seu arrivismo. Da bravata, do andar gingado de hip-hop exagerado, das calças que ele vestia de trás para a frente para ser descolado. As calças que deveriam ser tão grandes como aquelas usadas pelos negros nos videoclipes.

A zombaria continuou na próxima vez que ele foi lá. E na próxima. Morg fazia de conta que não era com ele. Ahmed não participava mais: fora expulso da escola de Ris por desordem e agora passava o tempo com amigos e parentes paquistaneses na zona leste. Spok e Wick ficaram em cima do muro. Os dois colegas de sala nunca participaram do *bullying*, mas deram um passo imperceptível para trás quando começou. Não queriam que os prejudicasse. No caminho de volta para casa, Anders procurou fazer pouco caso daquilo tudo.

Não demorou muito para que os pichadores importantes mostrassem claramente que Morg não era mais desejado em seu meio. Não o disseram, apenas pularam da zombaria descarada à total desconsideração.

— Não tinha colhões para reagir — admitiria Spok muitos anos mais tarde. — Só fiquei parado ali que nem um idiota, torcendo para que não me prejudicasse.

Anders cometera um erro fundamental. Não entendera onde era seu lugar. Ele era um toy, mas se comportara como um King. Em outras palavras, como um wannabe.

Anders lutou com unhas e dentes por seu lugar no meio. Mas o *bullying* repercutiu em seu próprio grupinho, e seus amigos se afastaram.

Um impiedoso colégio de árbitros do bom gosto, composto por Wick e Spok, deu o golpe mortal.

Morg foi expulso do grupo.

Muitos anos mais tarde, convocado para um interrogatório com a polícia a fim de falar sobre o amigo com quem rompera havia dezesseis anos, Wick foi transportado para as avaliações de um aluno da 9ª série:

— Por um tempo, ele fazia parte da turma dos descolados, mesmo sendo careta. Em geral, ele era o mala. No final, não foi mais aceito.

O raciocínio ainda seguiu a lógica dos meninos do ensino fundamental:

— Logo entendemos que não iríamos a lugar algum com Anders a reboque, e foi preciso tomar uma decisão: apoiar Anders ou aderir a um dos grandes pichadores.

Com o desligamento de Anders da praça de Egertorget, Spok e Wick foram aceitos em bons crews e continuaram a pichar.

Descolado ou careta, essa era a questão.

Mas Anders não parou de pichar. Se continuasse, se melhorasse, eles teriam de reconhecê-lo, e ele se tornaria King de qualquer jeito.

Ele começou a pichar com meninos mais novos. Aqueles que não perceberam que Anders não era mais "hip".

Um deles era um rapazinho magro de uma das maiores mansões da vizinhança, cujos pais ficavam pouco em casa. Ele estava um ano abaixo de Anders na escola de Ris, pichava um pouco e ficou boquiaberto ao ver o arsenal de latas cuidadosamente empilhadas sob a varanda. Anders gastava muito tempo avaliando quais cores usaria e pesava as latas de Quick na mão antes de cobrir a paleta ao longo da parede, escondendo-a da trilha de pedestres.

Os grandes pichadores tinham um ideal nerd de manter seu equipamento bem organizado, enquanto os pequenos, usualmente, passavam por aí sem método ou destino.

Certa noite, Anders indicou um lugar onde queria pichar. Ele apontou para um piece de um dos grandes do meio. O pichador mais novo protestou.

— Nem fodendo. Você não pode pichar em cima daquele!

— Picho onde bem entender — disse Anders com convicção, tirando a primeira lata de spray da mochila.

Além das inúmeras regras do que era legal ou não, o meio do grafite tinha duas regras incondicionais que nunca poderiam ser quebradas: não delatar e não pichar em cima dos pieces dos outros.

Havia exceções vagas, sutis. Um King poderia escrever em cima da pichação de um toy, mas não vice-versa. Um que era bom poderia pichar em cima de um que era ruim. Um grande piece de cores poderia cobrir uma pichação individual. Para escrever sobre um piece que estava prestes a desbotar, era necessário perguntar a quem o fizera. Era possível fazer a avaliação por conta própria, mas deveria ser bem fundamentada.

— Vamos achar uma parede limpa.

— Não, quero pichar aqui — interrompeu Anders com firmeza, na escuridão do terminal de ônibus.

— Tem que perguntar primeiro!

Anders se virou para a parede. Abriu a tampa da lata e ergueu a mão. Ele apertou.

A tinta spray atingiu a parede, espalhando-se sobre o nome do outro pichador.

MORG, os passageiros poderiam ler na manhã seguinte.

MORG, leu aquele cuja assinatura havia sido rabiscada.

Um King poderia fazer o que bem entendesse.

Um toy não.

O desafio fora lançado.

Logo antes do Natal na 9ª série, Anders foi sozinho até Copenhague para reabastecer seu estoque de tinta spray. Ele comprou todas as cores de que precisava, juntou-as na mochila e voltou de trem. Na antevéspera do Natal, chegou à Estação Central de Oslo e foi parado pela polícia. Confiscaram o conteúdo da mochila, 43 latas de spray, e o mandaram para o plantão do Conselho Tutelar, que notificou a mãe. O plantonista escreveu o seguinte relatório: "A mãe não sabia que ele tinha ido à Dinamarca. Já foi à Dinamarca uma vez antes sem avisar a mãe. O rapaz tem duas denúncias anteriores referentes a pichação/vandalismo, em fevereiro e março de 1994."

O Conselho Tutelar teve umas duas entrevistas com Wenche e Anders no início do ano, registrando que a mãe estava preocupada com o filho, temendo que fosse enveredar pelo mundo do crime. Tratava-se de "uma preocupação real com sua ligação com o meio dos pichadores", escreveu o plantonista do Conselho Tutelar. "Tais grupos têm fama de promover atividades e condutas que beiram o crime. O próprio menino diz que não frequenta mais o meio dos pichadores."

Nisso ele tinha razão. Ele não tinha mais um meio.

O registro do Conselho Tutelar terminou da seguinte forma:

02.02.95: Carta de Anders indica que não quer mais colaborar com o Conselho Tutelar em função de "revelações" na escola.
07.02.95: Entrevista marcada com o menino aqui no escritório. Não compareceu.
13.02.95: Entrevista marcada com a mãe e o menino aqui no escritório. Ninguém compareceu.

Deixar de comparecer era uma tática eficaz para ficar fora do radar do Conselho Tutelar. O caso foi arquivado por "não ser considerado grave o suficiente para exigir medidas de ajuda por parte do Conselho Tutelar".

"Morg é delator."

Na praça de Egertorget, os rapazes estavam conversando. Net não ficou surpreso com o boato.

A essa altura, todos davam as costas para Anders. Ninguém queria saber dele. Quem ele tinha entregado, o que dissera, ou se alguém foi pego pelo que ele dissera, isso ninguém sabia. Não adiantou. Se o boato corria, você já estava estigmatizado.

Nem a tinta spray mais branca poderia limpar Morg. A escola se tornou uma extensão do pesadelo. Assim que Anders aparecia, não importando se fosse antes do começo da aula ou de noite, ele era atormentado. E por gente que não tinha a mais remota ligação com a turma dos pichadores. Ele se tornara alguém que todos se sentiam no direito de humilhar. Suas expressões favoritas andavam de boca em boca, sendo ridicularizadas, assim como caricaturas de seu nariz grande.

Anders começou a levantar pesos, até duas vezes por dia. Rapidamente, passou de magro e fraquinho a ombrudo e forte. Os colegas de sala se perguntavam se ele tomava bomba. De qualquer forma, na escola de Ris, treinar com pesos era visto como brega; alguns anos ainda se passariam antes de virar moda.

A essa época, Anders andava sempre sozinho. Ou nem sempre. Às vezes ele estava junto com alguns outros, aqueles do quarto grupo: os perdedores.

— Os excluídos se mantêm unidos — riam os populares.

A caracterização no livro do ano dos alunos foi cruel.

"Antes, Anders fazia parte da 'turma', mas, depois, se tornou inimigo de todos", rezava o livro dos formandos de 1995. "Anders está apostando no corpo perfeito, mas é preciso dizer que falta muito. Fora isso, Anders passa bastante tempo na Dinamarca a fim de conseguir materiais para seu 'projeto de arte'. Na 7ª série Anders ficou com X, mas hoje arranjou uma fã de Tåsen (ruiva com sardas). Anders muitas vezes faz coisas estúpidas sem motivo, como, por exemplo, bater no diretor."

Para encerrar, estava escrito que ele atualmente se relacionava com os perdedores da sala, cada um identificado por nome. Ali ninguém escapava.

Anders estava desesperado, querendo descobrir quem havia escrito o texto, para lhe dar uma surra.

A referida colega de sala sobre quem estava escrito que "ficou" com Anders também estava brava com o autor do texto. Nunca tinham ficado coisa nenhuma, aquilo era só *bullying*, já que ficar com Anders seria a última coisa que alguém pudesse imaginar, pois significaria ser rejeitada.

A memória de Wick, o ex-comparsa de Morg, ainda estava afiadíssima quando a polícia lhe apresentou o texto do livro do ano dezesseis anos depois de ter sido escrito.

— Sim, foi isso mesmo — disse Wick, o alto e moreno da turma, antes de corrigir o texto um pouquinho: — Não inimigo, mas excluído. Não mais desejado pela turma.

Ao tentar definir, dentro da estéril sala de interrogatório, por que Anders foi rejeitado, ele mostrou uma memória impressionante, detalhando os mais ínfimos pormenores. Ele se lembrou de umas calças GG de hip-hop da marca Psycho Cowboy. As calças ficaram muito populares, mas, depois de alguns meses no auge da moda, desapareceram de repente, da noite para o dia.

Aí se tornaram "uma das piores coisas que alguém poderia vestir", lembrou-se Wick. E Anders usou justamente aquelas calças por um tempo longo demais.

Será que há algo pior do que ser excluído pelos amigos?

Talvez haja, sim.

Ser repudiado pelo próprio pai.

Jens Breivik deixou claro a Anders que não queria mais saber dele. O filho havia quebrado a promessa de parar com a pichação.

Foi definitivo.

Anders tinha 15 anos.

Ele nunca mais veria seu pai novamente.

A Damasco

HÁ UMA GUERRA de rua em Erbil. O sangue molha a areia que cobre o asfalto rachado. O lixo se mistura com a poeira do deserto, e o fedor de guerra enche os becos e as praças. A vida já passou ao plano subterrâneo, onde, com muito custo, continua respirando.

O ano é 1996.

O Exército iraquiano se retirou, não é mais uma luta pela liberdade que está sendo travada, mas sim os próprios curdos disputando o poder e o dinheiro. Erbil é uma cidade onde a rivalidade não é esquecida, mas reforçada e convertida em mito com novos assassinatos, que geram mais anos de vendetas e antagonismo. O Curdistão está se rasgando e cortando a si próprio. Os guerreiros que ocupam a cidade estão prestes a sufocá-la.

Todas as noites, famílias são despedaçadas. Crianças são mortas pelos pais de outras crianças, ou por jovens que sonham em um dia se tornar pais.

Nos porões, as pessoas ficam no escuro, por dias, semanas, meses, enquanto as milícias brigam em cima de suas cabeças. As crianças tentam inventar brincadeiras lá embaixo, pois elas sempre vão tentar brincar. Os pais estão nervosos e inquietos. Será que eles também deveriam pegar em armas? Será que deveriam tomar partido? Será?

Mustafa escolhe a vida.

No colo, ele segura uma menina de 4 anos com cachos castanhos. Bano, a primogênita. Enquanto as balas zunem pela rua em cima deles, e os mísseis aterrissam Deus sabe onde, ele pensa em como conseguir fazer as contas do dia a dia fecharem, como encontrar comida para a família, como conseguir água, combustível e tudo o mais.

— Por que a gente precisa ficar aqui? — reclama a criança em seus braços. — Quero subir!

Nem um facho de luz chega até o quarto fresco no porão do vizinho. É um alívio que o vizinho tenha construído um porão de verdade, senão o calor de agosto seria sufocante.

— Subir para brincar — pede Bano.

Ela, que fora concebida e nascera em tempo nevoento, que quer participar de tudo, quer uma resposta para tudo, é sua menina dos olhos. Com nove meses, ela andava, desde cedo formava longas frases, agora já fala como uma menina em idade escolar.

Bayan está com Lara, a irmã mais nova, no colo. Lara nasceu um ano e meio depois da irmã. No fundo, a mãe queria um menino. Ela vem de uma família tradicional, em que uma mulher somente obtém valor e prestígio real se der à luz um filho homem. A essa altura, ela está grávida pela terceira vez, e o ar pesado do porão faz a náusea subir. Ela geme. A vida não era para ser assim.

De repente, ouve-se um estrondo enorme. A casa treme, o madeiramento range. Algo quebra, há um tilintar no chão. As janelas? A louça?

Ali debaixo do piso da casa, as crianças berram; da rua, soam gritos de horror. Estarrecidos, os pais estão prontos para fugir do porão se for preciso. Umas meninas vizinhas, que dividem a escuridão com eles, choram. Os velhos recitam o Alcorão, versículos são murmurados por lábios entreabertos. Gritos de socorro chegam lá de cima. As sirenes penetram a noite.

Mas a casa continua em pé, o porão não é esmagado ou preenchido por terra e tijolos e tábuas despedaçadas. Será que passou?

Não para as crianças. Lara não se deixa acalmar. Bano chora histericamente. Ela vira a cabeça para o pai na escuridão.

— Por que vocês tiveram filhos se sabiam que havia guerra?

Calado, Mustafa tenta embalar a menina de 4 anos para que ela se acalme. De súbito, ele a passa bruscamente para a mãe. Ele sobe a escada estreita, abre a porta para a noite. Tem um incêndio mais adiante. A fumaça preta sobe para o céu. O míssil atingiu a casa de um vizinho. Uma filha está morta.

Antes do fim do dia seguinte, a menina de 12 anos tinha sido enterrada.

À noite, depois de terem posto as crianças na cama e murmurado que esta noite, hoje, tudo estava seguro, Mustafa e Bayan ficaram acordados até tarde. Mustafa já havia se decidido. Bayan hesitou. Tomaram a decisão antes do amanhecer: queriam sair do Iraque.

Se pudessem apenas viajar, fugir! Mas o Iraque era uma prisão. Sem permissão de sair, não iriam para lugar algum, pois as fronteiras eram rigorosamente vigiadas. O Iraque era um país difícil de visitar, duro para morar e quase impossível de deixar.

Mustafa, que ainda trabalhava como engenheiro mecânico na companhia de água e esgoto da cidade, tentou fazer contatos que poderiam ajudá-los. Pagou propinas, fez um pé-de-meia, começou a comprar moeda estrangeira, procurou desesperadamente uma saída. Seus filhos não cresceriam em perigo de vida.

Nasceu o filho homem, e Bayan finalmente pôde ser chamada de *Umm Ali*, mãe de Ali. Comemoraram; afinal, uma criança é, com ou sem guerra civil, uma alegria.

Passou-se um ano, passaram-se dois anos, no terceiro ano Bano começou a frequentar a escola. Com grande esforço, Mustafa conseguiu um par de bons sapatos para ela e comprou uma mochila e uma garrafa de água, tudo da melhor qualidade. Isso era importante na transição para uma nova fase da vida dela, disse Mustafa a si mesmo.

Uma menina precoce e caseira que adorava ler, Bano se dava bem na escola. Lara era travessa e irrequieta, sujava-se, escalava e explorava os terrenos bombardeados, brincando de guerra nas ruínas com os primos Ahmed e Abdullah. Lara era a líder. Era a melhor amiga dos dois meninos e jogava um contra o outro se lhe convinha. Como filha do meio, ela foi deixada mais sozinha e, quando pequena, era a mais independente das irmãs. Bano se acostumara com atenção e admiração, desabrochando sob o olhar dos outros.

A fim de sobreviver com a inflação disparada e guardar dinheiro para a fuga, Mustafa e Bayan trabalhavam o dia todo. As avós cuidavam das netas e dos netos pequenos enquanto os pais estavam no serviço.

Para obter o visto de saída, Mustafa inventou uma história sobre uma peregrinação para a tumba de Zeinab em Damasco. Zeinab era a neta do profeta Maomé. De acordo com os muçulmanos xiitas, ela foi enterrada em Damasco; os sunitas acham que ela foi sepultada no Cairo. Três verões depois de o míssil mortal atingir a casa do vizinho e deixar a filha mais velha carbonizada, as autoridades locais deferiram o pedido da peregrinação. Para não revelar o plano de fuga, a família Rashid não podia levar muita coisa.

Os pais tampouco contaram às meninas que não retornariam. As filhas poderiam entregá-los, os zelosos oficiais de inteligência na fronteira seriam muito capazes de questionar as crianças.

Na quinta-feira antes da viagem, Bano foi nomeada *Aluna da Semana*. Ela recebeu uma plaquinha que fixou à parede sobre sua cama e não entendeu por que as avós choravam tanto por causa disso. Ela mesma estava encantada com a distinção e pendurou o uniforme da escola com cuidado no guarda-roupa, pronto para ser usado depois da peregrinação.

Na véspera da viagem, havia um eclipse solar completo em Erbil, e a família passou o dia inteiro dentro de casa. Ouviram que a pessoa poderia ficar cega se olhasse para o sol no momento em que ele desaparecia.

Durante a noite que se seguiu, Mustafa não conseguiu dormir. Por muitas décadas, as noites foram a pior parte. Era de noite que as milícias do Partido Baath levavam as pessoas para a tortura ou para a escuridão eterna dos calabouços de Saddam. Os soldados eram capazes de revirar uma casa à procura de armas ou manifestos e escritos proibidos. Podiam arrombar as portas ou entrar sorrateiramente pelos telhados planos onde as famílias secavam roupa, juntavam tralhas ou criavam galinhas.

Nenhum alçapão era seguro; não havia porta, grade ou fechadura que pudesse manter o poder do Estado afastado. Às vezes a vizinhança era acordada por homens que berravam. Sabiam que se o Partido Baath chegasse, tudo estava acabado.

Nos piores períodos de terror político, bombardeios ou guerra de rua, Mustafa ficava se revirando na cama aguardando a chegada da luz do dia. O dia era mais seguro que a noite. Ele ficava à escuta na escuridão, pois não era preciso abrir os olhos para saber que a luz do dia estava chegando. Antes de o sol nascer, a luz do dia era o som dos fogareiros a óleo sendo acesos, o cheiro de pão quente, os primeiros passos arrastados do térreo, a maçaneta da porta sendo girada por alguém da família que queria garantir o pão achatado antes que terminasse. A luz do dia eram as primeiras chamadas para oração quando ainda estava escuro. Só quando as palavras sagradas do muezim desvanecessem, quando a manhã verdadeira chegasse com os agricultores que ofereciam iogurte fresco, queijo branco com sal, chá e pão, só então ele era capaz de relaxar e adormecer.

Se não se ouvisse o fogareiro ou a chamada para a oração do imã, ou os vendedores de café da manhã, ou não se sentisse o cheiro de pão recém-saído do forno, isso era um sinal de que a cidade estava sob ataque e que haveria *maneh al-Tajawel*, toque de recolher.

Nessa manhã de agosto, eles levantaram antes da luz do dia, antes do calor. Eles se apinharam dentro do carro, e estavam tão apertados que ninguém poderia se virar e olhar para trás, para a casa do telhado plano, onde a roupa lavada logo secaria ao sol.

Foram para o deserto. Ali na planície arenosa, os abássidas, os mogóis, os turcomanos, os mongóis, os persas e os otomanos construíram suas civilizações. Todos disputaram ferozmente Erbil, "os quatro deuses", que é o significado do nome da cidade. Ali, Alexandre, o Grande, travou batalha com Dário, o rei dos persas; ali, os primeiros guerreiros islâmicos lutaram por sua fé; e dessa região vinha o herói guerreiro curdo, Saladim, que conquistou Jerusalém dos cruzados.

No decorrer dos milênios, a cidade ficara cada vez mais difícil de invadir, situada atrás de altas muralhas no topo de uma montanha que se elevava mais e mais em direção ao céu. Era uma montanha criada pelo homem, laboriosamente erguida por pessoas que construíram sobre as ruínas dos conquistados. Agora, apenas a cidade velha ficava dentro da muralha, o aglomerado de casas se espalhara sobre a planície arenosa e estava desprotegido das tempestades do deserto e das rixas entre as milícias.

Bayan já estava arrependida. Isso nunca terminaria bem. Eles pertenciam a esse lugar. Era ali que deveriam viver e morrer.

Mustafa somente apertou sua mão.

— Tudo vai dar certo no final — disse ele.

Mesmo com o visto de saída do Iraque, eles seguiram uma rota de contrabando ao se aproximarem da fronteira, pois não tinham o visto de entrada na Síria. Entrariam então pela parte curda do país. Metade do dinheiro já fora pago, o restante seria quitado por um parente tão logo Mustafa telefonasse dizendo que chegaram bem. Aonde, eles não faziam ideia. Nem os traficantes sabiam ainda.

A família de cinco se apinhou num pequeno barco juntamente com vários outros refugiados. O barco rumou para o rio Khabor, um afluente do rio Tigre. Os soldados iraquianos e sírios patrulhavam seus respectivos lados do rio.

Bayan chorou durante toda a travessia.

— Não acredito que estou deixando meu país! Como posso deixar meu país?

Lara, que completara 5 anos, olhou admirada para os pais. Era tão estranho vê-los infelizes. Eram eles que deveriam cuidar dela, de Bano e de Ali. Agora era ela quem os consolava. Por que teriam de viajar se isso os deixava tão tristes?

Bano também ficou apreensiva. Mustafa tentou acalmá-la com uma história de uma menina que caiu de um barco na água. A pequena caiu da borda porque não conseguiu ficar quieta, e foi comida por um peixe grande, muito grande. Mustafa procurou as palavras certas, um peixe enorme, ali ela viveu sua vida, na barriga do peixe, junto com as outras crianças que o peixe ia comendo. Mustafa se emaranhou, como num transe, pois temia que o barco fosse detectado pelos soldados da margem e se tornasse alvo de tiros.

— Então o peixe vomitou todas as crianças na praia — fantasiou.

De repente, Bano interrompeu a história.

— Papai, agora vamos morrer — disse ela.

A mãe teve um sobressalto.

— Eu me sinto tão perto de Deus — disse ela, pensando em voz alta. — É como se eu estivesse nas nuvens olhando para vocês. As nuvens estão embaixo de mim. Vejo vocês ao longe, lá embaixo no barco. Vejo vocês todos.

Mustafa começou a rezar.

Alá! Não há Deus senão Ele, o Vivo, o Eterno. O sono e a fadiga não o atingem. Tudo o que está nos Céus e na Terra lhe pertence.

Os outros ficaram calados no barco enquanto Mustafa recitou a oração *Ay-at-ul-kursi*. Aquela era a reza a que ele recorria quando ficava acordado à noite e com medo.

Conhece o passado dos homens e seu futuro. E de Seu saber, eles só alcançam o que Ele permitir. Seu trono abrange os Céus e a Terra, e Ele os mantém sem esforço algum. Ele é o Altíssimo, o Glorioso.

Depois da oração, ele pediu a Deus que protegesse Bayan e as crianças, e, do jeito muçulmano, ergueu as mãos para o rosto e soprou a oração para Deus lá em cima. No fim, virou o rosto para as ondas e ficou soprando enquanto tinha fôlego.

O motor emudeceu. Eles foram deslizando até um banco de areia, e o barco foi recebido de forma suave na margem síria. Um carro que os aguardava levou-os à cidade curda de Qamishli, onde passaram a noite antes de continuar viagem para Damasco. Na capital síria, com suas fachadas entalhadas, belos palácios e espiões em cada esquina, ficaram hospedados num pequeno quarto.

Ninguém se preocupava com eles e eles não incomodavam ninguém. Bayan tinha a sensação de que o calor e a poeira se assentavam como uma camada sobre ela. Ela sentia falta de sua cozinha, da sala fresca, das irmãs.

Depois de terem passado um mês em Damasco, receberam passaportes iraquianos e passagens aéreas para Moscou.

Na capital russa, foram alojados num hotel da Aeroflot. Um homem subiu até seu quarto e lhes deu um envelope com outras passagens.

O destino estava escrito no alfabeto cirílico — era uma cidade de quatro letras.

Pedir asilo

— OLHA SÓ, todos têm cabelo louro! — exclamou Bano. Vestindo uma blusa verde brilhante e uma saia laranja, ela corria sobre o assoalho claro do aeroporto. Numa feira de roupas em Damasco, Bayan comprara roupas coloridas para as crianças. Lara usava um vestido amarelo-sol, Ali estava de vermelho. Assim seria mais fácil ter o controle das crianças na viagem, pensara Bayan.

Estavam passando por um corredor no saguão de chegada novinho em folha, e Mustafa soletrou: *Bem-vindo ao Aeroporto de Oslo*. Vigas de madeira clara sustentavam o teto, as divisórias eram feitas de vidro transparente e concreto, o piso era revestido de parquete laminado e ardósia. Ao longo do corredor era possível ver, de um lado, a floresta de abetos que acabaram de sobrevoar e, do outro, as pessoas que estavam indo viajar. Uma esteira rolante surgiu, e as pequeninas ficaram de olhos arregalados ao verem o chão se movimentar.

No entanto, estavam mais interessadas nas pessoas.

— Cabelo de princesa, cabelo de princesa de verdade — cochichou Lara para Bano.

Os passaportes e os vistos estavam em ordem, portanto, passaram com facilidade pela imigração. Depois veio a bagagem, também rolando sobre uma esteira. Eles saíram.

Lá fora, as pessoas estavam usando roupas leves, havia um veranico de outono com temperaturas em torno de vinte graus. Para os iraquianos estava fresco.

Nunca viram tanto verde de uma vez. Prados e campos verdes passaram rapidamente pela janela do carro. Até a beira da estrada estava verdejante. A floresta parecia sem fim, será que não acabava nunca?

Aí avistaram alguns prédios espalhados, depois mais alguns, e em seguida olharam para o recôncavo de Oslo e, mais além, para o fiorde e as muitas ilhotas. Logo estavam passando por ruas, havia calçadas, um túnel, e então estavam na cidade. Foram direto para a delegacia.

— Meu nome é Mustafa Abobakar Rashid. Sou curdo do Iraque e solicito asilo para mim e minha família.

Foram registrados e enviados para o Centro de Acolhimento Temporário de Tanum, onde foram registrados novamente e passaram por entrevistas e exames de saúde.

— Um lugar horrível — reclamou Bayan. Foram instalados num quarto apertado, e havia gente por todo lado, gente chorando e gritando e brigando em todas as línguas do mundo e com todos os gestos possíveis.

— Vai dar tudo certo — disse Mustafa. — Aqui não precisamos pensar em como conseguir combustível ou comida. Olha, tem água na torneira, água potável, e os aquecedores estão ligados — disse o pai. — E o mais importante, aqui não há guerra, ninguém nos quer mal. Aqui podemos dormir tranquilos.

Depois de alguns dias foram transferidos para o Centro de Acolhimento de Requerentes de Asilo de Nesbyen. Mustafa estava otimista.

— Olha só, logo teremos nossa própria casa — disse ele a Bayan. Ela duvidava e pediu que ele insistisse um pouco mais para acelerar os trâmites de seu processo. Bano começou a estudar na escola do Centro de Acolhimento e aprendeu a cantar "Bom dia, todo mundo, bom dia, pai e mãe, bom dia, irmãzinha, bom dia, irmãozinho!" Ela ganhou livros e lápis de cor, enquanto Lara foi mandada para a creche do Centro de Acolhimento, junto com Ali. Mustafa deu uma mordida no orçamento de viagem e comprou um dicionário grande por 500 coroas. Todas as noites, ele ficava debruçado sobre o dicionário.

— É preciso saber a língua para conseguir emprego — afirmou, decorando palavras.

E os meses se passaram. Não estavam conseguindo nada. Talvez nem fossem autorizados a ficar. Poderiam ser mandados de volta. O clima no Centro de Acolhimento era sombrio e desesperador. Muitos tinham problemas psicológicos. Jovens cheios de esperança e adrenalina sentiam que a vida estava se desfazendo, o que significava encrenca.

Como Bayan se arrependeu!

Não está certo, pensou. Ela estava cansada demais. Cansada da fuga, do medo, de tudo que tinha de cuidar. Em Erbil, ela tinha uma casa grande, sua própria cozinha. Aqui, eles viviam com cinco pessoas num só quarto, e ela precisava ficar na fila para cozinhar alguma coisa no fogão imundo.

Bayan acabou tendo brigas constantes com as mulheres somalis, que, de acordo com ela, eram folgadas e não seguiam as regras da cozinha. Bano e Lara se desentendiam com todos. Uma menina bateu em Ali, então Lara bateu na menina, e assim os dias se passavam para as crianças. Entre as primeiras palavras que Bano e Lara aprenderam em norueguês figuravam *puta* e *caralho*. Algumas das crianças estavam na Noruega havia mais tempo que eles. Logo alguém roubou os brinquedos de Ali, depois sumiram as coisas de Bano e Lara. O sonho harmonioso de que diferentes pessoas de todas as partes do mundo poderiam viver em paz estava para desabar neste lugar onde todos se olhavam com desconfiança e um dedurava o outro. Quem receberia permissão para ficar? Quem teria de sair? E por que àquela família é permitido ficar se nós teremos de ir? O ciúme e a inveja, não a união, caracterizavam o Centro de Acolhimento de Nesbyen.

É verdade que as coisas foram difíceis no Curdistão, mas neste país inóspito, onde as folhas subitamente caíram das árvores e todas as cores desapareceram, o Curdistão se apresentava com um brilho de beleza. O chão congelou e a escuridão estava se instalando. A depressão de inverno se fez sentir muito antes da chegada da própria estação.

Bayan mentia ao escrever ou telefonar para casa.

— Pois é, aqui está tudo muito bem — dizia ela. — Já temos uma bela casa, tranquila e pacata. — Ela ficou com a consciência pesada por mentir, mas não aguentou contar à família, que, de acordo com os padrões de Erbil, era relativamente abastada, o quanto haviam afundado. Eram mentiras inofensivas, raciocinou ela.

— Lembre-se de dizer que seu pai é engenheiro — recomendava a Bano, querendo ser superior aos outros do Centro de Acolhimento.

Durante uma das entrevistas de asilo, Mustafa pediu outra moradia, era apertado com três crianças e dois adultos num quarto só.

— Então você pensou que era só chegar na Noruega e ganhar uma casa? — perguntou o entrevistador, e Mustafa baixou a cabeça.

Em outubro de 2000, pouco mais de um ano depois de chegar à Noruega, a família ganhou autorização de residência temporária e lhe foi indicado um município de recepção: Nesodden. Eles se mudaram para um apartamento da Prefeitura, com três dormitórios, uma cozinha verde e uma pequena sala.

Na verdade, eles tinham vontade de morar com a maioria dos outros curdos na cidade de Oslo, já que sempre moraram numa cidade grande, mas o ferryboat levava menos de meia hora para a capital.

Nesodden é um lugar tranquilo na face da Terra. No verão, as trilhas e os caminhos de pedestres cruzam a península em todas as direções, e as prainhas convidam a um banho de mar. No inverno, as pistas de esqui nórdico assumem o lugar das trilhas, e os residentes locais podem muito bem se virar sem carro. Nesse lugar moram aqueles que querem fugir da correria e agitação da cidade grande, mas ao mesmo tempo querem estar perto o suficiente para assistir, de improviso, ao último espetáculo da ópera. Ali moram aqueles que querem o melhor dos dois mundos, e ali, em Nesodden, foi parar a família Rashid.

No meio do ano letivo, Lara começou na 1ª série e Bano, na 2ª série da escola de Nesodden.

Lara logo se sentiu excluída. Ninguém quis brincar com ela.

— Não entendemos o que você fala! — riam as meninas da sala.

Bano se saiu melhor. De repente, os papéis das irmãs foram invertidos. Bano, a menina um pouco mimada, se tornou valente, enquanto Lara, que sempre fora forte e independente, parecia perder toda a autoconfiança.

— Não brinque com ela, ela é superchata — disseram as colegas de sala uma para a outra. Se Lara se aproximasse, elas diziam: — Essa brincadeira é para quem sabe falar norueguês!

— Mas eu sei falar norueguês! — retrucava Lara.

— É preciso falar norueguês *direito* — era a resposta que recebia.

As meninas Rashid eram diferentes em tudo. A mãe caprichava no lanche delas, muitas vezes levavam sobras do jantar do dia anterior, ajeitadas de uma nova maneira.

— Eca! Sua comida fede! — exclamou uma. — Não fique sentada perto da gente!

Enquanto as outras meninas tinham mochilas cor-de-rosa com corações ou Barbies, as irmãs Rashid tinham mochilas marrons, baratas. Caçoavam delas por causa daquelas mochilas, por causa das roupas de brechó, por causa dos pais estranhos, por causa do sotaque estranho, foram até caçoadas por terem aulas de reforço de norueguês.

— O que vocês fazem naquelas aulas de reforço? Parece que não aprendem nada!

Lá se vai a diversidade. Nesodden é conhecido por ser um lugar aberto, um lugar onde os defensores de pedagogias alternativas e do vegetarianismo têm mais adeptos do que no restante do país, e onde a concentração de artistas, tanto os renomados como os menosprezados, dá cor à pacatez. Mas para as duas meninas curdas, o começo foi difícil.

No programa de atividades pós-escola, o controle sobre os que faziam *bullying* era fraco, e todos os dias a mala de Lara era escondida em algum lugar diferente.

— Fale onde está — implorava Lara.

— O quê? O que você disse? A gente não entende o que você diz!

Um dia despejaram leite em seus sapatos. Mas ela não quis falar nada em casa. A mãe e o pai ainda não conseguiram emprego, se sentiam incomodados e estavam com saudades de sua terra natal.

Quando um grupo de meninos também começou a atormentar Lara, ela finalmente avisou a mãe. Bayan foi direto para a casa dos meninos, exigindo dos pais que o *bullying* terminasse.

— Chorona! Dedo-duro! — chamaram Lara na escola no dia seguinte.

— Aliás, minha mãe nem ligou para sua mãe — disse um dos meninos mais desagradáveis. — Ela não entendeu o que ela disse! Ha! ha!

E isso era para ser o paraíso.

Haviam parado no lugar errado.

No programa de atividades pós-escola, as irmãs muitas vezes ficavam desenhando. Lara sempre desenhava princesas com cabelos amarelo-claros e ondulados, olhos azuis e vestidos de princesa em tons pastel. Ela poderia forrar as paredes de seu quarto com variações de cabelos louros e tule cor-de-rosa.

O traço de Bano era mais arrojado. Se desenhava princesas, ela sempre as retratava de tez morena e cabelos negros.

— A cor está errada — disse uma menina a Bano.

Bano lhe lançou um olhar duro.

— É meu desenho — respondeu. — Desenho do jeito que quero.

— Mas está feio.

Bano simplesmente continuou a colorir o desenho. O rosto no papel ficou cada vez mais escuro. O cabelo ganhou grossas linhas de preto.

Ela segurou o desenho na sua frente.

— Agora sim — disse ela. — Agora ela está exatamente como a quero.

Bano pegou uma tacha e pendurou a moça morena na parede.

Lara manteve os olhos na irmã.

Ela também queria ser assim. Quase imperceptivelmente, ergueu a cabeça e soltou o lápis amarelo-claro.

Um lugar na lista

"Fique rico ou morra tentando."

Fórum de debate da Juventude do Partido Progressista,
Anders Behring, 11 de agosto de 2003

ELE ESTÁ ANDANDO de costas para a zona oeste em direção à praça de Youngstorget.

Logo depois do Natal ele recebera a carta com a convocação. Assinalara a data no calendário e, para a ocasião, havia posto um terno. Nessa ocasião, era assim que geralmente se vestia, um terno comum, nada extravagante, mas tinha de parecer caro. Ele era bom em fazer as coisas parecerem caras, herdara isso da mãe. Ela sempre encontrava peças baratas em liquidação que, com sua aparência de loura glacial, pareciam exclusivas. Com ela, ele também aprendera a tratar suas roupas com cuidado. Após o uso, pendurava-as com esmero nos cabides, ou as dobrava e colocava de volta na prateleira. Em casa, ele usualmente se trocava para preservar as roupas mais finas de grife.

Com postura altiva, dava passos largos pela neve encharcada da rua. O andar, um tanto cuidadoso. Ele se autodenominava metrossexual. Ele se produzia, se maquiava e passava produtos enriquecidos com vitaminas no cabelo. Dos EUA, encomendara Regaine, um tratamento que inibiria a queda de cabelo e estimularia os folículos pilosos a novo crescimento. Ele ainda era capaz de esconder a calvície incipiente com um bom corte à medida que as entradas subiam cada vez mais. Havia muita coisa em sua aparência que o incomodava e ele gastava muito tempo na frente do espelho. Tempo demais, de acordo com os amigos, que riam se ele se arrumava de forma exagerada. Quando começou a usar pó de arroz, não o deixavam em paz. É um creme corretor, argumentou ele. "Base", estava escrito na embalagem. No verão, usava pó com protetor solar, e no banheiro havia uma série de frascos de perfume.

O nariz era novo. Um cirurgião experiente havia feito uma pequena incisão, lixado a cartilagem e o osso do dorso do nariz, e feito uma sutura apertada da pele. Quando tirou o curativo, o nariz estava exatamente do jeito que ele queria, sim, do jeito que deveria ser, um perfil reto, um nariz ariano.

No ginásio, o nariz abatatado tinha sido objeto de zombaria. Desde o início da adolescência ele se irritara com a curvatura em forma de gancho do osso nasal. Mais tarde, reclamara aos amigos que o nariz adunco lhe dava uma aparência árabe. Assim que ganhou dinheiro suficiente, ele se submeteu à operação em Bunæs, uma das clínicas de cirurgia plástica mais conhecidas da Noruega. Lá, também manifestara desejo de implante de cabelo, mas os resultados não eram muito bons, e poderia deixar cicatrizes feias, por isso ele ainda não havia tomado uma decisão.

Ele passou pelo Quarteirão do Governo, onde se podia atravessar a recepção que ficava embaixo do gabinete do primeiro-ministro. Era mais rápido, sem necessidade de contornar a Torre Alta, economizando assim vários metros e minutos.

O Quarteirão do Governo era um cruzamento entre o funcionalismo e o brutalismo, construído na década de 1950. O arquiteto incumbido do projeto, o modernista Erling Viksjø, foi ousado em pedir a Pablo Picasso a decoração dos edifícios. Entusiasmado com o concreto natural do arquiteto norueguês, o artista se dispôs a fazer alguns esboços. Se ele próprio ficasse satisfeito, os noruegueses teriam permissão de usá-los. O projeto foi mantido em segredo absoluto sob o codinome "Operação Pedersen". As linhas de Picasso foram traçadas no concreto; em seguida, a parede recebeu uma camada de cascalho fluvial arredondado, para depois ser submetida a jato de areia. Acabou sendo a primeira obra monumental de Picasso. Os relevos do motivo picassiano *Os Pescadores* adornaram toda a parede lateral de um dos edifícios, e quem tivesse a sorte de ser convidado a subir até os andares superiores poderia admirar outras obras de Picasso nos vãos das escadas da Torre Alta.

Bem no topo do prédio, no 17º andar, estava o primeiro-ministro. Nessa noite excepcionalmente amena de janeiro de 2002, Kjell Magne Bondevik, do Partido Democrata Cristão, era quem ocupava tal posição. Nesse dia, o escritório estava vazio, pois o primeiro-ministro se encontrava em Xangai, onde acabara de saborear um farto banquete de peixe, preparado por chefes de cozinha chineses e noruegueses, com base na matéria-prima da piscicultura do litoral norueguês. Em seu discurso, o primeiro-ministro se animou ao falar da aquicultura, oferecendo generosamente a um bilhão de chineses o *know-how* norueguês em matéria de peixe.

Um prédio governamental da virada do século havia sido preservado quando o velho quarteirão neoclássico foi demolido. Suas decorações foram inspiradas em motivos medievais e ornamentos animalescos no estilo nacional-romântico das sagas de Snorre. Nas empenas que ladeavam a entrada principal, estava a letra do hino nacional norueguês, com a partitura gravada ao lado. Os edifícios pelos quais o jovem passou abrigavam o centro do poder da Noruega. Ali ficava o Supremo Tribunal de Justiça e os ministérios mais importantes.

Para chegar a Youngstorget do Quarteirão do Governo, cruzava-se a praça Einar Gerhardsen, onde um baixo chafariz circular fora esvaziado para o inverno. Dali, um estreito caminho de pedestres descia até a rua Møllergata. Logo do lado esquerdo do caminho de pedestres estava o número 19, a delegacia que fora usada como câmara de tortura pelos nazistas durante a Segunda Guerra e onde Quisling ficara preso até ser morto a tiros numa noite escura de outubro de 1945.

Do outro lado da praça, um edifício vermelho de alvenaria se destacava. No alto da parede estava pendurada uma rosa e uma placa dizendo *Partido Trabalhista*. Com seu jeito monumental, o edifício fazia lembrar uma versão modesta de um dos arranha-céus de Stalin em Moscou, largo na parte inferior e afinando para cima, um reflexo do funcionalismo dos anos 1930.

A maioria das organizações do movimento trabalhista tinha seus escritórios nas imediações. A Casa do Povo, que abrigava as instalações da Central Sindical, dominava um lado inteiro da praça. No ângulo entre os dois edifícios imponentes, uma estátua de bronze se erguia de frente para a praça: um trabalhador, com uma marreta no ombro, a caminho de seu turno na fábrica. A cada 1º de Maio, ele recebia uma coroa de flores a seus pés. Era ali, em Youngstorget, que milhares de socialistas, comunistas e membros do Partido Trabalhista se reuniam para fazer a passeata pelo centro de Oslo no Dia dos Trabalhadores.

Quando o homem de terno atravessou a praça, a área se caracterizava pela decadência e por lojas desocupadas. A vizinhança era conhecida como a mais perigosa de Oslo, e as cercanias consistiam em clubes de *striptease* e kebaberias.

Logo, isso mudaria. Os roqueiros tomariam conta. Os nerds da música invadiriam as casas noturnas e os descolados começariam a frequentar o lugar para ouvir novas bandas e beber cerveja. O badalado bar Mono acabara de ser inaugurado.

Quanto a ele, sua preferência eram os bares e as boates tradicionais para a juventude endinheirada da zona oeste. Ele morava do lado do parque de Frogner, numa área que, em sua opinião, era a mais prestigiada de Oslo. Embora o apartamento que dividia com alguns amigos do colegial fosse escuro e desagradável, o endereço era bem chique.

Ali embaixo, no entanto, viviam os esquerdistas, os beneficiários da assistência social e os imigrantes. Na escola na rua Møllergata, um quarto dos alunos era da Somália; apenas uma pequena minoria pertencia à etnia norueguesa.

Colada ao baluarte do Partido Trabalhista, havia uma casa muito mais baixa, pintada da mesma cor de uma rosa de marzipã. O edifício tinha uma porta de entrada modesta, ao lado de uma peixaria. No meio da construção estava escrito em letreiro luminoso: *Partido Progressista*.

Ele abriu a porta e subiu um andar. Na escada, deparou-se com cartazes como "Você é único!" e "Nascido livre, tributado até a morte". Dentro da sala, pendia uma grande bandeira com o logotipo da Juventude do Partido Progressista. Nos banheiros, havia recortes com coisas estúpidas ditas por membros do Partido Socialista.

No bolso, ele tinha uma caixa de Lucky Strike, um isqueiro e uma caneta. Ele era do tipo que tomava notas.

— Anders Behring.

Ele disse seu nome claramente, acentuando cada sílaba.

— Você vem do estreito de Bering? — riu Thomas Wist-Kirkemo, um dos primeiros a chegar.

— Na verdade, meu nome vem de lá — respondeu Anders Behring. — Possivelmente sou descendente de Bering, o dinamarquês que descobriu a passagem marítima.

A sala estava cheia de cinzeiros. Algumas velhas bitucas deixavam um fedor azedo no ambiente. Latas de cerveja estavam empilhadas no chão. A sala era usada tanto para reuniões como para festas; às vezes, uma coisa se emendava na outra.

Alguém da organização partidária da província presidiria a reunião. Ele tardava a começar, pouca gente havia chegado. Mas, afinal, ele deu a reunião por iniciada e pediu que todos se apresentassem. Estavam em cinco. O presidente de mesa informou um pouco sobre a política do Partido Progressista, antes de a divisão local de Oslo Oeste ser formalmente constituída.

— Quem de vocês quer se candidatar? — perguntou o presidente de mesa.

Todos levantaram a mão.

— Quem é o mais velho aqui então?

Era Thomas Wist-Kirkemo; ele tinha quatro anos a mais que Anders, e foi eleito presidente por unanimidade. Depois, o vice-presidente seria eleito. Anders levantou a mão rapidamente.

— Eu gostaria.

Ninguém mais se candidatou, e ele ficou com o cargo. Os três restantes se tornaram membros do conselho. As eleições foram aplaudidas e eles decidiram tomar uma cerveja no Politikern, um estabelecimento sob a colunata de Youngstorget destinado a jovens com ambições políticas.

Anders estava animado. Era membro do Partido Progressista desde os 18 anos, até fora integrante do conselho da unidade de Uranienborg-Majorstuen, mas foi só ao receber a carta sobre a intenção do partido de fortalecer a organização juvenil e o convite para o lançamento de três divisões locais em Oslo que ele decidiu se engajar.

Ele completava o que os outros falavam e oferecia elogios frequentes do tipo "falou bem" ou "uma excelente ideia". Ouvia mais do que falava e estava mais comedido do que costumava ser ao discutir com os amigos. Com frequência era irônico e nunca dava o braço a torcer. Quando saía na noite, muitas vezes se envolvia em bate-bocas e briguinhas, mas raramente em pancadarias de verdade.

Esses cinco, que agora já formavam uma equipe, uma turma, tinham de ficar unidos para mudar a Noruega.

— Precisamos nos destacar na Câmara Municipal — afirmou Anders Behring. — Conseguir eleger mais jovens. — Os outros concordaram. Essa noite o consenso era geral entre eles. — A pior coisa do Partido Trabalhista — disse Anders — é que é impossível ficar rico com eles no poder!

Depois da reunião, Anders foi caminhando para a zona oeste com seu novo título. As ruas se tornavam mais largas, as roupas dos manequins das vitrines ficavam mais caras, os álamos podados para o inverno surgiam ao longo das calçadas, e havia jardins em torno dos casarões urbanos.

Ali andava o vice-presidente da Juventude do Partido Progressista de Oslo Oeste.

Os ideais da fase de pichação foram descartados fazia tempo. Ele se virara na direção oposta. A turma dos pichadores pendia mais para a esquerda do que para a direita; os shows mais badalados aconteciam no clube Blitz, onde o antirracismo era forte. A essa altura, Anders havia se dedicado ao partido que fizera a maior guerra contra os pichadores. Vários anos se passaram desde a última vez que fora pego, embaixo de uma ponte em Storo, com a mochila cheia de latas de spray e um martelo de emergência roubado. Ele recebeu uma multa de 3 mil coroas e se aposentou. Naquela época, já havia começado na Hartvig Nissen, uma escola de ensino médio com especialização em teatro e alunos com aspirações artísticas. As calças frouxas da Psycho Cowboy e o sotaque estrangeiro não combinavam com os esnobes chiques e com os aspirantes a ator, e, embora estivesse contente com sua eleição como representante de sala, ele não se sentia bem. Sem entender os códigos, fracassou socialmente e saiu depois do primeiro ano.

No segundo ano, passou para a Oslo Handelsgymnasium. Por um tempo, manteve o estilo de pichador naquele meio conservador. Ainda andava com um gingado descolado, assim como os negros dos vídeos do Bronx. Alguns davam risadinhas visíveis ao ouvi-lo usar expressões paquistanesas ou gírias de gangue. Ao mesmo tempo, uma fama o seguiu: a de que ninguém deveria se meter com ele.

— Ele é louco — foi o alerta aos novos colegas de sala.

Então ele se recriou outra vez. Calças Levi's mais estreitas e camisas polo eram a moda agora, de preferência com o pequeno crocodilo no peito. Adotou uma linguagem polida, eloquente, transformando as falas típicas da zona leste na norma culta. Ele se apresentava como sorridente e afável. Na escola nova, estudava com os filhinhos de papai e as moças da elite financeira, aqueles que tinham berço, bem como com os alpinistas sociais, que queriam ganhar dinheiro rápido. Além da escola, ele trabalhava meio período como operador de telemarketing na Telia, onde empurrava tudo, desde revistas como *Caça e Pesca* e *Mr. Music* até cartelas de raspadinha, calendários de vinho e livros de suspense. Ele se destacava como vendedor excepcionalmente talentoso e, depois de um tempo, passou a trabalhar com atendimento ao cliente por ser muito bom em lidar com reclamações. Seu chefe o via como responsável e lhe dava tarefas além das corriqueiras.

No colegial, começou a especular com ações e de repente ganhou 200 mil coroas numa só transação. Isso o inspirou a continuar a investir na bolsa, e as faltas na escola ficavam cada vez mais numerosas. A certa altura, ele mal tinha tempo para a escola, e, um pouco antes do Natal no terceiro ano, mandou uma carta à diretoria.

Pela presente, informo que, após uma avaliação aprofundada, decidi sair do 3º ano do ensino médio. Gostaria de agradecer o período instrutivo que passei na escola. Embaixo, entre parênteses, ele escreveu: *P.S. (só uma piada) Se tivesse me livrado do francês, ainda estaria estudando aí. (O mesmo)*

A mãe ficou brava ao saber o que ele tinha feito. Ela disse que ele se tornara muito teimoso ultimamente e estava preocupada com seu futuro. Em geral, ele tirava notas boas, mais nove do que oito, então para que sair meio ano antes de se formar? Mas seu rapaz de 18 anos estava com pressa, a escola representava um impedimento.

Aos amigos, ele disse que nunca mais queria ter um chefe que tirava todo o lucro. Para seu próprio chefe, disse que queria parar como operador de telemarketing e abrir sua própria empresa. Era nisso que havia dinheiro. E enquanto seus colegas começaram a escolher os cursos universitários, ele se dedicou com afinco a se tornar milionário.

Somando os bicos e um rígido regime de poupança, juntou um capital inicial de 100 mil coroas para a empresa Behring & Kerner Marketing, que ele tocaria junto com um amigo. O escritório ficava na sala do porão da casa geminada de Konventveien. O conceito era genial. Anders até que fora honesto com o chefe sobre o motivo de sua saída, mas também o enganara, pois, antes de pedir demissão na Telia, tivera acesso a uma base de dados sobre estrangeiros na Noruega, aqueles que ele chamava de "clientes de prioridade A, os clientes de maior peso", e copiara a base de dados às escondidas. Agora, ligou para esses clientes, oferecendo-lhes menores preços.

No entanto, ficar rico num instante acabou não sendo tão fácil assim, pois a maioria desconfiou dos dois adolescentes e permaneceu na Telia. Depois, ele se desentendeu com Kerner, que, em sua opinião, passou à categoria de incompetente. Decidiu nunca mais abrir uma empresa com um amigo sem experiência de vendas. Depois de um ano, ele fechou a empresa, já tendo perdido o capital inicial.

Anders começou como operador de telemarketing outra vez, um trabalho em que de fato tivera sucesso. Depois de pouco tempo, foi promovido e se tornou líder de equipe. Economizando muito, lentamente juntou outro capital inicial. Tivera uma nova ideia. Queria criar bases de dados sobre pessoas ricas que seriam potenciais investidores em empresas, para depois vender as bases de dados aos interessados. Mas, por não descobrir onde encontrar a informação de que precisava, acabou desistindo do plano.

Então lhe ocorreu que propaganda seria um bom negócio, afinal, ele era vendedor e sabia dessas coisas.

Abriu uma empresa que venderia *outdoors*; sua intenção era levar a melhor sobre um dos grandes nomes. A Clear Channel tinha contratos com os donos de prédios sobre a colocação de propagandas em diversos pontos da cidade, e, enquanto o preço de aluguel de espaço para publicidade havia aumentado significativamente, o pagamento para os proprietários dos prédios havia estagnado. Sua ideia era telefonar para eles, oferecendo um pouco mais de dinheiro do que ganhavam atualmente. Primeiro ele precisava encontrar os números de matrícula e os registros prediais, os quais não eram prontamente acessíveis. Custava dinheiro e era preciso obtê-los em repartições públicas.

Um dia, ruminando isso, encontrou Kristian, o vizinho que sempre lhe dava carona para os jogos do time mirim na infância. Depois de uma breve conversa, Anders lhe ofereceu emprego em sua empresa individual, e Kristian, que se cansara de seu próprio emprego, aceitou.

Encontraram salas baratas em Øvre Slottsgate, num escritório de advocacia chamado Lippestad. Incluído no aluguel estava um refeitório comum, onde dividiam a geladeira com Geir Lippestad, o advogado que era o dono da firma. Às vezes, os rapazes almoçavam com Lippestad, que, na época, representava o neonazista Ole Nicolai Kvisler, acusado da morte de Benjamin Hermansen, um menino de 15 anos com mãe norueguesa e pai ganense. Anders, em especial, estava interessado em conversar sobre o caso com o advogado magro de cabelos ralos.

Anders se empenhava para conseguir contatos e fazer *networking*. Ele sonhava se tornar membro da Loja Maçônica e procurava alguém que pudesse indicá-lo para filiação, alguém em cujas graças poderia cair, como diziam os amigos. Por meio da maçonaria, teria acesso à elite, pensava Anders.

— Você tem grande habilidade para a manipulação! — elogiou o novo companheiro de trabalho, que se deixou impressionar pela capacidade do amigo de conseguir o que queria. Anders obteve acesso aos computadores da Secretaria de Planejamento Urbano e copiou tudo de que precisava, totalmente grátis. Era um bom começo. Mas mesmo assim, depois de um ano, o projeto estava sem recursos, nem o aluguel nem as contas de telefone estavam sendo pagas. Anders vendeu a firma para uma empresa que trabalhava com *outdoors* em grande escala e acabou ficando com o mesmo valor que havia investido. Kristian, por sua vez, se juntou aos compradores, e os dois rapazes tomaram rumos diferentes.

Anders tivera uma nova ideia de como ficar rico. Os cartazes também poderiam ser móveis. Nesse caso, não era preciso pagar a ninguém pelo espaço, a rua era livre. Ele planejou empregar um universitário desempregado, que andaria de bicicleta pela cidade com cartazes fixados num carrinho de reboque. Fez um protótipo no porão e conseguiu um contrato com a Platekompaniet, uma rede varejista de música, filmes e videogames. O veículo foi dar uma volta, mas ele não o fizera robusto o suficiente, e já no primeiro dia o cartaz tombou por causa do vento e machucou uma mulher. A empresa encerrou sem ter gerado qualquer receita.

Os amigos brincavam um pouco com Anders por ele ter insistido em usar um universitário desempregado para dar as voltas com a bicicleta. Como se a educação fosse inútil. Anders, que não concluíra o ensino médio, se gabava de ter estudado o bastante para se intitular bacharel em Pequenos Negócios e Gestão e de ter lido todo o currículo do programa de Mestrado em Administração e Economia.

Ao mesmo tempo, participava da "Escola de Políticos" do Partido Progressista. A primeira noite do curso abordou a ideologia e, de acordo com o programa, "os grandes nomes do que hoje chamamos de Liberalismo, como John Locke, Adam Smith e Ayn Rand". O próximo módulo contou a história do Partido Progressista; na terceira noite, os aspirantes a político ouviram palestras sobre questões de interesse atual para o partido. Além disso, aprenderam como divulgar a mensagem, uma área que Anders dominava. Afinal, ele era bom vendedor. Só tivera um pouco de azar.

Ah, aquela ânsia de ficar rico...

Ele compareceu religiosamente a todas as reuniões da divisão local de Oslo Oeste. Planejaram diversas atividades durante a campanha eleitoral de 2003 para a Câmara Municipal de Oslo. Mas o número de participantes nas reuniões da divisão local era baixo e, de alguma forma, as coisas acabaram não acontecendo. Ele e Thomas Wist-Kirkemo nunca se deram muito bem. Thomas sentiu que não conseguia entender direito seu vice-presidente e o chamou para tomar umas cervejas a fim de conhecê-lo melhor.

Anders estava cheio de ideias sobre como ficar rico. Se Thomas tocava em assuntos mais pessoais, Anders ficava calado, se esquivava ou reconduzia a conversa para as ideias de negócios outra vez.

Thomas também andava às voltas com planos de negócios e perguntou se poderiam cooperar.

— Ah, não, muito obrigado, nunca sonharia em misturar amizade e negócios — respondeu Anders.

Amizade?, perguntou Thomas a si mesmo. Eles mal se conheciam.

Anders continuou falando sobre seus projetos. Agora estava avaliando a possibilidade de fixar cartazes no trailer de um carro em vez de usar uma bicicleta, um carro era mais resistente.

Ficaram batendo papo noite afora, antes de cada um ir para sua casa. Quando Thomas chegou em casa no Complexo de Moradia Estudantil de Kringsjå, sua namorada já estava dormindo. Ela acordou assim que ele se deitou.

— Foi uma noite agradável?

— Mais ou menos, um pouco chato, eu me encontrei com aquele Behring. É tão difícil estabelecer algum vínculo com ele.

— Você parece quase triste.

— Não consigo entendê-lo, ele é tão ambicioso e, ao mesmo tempo, parece completamente vazio.

Anders foi levado para o redemoinho das festas da Juventude do Partido Progressista. Eram jovens e, em geral, solteiros, num ambiente aberto e liberal. Os líderes juvenis viam como parte do recrutamento incluir os membros em eventos sociais.

Na divisão de Oslo Oeste ele conheceu uma menina que era alguns meses mais nova que ele, mas já estava fazendo carreira dentro do partido. Lene Langemyr era supermagra, com um rosto brincalhão e o cabelo curto bagunçado. Esperta e rápida no gatilho, ela entrou na vida de Anders sem fazer esforço. Iam juntos a esquentas, festas e pós-festas, iam para a casa um do outro, assistiam a filmes e conversavam, ou faziam passeios e participavam de encontros com os outros aspirantes a político.

Os dois tinham uma queda um pelo outro. Ela achava que ele parecia intelectual e interessante. Ela mesma não tinha nenhuma inclinação acadêmica, ria enquanto ele palestrava sobre Adam Smith e Ayn Rand.

Lene vinha da cidade litorânea de Grimstad, não muito distante do lugar onde a mãe de Anders crescera. Mas, originalmente, era de Nova Délhi. Um dia de abril de 1979, fora deixada na porta de um dos muitos orfanatos da cidade. Seis semanas mais tarde, levaram-na para a Noruega. No dia de Pentecostes, um casal do sul da Noruega estava aguardando a bebezinha no aeroporto de Fornebu. Foram advertidos pela carta informativa da agência de adoção: "Quem não suportar a ideia de ter uma criança de tez escura em casa, não deve correr o risco de adotar uma criança de outro país", pois a criança pode "ser bastante morena". Além do mais, a pele era capaz de escurecer com a idade.

Dolly, que era como o orfanato havia chamado a menina, cresceria com três irmãos mais velhos. Ela se esforçou para acompanhá-los, desenvolvendo um corpo forte e ágil; queria se relacionar com eles de igual para igual e nunca chorava caso se machucasse. Aos 8 anos, Lene aprendeu a atirar com espingarda de ar comprimido; ela amava o campo de tiro e ser convidada para caçadas e pescarias.

Lene nunca teve interesse em procurar suas raízes. Para que serviria isso? Ela era norueguesa, tinha uma família que a amava. Mas às vezes a sensação de ter sido indesejada a afetava fortemente.

— Eu não era amada — disse ela a Anders. — Senão não teria sido abandonada.

Lutando com o sentimento de culpa por não estar à altura das exigências, ela cabulou aula, quis ir embora, quebrou todas as regras possíveis e acabou saindo da escola no segundo ano do ensino médio e telefonando para a Administração do Serviço Militar da província. No verão em que completou 18 anos, passou nos testes físicos que a levaram à triagem para a maior escola de recrutas da Noruega, o Quartel de Madla, perto de Stavanger, no navio Harald Haarfagre da Marinha Real Norueguesa.

— Ah, você vai voltar para casa depois de uma semana — previu a mãe.

Depois de duas semanas, ela foi nomeada representante dos recrutas. Foi a primeira mulher a ocupar o cargo e também a primeira pessoa morena a ser eleita para essa função.

Lene fez questão de ser norueguesa e ficava furiosa quando os recrutas muçulmanos não queriam comer durante os exercícios porque a ração de guerra servida incluía carne de porco. Como representante, ela não tinha a mínima paciência com eles, que exigiam que a cozinha usasse panelas e frigideiras específicas para fazer comida halal.

— E se tiver guerra? A cozinha de guerra vai levar panelas especiais para vocês no campo de batalha? Não, aqui todo mundo precisa se adaptar às condições — anunciou ela.

Adaptar-se, assim como ela mesma havia feito. Isso era parte integrante de seu caráter. Esses rapazes nasceram na Noruega, eles eram noruegueses e não receberiam tratamento especial.

— Pois isso promove o ódio. Fico tão frustrada — desabafou ela mais tarde com Anders. — Minha mãe sempre me disse que, para onde você for, você precisa se ajustar ao ambiente. Por respeito. Eles também precisam fazer isso. — As forças armadas deveriam fomentar a integração, não a segregação.

Sua experiência nas forças armadas a fez querer se envolver na política. Ela entrou em contato com o Partido Conservador e o Partido Progressista pedindo o envio de material informativo. Ela havia se mudado para Tromsø, e a Juventude do Partido Progressista foi mais rápida. Além do mais, eles telefonaram para ela, e, passados alguns meses, Lene havia se tornado presidente da divisão da cidade de Tromsø e ainda presidente da Juventude do Partido Progressista da província de Troms. Em outubro de 2000, o jornal *VG* publicou uma matéria grande: "Presidente morena da Juventude do Partido Progressista." Uma barreira fora quebrada, escreveu o jornal. Lene respondeu que "uma política de imigração mais rigorosa e uma defesa mais forte são minhas causas prediletas".

Depois ela ficou inquieta outra vez, e se mudou para Oslo, onde se tornou gerente de uma loja de roupas no shopping Oslo City. Após fechar a loja à tarde, ela ia de salto alto até Youngstorget. Ali, passava o tempo no escritório do Partido Progressista ou preparava reuniões e discursos. Foi onde ela e Anders se conheceram.

Nessa época, Lene e Anders se aproximavam na crítica ao Islã. Já que a aparência de Lene facilmente a fazia passar por uma moça paquistanesa, ela, com frequência, era repreendida na rua. "Ponha roupa!", gritavam os muçulmanos se ela andasse de vestido com alcinhas. A Anders, ela se queixou de homens que a haviam molestado por usar pouca roupa, que se esfregavam nela nas filas, passavam a mão nela na rua. O que a irritava era que os estrangeiros, não os noruegueses, duvidavam de sua "norueguesidade". Ela se considerava mais exposta do que suas compatriotas louras, e, se, a caminho de Youngstorget, queria comprar uma salsicha com bacon num quiosque, muitas vezes perguntavam se ela sabia que as salsichas continham carne suína.

— Eu sei e adoro essas salsichas — respondia Lene no sotaque cantante de Grimstad.

— Fazemos o que bem entendemos com nossas mulheres, não se meta, senão vai pagar — foi uma das coisas que ela ouvira ao criticar o Islã. — Deve ser horrível ser mulher naquela cultura — disse ela a Anders uma noite que estavam a sós.

O Partido Progressista era um partido jovem. O precursor foi fundado em 1973 por Anders Lange, um técnico florestal e anticomunista, e recebeu o nome de *Partido de Anders Lange para a forte redução de impostos, tributos e intervenções governamentais*. O Estado deveria ser o menor possível, em forte contraste com o Estado de bem-estar social do Partido Trabalhista. Para a campanha eleitoral de 1973, o partido ganhou apoio financeiro do regime de *apartheid* da África do Sul. Sobre o regime de Idi Amin, em Uganda, Lange disse que "os pretos precisam de pessoas brancas para governar."

Ele era crítico à luta feminista e aos esquemas de bem-estar social, como a licença-maternidade. "Ninguém que se diverte com seu marido na cama deve receber ajuda financeira por causa disso", disse ele num discurso.

Mas no ano seguinte à fundação do partido, o racista excêntrico faleceu, e Carl Ivar Hagen se tornou o presidente. Em 1977, o nome mudou para Partido Progressista, e, nos primeiros anos, o partido não passava de 3% a 4% do eleitorado. O que começou como um movimento popular contra impostos nos anos 1970, desenvolveu-se numa direção populista mais ampla durante a era dos *yuppies* dos anos 1980, quando o espírito liberalista despertou os sentimentos do país. Mesmo assim, o Partido Progressista não era totalmente *comme il faut* e não cativava a grande massa de eleitores.

Então veio a carta de Mustafa.

O senhor está lutando em vão, Sr. Hagen! O Islã, a única fé verdadeira, vencerá também na Noruega!

O ano era 1987. O número de requerentes de asilo e refugiados na Noruega disparara de uma centena por ano a 8.700 pessoas naquele ano. O Partido Trabalhista planejou uma campanha que explicaria às pessoas por que a Noruega deveria receber mais refugiados.

Num comício aberto em Trøndelag, Hagen começou a ler a carta: "Alá é Alá e Maomé é seu profeta. Um dia as mesquitas serão tão comuns na Noruega como as igrejas o são hoje. Meus bisnetos vivenciarão isso. Eu sei, e todos os muçulmanos da Noruega sabem, que um dia a população da Noruega abraçará a fé, e este país se tornará muçulmano! Damos à luz mais filhos que vocês, e um grande número de muçulmanos fiéis chega à Noruega todo ano, homens em idade produtiva. Um dia, a cruz dos infiéis também sairá da bandeira!"

As ameaças assustaram o público; mais tarde, porém, ficou claro que a carta era falsa. A gafe fora cometida, mas, diante das acusações, Hagen tomou uma atitude de total ingenuidade. Ele simplesmente lera uma carta que havia recebido.

A carta de Mustafa foi o ponto de virada do debate sobre imigração, o qual dominaria a campanha eleitoral naquele ano. O partido triplicou a votação das eleições parlamentares de dois anos antes, recebendo 12% dos votos. Nas cidades grandes, onde a imigração era maior, o partido ganhou entre 15% e 20% dos votos.

— Um terremoto político — afirmou o presidente do partido. O Partido Progressista viera para ficar.

Hagen era mestre em instigar os chamados grupos vulneráveis uns contra os outros. Um de seus assuntos favoritos era colocar os idosos de um lado e os imigrantes do outro, exemplos de beneficiários dignos e indignos dos esquemas de auxílio do Estado de bem-estar social. No decorrer dos anos 1990, o partido exigiu que se fizesse a contabilidade da imigração, analisando os custos e calculando as consequências do crescente número de imigrantes de culturas estrangeiras. O porta-voz da política de imigração do partido, Øystein Hedstrøm, era da opinião de que o fluxo de refugiados desvirtuava o conceito moral tributário das pessoas, pois elas não queriam pagar impostos para financiar a imigração. De seu ponto de vista, muitos requerentes de asilo não estavam dispostos a trabalhar, já que podiam viver bem com os benefícios públicos. Além disso, os estrangeiros infligiam aos noruegueses sofrimentos como "frustração, raiva, ressentimento, medo e preocupações, o que poderia levar a doenças psicossomáticas e implicar faltas ao trabalho e desequilíbrio nas famílias". Ele afirmava que o padrão de higiene em lojas, bancas e restaurantes administrados por estrangeiros era tão ruim que poderia causar doenças entre os clientes, algo que, por sua vez, acarretaria perdas econômicas para a sociedade.

Hedstrøm previu que a crescente imigração levaria a agressões cometidas por noruegueses.

— O risco é grande de que esses sentimentos negativos possam se manifestar em reações violentas num futuro não muito distante — profetizou em 1995, época em que Anders Behring Breivik estava em via de abandonar a pichação e eliminar suas gírias marroquinas e paquistanesas.

Antes das eleições do mesmo ano, veio ao conhecimento público que Hedstrøm mantinha contato estreito com organizações puramente racistas, como o Partido da Pátria e a Aliança Eleitoral Branca. Ele foi amordaçado pela cúpula do partido. Mas tais vínculos não pareciam prejudicar o grupo, que, em Oslo, teve seu melhor resultado eleitoral da história, angariando 21% dos votos.

Em 1996, um ano antes de Breivik se afiliar ao Partido Progressista, o partido havia repaginado a retórica contra os imigrantes na orientação de uma crítica ao Islã. Durante o discurso à convenção nacional daquele ano, Hagen investiu contra os imãs. O governo não deveria apoiar o fundamentalismo.

— Os imãs são contra a integração e interpretam o Alcorão de uma forma que é perigosa para os muçulmanos e a nova geração. Eles não deveriam ganhar nenhum poder neste país. Constitui um tipo de racismo o fato de que a Noruega dá aos imãs poder sobre os outros. Os imãs precisam de educação e de um curso de conduta nos usos e costumes noruegueses — atacou. Em sua opinião, os muçulmanos não deram um passo decisivo em direção à integração, e a escalada do fundamentalismo alarmara os noruegueses. Ele citou as exigências de escolas muçulmanas de aulas de natação separadas para meninos e meninas, e os protestos contra o ensino de doutrina cristã, além das manifestações contra *Versos satânicos* e do atentado de 1993 a William Nygaard, o editor do livro na Noruega.

— As gangues andam pelas ruas de Oslo assaltando, frequentando as boates em grupo, brigando e estuprando. As organizações de imigrantes estão cientes da situação, mas não querem colaborar com a polícia por medo de serem tachadas de delatoras. Não podem denunciar os seus. Nessa parte da cultura dos imigrantes, os maus elementos não são vistos como criminosos, mas sim como heróis bravos e corajosos. Se essa cultura machista não for criticada agora, ela pode se tornar uma tradição arraigada em nosso país. — Assim se expressou Hagen nos anos 1990. — Quando os imãs pregam que os noruegueses são infiéis, isso automaticamente tem consequências. Significa, por exemplo, que é obrigação dos muçulmanos não pagar impostos, que é permitido assaltar as lojas sem escrúpulos morais e que é permitido mentir.

Depois dos ataques terroristas da al-Qaeda nos EUA em 11 de setembro de 2001, o Partido Progressista reforçou sua retórica em conformidade com a opinião pública mundial. Os muçulmanos eram cruéis e perigosos. O partido via o mundo assim como George Bush o via: eles contra nós.

Eles avançaram com facilidade nas pesquisas eleitorais. Em alta na opinião pública, planejaram ampliar a organização. A fim de alcançar um maior número de pessoas, o partido teria de estar visível também no nível local, sobretudo entre os jovens. Quando a organização juvenil resolveu formar divisões locais, Anders quis se juntar à ascensão.

Raramente ele tomava a palavra em plenário, mas, em compensação, falava pelos cotovelos em grupos menores. As poucas vezes que tentou fazer uma exposição, sua fala era acelerada e tensa. Se havia preparado um manuscrito, ele o lia com voz monótona, sem emoção.

Ele não era um homem do púlpito. A internet seria seu palco.

O verão de 2002 estava se aproximando. Depois de um inverno quase sem neve e uma primavera dos sonhos, o ano prometia ser, de acordo com os meteorologistas, o mais quente na Noruega em mais de um século.

Enquanto as pessoas suavam nos escritórios, a campanha pelas nomeações iniciou-se nos partidos políticos. Havia disputa pelos lugares na lista dos candidatos às eleições municipais do ano seguinte. Anders estava dando tudo para conseguir uma carreira política. E aí era preciso ser nomeado para a lista. Ele procurava visibilidade máxima, contribuindo ativamente para o novo fórum de debates on-line da Juventude do Partido Progressista.

"Não se deve ter vergonha de ser ambicioso!", escreveu ele em uma de suas primeiras mensagens, numa noite clara de maio. "Não se deve ter vergonha de definir metas e depois alcançá-las! Não se deve ter vergonha de quebrar as normas estabelecidas para conseguir algo melhor!"

A Noruega tinha uma mentalidade de perdedor. O norueguês fica esperando com o chapéu na mão. Ele não quer se exibir, mas seguir o padrão de nossos humildes antepassados. Na opinião de Anders, isso precisava mudar, e ele incluiu os novos membros da realeza na argumentação. Em um de seus depoimentos iniciais, deu apoio ao casamento entre o príncipe herdeiro Haakon e Mette-Marit, uma mãe solteira com um filho de 4 anos, e ao noivo da princesa Märtha Louise, Ari Behn, um escritor cujos livros estavam repletos de drogas e vidas sombrias, selvagens. Ele elogiou os dois novos membros da família por serem individualistas. Se fossem ricos, chatos, conservadores, ninguém os criticaria, escreveu. Não, a Noruega deveria aprender com os EUA, onde a chave para o sucesso era: 1. Você é o melhor. 2. Você pode realizar todos os seus sonhos. 3. As únicas limitações são aquelas que você próprio se impõe. "No entanto, os tolos deste nosso país dizem algo bem diferente: 1. Você não deve se gabar. 2. Você não deve pensar que presta. 3. Você não deve pensar que alguém se importa com você." Esse era o conteúdo de seus comentários.

Fazia questão de oferecer elogios e motivação: "Acho que Birkedal e o Diretório Nacional fizeram um bom trabalho até agora", escreveu ele quando Trond Birkedal, o líder da organização juvenil, foi criticado. Alguns anos mais tarde, o mesmo Birkedal seria condenado por ter filmado, com câmara escondida, meninos jovens no banheiro de sua casa e por ter tido relações sexuais com menores de 16 anos.

O mais poderoso do círculo de Anders era o líder da Juventude do Partido Progressista de Oslo, Jøran Kallmyr, que tinha a mesma idade que ele. Anders fazia comentários frequentes aos depoimentos de Jøran no fórum, mas raramente recebia alguma resposta.

Anders, que preparara táticas de batalha para seus soldados de brinquedo na infância, desenhara mapas e rotas de fuga em Oslo na época da pichação, delineara planos de negócios e estratégias de marketing, agora havia criado um mapa organizacional da Juventude do Partido Progressista, planejando seu futuro político, no papel.

A fim de ser nomeado para as eleições municipais de 2003, as divisões locais precisavam enviar sugestões à comissão de nomeações um ano antes; portanto, esse era o momento a ser aproveitado. Os candidatos em questão seriam convocados a uma entrevista com a comissão de nomeações, que era chefiada pelo ex-diplomata Hans Høegh Henrichsen.

Anders recomendou a todos que se candidatassem e, em maio de 2002, escreveu que, por enquanto, Jøran Kallmyr, Lene Langemyr e ele próprio foram registrados como candidatos. Os outros partidos eram muito melhores em promover as candidaturas juvenis, reclamou ele.

Dos candidatos juvenis, Jøran Kallmyr foi o primeiro a ser convocado.

— Ele promete — avaliou Høegh Henrichsen. — Curioso, interessado, esperto — anotou. O jovem mostrava uma boa compreensão da política da Juventude do Partido Progressista e sabia argumentar. Um lugar na lista. Depois, Lene Langemyr foi convocada. Ela era uma candidata polêmica, pois havia fofocas de um estilo de vida desregrado. O diplomata idoso realizou algumas investigações discretas, apareceu um dia, sem avisar, em sua loja no Oslo City e depois rejeitou os boatos.

— Ela é uma candidata útil, interessante — avaliou ele. Apesar de não ser forte academicamente, demonstrava vontade de vencer, empreendedorismo e tinha garra, algo que ele tinha em altíssima estima. Lene foi indagada sobre a política do Partido Progressista pela velha guarda partidária, e passou na prova.

A convocação de Anders estava demorando.

Ele encontrou várias explicações para a demora. Afinal, já conhecia Høegh Henrichsen da divisão local de Uranienborg-Majorstuen. Anders até havia assumido cargos como suplente nos conselhos de administração do Centro de Idosos de Majorstuen e da Escola de Uranienborg para aumentar suas chances.

— Logo, logo você será convocado — disse Lene. — Lembre-se de que eles têm muita gente para avaliar.

Lene e Anders faziam planos juntos. Queriam se filiar ao Clube de Tiro de Oslo. Ambos tinham grande interesse por armas de fogo e podiam passar horas discutindo sobre diversos tipos de armas.

Nas forças armadas, Lene conhecera tudo, desde a espingarda padrão G-3 até diversos tipos de metralhadoras, pistolas Glock e submetralhadoras MP5. Ela se tornara uma boa atiradora e se lembrava do orgulho de dominar algo difícil, ser capaz, estar à altura.

Lene se surpreendeu com o fato de que alguém que não havia feito o serviço militar tivesse tanto conhecimento sobre os tipos de armas.

— O Exército deveria adquirir essa metralhadora — Anders poderia dizer, referindo-se a especificidades como o alcance dos tiros, o uso, o tipo de munição. — Seria melhor do que a que estão usando agora.

Ele era capaz de lhe mostrar na internet ou numa revista. Seu conhecimento detalhado sobre as diversas armas era enorme.

Anders havia sido dispensado do serviço militar pois constava como arrimo da mãe, que, depois de uma infecção grave, fora sujeita a uma cirurgia de implante de dreno na cabeça, ficando dependente de cuidados por muito tempo.

Lene se emocionou com a consideração que Anders tinha pela mãe. Ela nunca chegou a conhecê-la, mas evidentemente era a pessoa mais importante na vida de Anders. Ele contou como foi sua recuperação pós-operatória, dizendo que ela mudou depois da cirurgia, ficou mais esquecida, mais desorganizada e muito deprimida.

Anders também contou a Lene sobre a triste infância da mãe, sobre a avó que enlouqueceu e o tio que a mãe não queria que ele conhecesse. Ele disse que ela havia sido uma mãe dedicada, cuidando sozinha da educação dele e da irmã. Ao mesmo tempo, criticou-a por não ter mantido contato com seus parentes. Ele gostaria muito de ter uma grande família.

De modo geral, ele falava muito da mãe. Deve ser um bom moço para ter uma relação tão calorosa com a mãe, pensou Lene, embora não conseguisse se livrar da ideia de que aquilo tudo era um pouco estranho. Ele deveria ser o tipo queridinho da mamãe, que fora mimado a vida inteira, refletiu.

Sobre o pai, porém, Anders nunca quis falar.

— Ele não quer ter contato com os filhos — foi o que Anders se limitou a dizer.

On-line, Anders adotou um tom jovial, mas muito intenso. As palavras eram temperadas com carinhas felizes, pontos de exclamação e comentários engraçados entre parênteses ou aspas. Escreveu uma longa lista sobre o que os membros do partido deveriam fazer para se tornar o próximo Carl I. Hagen ou Siv Jensen, as principais lideranças partidárias. "Conhecimentos de vendas e marketing são tão importantes como conhecimentos de ideologias e teoria política", escreveu. Além disso, a pessoa deveria saber um pouco de psicologia e direito, ser ponderada e ler vários tipos de jornal. "É preciso ter dom para os debates — ser bem articulado, mas ao mesmo tempo falar de uma forma simples." Ele sugeriu começar ensaiando na frente do espelho e fazer uma gravação de si mesmo para melhorar. Para ser levado a sério, era necessário se vestir de maneira profissional, e, em alguns casos, era melhor ficar quieto do que dizer algo estúpido na "presença dos adultos". O trabalho de equipe era tudo, e "se nós, jovens talentosos da Juventude do Partido Progressista, não nos impusermos, outros jovens avançarão no partido".

— Um tonto — gemeu Jøran Kallmyr ao ler o que o vice-presidente da divisão Oslo Oeste escrevera. Behring está tão por fora de tudo e pretende estar por dentro, pensou, depois de ter lido como Anders Behring oferecia conselhos e dicas a torto e a direito.

Aquilo soava familiar. *Ele se comportava como se fosse um King, mas era só um toy.*

Durante o primeiro verão on-line, o Islã foi algo com que Anders passou a se ocupar cada vez mais. O tom era cuidadosamente conciliatório. Em 11 de junho de 2002, no meio das férias coletivas, ele escreveu: "É importante deixar claro que o Islã é uma ótima religião (assim como o cristianismo), e os muçulmanos em geral são boas pessoas (assim como os cristãos)."

Ele ressaltou que eram "certos aspectos de desvios relacionados com o Islã que deveriam ser criticados, não o Islã em si". Havia uma diferença significativa, explicou ele, mencionando a jornalista italiana Oriana Fallaci, que alegava haver uma invasão islâmica secreta da Europa. "Não recomendo a ninguém da Juventude do Partido Progressista defender essa afirmação, já que pode pôr em risco toda sua carreira política", aconselhou.

Mais tarde no mesmo dia, o conflito do Oriente Médio causou ondas no mundinho da política juvenil norueguesa. A Juventude do Partido Trabalhista (AUF) denunciou o primeiro-ministro de Israel, Ariel Sharon, por violações do direito internacional, querendo processá-lo perante um tribunal norueguês. A denúncia feita pelo advogado da AUF, John Christian Elden, foi fundamentada em sua responsabilidade por assassinatos, tiros em ambulâncias e destruição de propriedade.

Ao saber da denúncia, Hans Høegh Henrichsen telefonou de imediato à Embaixada de Israel, pedindo uma audiência para o líder da Juventude do Partido Progressista de Oslo, Jøran Kallmyr. A audiência foi deferida.

— Agora vamos juntar material para um contra-ataque! — disse Hans Høegh Henrichsen ao jovem político. Apresentaram ao líder juvenil o ponto de vista de Israel, um ponto de vista que Jøran logo adotou como seu próprio.

Na mesma tarde, Jøran Kallmyr passou um sermão na AUF, na denúncia e em Yasser Arafat, em um artigo intitulado "Os antissemitas da AUF". Anders Behring foi mais compreensivo, mas não perdeu a oportunidade de discutir com Kallmyr.

— Mas são só um bando de tolos! Noção de direito eles certamente não têm — escreveu ele sobre os membros da AUF, acrescentando que a polícia deveria multá-los por denúncia falsa. Foi Jøran que apresentou os argumentos mais fortes, e Anders, que não tivera nenhuma audiência na embaixada, só fazia coro, brincando que a Juventude do Partido Progressista deveria denunciar Yasser Arafat.

Depois de duas semanas, o procurador-geral Tor-Aksel Busch arquivou a denúncia. De acordo com ele, o Tribunal Penal Internacional seria o foro correto.

O verão quente estava chegando ao fim; o outono veio impetuoso e o vento virou. Acabou sendo o outono mais frio de que havia memória, e Anders ainda não fora chamado para uma entrevista.

O presidente da comissão de nomeações nunca leu nada daquilo que Anders Behring escreveu on-line, mas ele já o conhecia.

— Ele parece simpático e sensato — avaliou Høegh Henrichsen. — Mas será que não é um pouco instável?

O homem mais velho não tivera uma impressão muito clara de Anders Behring. O nome foi levantado pela Juventude do Partido Progressista, juntamente com uma série de outros nomes, mas ninguém da divisão local "adulta" de Anders, Uranienborg-Majorstuen, sentiu que era o homem certo no lugar certo, e eram eles que sugeriam os candidatos do distrito à comissão de nomeações. Anders Behring somente aparecera umas duas vezes nas reuniões e nunca se destacara. Para eles, a impressão pessoal prevalecia, não a criação de impérios on-line.

Ele não entrou na lista.

Não, ele nem chegou à entrevista.

Ele não fora avaliado e considerado aquém das expectativas.

Ele nem fora avaliado.

Logo antes do Natal, a lista das nomeações estava pronta. Dois candidatos juvenis foram nomeados. Jøran estava na lista. Lene estava na lista.

Anders se tornou mais pessimista no fórum. "O que é uma pena no sistema político na Noruega é que muitas vezes não são as pessoas mais competentes que ganham poder político, mas aquelas que sabem se relacionar melhor."

Às pessoas, ele dizia que Jøran Kallmyr prometera apoiar sua candidatura, mas, em vez disso, ele lhe havia dado um golpe traiçoeiro. Esse era o motivo por que não se tornou um dos líderes do partido, explicou ele a PeeWee, um colega on-line. "Kallmyr me atacou pelas costas."

"Como é que o partido vai conseguir captar os eleitores abaixo de 30 anos se não tem nenhum jovem parlamentar de destaque??? O Partido Conservador e o Socialista têm mais de dez!", escreveu ele logo depois do

Ano-Novo. "Acho que o Diretório Nacional tem sido passivo demais no desenvolvimento de uma estratégia consistente direcionada aos jovens! Será que existe sequer uma estratégia??"

Ele não era ninguém, e logo haveria eleições. Jøran e Lene se tornaram suplentes da Câmara Municipal, e Jøran imediatamente foi nomeado assessor do gabinete do prefeito e, mais tarde, secretário da Prefeitura, enquanto Lene, após uma reorganização, obteve cadeira fixa.

Em uma das últimas mensagens do verão de 2003, Anders profetizou uma guerra civil quando os muçulmanos se tornassem maioria na Noruega. A islamização do Ocidente era assustadora.

Muitos do Partido Progressista concordaram com a última observação.

Ele mesmo já perdera o interesse pelo partido. Parou de frequentar a sede e suas festas. Se eles não o quisessem, ele também não os queria. Ele saiu para o mundo. Sem Jøran, sem Lene.

Diplomas falsos de alta qualidade!!

"E Tenebris ad Lucem" [Da Escuridão à Luz]

Lema da Loja São-Joanina de
Santo Olavo aos Três Pilares

A VENDA DE diplomas falsos disparou. Ele ganhou seu primeiro milhão.

Ele ganhou seu segundo milhão.

Realmente, ele começou a ficar rico.

O dinheiro foi entrando em contas de paraísos fiscais como Antígua e Barbuda, São Vicente e Bahamas. Ele também abriu contas na Letônia e Estônia. Assim, evitou os impostos na Noruega. Os bancos lhe ofereciam cartões de crédito anônimos, possibilitando saques nos caixas eletrônicos de Oslo sem qualquer registro em seu nome.

Para a lavagem de dinheiro, ele teve a ajuda da mãe. Pediu que ela abrisse três contas bancárias no nome dela. Naquelas contas, ela depositava o dinheiro vivo que recebia do filho, para depois transferi-lo para ele. Em pouco tempo, ela lavou 400 mil coroas.

Ele tivera a ideia enquanto era ativo no Partido Progressista. Pensando que poderia haver um mercado para diplomas falsos, criou o site www.diplomaservices.com no segundo trimestre de 2002.

Sua empresa, City Group, operava com endereços como www.bestfakediploma.com e www.superfakedegree.com, anunciando ofertas de "diplomas de bacharelado, mestrado e doutorado disponíveis na sua área de escolha". As páginas eram repletas de pontos de exclamação duplos. *Receba um diploma falso de alta qualidade em 10 dias!!*, estava escrito em negrito. Os preços giravam em torno de 100 dólares por diploma, com a promessa de que o cliente receberia o dinheiro de volta se encontrasse documentos impressos de melhor qualidade em outro lugar. Para quem quisesse um pacote completo, com histórico escolar e diploma de uma universidade específica, a oferta era de 295 dólares.

Um jovem na Indonésia era quem elaborava os diplomas de acordo com o desejo do cliente, enviando-os a Anders em Oslo para aprovação. Havia pedidos de diplomas de formação em Medicina, doutorados e especializações de Engenharia, bem como diplomas de condecorações e prêmios. Às vezes, Anders mesmo fazia um esboço e o enviava ao asiático, que tirava um salário mensal de 700 dólares. Os sites recebiam pedidos de centenas de diplomas por mês.

A essa altura, a empresa tomava a maior parte do tempo de Anders, à exceção dos fins de semana, nos quais frequentava as baladas, às vezes sendo generoso, mas nunca esbanjador, com o dinheiro. Anders arranjara um seleto círculo de amigos constituído por rapazes da zona oeste: alguns do ensino médio, um ou outro colega de sala do fundamental, e outros que surgiram ao longo do caminho.

Os companheiros estavam impressionados. Anders falava de filiais no exterior e funcionários espalhados pelo mundo.

Ele já saíra da república de Maries Gate e estava alugando um apartamento sozinho em Tidemands Gate, não muito distante de onde morara com os amigos. A mãe ia lá fazer a faxina e lavar a roupa dele. Pelo trabalho, Anders lhe pagava alguns milhares de coroas por mês.

Os pedidos começaram a se amontoar. O colaborador da Indonésia não era muito firme no inglês, e havia muito trabalho de correção. Anders precisava de alguém que pudesse rever os diplomas e lhes dar um toque final.

Por meio de um anúncio no Serviço Público de Emprego, ele procurou um diretor gráfico. O único requisito era que o candidato dominasse Photoshop e Corel Draw, programas de desenho e ilustração. O candidato também teria de ter disponibilidade para começar imediatamente.

Mads só fizera algumas aulas de desenho e artes no ensino médio, mas conhecia os dois programas de computador e arriscou apresentar sua candidatura.

Logo depois da virada do ano de 2005, ele foi convidado para o escritório da E-Commerce Group, que era o novo nome da empresa. O jovem recebeu a oferta do cargo de designer gráfico. Mas, ao ser orientado sobre o trabalho, ele hesitou.

— É legal?

— Desde que não se falsifiquem carimbos e coisas assim, é legal — respondeu o diretor, de terno. — Já foi levado ao tribunal nos EUA.

Ele os chamava de diplomas decorativos.

— Você vai verificar se há erros ortográficos e avaliar a composição.

No site, a E-Commerce Group se precavera juridicamente ao escrever que os diplomas se destinavam a uso como acessórios de filmes e afins.

A verdade é que nunca perguntaram ao cliente, mas partiram do pressuposto de que os diplomas serviriam para fins decorativos, ou substituiriam diplomas que desapareceram ou se perderam, por exemplo, em incêndios. Anders fizera um modelo para assinaturas que Mads inseria. Ele as chamava de assinaturas de brincadeira, que não imitavam a assinatura de um reitor universitário de verdade e que consequentemente não eram ilegais.

O salário era generoso, Mads receberia 30 mil coroas por mês. Ele se mostrou rápido e eficiente.

Um dia, Anders perguntou se ele não preferiria trabalhar sem registro. Assim poderia ficar com uma parte maior do dinheiro. Mads não quis fazer isso, portanto, continuou recebendo os contracheques todo mês, incluindo a retenção dos impostos.

Mais tarde, Anders disse que ele deveria se vestir melhor, recomendando que usasse camisa e gravata. Mads se recusou. E continuou com pulôver e jeans.

Anders resolveu tirar sarro com a cara do colaborador por ele ser vegetariano, querendo levá-lo para comer uma verdadeira refeição de carne. Mads explicou que queria deixar a menor pegada possível na Terra.

Anders passou a querer pegar Mads em algum erro, encontrar algo antiético nele.

— Se há alguma coisa de que não gosto, é hipocrisia — dizia.

A maioria dos amigos do ensino médio já estava bem encaminhada em cursos de ensino superior. Um dos amigos da infância se tornara bombeiro, outro estava indo para a área de navegação. Muitos deles começaram a namorar mais sério, alguns já eram noivos, enquanto outros eram conquistadores da noite. Anders não era nem uma coisa nem outra, mas fazia contas minuciosas. De acordo com ele, um amigo já fizera sexo com centenas de mulheres. Ele mesmo geralmente voltava sozinho para casa. Não fazia muito sucesso com as mulheres, e elas não faziam muito sucesso com ele. Aos amigos, reclamava de que as norueguesas eram emancipadas demais e nunca se tornariam boas donas de casa. Os amigos riam dele, pedindo que parasse de falar besteira. Afinal, quem precisaria de uma dona de casa?

Então ele fez algo que os amigos acharam estranho. Em dezembro de 2004, pediu a informação de contato de dez mulheres de um site de namoro na Ucrânia. Em fevereiro do ano seguinte, pediu mais dez endereços. Ao todo, pagou 100 euros para o site, que oferecia os perfis de centenas de milhares de mulheres do Leste Europeu.

— Às vezes ele é meio esquisito mesmo — disseram os amigos, fazendo pouco-caso quando uma amiga argumentou que encontrar uma noiva por catálogo não era coisa que rapazes de sua idade costumassem fazer.

As moças que ele encontrou tinham olhos azuis, eram magras, com corpos quase pré-púberes. Todas eram mais novas que ele, algumas adolescentes.

Do último lote de endereços, ele escolheu duas fotos. Uma era loura, a outra era morena. Não conseguiu se decidir, por isso perguntou à mãe.

Ao ver as duas fotos, ela apontou para a mais loura.

Era Natascha da Bielorrússia.

Ele escreveu para ela e recebeu uma resposta imediatamente. Os e-mails iam e voltavam durante umas duas semanas. Em março, ele deixou o escritório aos cuidados de Mads e viajou para Minsk.

Natascha, que crescera num bairro operário nos arredores da capital bielorrussa, ficou fascinada pelo norueguês bonito e bem-vestido, com suas boas maneiras, e gostou do que ele contou sobre si mesmo, a formação, a empresa, a posição que tinha, o bairro onde morava. Só que era um pouco difícil entender tudo que ele dizia. Natascha não falava muito inglês, e achava o inglês de Anders um pouco avançado. Ele usava tantas palavras que ela não conhecia.

Na casa dos pais da loura, eles lhe serviram *Blini*, panquecas russas. Ele perguntou sobre a radiação radioativa na área, tomando cuidado para não ingerir grande quantidade de comida produzida localmente, nem água poluída. Indagou a várias pessoas sobre o número de mortes resultantes da radioatividade, "para apurar os perigos".

Chegando em casa depois de uma breve semana, ele falou com entusiasmo sobre Natascha. Ela era magra e loura e estilosa, parecia Celina Midelfart, disse.

No meio da primavera, comprou uma passagem para ela poder visitá-lo em Oslo. A mãe estava entusiasmada e a achava um doce.

— Deve ser amor verdadeiro — disse a uma amiga. — É a primeira vez que Anders convida uma moça para minha casa.

Anders contara à mãe que Natascha era de origem humilde. Ela morava num prédio com janelas sem esquadrias e não estava acostumada a muita coisa. Isso era uma vantagem, pensava Wenche. Anders não pode ter uma menina exigente.

No entanto, ela não era tão simples como Anders esperava.

Os amigos desconfiavam da bielorrussa. Diziam que ela só queria fazer compras, pensando que Anders pagaria a conta. Ela deveria ter imaginado algo diferente do que o pequeno apartamento de solteiro, pensou Anders. Talvez ela estivesse desapontada por ele não ser mais esbanjador.

Ela, por sua vez, disse que a química acabou e que ele não a respeitava.

Machista, foi como o chamou.

Golpista, disse ele sobre ela.

Natascha foi colocada no avião de volta para casa e, mais tarde, se casou com um organista de igreja, numa cidadezinha dos EUA.

Quem estava mais chateada com o fim do relacionamento era Wenche. Ela já havia colocado a foto que tirou dos dois durante o jantar num porta-retratos em cima do aparador da sala.

— Não é um pouco cedo? — perguntara uma de suas amigas.

— Ah, não, estão tão apaixonados que só vendo — respondera Wenche.

Quando, afinal, ela removeu a foto, muito tempo depois de Natascha ter ido embora, ela disse que "a moça não cabia no orçamento de Anders".

O fato de que os amigos de Anders sempre arranjavam namoradas bonitas, enquanto Anders continuava sozinho, era um ponto sensível para ela.

Anders sofreu um pouco depois do caso com Natascha. O sonho da mulher ideal tinha sido exatamente isso, um sonho. Ele era do tipo que preferia comentar a aparência de mulheres em fotos, como Pamela Anderson, do que de moças que encontrava na vida real. Mulheres de carne e osso davam trabalho. Alguns amigos eram da opinião de que ele simplesmente não se interessava pelo sexo oposto.

Uma noite na cidade, ele reencontrou seu ex-parceiro do tempo dos *outdoors*. Kristian ainda trabalhava na empresa que comprara seu conceito de propaganda externa. Ficaram conversando no fim da Hegdehaugsveien, uma rua de comércio exclusivo, que, de noite, era o local de encontro dos riquinhos. Kristian achou que Anders parecia um pouco perdido, um pouco encolhido dentro do blazer, um pouco tenso por baixo do pó de arroz. Os dois tinham tomado um porre. Kristian deixou escapar uma coisa, uma coisa que andara pensando havia tempo.

— Saia do armário, Anders!

Anders deu uma risada forçada, afastando o amigo com um empurrãozinho. Kristian agarrou-se a ele, não querendo soltar.

— Você precisa sair, a gente vive nos anos 2000, caralho!

Anders se esquivou.

— Ah — disse. — Você está falando com a pessoa errada!

Kristian sempre pensara que Anders era gay, mas foi a primeira vez que teve coragem de dizê-lo. "Não há dúvida", afirmara um amigo comum, que recentemente anunciara sua orientação homossexual. A namorada de Kristian era da mesma opinião. "Claramente gay", ela sempre afirmara sobre Anders. "É óbvio que não se interessa por mulheres. Ele só finge", sentenciou ela.

Entre os amigos, Anders também era alvo de gozação por parecer gay. Anders que se maquiava, Anders que dava risadinha, Anders com a voz afetada. Ele, que tinha de fazer umas rápidas flexões de braço para se preparar para sair; ele, que nunca tinha namorada, mas que falava calorosamente sobre prostitutas e a legalização de bordéis.

Por trás de conversas de homem, ele poderia se esconder. Aí não havia nenhuma proximidade perigosa, nenhuma intimidade constrangedora.

Ele se definia como metrossexual, um homem que gostava de mulheres, mas que também podia se produzir e se maquiar.

Agora ele negava vigorosamente. Ele, gostar de homens? Era a última coisa do mundo que poderia imaginar, ele gostava de louras.

— Anders, você não pode viver uma mentira! — insistiu Kristian. — Você vai se sentir melhor se falar a verdade.

Ficaram ali quase uma hora.

— As coisas vão se resolver — prometeu Kristian, no cruzamento onde a rua Parkveien segue ao longo do Parque do Palácio Real. As pessoas passavam por eles, cambaleantes, indo para uma festa ou voltando de uma. Anders encrespou a boca num sorriso e tirou um grão de pó invisível do paletó.

Aquele maldito paletó, pensou Kristian. É muito feio, parece totalmente idiota. Ele não tem bom gosto, não tem estilo.

Eles se despediram num clima hostil.

O tom no escritório ficou menos afável. Mads e Anders não brigaram, mas também nunca tiveram muita afinidade. Além disso, algo acontecera com Anders. Ele passava cada vez mais tempo na frente da tela do computador.

Logo, Mads começou a ficar descontente. O trabalho era bastante monótono. Depois de corrigir os erros ortográficos do colaborador na Indonésia, cabia a ele imprimir o diploma em papel grosso e enviá-lo ao cliente como carta registrada. Ele às vezes era incumbido de fazer alguma tarefa fora do escritório, como ir ao banco tirar dinheiro ou à agência dos Correios.

Mads começou a se cansar, e, com a aproximação das férias de verão, pediu demissão.

— Tudo bem — disse Anders, sem deixar transparecer qualquer indício do que pensava a respeito de ficar sozinho no escritório outra vez.

Pouco depois das férias, Mads recebeu um telefonema do jornal *Aftenposten*. Ao escrever sobre fraude de diplomas em universidades norueguesas, o jornal ficou sabendo dessa atividade duvidosa. Os quatro sites que vendiam diplomas falsos haviam sido denunciados por uma empresa nos EUA. Um americano escrevera uma carta às autoridades norueguesas pedindo que dessem uma olhada na empresa de Breivik.

O *Aftenposten* tentou entrar em contato com Anders, mas só encontrou Mads.

— Não entendo nada disso e desconheço os sites referidos. Não estou por trás de nada disso. — Foi assim que o jornal citou Mads em setembro de 2005, não pelo nome, mas como um desempregado de 25 anos, em cujo nome a empresa fora registrada.

O *Aftenposten* escreveu: "Folheando um longo texto em que os vendedores tentam, o tanto quanto podem, se esquivar da responsabilidade de qualquer uso sério dos documentos, lê-se que os diplomas e certificados são apenas destinados a 'fins de entretenimento'." O jornal não citou o nome de Anders Behring Breivik, mas escreveu que se tratava de um "norueguês de Oslo, cuja identidade é conhecida".

O Ministério da Justiça pediu ao procurador-geral que avaliasse a legalidade das atividades de www.bestfakediploma.com e www.superfakedegree.com.

Anders estava numa corda bamba.

Na mesma semana em que a matéria foi publicada, ele concluiu um curso de tiro de três dias, ministrado pelo Clube de Tiro de Oslo.

Na semana seguinte à manchete do *Aftenposten*, havia eleições parlamentares. Depois da humilhante preterição, Anders não era mais militante do Partido Progressista, mas continuou a pagar a anuidade e votou nas eleições. Aquele ainda era o partido com que mais se identificava politicamente, e a legenda se saiu bem nas urnas, com 22% dos votos. Mas o Partido Trabalhista se saiu melhor ainda, iniciando negociações para formar um governo de coalizão verde-vermelho com o Partido Socialista e o Partido do Centro. Juntos, os três criaram uma plataforma governamental que se tornou a mais radical da Europa. Anunciaram uma freada em todas as privatizações das empresas estatais. O Partido Socialista levou a pasta da Fazenda. O partido defendia tudo o que Behring Breivik era contra: regulação mais rígida das forças do mercado, maior controle sobre a economia, penas maiores para crimes de colarinho branco e impostos mais altos sobre lucros obtidos com a venda de ações.

Para ele, pagar o mínimo de impostos possíveis era um princípio. Mas, ao fundar a E-Commerce Group no mesmo ano, teve de obedecer a algumas leis e regras. Ele contratara um auditor, um requisito para o estabelecimento de sociedades anônimas. A receita proveniente da produção de diplomas nunca foi declarada às autoridades, mas os ganhos com a venda de ações ele não poderia esconder.

No decorrer do outono, Anders se perguntava se deveria continuar ou não com a produção de diplomas. Seria vergonhoso ser exposto na mídia com nome completo. Pois mesmo se não fosse ilegal do ponto de vista jurídico, era moralmente questionável, e falsificações não eram o que ele queria, ele queria se tornar um verdadeiro homem de negócios. Um verdadeiro homem de negócios podre de rico.

Mas era difícil parar com negócios duvidosos que geravam tanto dinheiro. Por isso, o indonésio continuou a fazer diplomas, e Anders continuou a distribuí-los.

A neve caía espessa.

O Natal estava se aproximando. Tempo de família. Bem, havia pouca família. A irmã se casara nos EUA uns dois anos antes, e não a viram desde o casamento, ocasião em que ocorrera um desentendimento entre a irmã e a mãe. Wenche tinha sido instruída a dizer que era médica.

Portanto, eram só ele e a mãe no Natal, os dois abrindo os presentes, os dois comendo a ceia. Esse ano, passariam a data festiva no apartamento localizado na rua Hoffsveien, para onde a mãe havia se mudado. Mas logo antes do Natal foram convidados para a ceia na casa de um primo de segundo grau de Wenche, que morava fora de Oslo.

Os parentes haviam se visto apenas umas duas vezes antes, mas, ao encontrar Wenche em um evento, a esposa do primo descobriu que ela e Anders comemorariam o Natal sozinhos. Aquilo não estava certo. Com tão poucos parentes próximos, eles não deveriam ficar cada um em seu canto na noite de Natal.

Wenche se produziu, passando maquiagem e arrumando o cabelo. Anders também caprichou no visual.

Durante a ceia, Anders notou alguns castiçais que ficavam num lugar à parte na prateleira da sala.

— O que são? — perguntou.

— São colunas gregas — respondeu o primo, um homem magro e comedido. — Uma dórica, uma jônica e uma coríntia.

Eram os símbolos da ordem maçônica a qual ele pertencia, As Colunas.

— Ah! Sempre quis ser maçom — exclamou Anders. — Sempre foi meu sonho. — Aos 13 anos ele havia ido ao Templo Maçônico para saber como se tornar um deles. Ele ficou sabendo que a idade-limite era 24 anos. Agora, ele logo faria 27.

Os maçons são a elite do poder, dissera aos amigos, que achavam estranho ele querer confraternizar com os velhinhos cerimoniosos. É o melhor lugar para fazer contatos. Para conseguir alguma coisa é preciso entrar lá, costumava argumentar.

Agora ele tinha a oportunidade.

— Você consegue arranjar minha filiação? — perguntou Anders, animado.

— Ah, isso seria maravilhoso — comentou Wenche.

— Você é cristão? — perguntou o primo de segundo grau.

— Sou — respondeu Anders.

O primo de segundo grau era um homem cuidadoso e pensativo, que se expressava de forma lenta e um pouco pormenorizada.

A fraternidade se baseava nos valores cristãos, explicou. A adesão aperfeiçoaria e enobreceria o ser humano. Como maçom, você deveria se esforçar para ser cada vez mais humilde, tolerante e misericordioso, com estilo e dignidade.

Anders sempre carecera de um pai, um avô, um tio ou um sólido amigo de família que pudesse ter lhe convidado a ingressar. Para ser admitido, era preciso ser convidado por dois membros da ordem, os quais seriam os padrinhos do recém-iniciado pelo resto da vida, e, além disso, duas pessoas teriam de lhe dar seu aval.

Imagine, ele tinha um parente que era maçom do oitavo grau!

No fim da noite, Anders criou coragem e perguntou diretamente a seu primo, que tinha quarenta anos a mais que ele, se poderia ser seu padrinho.

O primo de segundo grau hesitou. Ele não conhecia Anders bem, e não queria recomendá-lo sem mais nem menos. No entanto, ele lhe emprestou o livro dos maçons, *O Cadastro*, no qual constavam os nomes de todos os membros. Ali ele poderia conferir se havia algum conhecido que pudesse ser seu padrinho.

Naquele ano, o tempo natalino era ameno em Oslo, havia mais granizo do que neve. As ruas ficavam cinza e se encharcavam de neve lamacenta, que congelava durante a noite. Anders estava em casa com *O Cadastro*, encontrando advogados e juízes, altos funcionários da polícia, famosos professores universitários e empresários. Mas ninguém com quem ele tivesse a mais remota ligação.

O site maçônico falava de símbolos e rituais antiquíssimos em que apenas um círculo fechado poderia tomar parte, e sobre os quais não era possível tomar conhecimento antes mesmo de subir os degraus. A verdade não veio nua ao mundo. Ela veio em forma de símbolos e imagens, estava escrito.

— Todas as crianças merecem vencer. — Assim o primeiro-ministro Jens Stoltenberg abriu seu discurso do Ano-Novo aquele ano. — Trata-se da forte alegria da conquista — disse ele no enunciado transmitido pela televisão. — Nesta época festiva, muitos fazem planos e sonham grandes e pequenos sonhos. As possibilidades de realizar os sonhos talvez sejam maiores na Noruega do que em qualquer outro país. A força de nossas comunidades dá a cada um de nós maiores possibilidades de buscar a sorte. É este o sonho norueguês: que cada vez mais pessoas tenham cada vez mais possibilidades. Para mim, o sonho passa pela comunidade.

Maior igualdade cria sociedades mais dinâmicas, afirmava Stoltenberg.

Para Anders, o sonho não passava pela comunidade. Ele queria brilhar acima da multidão uniforme.

Então começou o ano de 2006. Depois do Ano-Novo, Anders avisou ao primo de segundo grau que não encontrara nenhum conhecido no *Cadastro*. O parente ficou numa saia justa e entrou em contato com o mestre de sua própria ordem, As Colunas. O irmão maçônico disse que poderiam abrir uma exceção e chamar Anders para uma entrevista a fim de analisá-lo.

Mais para o fim do inverno, Anders fez uma visita ao Salão Armígero, "o salão dos cavaleiros", do Templo Maçônico. Era um salão imponente com pé-direito alto, que ostentava estuque e afrescos no teto e nas paredes. Armaduras e capacetes de cavaleiros estavam expostos entre bandeiras e estandartes. Cavaleiros montados e cruzados de vestes brancas com a Cruz de Malta vermelha no peito foram pintados diretamente sobre a parede. Em torno do pescoço de um leão entalhado pendia a cruz de São Jorge. A língua do animal era pintada de vermelho. No porão, havia ossos e crânios que eram usados nas cerimônias e nos rituais maçônicos.

O rapaz de 27 anos foi levado para as profundezas, para o recinto reservado d'As Colunas, no porão embaixo do salão de festas. Ali, foi inquirido pelo mestre da ordem sobre seu percurso de vida. Anders respondeu educadamente, mostrando-se um tanto quieto e reservado. O entusiasmo da véspera de Natal estava contido, ausente até. O primo de segundo grau ficou um pouco perplexo com isso, enquanto o mestre da ordem achou que o jovem manifestou uma forte fé cristã e se saiu igualmente bem nas outras questões. A única coisa que perguntava a si mesmo era se esse Behring não seria um pouco tímido e fracote demais.

O mestre da ordem prometeu informar Anders sobre o resultado.

Demorou. Disseram que poderia levar algum tempo. Seu pedido passaria por um processo meticuloso. Ele começou a sentir a rejeição.

Será que não ganharia acesso à fraternidade? Será que não era bom o suficiente?

Anders carregava a ausência de um pai.

Era uma falta, às vezes bastante pesada.

Um dia, Anders decidiu ligar para o pai.

Onze anos haviam se passado desde a última vez que se falaram. Fazia onze anos que ele fora pego por pichação pela última vez e o pai cortara o contato.

Ele discou o número. Alguém pegou o telefone do outro lado.

— Olá, aqui é Anders.

O pai o cumprimentou, surpreso com sua versão polida do sotaque do norte da Noruega.

Anders contou ao pai que tudo estava dando certo para ele, que tinha sua própria empresa de informática e vários funcionários no mundo inteiro. Disse que tudo estava indo às mil maravilhas e que pensava em fazer um curso numa universidade nos EUA. Deu a entender que estava muito contente com a vida, que tudo ia bem, tanto do ponto de vista financeiro como social.

Eles encerraram a conversa com algumas frases indicando que deveriam se falar logo.

Isso não aconteceu. Anders não telefonou mais para o pai.

O pai tampouco telefonaria para ele. Tinha mais que se preocupar consigo mesmo. Agora estava casado pela quarta vez. Não tinha contato com nenhum de seus quatro filhos.

Mas talvez, se Anders fizesse algo realmente grande, ele seria visto, visto de verdade, por seu pai. Queria tanto que o pai tivesse orgulho dele. Pelo menos foi o que disse à madrasta, a esposa anterior do pai, a terceira, aquela que cuidara dele durante as férias na Normandia.

Foi um inverno duro, a autoestima caiu, a energia sumiu. Em fevereiro, ele encerrou a produção de diplomas de imediato. Não suportou a ideia de ser exposto na mídia como falsificador. A seguir, começou a comprar ações.

À medida que a primavera avançou, o mercado de ações desacelerou, entrou em queda lenta. Ele perdeu um pouco, ganhou um pouco, mas não viu nada do grande prêmio que tanto queria. Em maio, a cotação das ações despencou e se manteve baixa.

As contas bancárias começaram a minguar. A essa altura, a maior parte de seu capital estava amarrada em títulos que só poderiam ser vendidos com grandes perdas. Ele seguiu as cotações freneticamente. O grosso de sua carteira estava preso em ações cuja venda estava suspensa.

Quando se sentava à frente do computador, era geralmente para fugir da realidade.

Nem as demonstrações financeiras nem o relatório anual foram apresentados dentro do prazo. Quando finalmente foram enviados, o auditor observou que a contabilidade estava deficiente tanto para a compra como para a venda de ações.

Anders se afastou dos amigos. A tela o cativou. Ele digitava rapidamente os endereços dos videogames com que se ocupava, podendo jogar horas a fio. Se recebesse uma visita ou se alguém telefonasse, muitas vezes teriam de esperar até ele terminar a fase do jogo.

Ele não tinha mais energia para treinar, alimentava-se mal, não tinha mais pique para se produzir e sair na noite, não aguentava ir para a farra com os amigos na porra do mercado de carne, que era como chamava a cena noturna.

— A vida é uma luta de todos contra todos — disse ele a um amigo. — Uma eterna roda-viva em busca de ficar rico. Não aguento mais aquilo.

O dinheiro em caixa estava diminuindo. O aluguel do apartamento carcomido de dois quartos na rua elegante era de 15 mil coroas. Em alguns meses, teria de começar a vender ações a preços reduzidos para cobrir as despesas do dia a dia. Não havia mais entrada de dinheiro novo.

A ideia fora da mãe. Se ele se mudasse de volta para casa, economizaria um monte de dinheiro, disse ela. De qualquer forma, o quarto não estava sendo usado. Era só tirar algumas peças da mobília de jantar que ela havia deixado lá.

No verão de seus 27 anos, ele voltou para a casa da mãe.

— Temporariamente — disse ele.

— Que alegria — respondeu ela.

Escolha seu mundo

ERA UM BOM lugar para ficar. Era uma meritocracia perfeita.

Quem fosse habilidoso e atento subia na hierarquia. Quem fosse persistente e desempenhasse suas funções era recompensado.

Cada um recebia simplesmente o merecido.

Ninguém herdava dons ou privilégios. Cada um escolhia sua classe e raça. Eram as suas habilidades e como as utilizava que faziam você subir na hierarquia e se aproximar da meta.

Todos começavam no mesmo lugar, do zero.

Cada um se criava do jeito que quisesse, dando a si mesmo um nome e uma história. Você poderia ser homem ou mulher. Você poderia ser um ser humano ou um troll, um anão ou um elfo, um gnomo ou um orc. Essas eram as raças.

Era preciso escolher uma profissão. Ferreiro ou alquimista, alfaiate ou pescador, boticário ou cozinheiro.

Depois era a classe. Você poderia escolher entre guerreiro, sacerdote, xamã, caçador ou ladino. Ou você poderia ser um dos magos.

Os caçadores podiam usar animais selvagens para uma luta corpo a corpo em seu lugar, enquanto eles próprios estavam atirando de longe com arco e flecha.

Os ladinos podiam aproximar-se furtivamente dos adversários sem serem vistos, apunhalando-os pelas costas com faca ou machado. Eles eram melhores em luta corpo a corpo, enquanto os sacerdotes faziam o maior estrago a distância. Eles podiam curar ou usar magia negra. Os remédios, eles próprios teriam de conquistar. O efeito de alguns era imediato, ao passo que o de outros era gradativo. Um mago tinha um arsenal de poções que davam poder sobre o tempo; um herói lendário conhecia feitiços que davam a vida de volta num instante.

Os magos eram capazes de se transformar em ursos e tigres, árvores enormes ou rochedos. Podiam chamar furacões ou nuvens negras. Os trolls podiam evocar demônios que se sacrificavam por eles nas lutas. Os xamãs podiam convocar o ar, o solo e a água; os cavaleiros podiam usar luz para cegar os adversários.

Mas uma vantagem sempre dava uma desvantagem. Se você tivesse força em uma área, era fraco em outra. Os que podiam fazer uso de fogo e gelo não aguentavam muito, enquanto aquele que só tinha uma clava era mais resistente na luta.

Então o jogo poderia começar.

Ele entrou num mundo de cores. Às vezes, os contrastes eram suaves e ofuscados. De repente, as cores explodiam diante dele. A paisagem estava em mudança constante. Um raio poderia cair, um rio poderia transbordar ou lava incandescente poderia ameaçar o vale onde ele estava.

O verde era mais verde, o vermelho, mais vermelho, o escuro, mais escuro, o claro, mais claro. Tudo tinha sentido e propósito. Todas as ferramentas tinham seu uso. Todas as habilidades poderiam ser usadas. A paisagem era carregada de significado.

Como todos os outros, ele começou do zero em termos de aptidões. Depois, foi acumulando pontos, especificados em porcentagens, conforme concluía as missões.

As aptidões que teria de melhorar para aumentar a porcentagem eram força, perseverança, flexibilidade, coragem e inteligência.

Como jogador novo, ele recebia missões simples, tais como colher os frutos da terra, talhar uma lança, adquirir um animal de montaria por meio de escambo. Havia animais rápidos e lentos. Alguns sabiam voar, como o draco de arenito. Além disso, ele poderia adquirir um bicho de estimação que não lutava, mas apenas o seguia no jogo.

Tudo de que precisava, ele próprio teria de confeccionar ou conquistar. Às vezes se tratava de equipamentos à venda em leilões, ou ele poderia fazer uma troca. Algumas ferramentas estavam em poder do inimigo, por isso era preciso vencer o adversário e se apoderar daquilo que havia sido dele.

Era um trabalho penoso. A paciência rendia lucros. O tempo rendia uma fortuna.

Mais tarde, as missões aumentavam. Ele teria de matar um monstro, encontrar um tesouro. Ambos poderiam estar escondidos em meio aos penhascos. Palácios convidativos poderiam estar sitiados por vampiros; os prados em volta, transformados em campos de batalha enfeitiçados.

Com o tempo, ficou impossível realizar todas as tarefas sozinho. Ele teve de cooperar com outros, entrar numa guilda. Os membros da guilda precisavam ter aptidões que se complementassem. Os mais fortes teriam de lutar na primeira linha. Os guerreiros e heróis teriam de manter a atenção do inimigo em si, de modo que os mais vulneráveis, os magos e sacerdotes, que tinham o dom da cura, não se ferissem.

Nisso, havia também um compromisso. Não participar, não estar presente, significava deixar a guilda na mão, e ela poderia perder.

Ele se batizara de *Andersnordic*. Era do sexo masculino, da raça humana e da classe dos magos.

Andersnordic era altivo e forte, com um rosto cinzento, ameaçador. O corpo imponente era vestido com trajes de cavaleiro, com pedras preciosas costuradas no peito e dragonas enormes nos ombros. Na cabeça, uma haste luminosa.

Ele baixava os ombros.

E apertava as teclas.

Atacava os adversários, a mão deslizando sobre o teclado. Os dedos estavam trêmulos sobre o mouse.

O jogo o cativava e o acalmava. O sistema era fácil de entender. Não havia categorias espinhosas como "maneiro" e "ridículo". Se você fosse habilidoso o suficiente, você era bom o suficiente. Qualquer um poderia se dar bem, só era preciso que você se empenhasse, estivesse logado e se dedicasse. A recompensa vinha com o tempo e a experiência, não como no volátil mercado de ações, não como no mundo incerto das cantadas.

Anders era bom em juntar pontos e subiu rapidamente na hierarquia. Os jogadores ficavam de fones de ouvido e se comunicavam durante o jogo. Em geral, a conversa dizia respeito aos ataques, a distribuição de papéis, a tática de batalha. Eles se conheciam como figuras do jogo, *avatares*, não como quem eram no cotidiano.

No início, *Andersnordic* se adaptou, sendo tímido e quieto, não muito ativo nas discussões. Conforme subia na hierarquia, ele gradativamente mudou sua maneira de ser. Tornou-se mais afável, mais comunicativo. Com o tempo, ficou conhecido por seu bom humor, alguém que inspirava os outros a se esforçarem. Ele simplesmente era bem-visto. "Um tônico para a depressão", foi como um colega de jogo o caracterizou.

A mãe estava frustrada pelo fato de ele passar o tempo todo dentro de casa, jogando. Não era isso que ela esperara do filho. Se ela entrava no seu quarto, ele ficava irritado e a mandava sair. Ele mal tinha tempo de comer, ia ao banheiro com pressa, tomava banho rapidinho, voltava correndo para o quarto, fechava a porta e ia dormir tarde. A vida se tornou uma rotina controlada pelo jogo. Os intervalos off-line eram poucos.

Ele parara de responder as chamadas no celular. Caso amigos aparecessem, pedia que a mãe dissesse que não estava.

Assim ele passou o primeiro período no nº 18 da Hoffsveien. O outono foi ameno e ensolarado. Primeiro, as folhas da bétula solitária do lado de fora de sua janela se tornaram amarelas, depois, marrons, e então caíram. Depois vieram as chuvas. As folhas que formavam um círculo em volta da árvore ficaram encharcadas e apodreceram. Ele se ajeitou na cadeira funda de escritório e travou batalhas de dedo com o teclado.

O Natal chegou, e ele estava jogando em tempo integral. Em alguns períodos, ficou sentado dezesseis a dezessete horas por dia. No Réveillon, ele passou a noite inteira logado. O jogo foi projetado de tal forma que datas especiais eram comemoradas. Para o Natal, havia presentes e árvores decoradas; para o Ano-Novo, soltavam-se fogos de artifício.

As comemorações eram mais uma maneira que a Blizzard, produtora de videogames, usava para substituir a realidade e manter as pessoas logadas. Com World of Warcraft, a Blizzard concebera um jogo sem fim.

No início de 2007, depois de pouco mais de seis meses jogando em tempo integral, Anders atingiu o nível mais elevado que se poderia alcançar, o nível 70. Ele se tornou líder da guilda *Virtue*, Virtude, que fazia seus ataques no servidor europeu Nordrassil. Recebera o título de Justiceiro, um título que levou muito tempo e muita matança para ser atingido.

Quando estava participando dos ataques, ele não podia ser interrompido de jeito nenhum. A *Virtue* programara as ofensivas para o horário noturno, das 19 às 23 horas. Então todos eram obrigados a participar. A maioria da guilda jogava cerca de doze horas por dia, e havia muitos preparativos antes dos assaltos. Precisavam cuidar de aprovisionamentos, munições e armas. Quanto mais bem equipados, maiores eram suas chances de vencer as outras guildas na competição para encontrar os tesouros ou matar os vampiros.

Andersnordic era bom para motivar e costumava fazer os jogadores se empenharem mesmo se estivessem cansados e começassem a ficar mal-humorados. Mais um pouco, mais um pouco, só mais um pouco, ele era conhecido por não desistir.

— Agora precisamos terminar isso, depois então vamos dormir — dizia ele.

Por vezes, o jogo entrava em conflito com a realidade, ou vice-versa.

Em uma manhã de fevereiro de 2007, ele recebeu uma carta. Havia sido admitido no primeiro grau da Loja São-Joanina e foi convidado para a reunião de admissão no Templo Maçônico. A mãe mal pôde conter a euforia.

A questão de padrinhos fora solucionada. O primo de segundo grau seria o primeiro padrinho, o principal responsável por fazer do rapaz um bom maçom. Um secretário da divisão d'As Colunas se incumbira de ser o segundo padrinho.

Mas Anders não tinha tempo. Ele realmente estava sem tempo.

Aquilo parecia ter acontecido tanto tempo atrás. A entrevista de admissão na cripta sob o Salão Armígero um ano antes era apenas uma memória distante.

Ele não podia recusar isso. Meu Deus, ele fora aceito para ingressar na maçonaria!

Se ao menos fosse só uma questão de se deslogar por algumas horas e comparecer... Mas não, era preciso cuidar de muitos preparativos. Ele tinha de arranjar traje de gala, com fraque e colete preto. Esse era o traje exigido para a cerimônia de iniciação. Precisava se arrumar, se pentear, se vestir antes de sair em público.

Era comum que o padrinho levasse o novo membro à solenidade de iniciação, e a noite seguinte ao seu aniversário de 28 anos, que ele comemorara no World of Warcraft, Anders recebeu uma carona do primo de segundo grau, que veio buscá-lo em casa.

Anders entrou no carro. *Andersnordic* ausentou-se naquela noite.

A caminho do Templo Maçônico no centro de Oslo, Anders começou a falar de batalhas de cavaleiros, guildas e irmandades.

O parente ficou um pouco perplexo. A maçonaria tinha por objetivo enobrecer as qualidades da pessoa, explicou ele.

Anders ficou calado.

O Templo Maçônico estava situado do lado do Parlamento. Lá dentro, foram recebidos por um mestre de cerimônias de chapéu, luvas brancas e uma grande espada pendurada no quadril. Na mão, ele segurava um bastão maciço em preto e azul, guarnecido de prata em ambas as extremidades.

Anders era o único a ser iniciado como membro da ordem naquela noite. Vários irmãos compareceram para presenciar a cerimônia. Eles se cumprimentaram conforme os rituais adquiridos. Alguns usavam anéis que mostravam a que grau pertenciam, outros tinham correntes e cruzes no pescoço.

Ele foi levado a uma grande sala, e a cerimônia pôde começar. Primeiro, o mestre de cerimônias se dirigiu aos dois padrinhos de Anders: *Meus irmãos. Em nome da Loja, cabe a mim apresentar os agradecimentos aos senhores por terem trazido este neófito a nós e tê-lo acompanhado até a porta da Loja.*

Anders teve de assinar um documento confirmando que professava a fé cristã e que nunca revelaria os segredos dos maçons. Amarraram então um pano em volta de sua cabeça. De olhos vendados, ele tinha que repetir as palavras do mestre de cerimônias:

Se eu violar este meu compromisso de iniciação,

concordo em ter minha garganta cortada de um lado a outro,

ter meu coração arrancado e ter minha língua e minhas entranhas rasgadas,

e tudo lançado ao abismo oceânico

e ter meu corpo reduzido a cinzas

que serão espalhadas pela face da Terra.

Em seguida, ele foi conduzido pela sala, de forma que perdeu o sentido de direção, e levado por corredores e por uma escada abaixo. Uma porta foi aberta, e pediram que ele se sentasse. A venda foi tirada e ele se viu sozinho num cômodo minúsculo pintado de preto. Diante dele, havia uma mesa com um crânio e ossos em forma de cruz. Ficou sozinho por um tempo ali dentro, antes de alguém entrar e fazer algumas perguntas. Então colocaram a venda outra vez. Foi levado de volta ao salão grande, onde passou pelos demais rituais de iniciação.

Agora, ele era irmão de primeiro grau.

Dentro, mas na posição inferior.

Ele só queria voltar para casa.

Ao chegar à Hoffsveien, viu que já era muito tarde para participar de ataques. Mas ainda dava tempo de se logar.

O primo de segundo grau contara que os membros d'As Colunas se reuniam todas as quartas e que seria um prazer buscá-lo em casa. Um padrinho deveria se encarregar de que seu convidado comparecesse a reuniões e círculos de estudo, e que assumisse tarefas.

Anders fizera que sim com a cabeça, mas não foi nada fácil chamá-lo. No decorrer do primeiro semestre, ele foi a uma única reunião de iniciação, e, na ocasião, ficou só criticando. Após a cerimônia, reclamou do comportamento dos recém-iniciados e de sua total falta de adaptação. Além do mais, tudo fora muito demorado.

Depois de algum tempo, o primo de segundo grau parou de telefonar para Anders, apesar de Wenche lhe pedir que continuasse.

— Ele nunca sai de casa, só fica no quarto na tal da internet — reclamou ela.

A meta desse semestre era ser a melhor guilda do servidor, liderar a guilda que conseguisse matar todos os monstros que o jogo emitiria.

Os membros da guilda estavam espalhados pela Europa toda, a língua do jogo era o inglês. Como líder da guilda, Anders tinha muitas responsabilidades. Ele precisava garantir que os jogadores tivessem o equipamento necessário: os aprovisionamentos, as espadas, os machados e os escudos. Cabia a ele tomar decisões táticas e elaborar a estratégia da batalha, mas, ao mesmo tempo, tinha de ser receptivo às ideias dos outros jogadores.

Ao longo da temporada, *Andersnordic* se tornou mais bruto. Muitas vezes, magoava as pessoas sem se dar conta disso. Ele era grosseiro quando o jogo não saía do seu jeito. Tinha um desejo constante de progresso, de obter resultados, e pressionava e atormentava e insistia.

Poucas vezes chegou a haver conflitos diretos. Um jogador achou que ele era abusado e o chamou de bruto e controlador. Anders tirou o jogador do fórum de bate-papo.

Alguns o deixaram voluntariamente por ele ser extremo demais. Ele disse que não suportava prevaricadores, e não tinha escrúpulos em expulsar jogadores se não gostasse deles ou se achasse que não estavam dando certo. O jogador que desse uma passada na sexta-feira à noite com uma taça de vinho ao lado do teclado e que se perdesse na encosta errada não era alguém que ele quisesse levar na campanha.

Andersnordic tinha o costume de eliminar as pessoas tarde da noite, quando os outros estavam off-line e não podiam protestar. Ao tentarem se logar, os eliminados não mais conseguiam entrar na *Virtue*. Às vezes, os outros jogadores imploravam em nome dos que foram excluídos, mas o líder da guilda era impiedoso, aquilo era sério, não se poderia simplesmente dar uma passada de vez em quando por diversão. Jogadores de longa data, que participavam desde muito antes de *Andersnordic* se logar pela primeira vez, de repente se viram sozinhos.

Os *prevaricadores* geralmente eram aqueles que tinham uma vida fora do jogo. Uma vida que, de vez em quando, exigia muito, incluindo ficar deslogado por períodos longos. O mais comum era jogar algumas horas à noite depois do trabalho. A maioria das pessoas não tinha a possibilidade de ficar acordada a noite inteira. Anders vivia de sua poupança e da comida da mãe.

World of Warcraft é um dos jogos mais viciantes do mundo, justamente por ser construído de forma muito social. As pessoas criam laços entre si por meio de seus avatares, e o companheirismo pode ser forte. Para cada minuto que você se ausenta do jogo, você atrasa os outros um pouco.

Isso possibilita ao jogador subir num sistema que parece previsível. Para quem tiver capacidade estratégica, é fácil avançar. O tempo todo você sabe quanto falta para o próximo objetivo. Seu empenho pode ser medido até os mínimos detalhes. Você recebe tapinhas virtuais nas costas toda vez que se logar e eleva seu prestígio apenas se gastar tempo suficiente. Todos podem ser bem-sucedidos. Assim é o mundo on-line.

Anders, que quisera fazer parte da elite do poder, agora era um dos líderes do World of Warcraft. Ele, que se emocionara com os adornos faustosos dos maçons, se deixou fascinar por armaduras animadas digitalmente. Ele, que dera tanta importância em ganhar dinheiro, agora colecionava o ouro do WoW. Ele, que se preocupara tanto em ter uma boa aparência, estava sentado dentro de seu quarto, sujo e desgrenhado.

Anders, que quisera estabelecer contatos fazendo *networking*, não precisava mais de ninguém além de si mesmo.

Todo o resto foi para o brejo. Quando a contabilidade da E-Commerce Group de 2006 deveria ser auditada em 2007, o auditor não conseguiu entrar em contato com Breivik, o presidente do conselho de administração, e acabou renunciando ao cargo de auditor. No ano seguinte, a E-Commerce Group foi para liquidação forçada. De acordo com o relatório do liquidante, a empresa violara a Lei da Administração Tributária, a Lei das Sociedades Anônimas e a Lei da Contabilidade.

A vida fora do quarto estava se desfazendo.

Mas lá dentro o jogo continuava.

Para o jogo não há fim.

Uma noite, depois de uma campanha, ele ficou conversando com um jogador que estava pensando em parar. Precisava retomar sua vida real, disse ele. Anders admitiu que estava pensando a mesma coisa. Ele logo pararia, disse.

Mas ele não parou.

Ele continuou no quarto.

Temporariamente, dissera ele. Cinco anos, ele ficaria sentado.

Cinco anos diante da tela.

Um tônico para sua depressão.

Três amigos

"Deem-me os puros de alma,
os homens de força e calma,
aqueles com brio e coração
que por nada neste mundo
minha grande ideia trairão,
por ela, até a morte lutarão.

Deem-me os melhores da raça
E tudo lhes darei de graça.
Só na vitória saberão
o quanto estava em jogo.
Da Terra, a própria salvação.
Chamo os melhores da raça."

Rudolf Nilsen, A Voz da Revolução, 1926

— MAMÃE, POSSO me filiar à AUF?

Tone estava com o telefone na mão. Finalmente, Simon ligara para casa.

— Mamãe, você está me escutando? Custa só 10 coroas!

— Que bom que você está ligando, Simon. Foi por isso que lhe dei o celular, não é, para você ligar para casa!

O ano era 2006, Simon completara 13 anos e estava fazendo sua primeira viagem de pernoite a Tromsø. Na 7ª série, ele fora eleito para o Conselho Estudantil do Ginásio de Salangen. No mesmo ano, a administração da província organizou uma conferência juvenil para toda a região, e Simon representaria sua escola. Na conferência discutiram como melhorar a vida dos jovens da região.

Um adolescente chamado Stian Johansen falara sobre o trabalho da Juventude do Partido Trabalhista, a AUF.

No intervalo seguinte, Simon foi falar com ele, apresentando-se educada e timidamente.

Carinha de bebê, pensou o adolescente um pouco mais experiente.

— Gostaria de me filiar à AUF — disse Simon.

Com entusiasmo, o palestrante tirou o bloco de recrutamento, pedindo que Simon preenchesse seu nome e endereço. Recrutar novos membros era importante. Mais membros significava maior influência e, principalmente, mais dinheiro nos cofres do partido. Para cada novo membro de uma organização política juvenil, o governo dava verba. Recrutar muitos conferia prestígio ao recrutador.

Ao ver a data de nascimento de Simon, Stian sorriu:

— Não posso recrutar você, é preciso ter 15 anos. Mas, se seus pais permitirem, está tudo bem.

Tone estava na cozinha ouvindo a voz alegre de seu filho mais velho.
— Está muito legal aqui, tivemos muitas discussões e debates interessantes, estou mais de acordo com o pessoal da AUF. Posso me filiar? Só custa 10 coroas!

— É claro que pode se filiar à AUF, meu querido — riu Tone.

— Tudo bem, então vou preencher o formulário agora e depois o levo para casa, porque vocês precisam assinar. Conheci tantas pessoas maneiras, mãe! Mas agora tenho que desligar.

Filiar-se à AUF não era exatamente um sinal de protesto juvenil por parte de Simon. Ele crescera dentro do movimento trabalhista local, o pai era vereador pelo Partido Trabalhista.

As discussões em torno da mesa de jantar eram animadas, quer se tratasse da participação norueguesa na guerra do Afeganistão, quer da exploração de petróleo ao largo do arquipélago de Lofoten. Simon era contra ambas. A conversa também girava em torno de temas mais domésticos, por exemplo, se era justo Håvard ter de fazer voltas de penalidade tão compridas quanto Simon quando faziam a competição de jogar bolas de neve em toras de lenha no jardim. Simon e Håvard herdaram o espírito competitivo do pai. Em atletismo, Simon teve uma boa colocação na prova de salto em altura, enquanto Håvard foi campeão norueguês na corrida de 1.500 metros para meninos. A fim de fazer os meninos ajudarem em casa, Tone muitas vezes inventava competições do tipo "quem consegue correr mais rápido até a lixeira com o saco de lixo". Chegando ao contêiner na ladeira, abriam a tampa e miravam a distância.

Mas, para Simon, a política era ainda mais interessante do que o esporte. Em função da centralização na província de Troms e do número decrescente de jovens na região norte, a cada novo orçamento, os políticos avaliavam o fechamento da escola de ensino médio do município de Salangen. Toda vez ela lutava por sua vida e vencia. Na 8ª série, Simon compareceu perante a Câmara da Província de Troms pela primeira vez para argumentar a favor da continuação da escola no município.

Logo, foi eleito presidente do Conselho Juvenil de Salangen. Ele defendia a ideia de que deveria haver atividades fora da escola para os adolescentes. Numa pequena comunidade, o esporte geralmente era o ponto de encontro social, portanto, os que não eram esportivos poderiam ficar um pouco marginalizados. Simon tinha como causa de luta a reabertura do clube juvenil, que estava desativado havia anos. A Prefeitura prometeu verbas se Simon garantisse que os jovens compareceriam aos mutirões de reforma e manutenção. Ele prometeu que sim. Os jovens ganharam um porão onde haveria uma sala de música, uma pista de dança, uma mesa de bilhar e um pequeno café que eles próprios administrariam. Seria um lugar de encontro, para todos. Só que primeiro era necessário reformar o local.

— Mas, mãe, como faço para convencer as pessoas a participarem? — perguntou Simon.

— Você deve atraí-los com alguma coisa — sugeriu Tone.

— Com o quê?

— Posso fazer pizza — ofereceu a mãe.

Simon pendurou cartazes sobre o mutirão e, ao voltar de *Velve*, que era o nome do clube juvenil, ele estava animado e manchado de tinta vermelha e azul-cobalto.

— Mãe, veio tanta gente! Nem tínhamos pincéis suficientes.

Em 25 de julho de 2008, no seu aniversário de 16 anos, Simon se filiou ao Sindicato Norueguês de Funcionários Municipais e Gerais. Os amigos acharam estranho que ele se sindicalizasse sem ter qualquer emprego.

— Todos devem ser membros de um sindicato — argumentou ele. — Os estudantes também. Quanto mais forte deixamos o sindicato agora, melhores serão as condições de trabalho quando terminarmos nossa formação!

Com muitos membros, o sindicato poderia tomar medidas mais enérgicas contra práticas duvidosas, pois os jovens muitas vezes eram explorados, não recebiam o salário determinado pelo acordo coletivo ou trabalhavam em condições ruins. Os empregadores violavam a Lei do Ambiente de Trabalho, e os candidatos a emprego menores de idade desconheciam seus direitos. Por isso era importante que a patrulha de verão da Central Sindical viajasse pelo país conferindo as condições dos jovens.

A melhor surpresa da filiação foi que ela incluía alguns meses de assinatura do jornal *Klassekampen*. O jovem de 16 anos lia sobre como a crise financeira afetava os mais pobres e os países em desenvolvimento, sobre o dumping social e sobre a explosão de desempregados na Europa. O jornal com perfil crítico debatia todos os assuntos pelos quais ele se interessava.

— Pai, você precisa ler esse jornal! — exclamou. — Ele é tão bom! Escreve sobre as coisas de uma maneira totalmente diferente dos outros.

Quando as férias de verão terminaram e ele começou a cursar o primeiro ano na Escola de Ensino Médio de Sjøvegan, uma instituição sob ameaça de ser fechada, Simon quis fazer mais que assinar *Klassekampen*. Não bastava refletir sozinho sobre as soluções socialistas para a sociedade. Ele discou o número da sede do partido em Tromsø, querendo saber como criar uma divisão local da AUF em Salangen.

— Convoque uma reunião de fundação, então podemos ir até aí e ajudá-lo a recrutar as pessoas — foi o recado.

Simon pendurou folhas pela escola.

Reunião de fundação da AUF de Salangen.

No Gazebo.

Uma noite, em meados de setembro, três rapazes vieram de carro de Tromsø. Um deles era o líder da AUF da província de Troms, Brage Sollund, com quem Simon falara ao telefone. Os outros eram o melhor recrutador da província, Geir Kåre Nilssen, e um magricela da 10ª série com aparelho ortodôntico e óculos, chamado Viljar Hanssen.

Elaboraram a estratégia enquanto comiam os tacos mexicanos preparados por Tone.

— Bem, Simon, vamos fazer o seguinte amanhã — disse Geir Kåre. — Primeiro, você vai até a menina mais bonita da escola. É importante recrutá-la, pois na maioria das escolas ela decide o que é legal e o que não é. Então recrutamos as amigas dela, e, depois de recrutar as meninas, passamos aos meninos. Tudo bem?

Simon concordou.

— Vamos começar com os caras das gangues. São os mais difíceis de convencer; se eles vierem, isso vai ser grande. É simples, pois aí o restante vai na onda.

Simon fez que sim outra vez.

— Tenho uma fórmula para você — disse Brage. — A AUF = 90% social + 10% política.

Brage também trouxe um livro para Simon por ocasião da reunião inicial, era o livro da história da AUF, *O sal do partido*. Brage abriu o livro e leu em voz alta sobre a época em que Einar Gerhardsen era o líder da organização juvenil:

— No primeiro semestre de 1921, Gerhardsen colocou como condição para sua candidatura à reeleição de presidente que o baile fosse eliminado. Ao mesmo tempo, a atividade de estudos seria intensificada "a fim de tornar cada membro da organização um comunista consciente". A proposta foi adotada, mas o resultado indicava que a consciência revolucionária das bases ainda deixava a desejar. Na assembleia geral, meio ano mais tarde, apenas 36 membros sobraram dos 322 iniciais, uma queda de quase 90%!

Os meninos riram.

Não, Simon não se esqueceria da parte social.

Ligaram para o jornal local, que prometeu ir à reunião de lançamento, traçaram planos para os assuntos que a AUF de Salangen poderia focar, e todos acabaram se deitando nos colchões debaixo dos edredons quentes na sala do porão, falando bobagens até de madrugada.

A batalha do recrutamento seria travada no recreio.

— Ok, Simon, a palavra é sua. — Geir Kåre deu um tapinha nas costas do novo amigo.

Depois de alguns segundos de hesitação, Simon foi direto à moça mais bonita de Sjøvegan.

— A AUF? — perguntou ela. — Por 10 coroas?

Em seguida, ela sorriu. — Tudo bem. — E escreveu seu nome na ficha.

Viljar se juntou a ele, e os rapazes iam de um grupo de meninas bonitas e louras a outro. A lista ficou cada vez mais comprida. Logo, todas as pessoas do pátio e do refeitório haviam sido abordadas.

Viljar ficou impressionado.

— O Simon tem uma lábia e tanto, cara! Todos estão aderindo — disse ele a Brage e Geir Kåre.

O bloco de fichas de recrutamento estava ficando cheio.

As causas que Simon destacava diante de cada novo grupo eram: Não ao fechamento da Escola de Ensino Médio de Sjøvegan. Sim às refeições quentes servidas na escola. Ônibus mais barato para os jovens. Propostas com que a maioria dos jovens poderia concordar. Mas, para conseguir isso, Simon argumentou que eles precisavam da AUF, e a AUF precisava deles. Era simples assim.

— Como você é convincente, cara! — disse Viljar ao colega partidário depois do fim do recreio. — O filho prodígio de Salangen. O príncipe da terra — afirmou o rapaz de Tromsø, e riu. — Com você, eles teriam topado qualquer parada — caçoou.

Viljar tinha razão, pois todos gostavam de Simon. O fato era que, quando ele sugeria alguma coisa, as pessoas ficavam com vontade de participar. Ele era simpático, ele era legal e ele tinha estilo. As meninas da escola sempre sabiam que agora, agora *o Simon* estava entrando no refeitório.

No decorrer do dia, os rapazes recrutaram oitenta novos membros. Geir Kåre e Brage nunca viram nada igual. Simon se deliciou com a glória de seu sucesso.

— Mas também falei com eles de antemão — admitiu ele. O jovem havia aproveitado o tempo dos recreios, antes das partidas de futebol, dos treinos de atletismo, do caminho para a escola, da fila do refeitório. A escola inteira soubera que era para levar uma moeda de 10 coroas nesse dia, pois Simon queria estar muito bem preparado para a chegada dos meninos da cidade de Tromsø com as fichas de recrutamento.

— Ah! Ah! Quer dizer que você aqueceu a galera então? — disse Viljar.

Ele mesmo fora recrutado aos 13 anos por Brage, que, na época, o abordou numa conferência juvenil perguntando:

— Olá, você ouviu falar da AUF?

— Já.

— Que bom, eu sou líder lá. — E então Viljar Hanssen se tornou membro.

Na mesma manhã, o jornal *Salangen-Nyheter* já afirmara que "Sexta-feira, dia 19 de setembro de 2008, será um dia histórico na comunidade de Salangen. Nessa data, uma divisão local da Juventude do Partido Trabalhista será fundada. Simon Sæbø está à frente da iniciativa".

Os rapazes de Tromsø providenciaram tigelas de docinhos, distribuindo-as pelas mesas antes de a reunião começar. Simon foi eleito presidente por unanimidade; um de seus amigos, Johan Haugland, foi votado vice-presidente, e ainda foi escolhido um conselho. O recém-eleito presidente disse ao jornal local que lutaria pela ampliação do horário de funcionamento do clube juvenil e por atividades como "jogos de futebol no telão, torneios de bilhar e sobretudo um passeio de lançamento para o Chalé dos Caçadores e Pescadores perto do lago de Sagvannet". O jornal local também informou que haveria jantar para todos no chalé na sexta e no sábado, mas as outras refeições cada um teria de levar. O jornal prometeu que a divisão local teria reuniões regulares no futuro próximo e, no final da matéria, incluiu o número do celular de Simon, caso alguém tivesse alguma dúvida adicional.

Muitas vezes, as reuniões eram realizadas na casa azul da família Sæbø de Heiaveien. Então Tone refogava carne moída, misturava o tempero de tacos e os aquecia no forno. Ela preparava tigelas com milho, tomates picados e queijo ralado. Outras vezes, servia pizza caseira. Se Simon esquecesse de comprar faixas, canetas hidrográficas e papel, ou outras coisas de que precisava, a mãe geralmente já cuidara de tudo. Simon poderia ser um líder inspirador, mas era um pesadelo logístico. Felizmente, Tone era muito organizada.

Os jovens faziam comícios a favor da escola, contra a crise climática, a favor do clube juvenil, contra a exploração de petróleo. Realizavam noites de fraternização, organizavam shows e seminários. Simon havia superado o medo do palco que tivera na infância. Nessa época, ele próprio queria ser o apresentador dos eventos culturais da comunidade. Depois de um protesto contra o racismo, os requerentes de asilo menores de idade também foram convidados para o clube juvenil. Os refugiados nunca se sentiram totalmente à vontade ali, sempre tiveram a sensação de que "era o lugar dos noruegueses". Mas ao verem cartazes dizendo *Bem-vindos a Velve* pendurados no Centro de Acolhimento, eles foram, primeiro hesitantes, depois em grandes grupos. Simon até tentou recrutar vários deles para a AUF. O fato de que ainda não lhes fora concedido o visto de permanência não importava, era só colocar como endereço: Centro de Acolhimento de Requerentes de Asilo de Sjøvegan. As 10 coroas ficariam por conta dele.

*

O minibar fora esvaziado antes de sua chegada. O hotel sempre cuidava disso antes do check-in dos participantes da conferência juvenil da administração da província. Era um exigência da província para que pudessem hospedar menores de idade.

No chão, havia um saco plástico quase vazio, com cerveja. Algumas garrafas vazias já estavam enfileiradas perto da porta.

Eram três amigos. Simon e Viljar estavam sentados na cama, Anders Kristiansen, na única cadeira do quarto. Eram companheiros de luta da AUF. Antes do início da conferência, sempre organizavam uma reunião de facção. A administração da província convidara jovens de diversos partidos políticos, jovens interessados em cultura, jovens interessados no meio ambiente, jovens politicamente independentes e diversos jovens talentosos. Além disso, a composição deveria refletir a distribuição geográfica e a igualdade entre os sexos.

Anders Kristiansen era o motivador do grupo, aquele que os conduzia de volta à política quando Simon e Viljar ficavam fazendo bagunça ou falando sobre meninas.

— Escutem vocês dois, quanto ao plano de segurança no trânsito, eu tenho algumas observações. Vejam bem... — ele dizia, e aí eles se sintonizavam.

Quando discordavam de algo, sempre se viravam para Anders e perguntavam:

— O que você acha?

E aí ficava do jeito que Anders queria. Na verdade, todos os três eram rapazes que em geral conseguiam o que queriam, mas, entre seus pares, Anders era o primeiro.

Ele tinha meio ano a menos que Simon e era da cidade vizinha, Bardu, o município com a maior presença nas forças armadas da Noruega. Ali, aos 15 anos, ele, assim como Simon, fundara uma divisão local da AUF e fora eleito presidente. Ele era uma pessoa prática, aquele que cuidava das passagens quando iam viajar para algum lugar, que estava inteirado de toda a papelada das reuniões e, sobretudo, da pauta.

— A província de Troms está centralizada demais — disse Anders agora. — Tudo que é importante fica em Tromsø. Precisamos distribuir as atividades pela província, distribuir o poder, assim vamos manter o povoamento dos distritos rurais.

— A gente precisa passar a proposta de "voltar para casa por 50 coroas" — disse Simon, que fora de ônibus de Salangen a Tromsø na mesma tarde, uma viagem de três horas. Troms é uma província esparsamente povoada de grande extensão geográfica. Para os jovens dos distritos rurais, o ônibus era o meio de transporte mais prático. Várias trocas de ônibus encareciam a viagem. A proposta significava que os jovens poderiam fazer uma viagem de ida ou de volta, independentemente da distância, por 50 coroas.

— Você e aquela coisa do ônibus — riu Viljar, um menino urbano. Até se mudar para Svalbard por causa do trabalho do pai, que era pesquisador de aves árticas, ele se gabava de que mal passara do outro lado da ponte de Tromsø. — Entendo que precisa ir até a cidade grande para tomar ar! — ria ele para Simon. Embora atualmente vivesse entre ursos-polares e *snowmobiles* em Svalbard, eles o viam como um típico garoto de Tromsø, por dentro das coisas e seguro de si.

— De qualquer forma, o ônibus é importante — asseverou Anders. Era ele quem estava com a papelada e os relatórios da reunião anterior.

Desde cedo Anders Kristiansen se preocupara em ter controle. Já com 1 ano, ele ficava perto da cerca, mantendo os transeuntes atualizados. "Mamãe no trabalho. Papai em casa." E ele fazia questão de que todos estivessem bem. Certa vez, a mãe lavou seu bichinho de pelúcia, o Ratinho Sujinho, e o pendurou para secar no varal do jardim. Então ele veio correndo.

— Não pelas orelhas, mãe! Não pelas orelhas! — Depois de remover os pregadores das orelhas do Ratinho Sujinho, Anders disse com seriedade: — Você nunca pode pendurar alguém pelas orelhas, mãe. Ninguém suporta isso.

No jardim de infância, Anders já estava interessado em trabalho e tributação, e em como tudo era dividido.

— De onde vem o dinheiro? — perguntou. Ele pedia explicações sobre tudo, tentando entender como as coisas funcionavam, desde o cortador de grama e a faca de cozinheiro do pai até quem era chefe de quem. Quem era o chefe no trabalho do pai e no trabalho da mãe? Quem era o chefe em casa? Quem decidia as coisas de verdade?

Aos 5 anos, ele entendeu que alguém chamado primeiro-ministro era quem decidia mais, e então ele disse com sotaque típico de Bardu:

— Quando crescer, vou ser primeiro-ministro.

Se tivesse alguma dúvida sobre qualquer coisinha, ele corria para a casa da vizinha, Vigdis. Pois ela tinha uma enciclopédia. A mulher de idade trabalhava longas jornadas no refeitório do quartel de Bardufoss, e, sempre que ia à sua casa, Anders ganhava um copo de groselha, enquanto ela fazia café para si mesma. Então os dois se sentavam um do lado do outro no sofá, debruçados sobre a enciclopédia. Uma palavra levava a outra, e o menininho e a senhora se enchiam de novos conceitos e significados.

Com a época da confirmação luterana se aproximando para a turma do ano acima dele, Anders perguntou:

— O que significa ateu?

— Quem nega a existência de Deus — respondeu Vigdis depressa. Aquela palavra ela não precisou consultar.

— Bem, então sou ateu e pacifista — disse o rapaz de 13 anos.

Vigdis se lamentava. A fé em Deus era algo que se levava a sério na cidadezinha. Mas Anders manteve sua posição. No ano seguinte, quando os colegas de classe fariam a confirmação, Anders, como o único da sala, tomou a decisão independente de não participar da cerimônia religiosa. O avô materno, que era um pietista rigoroso de Narvik, disse claramente que não estava feliz com a escolha do neto.

De acordo com a versão do pietismo que ele seguia, uma dura punição no inferno aguardava aquele que rejeitasse Deus.

— Naquele paraíso deve ter espaço à beça — foi o comentário seco da mãe ao ouvir as palavras do velho. Em Narvik, quase tudo poderia mandar alguém para o inferno, e Gerd Kristiansen já tivera mais que sua dose de discurso alarmista na infância. Ela apoiou o filho e em momento algum acreditou que as portas do céu fossem vigiadas por alguém de Narvik. Anders disse que se tivesse fé em algum poder superior, ele teria tanta fé em Alá e Buda como em Deus, o Pai. Era com a vida na Terra que ele se preocupava. Com o aqui e o agora.

— Temos que ser ouvidos! — dissera Anders desde criança. — Também somos parte da sociedade. Por que são só os adultos que fazem parte da Câmara Municipal?

É claro que Anders Kristiansen foi eleito presidente do Conselho Estudantil de Bardu. Assim como Simon Sæbø o foi do outro lado da divisa municipal, e Viljar Hanssen em Svalbard.

Era como se a Câmara Juvenil da Província fosse criada para eles.

Agora estavam ali, os três amigos, representando seus municípios e seus pontos de vista, com algumas garrafas de cerveja, buscando um consenso sobre a estratégia para a reunião. Antes do fim da noite, eles sempre acabavam chegando a um acordo sobre os assuntos mais importantes a serem levados para votação. Aí era só uma questão de Viljar e Anders tratarem de acordar Simon na manhã seguinte, para que não perdessem seu voto. Simon era um dorminhoco e tanto.

Essa noite, o assunto ia além dos ônibus, focava o poder.

O Conselho Juvenil da província de Troms era encabeçado por uma moça da Juventude do Partido Progressista. Uma moça bonita, de cabelos castanhos, que sonhava com peitos de silicone. Além de ser popular, ela era esperta e tinha sempre uma resposta na ponta da língua. Mas, agora, os três amigos queriam derrubá-la num golpe. Logo antes da votação, eles apresentariam de improviso a candidatura de Anders Kristiansen para presidente. Com todas as suas qualidades brilhantes, a vitória já estava cintilando diante deles.

Aquilo tudo fora sugestão de Viljar. Antirracista feroz, ele era da opinião de que o Partido Progressista tinha traços fascistas e não representava a atitude do Conselho Juvenil.

O plano era o seguinte: um pouco antes da votação, Viljar se levantaria e lançaria a candidatura do amigo. Ninguém estaria preparado para outro candidato. Depois, um por um, eles se apresentariam, falando com entusiasmo sobre Anders. Viljar, que era o principal formulador entre os três, falaria sobre Anders como fenômeno político de Bardu, município esparsamente povoado com forte presença nas forças armadas, onde ele tomara mais iniciativas que qualquer outro, acumulando os cargos de liderança da AUF e do Conselho Estudantil.

Ele testou as falas nos amigos.

— Os habitantes do município são muito importantes para Anders, mas Anders também é muito importante para os habitantes do município — disse ele com emoção e continuou: — Sua lista de méritos é tão comprida quanto a nossa costa.

Os amigos também mobilizaram Johan Haugland, o vice-presidente da AUF de Salangen, para participar do golpe. Ele falaria sobre as principais diferenças entre o Partido Progressista e o Partido Trabalhista, e, por conseguinte, entre os dois candidatos.

— Por fim, você vai motivar as meninas, Simon — ditou Viljar. — Diga o que quiser, só as faça derreter. Você precisa fazer com que sintam que, com Anders como líder, o Conselho vai ganhar ímpeto de verdade. Diga algo como: Anders não só é meu melhor amigo, ele pode se tornar seu melhor amigo também — sugeriu Viljar. — Ou pergunte: Querem ter uma filha da mãe de uma racista como líder?

— Agora está pegando pesado demais — disse Anders.

— Que tal: Querem ter um líder que gosta tanto dos morenos como dos brancos? — acrescentou Viljar.

— Tenha dó! — murmurou Anders.

Simon estava balançando numa cadeira no canto do quarto.

— Pensando bem, isso pode até funcionar. — Ele começou a anotar. — De qualquer forma, não se preocupe, Anders, vou avaliar o clima do momento, aí eu invento alguma coisa, vai ser bom! — Simon não era do tipo que planejava meticulosamente, na maioria das vezes, fazia as coisas de improviso.

Garrafas de cerveja, caixinhas de pasta de tabaco, papéis e rabiscos estavam espalhados pela mesa redonda do quarto.

Anders começara a bocejar, era o que costumava fazer quando passava de meia-noite. Então ele foi dormir, enquanto Simon e Viljar deram uma conferida no espelho.

Depois, os dois saíram correndo para a farra. Mal disfarçando as risadas, eles se infiltraram no *Blårock*, pois estavam vários anos abaixo da idade mínima permitida. Ficaram ali, cada um com uma cerveja, falando sobre meninas, malhação, meninas, roupa, meninas, relógios, meninas, meninas e a vida. Simon tinha uma namorada, mas tentava atrair as meninas para Viljar.

— Olha aquela, olha aquela — falava ele antes de sumir e voltar com uma menina dizendo: — Já conhece o Viljar? — Em seguida, ele foi mais para dentro do salão e desapareceu outra vez.

Passaram a noite antes do golpe na balada até a hora de fechar, e ainda foram a uma festa particular. Estavam de volta no hotel quando abriu o café da manhã. Acontece. Só precisavam de uma hora. Eles se trancaram no quarto que estavam dividindo, se revezaram para tomar banho e começaram a arrumar o cabelo. Ajeitar o cabelo era, sem dúvida, o que demorava mais. Ficaram um do lado do outro na frente do espelho do banheiro com uma toalha no quadril e uma boa dose de modelador *Renati* nas mãos. Era para passar o gel no cabelo de trás para a frente. O cabelo dos lados deveria ser modelado em direção às faces, enquanto o detrás seria puxado em volta da cabeça, terminando sobre um dos olhos. Era um inferno fazer com que parecesse totalmente descontraído.

Capricharam na escolha da roupa também. Simon se vestiu do jeito que os adolescentes gostavam, usando uma camiseta com estampa colorida e pulseiras e colares de tecido. Mais clássico, Viljar optou por uma calça e um cardigã, ambos cinza, por cima de uma camiseta preta.

No salão do café da manhã, Anders estava comendo uma porção generosa de ovos e bacon. Ao ver os dois de olhos embaçados, balançou a cabeça. Simon e Viljar sempre passavam a noite em branco nas conferências juvenis. Agora se empanturravam com um robusto café da manhã para se livrarem da tremedeira.

De qualquer forma, tudo caiu por terra. Viljar sugeriu a candidatura de Anders de improviso, mas as regras ditavam que apenas uma pessoa poderia argumentar a favor do candidato. Os outros não tiveram a palavra para apresentar as planejadas intervenções elogiosas.

Sozinho, ele não foi bem-sucedido. Ficou confuso. Eles eram um grupo, iam fazer isso juntos. Ele não conseguiu carregar o peso sozinho.

— Merda — disse Viljar depois.

— Na próxima vez você a vence, Anders! — disse Simon.

— É claro — sorriu Anders. — No ano que vem, ela não vai ter a mínima chance!

Ele não poupou esforços. Enquanto Simon e Viljar estavam ocupados com mil coisas, Anders se dedicava a uma única coisa, a política. Ele não fazia esportes, não se preocupava com o cabelo, não gastava tempo com roupa e mal encostava a mão num videogame. O máximo que fazia em termos de passatempo era acompanhar o drama político *West Wing* da Casa Branca, ou ficar na Casinha de Anders, que ele mesmo construíra no jardim, assistindo a *Sex and the City* com uma amiga, ou gritar "Mãe, vem ver!" quando *Desperate Housewives* começava.

— Não, prefiro uns homens desesperados — gritava a mãe em resposta, antes de aparecer com uma bandeja de waffles e geleia de amora ártica.

A essa altura, Anders se interessava pela infância. Ele trabalhava com o governador da província no projeto "Salto de Sete Léguas", para descobrir como a Convenção da Criança da ONU estava sendo respeitada na província de Troms e como as crianças e os jovens poderiam ter uma voz mais forte nos processos decisórios. Ele colaborava com o Ombudsman da Criança na criação de uma Assembleia Nacional da Juventude, e refletia sobre qual postura realmente deveria adotar com relação à contribuição militar da Noruega no Afeganistão. Nas palavras de Viljar, ele era aquele que "falava com os adultos".

*

— Foi impressionante — disse Simon.

Os três amigos estavam se falando no Skype, cada um logado num computador. Viljar em Svalbard, Anders em Bardu e Simon em Salangen.

— Mágico — acrescentou Viljar.

— Vocês ouviram como ele repetiu as palavras, retomou o fio da meada na conclusão? Ele deixou o assunto morto, e depois o reatou no final — avaliou Anders.

— *Timing* — disse Simon.

— Pausas — falou Viljar.

— Emoção — acrescentou Anders.

Os três amigos haviam lido diversas edições de *Discursos famosos*. Pela primeira vez, ouviram um homem contemporâneo com o dom da oratória da mesma estirpe.

— Ele recria a mágica de Martin Luther King — contribuiu Viljar.

Estavam falando de Barack Obama. Ouviram um de seus primeiros discursos da campanha eleitoral e se encantaram.

Era outono, e a noite polar havia começado. Nos EUA, o suspense aumentou.

— Mãe, você pode pedir permissão para eu faltar à escola na quarta?

Anders queria muito acompanhar o noticiário durante toda a noite da eleição, e aí não estaria em condições de ir à escola no dia seguinte.

— É injusto — argumentou o rapaz de 15 anos. — Os outros podem faltar se forem participar de sessões de treinamento, jogos e acampamentos. Por que conseguem faltas justificadas para praticar esporte, que é o hobby deles, enquanto meu hobby, a política, supostamente não consta como motivo legítimo? Por que há uma diferença?

A mãe sugeriu que o próprio Anders escrevesse uma carta ao diretor da escola, argumentando a favor de seu ponto de vista. Anders escreveu sobre a eleição decisiva entre Obama e McCain e sobre a importância do resultado para o mundo inteiro, inclusive para Bardu. Ele ganhou o dia livre. E o apelido "Obamazinho" do avô paterno de Lavangen.

Chegou a noite da eleição, uma terça-feira escura de novembro de 2008, e os três amigos estavam sentados cada um em seu sofá, em sua sala, falando no Skype aguardando o fechamento das urnas do outro lado do Atlântico e a contagem dos votos em cada estado.

— Os EUA — disse Anders, sonhando. — Se Obama ganhar, vamos viajar para lá de férias depois de terminar o ensino médio? Posso trabalhar no asilo de idosos e juntar dinheiro.

— Estou dentro — gritou Simon de Salangen. — Vamos alugar um carro e dirigir de costa a costa!

— Podemos comprar um carro na costa leste, seguir a Route 66, e depois vender o carro com lucro na costa oeste! — sugeriu Viljar. — Que tal um Mustang? Ou um Pontiac Firebird ou um Corvette velho?

Muito antes de a parca luz do dia despontar no horizonte, os três amigos estavam comemorando, cada um em sua sala. Aquilo que acontecera parecia tão significativo. Um presidente negro, um democrata, alguém que conhecia a vida das ruas, não um ricaço privilegiado. Para os três adolescentes pálidos, a centenas de quilômetros ao norte do Círculo Polar Ártico, do outro lado do Atlântico, longe da multidão de Chicago, era como se Obama fosse um deles.

De qualquer forma, um dia, eles iriam para lá, para os EUA.

Antes do amanhecer, Viljar e Simon adormeceram na frente da TV, dessa vez, quem ficou acordado a noite inteira foi Anders.

A mudança era possível!

*

Uma manhã de abril do ano seguinte, enquanto ainda havia muita neve na ladeira acima da escola de ensino médio de Sjøvegan, Simon tomava seu café da manhã de costume, sentado à sua carteira. Eram quatro fatias grossas de pão num saquinho e uma garrafa plástica com geleia de morango que ele esguichava sobre as fatias. Estava sempre cansado demais para tomar café da manhã em casa e praticamente tropeçava pelo curto pedaço de rua até a escola. Só depois da primeira aula, o corpo acordava, e ele ficava com uma fome de lobo. As fatias eram ingeridas no intervalo antes da segunda aula. Nessa manhã de abril, assim que ele se entulhou com a última fatia, o celular tocou. Ele limpou a boca e atendeu.

— Alguns delegados estão impedidos de comparecer à convenção nacional do partido. Você poderia participar?

— O quê?

— É que você é suplente, e uma das vacas do Johan ficou doente, ele não pode participar. E a gente precisa levar o grupo inteiro de Troms.

— Você está falando da convenção nacional do Partido Trabalhista?

— Claro, larga de ser lerdo.

— Preciso perguntar ao meu pai.

— Vê se chega a tempo de pegar o avião. O voo sai de Bardufoss às 11h30!

Simon juntou depressa seus livros, os lápis e a garrafa de geleia sobre a carteira e disse ao professor:

— Sou delegado da convenção nacional do Partido Trabalhista e tenho de pedir dispensa da aula.

Ele ligou para o pai.

— O que digo?

Gunnar conferiu com seu chefe se poderia sair para levar o filho ao aeroporto. Era claro que o menino deveria viajar! Isso nem seria considerado cabular. Ele próprio nunca estivera perto de uma convenção nacional do Partido Trabalhista, e, agora, o filho seria um dos delegados, com apenas 16 anos e meio. Gunnar correu a toda velocidade pelos pinhais a caminho de Bardufoss.

— Quanta sorte, pai! — exclamou Simon depois de o voo para Oslo ter sido anunciado. — Uma vaca doente!

Chegando a Oslo, ele foi direto para Youngstorget. A convenção anual seria realizada na Casa do Povo, o grande edifício que ocupava o quarteirão inteiro ao longo da praça até a rua Møllergata.

— Simon Sæbø — disse ele ao se aproximar da mesa onde se fazia o cadastramento dos delegados.

Ele recebeu uma plaquinha com seu nome, um crachá de credenciamento para pendurar no pescoço, *delegado Troms, Convenção Nacional do Partido Trabalhista 2009*, e um monte de papéis, o programa, uma proposta para novos estatutos, um livreto de canções.

Ele subiu as escadas largas até o salão maior e foi passando por todos os coroas que estavam conversando. Antes de embarcar, ele mandara uma mensagem sobre a vaca doente para Viljar e para o Obamazinho.

— *Go get'em!* — escreveu Viljar.

— Mostre a eles quem é Simon Sæbø — respondeu Anders.

A convenção anual era o ponto mais alto do partido. Agora seria elaborada a política para a próxima legislatura.

O governo de centro-esquerda estivera no poder desde 2005. A crise financeira do segundo semestre do ano anterior também atingira a Noruega, e o desemprego estava aumentando pela primeira vez em muitos anos.

— O Partido Trabalhista perdeu suas visões — diziam.

— Tornou-se um partido administrador que não consegue mais inspirar as pessoas — reclamavam os comentaristas dos jornais. Queriam sangue novo.

Simon, Anders e Viljar eram o sangue novo. Simon estava sentado na fileira da delegação da província de Troms olhando deslumbrado em volta. Havia gente ali que só vira no jornal da televisão. Lá estava Gro Harlem Brundtland dando risada. Ela fazia 70 anos e seria homenageada com discursos e mensagens de Hillary Clinton e do secretário-geral da ONU. Lá estava o seco e espirituoso Martin Kolberg, o ubíquo Trond Giske e a risonha Hadia Tajik.

Se Simon tivesse alguma dúvida, era só perguntar a Brage Sollund. O jovem de 19 anos, que conhecera Simon quando este lançou a AUF de Salangen, também era marinheiro de primeira viagem na convenção nacional, mas mais experiente dentro do partido. Estavam muito elegantes, sentados assim, de camisas bonitas e paletós escuros. Os dois pentearam a franja para o lado, a de Brage tinha um brilho um pouco mais amarelo que a de Simon.

Então foi declarada aberta a convenção nacional. Simon pôs os óculos de leitura. Os documentos relativos às sessões estavam na pasta à sua frente. Estava ficando um pouco tarde para conferi-los agora. Ele teria de se inteirar das coisas à medida que progredissem.

Muito estava em jogo. No segundo semestre, haveria eleições parlamentares. O líder do partido precisava convencer as pessoas de que o projeto da sociedade que tinham iniciado continuaria. As pesquisas eleitorais indicavam o contrário.

Jens Stoltenberg subiu ao pódio recebendo aplausos. Em todos os cantos do país, seus partidários seguiram o discurso on-line.

— Em primeiro lugar: a crise é global! Fomos lembrados brutalmente de como o mundo é pequeno — começou o economista.

— O que deu errado? Companheiros, o que deu errado foi que, quando o banco de investimento americano Lehman Brothers desabou, não era apenas um banco que faliu, era uma ideologia política que foi à falência. A falência do liberalismo de mercado. Aquilo encerrou décadas de uma fé ingênua e cega no mercado e de que o mercado sabe cuidar de si mesmo. Não é o caso!

Um ano antes, na mesma época em que Simon fundou a AUF de Salangen, o governo implementou medidas segundo o modelo contra-cíclico keynesiano. Os bancos receberam o dinheiro de que precisavam, a indústria exportadora obteve garantias maiores, e verbas foram destinadas a investimentos nacionais. Deram incentivos fiscais às empresas, e os projetos de manutenção dos municípios foram antecipados para manter o nível de emprego.

Ficou claro que as medidas funcionaram. É verdade que a Noruega, em função das vultosas receitas de petróleo e gás, estava mais bem preparada do que a maioria dos países, e o desemprego não passou de pouco mais de 3%. A taxa de juros para empréstimos caiu e a inflação diminuiu. Com forte controle estatal de bancos, seguradoras e instituições financeiras, o primeiro-ministro dispunha de mais instrumentos de controle do que seus colegas europeus, e Stoltenberg repetiu, durante toda a crise, o seguinte: — O mercado é um bom criado, mas um mau senhor.

— O mercado não pode governar. Tem de ser governado. O mercado não é autorregulador. Tem de ser regulado! — gritou Stoltenberg.

— Mais quatro anos! — bradou alguém da plateia.

— Mais quatro anos — gritou Simon. Era aula de História e aula de Ciências Sociais e Introdução à Retórica Política, tudo de uma vez.

No intervalo, Simon foi até a mesa onde havia garrafas de água mineral. "Água mineral de graça!", indicara para Brage. Dois homens estavam vindo em sua direção.

— Aqui está o delegado mais jovem da convenção nacional — disse um deles ao outro.

Simon se aprumou.

— Olá, meu nome é Jens, prazer em conhecê-lo — disse o primeiro-ministro.

— Simon Sæbø, de Salangen.

— Ah, você é de Troms... — começou Stoltenberg.

Simon não tinha tempo de jogar conversa fora. Ele teve de aproveitar a oportunidade agora que o primeiro-ministro estava ali. O jovem de 16 anos falou com entusiasmo sobre a aquicultura, sobre o fiorde de Salangen onde o salmão enchia os viveiros, sobre a empresa Salaks de sua terra natal.

— Mas as condições básicas para os aquicultores... — especificou, relatando os problemas que o setor enfrentava. "O ministro da Pesca", era como eles o chamavam na AUF.

Simon ganhou um tapinha nas costas e um "Continue assim!".

Alguém tirou uma foto. O primeiro-ministro e o ministro da Pesca, algo para mandar a Anders e Viljar!

Durante o jantar da convenção nacional, Simon se deixou impressionar pela vida adulta: a boa comida, o vinho tinto, os discursos engraçados e as mulheres produzidas. Depois, todos sairiam para a farra. As casas noturnas em volta da Praça de Youngstorget se encheram de delegados da convenção nacional, das dezenove províncias da Noruega. Simon foi com a delegação de Troms para *Justisen*.

Brage entrou, os que estavam atrás de Brage entraram. Simon foi parado.

— Identidade! A idade mínima aqui é 20 anos!

O rapaz de 16 anos ergueu os olhos para um tórax forte. Ele se endireitou e mostrou o crachá que estava pendurado no pescoço.

— Olha, aqui, o que está escrito? Delegado da província de Troms da convenção nacional do Partido Trabalhista 2009. Você acha que a província de Troms tem alguém na cúpula política que não seja maior de idade?

O guarda então permitiu sua entrada na escuridão gloriosa. Numa mesa do *Justisen*, o jovem ficou bebendo cerveja com o líder do comitê da Justiça do Parlamento.

— É isso que quero fazer! — escreveu ele numa mensagem para os amigos.

A política era divertida. A vida era maravilhosa.

Escritos

ELE CHAMAVA O quarto de peidódromo.

O teto era pintado de branco, as paredes eram forradas de papel com estampa geométrica. Triângulos, quadrados e círculos corriam em baixo-relevo do piso ao teto. O papel de parede estava ali fazia muito tempo e já começara a amarelar. Era um quarto estreito, que lembrava um intestino, com uma abertura em cada extremidade. Na parede lateral debaixo da janela, mal havia espaço para uma cama de solteiro.

O prédio de alvenaria ficava perto de um cruzamento, numa antiga área industrial de Skøyen. O quarto de Anders dava para a parte de trás. Da janela, ele poderia pular para o gramado se quisesse, pois a mãe comprara um apartamento térreo. No meio do gramado, no centro de seu campo de visão, se tirasse os olhos da tela, havia uma grande bétula. Se ele se levantasse, era possível avistar a ponta do terraço da mãe. Ali havia uma tuia artificial num vaso vermelho e duas jardineiras penduradas no parapeito. Nelas, a mãe plantara rosas de plástico dentro de xaxim cor de terra. Originalmente, as flores haviam sido tingidas de branco e cor-de-rosa claro, agora estavam desbotadas pelo tempo e pela idade. A coloração rosada sumira, as pétalas se tornaram cinzentas.

Assim era a vista da janela de seu quarto.

Era o quarto de um eremita da internet. A cadeira giratória de couro preto era macia, funda e maleável. Com a altura certa em relação à tela. Nas prateleiras da IKEA, ele tinha papel e cartuchos de tinta. Dois cofres estavam no chão, perto da impressora.

A única coisa que contava uma história diferente eram três grandes telas na parede. Elas mostravam rostos em estado emocional fortemente alterado, pintados com o contundente jogo de sombras do artista do grafite. Os rostos eram cinza, os fundos tinham um tom dramático vermelho-alaranjado ou um forte azul-esverdeado. Foram pintados por Coderock, um artista norueguês com raízes no grafite. Anders já tivera orgulho de ser o dono das telas, gabando-se de que foram feitas especialmente para ele.

Se saísse do quarto, ele poderia virar à esquerda, girar a maçaneta da porta de entrada, descer meia escadaria e sair na rua Hoffsveien. A calçada era separada da rua por uma estreita faixa de árvores. Do outro lado do cruzamento, havia um supermercado, uma floricultura e um café, aonde a mãe ia todo dia para encontrar os vizinhos, tomar café e fumar.

Mas normalmente, ao sair de seu quarto, Anders ia para a direita, para dentro do apartamento da mãe.

Para ir ao banheiro, tomar o café da manhã, beber um copo de água, sair no terraço para fumar, sempre à direita.

Para tomar banho, ele também ia à direita. Então era preciso passar por mais um quarto, o da mãe. No pé da cama de casal dela, havia uma porta para um banheiro minúsculo com boxe de chuveiro. Encostada ao boxe, onde o vidro fosco estava enfeitado com lírios, havia uma pia, e sobre ela estava um espelho com lâmpada fluorescente embutida. Era uma luz generosa, de cima, que iluminava sem fazer sombras, dando àquele que estivesse na frente do espelho uma boa visão de seu rosto.

Na parede, havia uma prateleira branca com dois compartimentos, um para ele e um para ela. Quem estivesse diante do espelho mal tinha espaço para se virar sem esbarrar na máquina de lavar roupa no canto. Tudo que não fosse estritamente necessário, assim como cestos de roupa suja e pilhas de toalhas, eles tinham de guardar em seus respectivos quartos. Depois do banho, o vapor era expelido pelo dormitório da mãe.

De volta ao quarto, ele colocava a roupa que estava dobrada ou pendurada em cabides no armário. O interior do guarda-roupa era pintado de um tom azul-claro aconchegante que fora popular logo depois da Segunda Guerra.

O casaco era pouco usado. Seu quarto ficava a dois passos da porta de entrada, mas raras vezes ele andava para a esquerda e a abria.

Temporariamente, foi o que ele dissera no verão de 2006 quando saiu de Tidemands Gate.

- - Ele está hibernando — disse um amigo de infância. Estava triste porque Anders de certa forma tinha sumido de sua vida. Quando Anders voltou para casa e desapareceu dentro do mundo mágico dos feiticeiros, o amigo trabalhava como bombeiro em período integral. — É como se sua vida tivesse desmoronado — disse a namorada do amigo.

Depois de um ano de hibernação, Anders teve um encontro raro com alguns colegas e disse que estava compilando escritos.

— Para quê? — perguntaram.

— Para um livro sobre a islamização da Europa.

— Não é melhor você gastar o tempo com algo útil? — indagou o bombeiro.

A resposta de Anders foi que era importante que alguém assumisse aquela tarefa.

Os amigos não acreditaram naquela história do livro. Eles acharam que ele estava viciado em videogames e ficaram preocupados.

Os amigos da república onde ele morara certa época continuaram a ligar e a mandar mensagens sobre festas e esquentas ainda por um bom período.

Tendo passado dois anos no quarto, ele se desligou dos videogames por um tempo. *Andersnordic* tirou uma pausa do mundo de conto de fadas. Outros avatares que ele tinha criado, como *Conservatism* e *Conservative*, fizeram a mesma coisa. No verão de 2008, ele teve um ataque de sociabilidade e ligou para os amigos. De repente, passou a sair e a tomar os drinques doces de que tanto gostava. "Drinques de mulher", zoavam os amigos. Mas ele não ligava. Nunca gostara de cerveja.

Anders havia mudado. Ele se tornara monomaníaco.

Ele, que normalmente tivera tantos projetos engatados, agora se interessava por uma única coisa. Ele, que antes lançara inúmeras ideias de negócios, agora tinha um só assunto.

— Ele está dentro de um túnel — disse o bombeiro, esperando que logo visse a luz do outro lado.

Durante o verão, Anders fazia discursos sobre a islamização da Europa.

— Os muçulmanos estão travando uma guerra demográfica. Estamos vivendo na *Dhimmitude* e estamos sendo enganados por *al-Taquiyya* — disse ele.

— O quê? — perguntaram os amigos.

— Os muçulmanos vão assumir o poder na Europa porque têm muitos filhos — explicou Anders. — Fingem se subordinar, mas logo serão maioria. Vejam só as estatísticas...

Uma torrente de palavras se seguiu.

— O Partido Trabalhista estragou nosso país. Feminizaram o Estado, tornando-o um matriarcado — afirmou aos amigos. — E, sobretudo, fizeram com que fosse impossível ficar rico. O Partido Trabalhista deixou os muçulmanos ocuparem...

Ele batia na mesma tecla. Eles costumavam deixá-lo estender-se por algum tempo antes de pedirem que mudasse de assunto. Os amigos abafavam suas excentricidades, o comportamento estranho e os temas de conversa extremados, pois, afinal de contas, era bom que ele saísse. Deveria só levar algum tempo para ele voltar a ser o que era.

Quando os amigos finalmente lhe pediam que calasse a boca, ele geralmente ficava quieto. Não sabia lidar com a transição de um monólogo pedante para uma conversa comum. Só era capaz de falar sobre o que os amigos chamavam de "sua sombria concepção do mundo".

— Você acha que alguém tem interesse em ler seu livro? — perguntou um dos amigos.

Anders apenas sorriu.

Apesar de tudo, os amigos estavam impressionados com todo o conhecimento que adquirira. Ele gostava de discutir o Alcorão com os taxistas paquistaneses e "o conhecia melhor que os próprios muçulmanos", brincavam os amigos. Anders salpicava suas frases com expressões árabes e estrangeirismos. Seus amigos se acostumaram com conceitos como multiculturalistas, marxistas culturais e conservadores culturais.

Anders encontrara um novo mundo, que estivera ali, aguardando-o, bem ao lado do mundo dos videogames.

Ele podia ficar em seu quarto, na mesma cadeira funda e preta, com a mesma tela à sua frente. Ele podia clicar e entrar em Gates of Vienna, em vez de World of Warcraft. Em Stormfront, em vez de Age of Conan. Em Jihad Watch, em vez de Call of Duty.

Um site o levava ao próximo. As páginas eram atraentes, até mesmo cativantes, e abarrotadas de novas informações. Gates of Vienna trazia um sopro da orgulhosa história europeia, com gravuras coloridas das batalhas do passado decorando as páginas. Havia passagens da Bíblia e conversas bem-educadas. Stormfront tinha um estilo mais duro, mais brutal, e seu visual lembrava a propaganda nazista dos anos 1930. O site se autointitulava a voz da minoria branca pronta para o combate, e o lema *White Pride, World Wide* [Orgulho branco, no mundo inteiro] estava escrito no emblema.

Jihad Watch também praticava a crítica ao Islã e enfeitava as páginas com símbolos islâmicos. Nos títulos dos livros que eles promoviam, figuravam as palavras "Islã" e "guerra". A meia-lua verde e um par de olhos escuros que espreitavam por trás de um turbante palestino formavam a imagem ameaçadora do cabeçalho das páginas.

Se um site era mais refinado e o outro, mais grosseiro, a mensagem era a mesma: destruir a influência do Islã no Ocidente.

Os sites tinham uma forte noção de *Nós*. Nós contra os intrusos. Nós como grupo ameaçado. Nós como o povo escolhido.

Nós contra eles. Nós contra vocês.

Ele nem precisava fazer nada para ser um deles, não precisava impressionar ninguém. Bastava se inscrever na lista para receber os *newsletters* ou clicar nas páginas para seguir os debates. Poderiam lhe pedir doações que seriam divididas entre os escritores, mas ninguém exigia nada dele.

As críticas eram reservadas aos outros: o governo, os feministas, os islamistas, os socialistas e os líderes politicamente corretos do Ocidente. As injustiças passadas contra os europeus se misturavam com a imigração em massa da atualidade; eram cabeças degoladas e cavaleiros castrados, eram estupros em massa, o fim da raça branca.

O massacre do povo europeu teria de ser estancado!

Ele encontrara seu lugar. Mais uma vez.

Robert Spencer, o escritor que figurava entre os best-sellers da lista do *New York Times* e que estava à frente do site Jihad Watch, era um dos favoritos, assim como Pamela Geller, que tinha o blog Atlas Shrugs. Ele acompanhava de perto o que os dois americanos escreviam. A franco-judia Bat Ye'or, com o pseudônimo Giselle Littmann, era outra estrela da área. Criada no Cairo, ela definhara como uma espécie de súdita submissa na sociedade muçulmana, até criar a teoria da Eurábia. De sua posição elevada, o excêntrico Barão Bodissey vigiava tudo como moderador do site Gates of Vienna.

Mas quem brilhava mais forte que todos era um personagem que se chamava Fjordman. Era uma figura apocalíptica que espalhava profecias de desgraça a torto e a direito. E ele era norueguês. Anders imediatamente teve uma sensação de fraternidade. Devorava, baixava e gravava tudo que "o profeta sombrio da Noruega" escrevia. "Quando nasci, a Noruega era 100% branca", escreveu Fjordman, que tinha quatro anos a mais que Anders. "Se eu tiver uma vida muito longa e continuar a morar aqui, posso me tornar uma minoria em meu próprio país."

Era isso aí. A verdade revelada sem censura. Fjordman escrevia sobre o estupro das mulheres escandinavas por homens muçulmanos, fazia análises sob uma perspectiva secular, enquanto discutia tudo, de Platão a Orwell. Ele previa a ruína da Europa, se as tendências continuassem, e achava, assim como Bat Ye'or, que as elites políticas entraram em conluio com os líderes muçulmanos para aniquilar a cultura europeia e transformar o continente numa Eurábia muçulmana.

Alguém teria de resistir.

Lá no peidódromo, Anders sentia um forte parentesco com Fjordman, que se apresentava como implacável, brilhante e culto. Tudo o que Anders queria ser.

Em outubro de 2008, ele tentou, usando o perfil *year2183*, entrar em contato com Fjordman através do site Gates of Vienna.

"Quando o seu livro estará disponível, Fjordman?", perguntou, acrescentando "Estou escrevendo um livro também", antes de terminar com "Continue com o ótimo trabalho, cara. Você é um verdadeiro herói europeu."

Não recebeu nenhuma resposta de seu ídolo. Cinco dias mais tarde, adotou um tom mais crítico, opinando que Fjordman não ia longe o suficiente.

"Para Fjordman e outros com competência na área", abriu ele. "Notei, em artigos anteriores, que sua solução é tentar estancar a imigração com medidas democráticas e talvez lançar uma campanha anti-Sharia, ou simplesmente aguardar até o sistema implodir numa guerra civil."

"Discordo", continuou ele, culpando os outros do fórum, como Spencer e Bat Ye'or, por não terem coragem de usar a *palavra com D.* Deportação. Fjordman somente defendera a cessação da imigração muçulmana para a Europa como meio de deter o Islã. E os muçulmanos que já estavam em nossos países?, perguntou Anders. Ele previu que logo metade da população da Europa seria muçulmana e citou números mostrando o desenvolvimento demográfico distorcido de países como Kosovo e Líbano, onde a população muçulmana crescia rapidamente, enquanto a cristã diminuía.

"Essa é uma ilustração de meu livro que está por vir (aliás, ele será distribuído de graça)", observou ele sobre as estatísticas que apresentou, repetindo que era covarde não usar a palavra com D. "Suponho que, por ser considerado um método fascista, isso comprometeria seu trabalho", foi o que escreveu a Fjordman.

Expulsar todos os muçulmanos era a única solução racional, afirmou ele, pois, mesmo suspendendo a imigração, os muçulmanos já residentes na Europa teriam tantos filhos que, de qualquer forma, se tornariam maioria.

Ele não recebeu resposta alguma dos luminares da área, nem de Robert Spencer, nem de Bat Ye'or, nem de Fjordman.

Como poderia ser ouvido?

Na noite de 13 de fevereiro de 2009, a campainha tocou. A mãe abriu a porta.

— Ele não quer visitas — disse ela.

— A gente pensou...

— Não — respondeu a mãe. — Ele não quer.

Os três amigos pretendiam convidar Anders para sair. Era seu aniversário de 30 anos. O aniversariante estava atrás da porta de seu quarto, a alguns metros da entrada, ouvindo a conversa inteira.

Naquele ano, ele entrara em sua fase mais intensa de compilação e escrita.

Tampouco o primo de segundo grau havia desistido totalmente de Anders. Como padrinho, era seu dever acompanhar o parente que admitira para a maçonaria. Mas toda vez que ligava, Anders dizia que estava ocupado com seu livro.

— Seu livro trata de quê?

— É um livro sobre o conservadorismo — respondeu Anders.

— Certo.

— E sobre as cruzadas, a batalha de Viena de 1683...

— Sim, sim — respondeu o primo de segundo grau.

Uma vez Anders o acompanhou por obrigação. A fraternidade realizaria a loja anual dos parentes, ocasião em que os parentes sentavam juntos, sem distinção de grau. Anders simplesmente tinha de ir. A cerimônia foi demorada. Ele perdeu as preciosas horas diante da tela. Não eram mais os videogames que o chamavam, eram os textos. Eles não deixavam espaço para mais nada.

Depois de umas duas ou três horas, os rituais finalmente se encerraram e todos se levantaram e foram até o hall de entrada. Anders seguiu os outros, esperando que o homem mais velho se dirigisse ao vestiário, se agasalhasse e o levasse para casa. Ele mesmo sugeriu buscar os casacos, mas o parente disse que era só uma pausa. A cerimônia estava na metade.

Então Anders não aguentou mais e foi embora do Templo Maçônico.

Ele deve estar decepcionado por não haver mais jovens aqui, pensou seu parente.

Anders se distanciou também de seus amigos virtuais próximos. Os jogadores inveterados lhe imploravam para que voltasse a World of Warcraft. — As coisas estão indo ok na guilda, mas o novo mago é uma merda comparado com você — escreveu um membro de sua guilda. Vários mandaram mensagens pedindo que ele reaparecesse. Ele fora uma figura unificadora para os jogadores ambiciosos, aqueles que lutavam ao teclado dezesseis horas por dia.

A essa altura, estava desconectado dos videogames. Em alguns, ele já parara de pagar as mensalidades, para evitar a tentação de travar mais uma luta, mais um ataque, uma última batalha.

Certo dia, ele foi comprar alguma coisa para o computador e encontrou um velho amigo na rua. Kristian, com quem dividira escritório e que, em seu último encontro, numa noite de farra, o acusara de ser gay não assumido.

— E o que você está fazendo agora, hein? — perguntou Kristian.

— Estou escrevendo um livro — respondeu Anders.

— Que bom — disse Kristian. Agora ele por fim teria uso para aqueles estrangeirismos eruditos dele. Mesmo assim, era um pouco estranho. Afinal, o principal interesse de Anders havia sido ganhar dinheiro, a quantidade máxima possível, o mais rápido possível. Como ele poderia ganhar dinheiro com um troço tão nerd como aquele? Cruzadas? Islã?

Às vezes, Anders também visitava o site www.document.no, operado pelo ex-marxista-leninsta Hans Rustad, que, com o passar do tempo, se tornara um conservador cultural e anti-islamista marcante. O site seguia as notícias de perto, e o fórum de debates era bastante frequentado.

Uma semana antes das eleições parlamentares de 14 de setembro de 2009, Anders B enviou seu primeiro comentário a www.document.no. Tratava-se de como a mídia ignorava as revoltas muçulmanas. Havia "uma crescente tendência na Europa Ocidental à aceitação total da prática da mídia de abafar certos assuntos". Ele usou os tumultos nas cidades francesas por volta do dia nacional de 14 de julho como exemplo, alegando que o *Le Monde* e outros jornais franceses se recusaram a escrever sobre as revoltas. Mas a matéria a que se referia, na verdade, dizia algo bem diferente: foram as autoridades francesas locais que se recusaram a responder às perguntas do *Le Monde*, fazendo referência a "instruções das autoridades".

Essa maneira de fazer citações se tornaria uma marca registrada de Anders B, que distorcia os fatos do jeito que lhe convinha.

Os comentários não paravam de entrar. Todos que lhe responderam no www.document.no naquele dia acreditaram piamente no que ele escreveu. A acolhida lhe aguçou o apetite ainda mais. Nessa primeira tarde como comentarista no www.document.no, ele passou por assassinatos de brancos na África do Sul, "um genocídio sistemático motivado por racismo", e pelo multiculturalismo como ideologia antieuropeia de ódio, cujo objetivo era destruir a cultura e a identidade europeia e o cristianismo em geral.

Ele estava num estado de fluxo, e, a todos que seguiam a linha de discussão, recomendou ler o livro de Fjordman, *Defeating Eurabia* [Derrotando a Eurábia], para entender o que estava acontecendo na Europa. Todos que tinham coragem de criticar o multiculturalismo eram tachados de fascistas e racistas, um conceito do politicamente correto que não permitia opiniões alternativas. "O Partido Progressista é vítima dessa intolerância", encerrou ele um pouco antes da meia-noite, enquanto sua linha de discussão ainda continuou viva.

Inspirado, na manhã seguinte, um ano depois de ter tentado se comunicar com Fjordman no Gates of Vienna, ele lhe mandou uma mensagem aberta. Dessa vez, postou a mensagem no campo dos comentários do www.document.no.

Fjordman,

Há mais de três anos, trabalho em tempo integral numa obra focada em soluções (compêndio escrito em inglês). Viso contribuir em áreas que ficam à margem daquilo que tem sido seu foco principal. Muitas das informações que possuo não são do conhecimento da maioria, nem de você.

Se você me passar um e-mail no year2083@gmail.com, lhe mandarei uma versão eletrônica assim que eu terminar o livro.

Três dias mais tarde, ele recebeu uma resposta.

Olá, aqui é Fjordman. Você queria falar comigo?

Anders B respondeu imediatamente.

O livro está pronto, mas a parte prática da pré-distribuição vai levar alguns meses. Pretendo enviar o livro eletronicamente para alguns. Defeating Eurabia *é genial, mas vai demorar para que livros como esse consigam penetrar a censura de forma efetiva. Escolhi a distribuição gratuita como uma contraestratégia.*

Fjordman ficou calado.

Em compensação, a mãe ouviu muito sobre o homem do fiorde, que era como ela o chamava. Todo dia na hora do jantar, ela recebia um resumo do que o filho fazia. As palavras que usava a respeito do homem do fiorde eram "sábio", um "ídolo" e "escreve tão bem". Era a mesma coisa com Hans do www.document.no. Mas o homem do fiorde era o número um, pelo que a mãe podia perceber. Aquele que se chamava Hans era um pouco mais cauteloso do que o homem do fiorde.

No entanto, a mãe às vezes ficava farta das previsões apocalípticas.

— Não podemos nos contentar com as coisas como elas são?

Esquerda ou direita?

O Partido Trabalhistas continuaria a desgovernar o país?

Às 9 horas da manhã no dia da eleição, Anders sugeriu que todas as forças do bem deveriam se juntar para criar um grande jornal de viés culturalmente conservador para "acordar os noruegueses do coma". Em sua linha de discussão, muitos debatiam que forças deveriam cooperar.

Nomes e organizações foram lançados e rechaçados. Anders se apresentava como condescendente e contemporizador.

"Não estamos numa situação em que podemos escolher minuciosamente nossos parceiros", escreveu.

Assim como promovera, no fórum do Partido Progressista seis anos antes, a criação de uma plataforma política para a juventude de direita, agora ele contemplava uma comunidade de pessoas com ideias afins e não afins, mas que mais ou menos convergissem para o mesmo objetivo.

"Conheço muitos do Partido Progressista e sei que há forças de peso lá dentro que desejam desenvolver o jornal do partido, *Fremskritt*. Também sei de vários investidores conservadores culturais. Que tal trabalhar para consolidar *Fremskritt* com www.document.no (talvez no www.dag.no), além de conseguir verbas de investidores estratégicos? Chamar o jornal de *Konservativ*", escreveu ele às 11 horas.

Às 11h30 foi acrescentada uma nota. "Também posso contribuir conseguindo apoio para o projeto da minha loja maçônica."

Ao fechamento das urnas, era como se o projeto já estivesse certo. Ele escreveu que poderia marcar uma reunião com o fundador da revista *Kapital*, Trygve Hegnar, e com secretário-geral do Partido Progressista, Geir Mo, para apresentar a solução. "Essas eleições e sua cobertura na mídia mostram de uma vez por todas que não podemos viver sem um porta-voz de alcance nacional."

Uma hora e meia depois de as urnas fecharem, ele já fizera um plano de negócios que postou na página de discussão. "Se tudo sair como planejado, podemos atingir cerca de 50% dos leitores da *Aftenposten*, 20% dos leitores da *VG* e 10% dos leitores da *Dagbladet*." À Estratégia nº 1, ele deu o nome de Modelo Brega. Incluiria notícias normais, algum conteúdo financeiro e "temas bregas" como erotismo e fotos de mulheres seminuas. O problema era que então se perderia uma grande parcela de leitores conservadores cristãos. A Estratégia nº 2, que, de acordo com suas estimativas, teria uma tiragem de um terço da Estratégia nº 1, focaria o conteúdo financeiro, sendo os "temas bregas" quase inexistentes. Havia ainda a Estratégia nº 3, um híbrido entre o nº 1 e o nº 2. Com um conteúdo financeiro sólido, ele achava que seria possível roubar MUITOS leitores dos principais jornais de negócios, *Dagens Næringsliv* e *Finansavisen*.

"O objetivo primordial é aumentar a influência política mediante um apoio informal aos Partidos Progressista e Conservador", afirmou.

Depois da meia-noite, ele viu o resultado da eleição. Era desanimador.

Quase 2 mil quilômetros ao norte, Anders Kristiansen estava eufórico. "Mais quatro anos!"

Ele gastara parte significativa de sua poupança para se hospedar num hotel em Tromsø e participar da vigília eleitoral do Partido Trabalhista. A vitória se dera por um triz! Viljar estava em Svalbard com o irmão mais novo e os pais; a família Sæbø comemorou em Salangen. O povo norueguês deu seu aval para mais um mandato da coalizão de centro-esquerda.

Os três amigos não votaram. Viljar e Anders tinham 16 anos. Simon acabara de completar 17. Mas na próxima eleição, a de 2011, eles finalmente teriam idade para votar!

"Os jornalistas noruegueses ganharam a guerra contra o Partido Progressista", escreveu Anders B à noite. "Conseguiram reduzir o partido em 6%, travando uma guerra intensa de quatro semanas." Foi o bloqueio da mídia sobre os tumultos muçulmanos na França, Grã-Bretanha e Suécia que "selou a sorte, custando à direita a vitória".

Mesmo assim, no dia seguinte à eleição, ele acordou com renovada garra e escreveu um e-mail para Hans Rustad sobre a necessidade de ter um jornal conservador cultural. Dentro de uma hora, recebeu uma resposta do ídolo com o seguinte teor:

Não há dúvida de que você está certo em sua análise. Para ganharmos as eleições em 2013, precisamos de uma mídia mais potente. Isso realmente é a grande desvantagem do Partido Progressista. É destratado e não possui nenhum terceiro poder para se defender.

Anders respondeu logo que a primeira coisa que faria era "marcar uma reunião pessoal com Geir Mo" para discutir o ponto de vista do Partido Progressista sobre o assunto.

Os meses se passaram sem que tivesse qualquer resposta do secretário-geral do Partido Progressista. Ele tampouco arranjou coragem para entrar em contato com o editor da revista *Kapital*. Nenhum dos investidores com quem se gabara de que seria muito fácil entrar em contato recebeu qualquer comunicação, e sua loja maçônica também não ficou sabendo da proposta do jornal. A única coisa que ele fez foi se dirigir a uma gráfica para obter a cotação do preço de uma revista mensal em papel brilhante.

Em novembro, ele começou com *e-mail farming*, mandando pedidos de amizade para conservadores culturais e ativistas anti-imigração no mundo inteiro através de duas contas no Facebook. Consumia muito tempo, pois havia um limite para o número de pedidos enviados por dia. De cada conta, saíam cinquenta pedidos de amizade por dia.

Cerca de metade aceitou seus pedidos.

Ele criou seus perfis de modo que os conservadores culturais aceitassem facilmente o pedido de amizade. Mas se manteve longe dos ultrarradicais e removeu todos aqueles que tinham símbolos extremistas em suas páginas. Não queria ter neonazistas como amigos.

Ele estava atrás dos endereços eletrônicos das pessoas. Em alguns meses, possuía uma base de dados com 8 mil endereços.

Somente no fim de janeiro de 2010, ele recebeu uma recusa definitiva da bancada parlamentar do Partido Progressista. Desejaram-lhe boa sorte com o projeto do jornal, mas não tinham nada a lhe oferecer, fora pessoas que poderiam conceder entrevistas.

Decepcionado, Anders mandou uma mensagem a Hans Rustad. Ao mesmo tempo, ele o informou de que seu livro estava pronto.

Antes do fim de fevereiro estou indo viajar para promover o livro e possivelmente ficarei fora por até seis meses. Atenciosamente, Anders.

O livro

ELE ABRIU COM uma citação.

"Os homens que o público europeu mais admira são os mentirosos mais ousados; os homens que mais detesta são aqueles que tentam lhe dizer a verdade."

Ele continuou com um plágio.

"A maioria dos europeus pensa nos anos 1950 como uma boa época. Nossos lares estavam seguros, a ponto de muitos nem se preocuparem em trancar a porta. As escolas públicas em geral eram de excelente qualidade, os problemas não passavam de coisas como falar na aula ou correr nos corredores. A maioria dos homens tratava as mulheres com respeito, e a maioria das mulheres se concentrava em criar bons lares, educar bem seus filhos e ajudar a comunidade local por meio do trabalho voluntário. As crianças cresciam em lares com ambos os pais presentes, e a mãe estava em casa para receber o filho quando voltava da escola."

Em prol da boa causa, ele se apropriava das ideias alheias sem qualquer escrúpulo. Quase nenhum autor foi creditado. Todos foram sintetizados, formando uma entidade superior: Andrew Berwick.

O que estava dando errado com a Europa?

Andrew Berwick culpou a ideologia do politicamente correto, que, de acordo com ele, era a mesma coisa que marxismo cultural, o marxismo transferido da economia para a cultura. Ele quis reconquistar os valores dos anos 1950, quando as mulheres eram donas de casa e não soldados, as crianças não nasciam fora do matrimônio e a homossexualidade não era glorificada.

"Os que desejam derrotar o marxismo cultural precisam combatê-lo", foi a exortação de Berwick. "Precisam proclamar aos quatro ventos a realidade que desejam suprimir, ou seja, nossa oposição à Sharia e à islamização de nossos países, bem como o fato de que os crimes violentos são cometidos em números desproporcionais por muçulmanos e que, na maioria dos casos, a AIDS é contraída voluntariamente, por meio de atos imorais."

Uma das características proeminentes do marxismo cultural era o feminismo, que estava em toda parte e ofuscava tudo, escreveu Berwick.

"Está na TV, em que quase todos os programas têm uma 'figura de poder' feminina, e os enredos e personagens reforçam a inferioridade do homem e a superioridade da mulher. Está nas forças armadas, em que o aumento das oportunidades para as mulheres, mesmo em posições de combate, tem sido acompanhado por um duplo padrão, e depois pelo rebaixamento do nível e também pelo declínio no alistamento de homens jovens, enquanto os 'guerreiros' deixam as forças armadas em massa. Está nas preferências e práticas de contratação impostas pelo governo, que beneficiam as mulheres e usam as queixas de 'assédio sexual' para manter os homens na linha. Está nas escolas públicas, onde a 'autoconsciência' e a 'autoconfiança' ganham destaque em detrimento das habilidades acadêmicas. E, infelizmente, está em vários países europeus, que permitem e financiam a livre distribuição de pílulas anticoncepcionais em combinação com políticas liberais de aborto."

Ele arrematou: "Espera-se do homem de hoje que ele seja uma subespécie sensível que se submete à agenda feminista radical."

Era bom ficar assim, copiando e colando, pois muito daquilo que ele guardava dentro de si, mas ainda não tinha concretizado por completo, já fora pensado por outros.

"Quem ousa, vence", foi o que escreveu depois da introdução.

"Fomos iludidos por nossos próprios governos a pensar que as civilizações cristã e islâmica são de igual valor", afirmou ele. Obviamente, não era assim.

O livro alternava entre o polêmico e o didático. Listava os cinco pilares do Islã: a profissão da fé, a oração, o jejum, a peregrinação e a caridade. E, às vezes, ele apresentava o Alcorão assim como um professor de religião do ensino fundamental o faria, mencionando os mandamentos de Alá a Maomé por meio do arcanjo Gabriel, as grandes batalhas do Islã, a conquista de Meca e a introdução da Sharia.

Mas chegando ao jihad, o dever dos muçulmanos de participar da guerra santa, ele explicou o conceito de *al-Taquiyya*, que, traduzido ao pé da letra, significa dissimulação. No Islã, isso implica que os muçulmanos podem esconder sua fé se correrem risco de vida ao confessá-la. De acordo com Berwick, encobrir suas intenções de tomar o poder na Europa fazia parte da tática dos muçulmanos. Até que desferissem o golpe. Ele passou ao conceito de *Dhimmi*: as pessoas não muçulmanas que vivem sob um regime muçulmano são protegidas e podem praticar sua própria religião desde que paguem o tributo *jizia* e não se oponham. Esse seria o futuro dos cristãos.

Em seguida, usou os termos árabes para provar que os muçulmanos têm um plano de dominar o Ocidente e matar judeus e cristãos. O versículo do Alcorão da surata "O Arrependimento" era parte da prova: *Matai os idólatras, onde quer que os acheis; capturai-os, acossai-os e espreitai-os!*

O versículo ficava muito melhor sem a palavra *idólatras*. Aí era possível escrever que o versículo dizia respeito aos judeus e cristãos, embora seu alvo real fossem as seitas politeístas da antiga Arábia. Também produzia maior efeito se *matai-os* fosse inserido no final.

Recortar e colar do Alcorão constituía uma orgulhosa tradição. Robert Spencer, o homem por trás de Jihad Watch, era um dos melhores recortadores. Ele desmembrara o Alcorão em partes individuais para provar o quanto era violento e cheio de ódio. Berwick achou que essa era uma boa maneira de interpretar o livro sagrado dos muçulmanos.

Passando rapidamente adiante, ele ia e voltava no tempo. As cruzadas dos séculos XII e XIII, o extermínio da maioria cristã do Líbano no século XX, o genocídio na Arménia em 1915, as diversas dinastias do século VII. No fim do livro, chegou à Batalha de Viena de 1683, o início da queda dos otomanos na Europa. A batalha era um paralelo profético de seu próprio livro, o qual intitulara *2083 — A European Declaration of Independence* [2083 – Uma declaração de independência europeia]. Quatrocentos anos depois da famosa batalha, os muçulmanos estariam vencidos e fora da Europa.

"E conhecereis a verdade, e a verdade o deixará louco." Com uma citação da sátira distópica do futuro, *Admirável mundo novo,* de Aldous Huxley, ele iniciou o Livro 2, o qual intitulou *Europe Burning* [Europa em chamas]. Gostava de começar com citações, elas conferiam seriedade ao texto, por isso soltava frases de Orwell e Churchill a torto e a direito. Bastava fazer uma busca no Google de "citações famosas" para encontrar muitas e boas!

As primeiras duzentas e poucas páginas do Livro 2 eram ensaios de Fjordman com títulos como "The Eurabia Code" [O código da Eurábia], "Boycott the United Nations" [Boicote às Nações Unidas], "How the Feminists 'War against Boys' Paved the Way for Islam" [Como a "guerra contra os homens" feminista trilhou o caminho para o Islã], "What is the Cause of Low Birth Rates" [Qual é a razão para as baixas taxas de natalidade] e "The Fatherless Civilisation" [A civilização sem pai]. Os temas tinham elementos em comum com coisas que o próprio Berwick escrevia. Tratava-se de copiar e colar, roubar e compartilhar. Havia muitas repetições. Uma das explicações mais repetidas era: Por que nunca podemos confiar naqueles que se autointitulam muçulmanos moderados?

Porque eles nos enganam.

Em geral, o Alcorão oferecia a prova de que Berwick precisava, assim como a surata 8, versículo 12: *E de quando o teu Senhor revelou aos anjos: Estou convosco; firmeza, pois, aos fiéis! Logo infundirei o terror nos corações dos incrédulos; decapitai-os e decepai-lhes os dedos!* Conhecida pelo nome de *al-Anfal* em árabe, aquela surata, sim, era muito boa de usar. Saddam Hussein a usara para dar nome ao genocídio dos curdos na década de 1980. Na leitura de Berwick, os incrédulos eram os cristãos; na leitura do Partido Baath, eles eram os curdos.

Depois, ele passou a se queixar um pouco. Afinal, a tarefa que assumira era cansativa. "Às vezes fico frustrado por ser obrigado a gastar tanto tempo refutando o Islã, uma ideologia fundamentalmente falha e que deveria ser irrelevante no século XXI."

Mas ele *tinha de* se importar, pois o número real de muçulmanos na Europa estava sendo escondido pelas autoridades. Era muito mais alto do que diziam, e mais importante ainda: os muçulmanos estavam ficando cada vez mais numerosos, por nascimentos e imigração em massa. A afirmação era confirmada por novos ensaios de Fjordman, por diversos especialistas citados, e, por fim, provada pelo Alcorão.

Berwick também aderiu à teoria de Bat Ye'or de que os líderes da União Europeia abriram as portas para a imigração em massa de muçulmanos em troca de paz, petróleo barato e acesso aos mercados árabes, a chamada Teoria da Eurábia. Ele adotou sua expressão *Freedom or Dhimmitude*. Liberdade ou submissão.

Em meio à crítica ao Islã, Berwick de repente escreveu sobre como converter um blog em um jornal. Ele zombava de quem não tivesse coragem de se arriscar.

"No decorrer dos anos, já falei com uma série de 'repórteres' direitistas de blogs/noticiários on-line/Facebook, alguns bem-sucedidos e outros nem tanto, e a atitude parece ser que a criação e a distribuição de um jornal ou uma revista em papel é algo incrivelmente complicado e difícil. Para ser sincero, não entendo por que as pessoas são dessa opinião."

Em seguida, ofereceu um plano de três passos, incluindo a fase de planejamento, a construção de uma base de assinantes e como preencher a revista com textos de blogueiros. O único cuidado seria evitar o discurso de ódio, pois revistas racistas provavelmente seriam proibidas.

No final do Livro 2, o capítulo *Future Deportations of Muslims from Europe* [Deportações futuras de muçulmanos da Europa] criticou Fjordman, Spencer e Bat Ye'or.

A questão girava em torno da mesma pergunta que ele lhes fizera no site Gates of Vienna. Aquela referente à palavra com D. De acordo com Berwick, eles não tinham coragem de levantar o assunto deportação porque isso estragaria sua reputação. "Se esses autores forem medrosos demais para promover uma revolução conservadora e resistência armada, outros autores terão de fazê-lo."

Berwick fora chamado.

*

O papo era sobre tudo e nada, sobre o tempo e os filhos.

— Anders está escrevendo um livro — disse Wenche no café que ficava ao lado do supermercado.

— Ah é? — perguntaram os outros. — Sobre o quê?

— Ah, é alguma coisa de história — respondeu a mãe. — Vai um pouco além da minha compreensão.

Os vizinhos fizeram um gesto com a cabeça.

— Vai ser em inglês — continuou Wenche. O livro voltaria ao ano 600 antes de Cristo, segundo ela. Para ficar completo, como dizia Anders. Falaria de todas as guerras, tudo que se passara.

Na verdade, a mãe se preocupava com o futuro do filho. Ela até dissera que poderia ir junto, acompanhá-lo até o Serviço de Emprego e Bem-Estar Social. Lá, eles poderiam ajudá-lo a descobrir o que seria melhor para ele.

Ela lhe dissera que, com suas ideias do que era bom e justo, ele se daria bem como policial.

— No caso, eu teria de ter feito algumas outras escolhas na vida — Anders lhe respondera na ocasião.

— Ele é bom no computador, é bom em história... — refletiu a mãe. — Mas, no fundo, sempre desejei que fosse médico — disse ela aos amigos do café. A melhor coisa, de acordo com ela, seria se Anders pudesse ser médico da Cruz Vermelha e cuidar de crianças famintas na África e ajudar as pessoas. Talvez na Zâmbia, foi sua sugestão.

Quando ele disse que queria ser escritor, sua resposta fora:

— Ótimo!

Ela se lembrou do primeiro emprego de verdade do filho. Na época, ele tinha 17 anos. Ele lhe contou que havia conseguido um emprego numa empresa chamada Acta, na qual vendia ações a pessoas ricas.

— Que nada! — disse a irmã à mãe depois. — Ele não vende ações, vende revistas.

Aquilo fizera a mãe se perguntar se por acaso Anders não se sentia bom o bastante do jeito que era.

Na mesa de fumantes do café, já aprenderam que não era para levantar o assunto "Anders". Havia um acordo tácito de que, caso Wenche quisesse falar dele, ela o faria, e os outros poderiam seguir a deixa, mas eles nunca faziam a primeira pergunta. Sabiam que ele só ficava lá dentro de seu quarto, absorto em seus videogames.

Se sugerissem que o vício do jogo era uma doença, ela era capaz de dizer que só estavam com inveja dela, pois ninguém tinha um filho tão bonzinho como Anders.

Várias das mães do café tinham filhos que cursavam Direito ou Economia, alguns já eram advogados formados. Outros trabalhavam em banco ou no mercado financeiro.

Alguns já tinham filhos. E se as mulheres começavam a falar sobre os netos, Wenche apertava os lábios.

Anders pedira à mãe que parasse de amolá-lo sobre a necessidade de arrumar um emprego de verdade. Mas pior ainda era quando ela lhe enchia a paciência cobrando que arranjasse uma namorada.

— Que tal encontrar uma mãe solteira bonitinha, então? — perguntou Wenche.

— Preciso ter meus próprios filhos — respondeu Anders.

Ele disse que queria ter sete.

Como posso ter sua vida?

Os ÔNIBUS JÁ estavam esperando. Rapidamente se encheram de passageiros do ferryboat que seguiria viagem pela península de Nesodden. Na hora do *rush*, os barcos vinham a cada vinte minutos; de resto, a rota era de hora em hora. Indo para a cidade ou voltando da cidade, a travessia com *Huldra* ou *Smørbukk* poderia ser um tempo para ficar sozinho ou um intervalo para colocar a conversa em dia com os conhecidos.

Quem não conseguisse sentar do lado da pessoa que quisesse durante a travessia, sempre teria outra oportunidade no ônibus.

Um dia, Bano se deixou cair no assento ao lado de uma mulher esbelta de cabelos curtos. Não foi por acaso.

— Olá — disse Bano, abrindo um largo sorriso.

A mulher loura e bonita cumprimentou a moça, que tinha um chiclete entre os dentes e cabelos escuros com topete.

— Sei que você é do Partido Trabalhista. Por sinal, eu também sou — disse Bano. — Atuo na política local, assim como você.

Bano tinha 15 anos e acabara de se filiar à AUF.

Nina Sandberg era candidata a prefeita de Nesodden pelo Partido Trabalhista. Que poço de alegria, foi a primeira coisa que ela pensou assim que Bano se sentou ao seu lado.

— Sou sua aliada — confidenciou Bano. — Minha irmã e minha mãe também são.

Depois, ela saiu do ônibus. Nina Sandberg continuou, indo para sua fazenda em Jaer, no extremo sul da península de Nesodden.

Desde o momento de sua chegada, Bayan e Mustafa tentaram se tornar parte da sociedade norueguesa. Primeiro, tiveram de aprender norueguês; depois, procuraram emprego. No início, Bayan chorou ao ver as pessoas indo trabalhar de manhã. Como ela sentia falta de seu trabalho no departamento contábil da companhia de água e esgoto de Erbil! Mustafa, que era engenheiro mecânico, se candidatou a vagas para engenheiros, escrevendo que tinha especialização na área de água e esgoto.

Não deu nenhum resultado.

Ele foi até a Secretaria da Previdência Social em Akersgata, no centro de Oslo.

— Aceito qualquer coisa — disse ele à mulher do guichê.

A assistente o ajudou a escrever melhores cartas de solicitação de emprego. Ela corrigiu seus erros gramaticais e sugeriu que fizesse alguns cursos de norueguês para melhorar suas chances. Os dois conversaram por algum tempo.

— Por que você veio para cá? — perguntou ela.

Mustafa ficou calado.

— Quero dizer, para a Noruega? — acrescentou a mulher.

A resposta estava entalada.

— Não sei — respondeu Mustafa.

A vida se tornara nebulosa. Os dias passavam ociosos. Ele tinha a sensação de que algo havia se perdido, de que ele perdera algo, a si mesmo, a autoconfiança, o prestígio que a formação e a experiência profissional lhe conferiram. Ele tinha apenas uma vaga noção da língua, sentia-se marginalizado.

A única coisa que o fazia se sentir vivo eram os filhos, vê-los criar raízes e crescer. Ali começou no jardim de infância, enquanto as meninas sofreram um pouco para se adaptar à escola. Uma das professoras lhe dissera que suas filhas não brincavam com as outras crianças, mas apenas as duas juntas.

— Foram vocês que as proibiram de brincar com os outros? — perguntou ela, indagativa.

Não, não poderiam ser acusados de nada disso! Bayan e Mustafa inscreveram as meninas em aulas de balé e ginástica e handebol. Ali treinaria futebol.

Os pais participaram de jogos e apresentações, de torneios, mutirões e reuniões de pais. No início, as crianças Rashid levavam suas próprias salsichas de frango aos eventos esportivos, mas um dia desapareceram. Não era mais tão importante. O Curdistão ficou cada vez mais distante.

Antes do Natal, as crianças sempre iam com suas respectivas classes para a igreja, recebiam presentes de Natal assim como todos os outros, e a mãe pendurava estrelas do Advento nas janelas. Bano dizia que era muçulmana crente, mas certa vez alguém perguntou se era sunita ou xiita, e aí ela não soube responder.

— Acredito que há um Deus — disse ela. — Só não sei como se chama. — E depois de ter ido à igreja com a classe, ela comentou: — Se Deus sabe que é único, não precisa falar isso através do pastor.

Por pertencerem a uma minoria linguística, as crianças Rashid estavam dispensadas das aulas de língua norueguesa que focavam a variante conhecida como neonorueguês. Então Bano ficou irritada.

— Se alguém receber uma carta escrita em neonorueguês, ela deve responder em neonorueguês! — opinou. Ao receber elogios do professor pela boa fluência de uma redação, ela ficou brava. — Por que fala isso justamente para mim? Comecei as aulas de neonorueguês ao mesmo tempo que todos os outros da sala.

Se os pais se queixavam dela ou manifestavam algum descontentamento, ela só dizia que muitos pais imigrantes buscavam seus filhos na polícia.

— Mãe, a gente não é que nem aqueles que não querem se integrar. No futuro, todos nós teremos bons empregos. Vamos voltar para casa e comer um bom jantar e, quando abrirmos a geladeira, ela vai estar cheia. Você reclama que o queijo está caro e que ficamos muito tempo no banho, mas, mãe, sempre temos comida e água — falava para consolar a mãe quando ela se preocupava com o pouco dinheiro que tinham. — A gente não tem vergonha de ter uma casa desarrumada, mãe, porque a gente com certeza não sofre de negligência. E nosso sofá e nossa mesa de jantar são tão bons quanto os dos outros.

Esse era o tipo de coisa que Bano dizia. O mais importante era "ser igual aos outros". A família deveria ter os mesmos móveis, as mesmas roupas, o mesmo tipo de lanche na escola. Ou seja, o mesmo, ou melhor. Ela ficou muito feliz ao descobrir que a mãe comprara uma jaqueta da marca Bergans para a irmã mais nova.

— Mãe, só Lara e mais uma pessoa de sua sala têm a jaqueta da Bergans. Os outros têm marcas comuns. Estou muito orgulhosa por ela ter uma jaqueta cara assim! — exclamou ela para a mãe, que tivera a sorte de encontrar a jaqueta chique em promoção.

Finalmente, Mustafa colheu os frutos de suas cartas de solicitação de emprego. A Secretaria da Previdência Social ligou lhe oferecendo um emprego temporário como zelador na Escola de Grindbakken, na zona oeste de Oslo. Ao mesmo tempo, Bayan conseguiu um estágio numa escolinha, que, depois de alguns meses, se tornou um emprego de meio período. Mas os salários dos pais não permitiam nenhum tipo de luxo.

De repente, Bano era capaz de virar a casaca, dizendo que a família era consumista demais.

— Estamos comprando felicidade — dizia ela, falando a mesma coisa para as colegas de sala e instituindo uma parada no consumo. Era proibido comprar qualquer coisa durante uma semana, nem roupa, nem chocolate, nem um pãozinho no refeitório. As amigas preferiam comprar alguma coisa às escondidas do que contra-argumentar, pois Bano era muito intransigente.

Os pais a consideravam sua guia para a sociedade norueguesa.

— Se forem visitar alguém, a primeira coisa que precisam fazer é elogiar a casa — explicou Bano aos pais. — As casas são a coisa mais importante na Noruega.

Eles próprios compraram uma casa geminada, e o pai estava muito contente por ter conseguido pagar menos que o valor estipulado pelo avaliador, já que todas as outras casas da rua haviam sido vendidas acima do preço determinado.

— Mas papai — disse Lara —, por que você acha que os noruegueses não apresentaram ofertas maiores pela casa? Com certeza, fomos enganados.

Hum, pensou o pai. Ficou evidente que a casa tinha várias falhas, havia umidade no porão e necessidade de uma boa reforma. Mas, afinal, Mustafa era engenheiro mecânico e se dedicou à tarefa com todo o afinco.

— A melhor coisa que se pode fazer é comprar uma casa própria — disse Bano, fantasiando sobre como reformariam o porão para que os três filhos tivessem sua própria sala, quartos e até um pequeno escritório. Pois as coisas sempre poderiam melhorar. Por exemplo, ela se queixava de que o piso da cozinha tinha duas cores. É que, ao lixar o piso, Mustafa gastou tanto tempo que teve de devolver a lixadeira antes de terminar. Na sala, faltavam os rodapés; em seu quarto, havia fios soltos.

— Você deve estar contente com seu quarto, Bano — declarou o pai. — Você tem o melhor quarto, muito maior que os de Lara e Ali.

Em sua ânsia de não ser diferente dos outros, ela criticava pais por seu nome. Bano, que tipo de nome é esse? Ninguém tinha esse nome. Ao ouvir que pensaram em lhe dar o nome de Maria, ela reclamou.

— Ah, Maria, por que não me chamaram de Maria? Conheço várias meninas com esse nome! Assim eu poderia ser como qualquer outra pessoa.

O visto de residência era renovado anualmente por motivos humanitários, sempre por mais um ano. Era desgastante para a família não saber se poderiam permanecer na Noruega. Pertenciam ao grupo classificado como "Residência Temporária sem Direito a Reunião Familiar".

Bano ia passar para o segundo ciclo do ensino fundamental, e eles ainda não sabiam se sua permanência seria aprovada, então ela tomou a decisão de pôr as coisas em ordem. Na família, ela era quem melhor acompanhava as notícias, informando os outros sobre o que se passava. Querendo apresentar o caso da família ao governo, ela procurou na lista telefônica o número da Central dos Ministérios.

Ela digitou o número do Ministério da Administração Municipal e perguntou por Arne Solberg, trocando o nome da ministra Erna Solberg por um nome masculino.

No entanto, a ligação nunca chegou à Dama de Ferro, que era como apelidaram a ministra.

— Era preciso ter 18 anos para falar com Arne Solberg — avisou a menina de 11 anos aos pais. — Foi o que falaram no Ministério.

Aí, em 2005, o ano em que Bano completou 12 anos, Lara, 10, e Ali, 7, finalmente o pedido de residência permanente da família foi deferido, assim como o de duzentos e poucos outros curdos do Iraque. Mais tarde, a diretora da Direção-Geral da Imigração teve de renunciar ao cargo, pois ficou claro que o departamento havia ido além de suas diretrizes, oferecendo residência permanente a mais pessoas do que deveria. Mas a família Rashid se encontrava entre os afortunados. E, então, em 2009, depois de dez anos na Noruega, toda a família recebeu cidadania norueguesa.

Bayan preparou uma comida gostosa e comprou sorvete de amêndoas caramelizadas, dizendo que poderiam comer o quanto quisessem.

O esporte era importante para se enturmar. Por muito tempo, Bano ficou sentada no banco de reservas durante as partidas de handebol, pois era desajeitada e cometia muitas faltas. Mas um belo dia, ela, cambaia e gorduchinha, passou com estrondo pela defesa adversária na quadra de handebol e fez gol. Desde então, ela nunca desistiu. Adorava jogar no ataque, roubar a bola e marcar gol. Depois, o treinador gritava: — Volte, Bano, volte! — Mas era chato demais ficar na defesa.

Bano não tinha tempo para o que era chato. Ainda assim, se houvesse algum prêmio a ganhar, ela se inscrevia. Houve um torneio entre os alunos de Nesodden sobre quem conhecia melhor a península, e Bano passou a estudar a história local. Ela, a forasteira, chegou até a final.

Queria ser a melhor da quadra, a melhor da sala e ter roupas, no mínimo, tão boas como as das outras. Queria fazer parte do grupo das meninas mais populares, queria ser tão norueguesa quanto as norueguesas.

Aos poucos, um novo interesse tomou o lugar de destaque.

— Já me acompanharam no handebol durante tantos anos, agora está na hora de vocês irem comigo para o Partido Trabalhista — disse Bano aos pais quando se filiou à AUF, na 10ª série.

Bayan a seguiu, e, no lançamento de "Mulheres pela Nina", a campanha que convenceria as pessoas a elegerem a mulher do ônibus, Nina Sandberg, como prefeita, Bano, Lara e Bayan estavam presentes.

O empenho que Bano mostrara na quadra de handebol, ela levava agora para a AUF. Em pouco tempo, tornou-se líder da pequena divisão local de Nesodden.

Aos 17, ela conseguiu ter sua primeira carta ao editor impressa no jornal *Aftenposten*. Na carta, investiu contra o Partido Progressista e o uso do termo "islamização sorrateira" pela líder Siv Jensen.

"Sei muito bem que Siv Jensen inventou o conceito somente para assustar. Ela está ciente de que as pessoas imigram há milhares de anos e que isso tem dado muito certo", começou ela, acrescentando que a maioria dos que se mudam para outro país se adapta à cultura e ao modo de viver daquele país. "Só demora um pouco. Se Jensen realmente tiver medo dos muçulmanos, ela pode conferir o índice de natalidade para as mulheres muçulmanas da Noruega. Ele caiu significativamente. É um exemplo de que as pessoas que moram na Noruega se adaptam à Noruega."

Ela pediu que as pessoas olhassem para os imigrantes como um potencial e que aproveitassem mais os seus recursos. "Não há dúvida de que Oslo pararia se alguém inventasse um dia livre de imigrantes", escreveu ela.

"O segundo maior partido do país, o Partido Progressista, não só faz discriminação contra mim, como também se dá o direito de discriminar os trabalhadores, as mulheres, os afastados por doença e os homossexuais. A maioria das pessoas pertence a pelo menos um desses grupos. Será que a maioria pensa que, se os preços da gasolina baixarem um pouco, não há grande problema em sofrer um pouco de discriminação?"

A assinatura *Bano Rashid (17), Nesodden AUF* apareceu repetidas vezes na página juvenil do *Aftenposten*. "Crie imagens na cabeça das pessoas quando escreve", foi o que Hadia Tajik lhe ensinara num curso da AUF. Era o que tentava fazer.

Ela tinha mais uma causa predileta.

"Ninguém no mundo inteiro consegue me convencer de que as mulheres são o sexo frágil", escreveu ela. "Não é por acaso que 80% dos altos executivos noruegueses são homens e que as mulheres norueguesas só ganham 85 coroas para cada 100 coroas ganhas pelos homens. Isso apesar de 60% dos estudantes do ensino superior na Noruega serem mulheres. Esses números são difíceis de engolir para quem vive no melhor país do mundo."

Ela também oferecia conselhos a outras mulheres. "Ao contrário das feministas tradicionais, não acredito que seja uma questão de nós, mulheres, nos unirmos; nós, mulheres, precisamos nos dividir! Na verdade, não é uma tática tão boa se juntar em grupos. Isso só nos faz olhar com medo para tudo e todos que não fazem parte do grupo. Precisamos avançar por conta própria. Temos de ter confiança e admirar aquela que está no topo, e nos permitir pensar que somos maravilhosas."

Um fim de verão, Bano foi convidada pela amiga Erle e sua mãe Rikke para ir a Alvdal. Pegaram o trem até as montanhas e caminharam por muito tempo pela região serrana antes de chegarem à antiga cabana de caça. Ali, viviam a vida simples: era preciso buscar água num córrego, e o aquecimento vinha do fogão de lenha. Bano sempre queria fazer as trilhas mais compridas e subir os picos mais altos, Store Sølnkletten, Gravskardshøgda e Skjellåkinna.

Durante as noites, que estavam começando a ficar mais escuras agora depois do solstício de verão, Rikke deixava as meninas experimentarem uma taça de vinho tinto. Elas ficavam conversando noite adentro. Bano sempre conduzia a conversa à política, para irritação de Erle. Sua mãe, a ágil e dinâmica Rikke Lind, era secretária de Estado do Ministério da Indústria e Comércio sob o ministro Trond Giske. Na época, fora ela quem sugerira que Bano e Erle se filiassem à AUF. Enquanto Erle rapidamente se cansou, Bano se tornou líder da divisão local.

— Hoje dá para perceber que não temos mais uma mulher como primeira-ministra — disse Rikke. — Gro era muito mais consciente. Ela era boa em inspirar as jovens.

Ela contou a Bano e Erle sobre as vezes que encontrara Gro e sobre o dom que a feminista mais velha tinha de notar as outras mulheres e de empurrá-las para cima.

Bano ficou pensativa.

— Rikke, como posso ter sua vida? — perguntou.

Rikke riu.

— Ah, é trabalho duro, isso sim!

— Não estou brincando. Como posso ficar igual a você? Quero ter uma casa tão grande quanto a sua, um emprego tão bom como o seu, amigos tão interessantes como os seus — continuou Bano. Pois Rikke e seu marido costumavam organizar festas magníficas em seu casarão em Nesodden. E Bano nunca tinha medo de fazer perguntas às pessoas sobre as coisas que ela queria saber: quanto ganhavam, quanto custava sua casa.

— Tudo bem, Bano, escute aqui — respondeu Rikke. — Uma boa formação, isso é o mais importante.

— O que eu devo estudar então?

— Direito ou Ciência Política. Faça também todos os cursos que você puder, é um aprendizado de graça, faça cursos de técnicas de debate, direção de reuniões e retórica.

Naquela noite de verão, elas estavam traçando planos para a vida de Bano. Ela deveria se deixar nomear para a Câmara Municipal de Nesodden nas eleições locais de 2011, sugeriu Rikke.

— Você está falando sério? — Bano se entusiasmou.

Rikke fez que sim. A própria mãe mudara de classe social, deixando para trás sua rigorosa família cristã e se mudando para Oslo sozinha, onde se tornou uma advogada radical, a única da família com curso superior.

— Mas Bano, por que você fica insistindo em ser como a minha mãe? Você nunca vai se contentar em se tornar apenas secretária de Estado! — disse Erle.

Elas riram.

Bano quer ter tudo, Lara costumava dizer. Não o suficiente, mas tudo. Bano não desistiu.

— Quem é o mais importante do país? — continuou. — Quem decide mais?

— O primeiro-ministro — respondeu Rikke.

— Talvez não seja viável virar primeira-ministra — refletiu Bano. — Mas *é* possível ser ministra da Igualdade. Então vou libertar as mulheres da opressão!

A noite de agosto parecia suave como veludo. O vinho tinto aguardava escuro nas taças. Logo, Bano seria adulta.

Não façam amizade com ninguém até chegarem lá!

A ASSISTENTE TERAPÊUTICA do município de Salangen estava conferindo suas listas.

Os menores de idade requerentes de asilo foram colocados em salas de acolhimento na Escola de Sjøvegan. Para muitos, o progresso era fraco. Eles tinham dificuldade em diversas disciplinas e sobretudo na aula de Língua Norueguesa. Raramente se misturavam com os locais. O Centro de Acolhimento era praticamente um mundo separado, situado lá no alto da ladeira, quase na altura das pistas de esqui.

Não que os requerentes de asilo não fossem aceitos. Sem dúvida, a atitude para com os refugiados melhorara depois de um início complicado.

Na última metade dos anos 1980, o fluxo de refugiados para a Noruega dera um salto, pegando as autoridades muito despreparadas. De repente, havia necessidade de alojamento para milhares deles. Saíram em busca de edifícios desocupados. Hotéis serranos e hotéis-fazendas cujos dias de glória já haviam passado preenchiam os requisitos, e a região serrana passou a se encher de pessoas da África e da Ásia.

Se alguns se sentissem presos no meio da terra desolada e fugissem dos hotéis, os noruegueses tinham diversas explicações para esse fato. Alguns encolhiam os ombros, mostrando a falta de gratidão: "A gente passa as férias ali, mas para eles não serve!" Também havia os compreensivos: "Eles fugiram de guerra, podem ter traumas e crises de pânico por causa da solidão do planalto."

Em Salangen, um Centro de Acolhimento de Requerentes de Asilo foi aberto em 1989. Não demorou muito para que os primeiros refugiados fugissem para o sul e se recusassem a voltar. Os somalis não apreciavam nem a aurora boreal nem as pistas incríveis de esqui em Øvre Seljeskogen, situadas logo acima do Centro.

Não, eles muitas vezes permaneciam em seus quartos, passavam o tempo no corredor ou ficavam fumando na escada. Logo, havia encrenca. Primeiro, entre os tâmeis e os somalis. Depois, entre os iranianos e os albaneses do Kosovo. Eram discussões e briguinhas que se transformavam em esfaqueamentos e ameaças de atear fogo no Centro.

A imprensa local sempre informava sobre os conflitos. Finalmente, acontecia algo na cidadezinha digno de noticiar. O povo local acompanhava tudo a distância.

Alguns meses após o Centro ter sido aberto, ocorreu a primeira rixa entre *nós* e *eles*. Foram utilizados punhos, tacos de bilhar e facas.

Depois de uma pancadaria na frente do bar de Salangen, foi aberto um processo penal contra os noruegueses e os refugiados. Trinta pessoas foram interrogadas, pois o delegado de Salangen não era do tipo que fazia pouco caso de uma pancadaria.

— A investigação mostra que jovens noruegueses fizeram um teatrinho para difamar os requerentes de asilo — declarou o delegado.

— Faz parte da juventude mostrar que é homem na disputa pelas mulheres — foi a opinião de seu subalterno.

Os jovens noruegueses contaram à imprensa local que os imigrantes os cercaram e espancaram, segurando facas de cortar pão contra seus pescoços. Os refugiados, por sua vez, falaram que os farristas locais os ameaçaram, dizendo "vocês vão morrer", se eles não deixassem o local.

— Tem um clima de linchamento aqui — disse um dos envolvidos ao jornal local. — Em minha opinião, o mais seguro é mandar os requerentes de asilo embora de Sjøvegan o quanto antes. — Havia uma foto do jovem de costas, com jaqueta jeans e cabelo *mullet*. Na mão ele tinha uma faca para filetagem de peixe. Uma corrente pendia do pulso.

"Ódio racial em Sjøvegan", escreveu o jornal *Nordlys*. "Guerra de asilo em Salangen", foi a manchete de *Troms Folkeblad*. Arne Myrdal, da organização Pare a Imigração, ligou para os que foram entrevistados, oferecendo apoio.

"Os jovens noruegueses precisam mostrar que tiveram uma infância melhor que os requerentes de asilo", disse o prefeito local, acrescentando que talvez tenha sido um erro "soltar os requerentes de asilo diretamente na sociedade norueguesa" tão logo eles chegaram.

"Os centros de acolhimento deveriam ser localizados em cidades maiores", afirmaram dois estudantes à imprensa local. Salangen era simplesmente um lugar pequeno demais para ter um desses.

A Escola de Ensino Médio de Sjøvegan procurou amenizar aquilo que o jornal local chamou do "ódio racial que também tem solo fértil em Salangen". A escola convidou os noruegueses, os requerentes de asilo e a administração municipal para um debate. Um dos jovens noruegueses da mesa de debate se dirigiu aos refugiados no auditório.

— Vocês, imigrantes, trazem doenças, violência e drogas. Por que vocês vêm para cá? É só para ter melhores condições?

Uma menina então se levantou, opinando que deveria haver algo errado com a autoimagem dos meninos noruegueses. Eles estavam com medo de que os estrangeiros viessem lhes roubar as meninas?

As pessoas voltaram para casa. A cidade se dividiu em duas.

Depois foram tomadas algumas medidas. Organizaram festas pré-natalinas, noites de confraternização e partidas amistosas de futebol. O Centro de Acolhimento convidou a população local para noites culturais, com apresentação de dança e canto pelos requerentes de asilo, enquanto o povo de Salangen retribuiu com coral infantil, rabequistas e a cantora Mari Boine. Foram iniciados cursos noturnos ministrados por voluntários que ofereceriam amizade e apoio, constituindo um elo entre os refugiados e os habitantes locais.

Vinte anos depois de os primeiros imigrantes terem chegado a Salangen, a assistente terapêutica Lene Lyngedal Nordmo estava conferindo suas listas. A essa altura, a Noruega possuía uma estrutura muito diferente para receber os refugiados. As autoridades aprenderam alguma coisa no decorrer das últimas duas décadas.

Os que eram jovens agora cresceram com a presença do Centro de Acolhimento. Os refugiados se tornaram parte do cotidiano de Salangen. Ou seja, eles estavam ali, mas ao mesmo tempo não estavam. Apesar dos anos, as barreiras entre a vida no Centro de Acolhimento e a vida dos locais eram quase intransponíveis.

Lene tinha ambições mais altas. Paz e sossego não era o suficiente, os refugiados deveriam ser incorporados à sociedade norueguesa. Mas não era fácil, pois a maioria deles não tinha vontade de permanecer lá no norte. Eles queriam ir para Oslo.

Por um período, Lene fora responsável pelos requerentes de asilo menores de idade que pertenciam ao grupo com "deferimento por tempo limitado". Isso significava que seriam deportados da Noruega no dia em que completassem 18 anos. Por isso, eles não viam sentido em aprender o norueguês. Era difícil lidar com esse grupo, eles frequentemente estavam deprimidos, muitos ficavam agressivos.

Até 2008, houve um aumento exponencial no número de menores de idade que procuravam asilo na Noruega. Até então, para quem tinha menos de 18 anos, o visto de permanência normalmente havia sido concedido. Depois, as regras se tornaram mais rigorosas. O "deferimento por tempo limitado" fazia parte das medidas introduzidas pelo governo de coalizão a fim de limitar a imigração. Na prática, para aqueles que chegavam à Noruega com mais de 15 anos e que tinham pelo menos 16 anos na data do proferimento da decisão, o resultado era que recebiam apenas um visto de residência temporário. Tão logo completassem 18 anos, seriam mandados embora do país. Se não saíssem voluntariamente, eram deportados, muitos no próprio aniversário de 18 anos.

Em Salangen, havia uns trinta menores de idade, sem família na Noruega, a quem fora concedido visto de residência. Lene passava a caneta para cima e para baixo na folha de papel, agitando as pulseiras. A mulher delicada com cachos louros pensava no que fazer para deixar seus refugiados mais motivados a aprender.

Ela sabia o que eles mais queriam.

Certo dia, um jovem afegão entrara em seu escritório.

— Quero muito ter um amigo — dissera ele.

Ela olhara para ele com tristeza.

— Você sabe que posso lhe ajudar com muitas coisas aqui. Mas com isso não.

Na verdade, não havia adiantado muito o fato de que o clube juvenil pendurara cartazes convidando os imigrantes. Mesmo assim, eles acabaram ficando sentados em mesas separadas. Algumas meninas locais acharam que eles ficavam olhando muito, e, mais tarde, refugiados muito mais velhos do que a idade máxima do clube começaram a aparecer. Alguns deles chegaram a vender drogas e fumar maconha ali, e, por fim, os jovens noruegueses pararam de frequentar o clube. Os estrangeiros tomaram conta.

Então, a inclusão voltou à estaca zero.

Lene suspirou. A única vez que houve uma correria de meninas locais ao Centro de Acolhimento foi logo depois da guerra do Kosovo, pois os jovens albaneses do Kosovo eram incrivelmente bonitos.

Mas para que os jovens refugiados tivessem um futuro ativo na Noruega e não permanecessem no sistema de assistência social, era importante que progredissem na escola. Foram colocados em salas separadas e receberam ajuda com as lições de casa para poderem acompanhar as aulas. Lene teve uma ideia: se ela conseguisse recrutar os jovens da mesma idade dos refugiados para serem auxiliares de lição de casa, isso funcionaria melhor do que os adultos voluntários que ela havia usado até então.

A folha se encheu de nomes de jovens locais que ela considerava bons candidatos. Como mãe de adolescentes, ela conhecia a maioria.

Ligou para o primeiro menino da lista, um ex-vizinho seu.

— Olá, aqui é o Simon — foi a resposta pronta do outro lado.

— Você poderia dar uma passada aqui no meu escritório? — perguntou Lene.

Ela retocou o batom e, da janela, viu o jovem se aproximar. Simon acabara de tirar a carteira de motorista e estava dirigindo um velho Ford Sierra vermelho. Ele entrou no estacionamento da Prefeitura sem tomar qualquer cuidado, parou o carro atravessado em três vagas, saiu num pulo e bateu a porta antes de atravessar o pátio num ritmo vagaroso, sinalizando que o mundo era dele.

— É uma maravilha ver você dirigir — riu Lene quando ele entrou.

Então ela apresentou o assunto. Ele teria disponibilidade de segunda a quinta das 18 às 21 horas?

— Quatro noites? Além da escola, tenho o futebol e o esqui e a AUF e... — Simon ia passar para o último ano do ensino médio.

— Três noites então? — perguntou Lene. — A gente precisa de uns bons explicadores de lição de casa. Pessoas que possam incentivar o aprendizado.

Três noites, sim, isso ele conseguiria. Claro que participaria do trabalho de integração da Prefeitura. Ele se levantou para sair, estava indo para o treino de futebol.

Lene montou as listas pensando em quem combinaria com quem. Simon teria três diferentes alunos, um por noite. Um rapaz da Somália, um do Afeganistão e uma moça da Etiópia.

Uns dois dias mais tarde, ela ligou para ele outra vez.

— Passe aqui com sua carteira de contribuinte — disse ela.

— Carteira de contribuinte? — indagou Simon. — Vou ser pago por isso?

Na realidade, era um trabalho muito bom. Mas havia pouca lição de casa.

— Como posso conhecer as meninas norueguesas? — foi uma das primeiras perguntas de Mehdi.

— Bem, é o seguinte... — começou Simon rindo. De repente, as três horas já haviam se passado.

Mehdi comparecia fielmente às aulas de ajuda de lição de casa todas as segundas. Os dois meninos tinham a mesma idade, nasceram com poucos meses de diferença. Simon, em sua família de professores, em Kirkenes, e Mehdi, numa família de agricultores, na província de Wardak, no Afeganistão.

O avô fora um importante líder tribal do amplo círculo em torno do antigo rei, Zahir Shah, que tinha sido deposto num golpe apoiado pelos comunistas em 1973. Aquilo foi o início da queda da família. A próxima catástrofe foi a invasão soviética de 1979, que causou a morte de 1,5 milhão de afegãos.

Em 1992, ano em que Mehdi nasceu, começou a guerra civil entre chefes guerreiros sedentos de poder. Depois de quatro anos, os homens de turbantes negros foram coroados os vencedores. Mehdi era do povo hazara, e o Talibã foi cruel com os hazaras; em várias cidades e vilarejos, havia verdadeiras expurgações.

Assim como a maioria em Wardak, os pais de Mehdi não sabiam ler e escrever. Eram criadores de gado, mas muitos pastos lhes foram tirados sob o Talibã. Mehdi e o irmão foram enviados à escola corânica. As quatro irmãs ficaram em casa.

— Você ganha respeito se sabe ler — disse o pai a Mehdi. — Leia e se torne sábio.

Na escola, eles enchiam suas cabeças com religião em primeiro lugar. Os professores eram o braço estendido do Talibã. Os meninos aprenderam sobre os ímpios estrangeiros que haviam ocupado o país. Eles queriam destruir a cultura afegã, acabar com o Islã. "Na Europa, as mulheres andam seminuas pelas ruas", lhes contaram.

Mas Mehdi não confiava totalmente nos professores. Cresceu com as histórias sobre o que os pachtuns fizeram com seu povo no passado. Eles queriam se livrar dos hazaras e se apoderar de suas terras. Ele também sabia que antigamente os habitantes da região acreditaram em Buda e que duas enormes estátuas milenares de Buda na província vizinha de

Bamyan foram explodidas pelo Talibã por estarem nuas. Eles queriam destruir tudo que não fosse de acordo com a doutrina correta do Islã.

Logo antes de Mehdi completar 9 anos, dois aviões se chocaram contra o World Trade Center em Nova York. Menos de um mês depois do ataque terrorista, começaram os bombardeios americanos em seu país. Os talibãs fugiram da província de Wardak para o Paquistão, e os hazaras ergueram a cabeça outra vez. Mas, depois de poucos anos, os islamistas se infiltraram novamente, exortando o povo à resistência contra os ocupantes. Começaram a recrutar soldados entre os agricultores locais para lutar contra as forças internacionais. A partir de 2008, a província de Wardak estava mais uma vez sob o domínio real do Talibã.

Os homens dos turbantes negros estavam avançando em todo o país. Vieram recrutar Mehdi e o irmão. O pai disse não. Mas ele sabia que se eles tivessem vindo uma vez, sempre voltariam. Por quanto tempo poderia recusá-los?

Ele vendeu terras e gado.

— Vão embora — disse o pai. — Vão para a Europa. Tenham uma vida melhor que a nossa. Aqui a guerra pode recomeçar a qualquer momento. Na Europa não há guerra — afirmou. — Lá, as pessoas conseguem tudo que precisam, elas podem ir à escola, elas ganham livros... lá há *democracia*.

Mehdi ouvira aquela palavra muitas vezes no rádio. Mas não fazia ideia de seu significado.

Pouco tempo depois, os dois rapazes estavam sentados na carroceria de um caminhão rumo a Cabul. De lá, pegaram um ônibus até a fronteira paquistanesa e seguiram as trilhas a pé até o Paquistão. Em seguida, foram a pé, de carona e a cavalo para o Irã, a Turquia, a Grécia...

— Não conversem com ninguém na viagem — o pai lhes inculcara. — Não façam amizade com ninguém até chegarem lá.

Ao longo do ano, em pedaços e fragmentos, Mehdi contou sua história a Simon.

Espremido debaixo do banco do motorista de um caminhão que fazia transporte de longa distância, ele finalmente chegara a Oslo.

— Oslo é uma cidade grande, com carros bonitos e muitas meninas, belos prédios, como o shopping Oslo City — explicou Mehdi a Simon. — Eu estava mais interessado em ver como eram as mulheres — riu ele para Simon. Ele sonhava com discotecas, mulheres e dança.

Por umas duas semanas, eles estiveram no paraíso. Em novembro de 2009, quando Mehdi tinha 17 anos, os irmãos foram mandados para Finnsnes, um dos vilarejos vizinhos de Salangen.

Era escuro e triste. Eles se sentiram presos; os dois entraram em depressão profunda e se arrependeram de ter feito a viagem. No Afeganistão, pelo menos tinha sol.

Vistos como difíceis, os irmãos estavam sempre em conflito com os funcionários. Os afegãos sabotavam os procedimentos do Centro de Acolhimento. Por exemplo, era obrigação dos meninos manter o quarto limpo e lavar o corredor uma vez por semana. Eles se recusavam a fazer isso. Em casa, a mãe e as irmãs cuidavam de toda a limpeza. Aquilo era um atentado à sua dignidade, era degradante.

O irmão de Mehdi jogou o rodo e despejou o balde de água inteiro sobre a assistente social de refugiados. Estavam pensando que ele lavaria o chão enquanto ela ficaria olhando? Por que ela mesma simplesmente não o fazia?

Tudo era injusto e muito chato. Mas, quando telefonavam para os pais, eles só lhes contavam que tudo era maravilhoso, que eles moravam num lugar muito bom, que aprendiam muito na escola. Os pais precisavam continuar pensando que o dinheiro havia sido bem gasto.

Depois de um tempo, o irmão foi mandado para o sul, e Mehdi passou para o Centro de Acolhimento de Sjøvegan, em Salangen. As coisas aliviaram um pouco. Embora não fosse tão bom como passar o tempo no Oslo City observando as meninas, afinal de contas, talvez pudesse dar certo para ele ali no norte.

— Mas as meninas norueguesas têm medo de mim — reclamou Mehdi.

Simon lhe disse para ficar calmo. Dar tempo ao tempo.

Para ele era fácil dizer isso. De segunda a segunda, ele sumia da vida de Mehdi, ocupando-se com todas as outras atividades, conferências, cargos e projetos, treinos de futebol, esqui e salto em altura, sua família e sua namorada. Enquanto Mehdi esperava por Simon das 21 horas de segunda-feira até as 18 horas da próxima segunda-feira.

Para Simon, aquilo era um emprego; para Mehdi, algo a que se agarrar.

Depois da última sessão de lição de casa antes das férias de verão, Simon o levou ao Peixe do Milhão, um festival anual em que quem pescasse um peixe do tamanho determinado pela seguradora Lloyds de Londres ganharia um milhão. Ninguém jamais ganhara aquele milhão.

— Eu me torno o namorado de alguém se segurar sua mão? — perguntou Mehdi. Simon riu.

— Quantas cervejas preciso beber para me sentir com a cabeça quente? — continuou ele.

— Acho que você vai ter que descobrir isso sozinho — respondeu Simon.

Depois de quatro cervejas, Mehdi estava com a cabeça superquente. Ele passou a mão na bunda de uma menina e depois de outra, apontando para Simon e dando risada.

— Assim não, Mehdi, assim não! — Simon balançou a cabeça. Mas Mehdi não escutou; era a primeira vez desde que chegou a Salangen que estava feliz, só feliz, dos pés à cabeça. Ele era um jovem num festival e não queria estar em nenhum outro lugar. Ele se sentia o máximo junto com Simon. Tão legal e quente e feliz.

— Não faça amizade com ninguém até chegar lá — dissera o pai.

Agora ele já havia chegado.

Patriotas e tiranos

Era uma declaração de guerra.

Uma declaração de guerra extremamente cansativa. As mesmas frases surgiam e ressurgiam inúmeras vezes. Espalhadas pelo texto. Às vezes eram idênticas, outras vezes certas palavras haviam sido trocadas. Algumas das frases, ele havia polido por um tempo, outras vieram correndo, uma atrás da outra. Ele repetia seus argumentos. Os conselhos e as dicas eram os mesmos de uma página para a outra. O objetivo do texto era inspirar o leitor ao combate, animá-lo.

Ninguém seria capaz de ficar indiferente! Ninguém seria capaz de evitá-lo agora, deixar de responder, ignorá-lo. A indiferença figurava entre os piores pecados do mundo. Muitos grandes homens disseram isso de diversas maneiras eloquentes. Esses homens ele citara e recitara.

Ele tinha uma fixação especial por uma das citações de Thomas Jefferson, repetindo-a seis vezes na última parte de seu livro, cada vez como se fosse a primeira. "The tree of liberty must be refreshed from time to time with the blood of patriots and tyrants. The tree of liberty must be refreshed from time to time with the blood of patriots and tyrants. The tree of liberty..."*

---

*A árvore da liberdade deve ser regada de vez em quando com o sangue de patriotas e tiranos. A árvore da liberdade deve ser regada de vez em quando com o sangue de patriotas e tiranos. A árvore da liberdade... (*N. da T.*)

Muitos teriam de sangrar antes de a sociedade estar configurada do jeito que ele queria. A última parte do livro ficou muito sangrenta. Ela era mais cheia de ódio, mais cruel que as duas primeiras, nas quais ele havia sobretudo colado textos que já estavam circulando na internet. Esta última era sua própria obra. Seu manifesto, seu testamento.

Durante o trajeto, ele planejou os assassinatos. A ação tomou forma enquanto escrevia. Ele tinha várias ideias sobre quem mataria, e como. Uma bomba contra a conferência anual dos jornalistas? Com uma subsequente ação de tiro? Entre eles, 98% eram multiculturalistas, e foram eles que levaram o Partido Progressista a despencar na última eleição. Ou ele poderia entrar com um carro-bomba na Praça de Youngstorget quando milhares de comunistas e marxistas culturais se reuniam no dia 1º de maio para a passeata pelas ruas de Oslo. Talvez se fantasiar de bombeiro e atirar granadas e lança-chamas dentro do auditório principal durante a convenção nacional do Partido Trabalhista na Casa do Povo? Do lado de fora, ele poderia ter um carro estacionado com explosivos programados para disparar no momento em que as pessoas saíssem correndo para escapar das chamas. Os que sobrevivessem teriam queimaduras. Marxistas culturais com graves queimaduras seriam exemplos vivos do que finalmente aconteceria com os traidores das categorias A e B. As pessoas entenderiam que não se cometia alta traição sem risco.

A fase de diálogo acabou, foi como chamou o capítulo inicial do Livro 3. Havia uma lista de acusados, incluindo marxistas culturais / multiculturalistas / humanistas suicidas / políticos capitalistas-globalistas, líderes governamentais e parlamentares. Eram jornalistas, redatores, professores, catedráticos, diretores universitários, editores, radialistas, escritores de ficção, cartunistas, técnicos, cientistas, médicos e líderes religiosos que conscientemente cometeram crimes contra seu próprio povo. Foram acusados de cumplicidade no genocídio cultural dos indígenas da Europa e na invasão estrangeira e colonização da Europa, por terem permitido a sistemática guerra demográfica muçulmana. A acusação ainda incluía a aceitação tácita do estupro de meio milhão a um milhão de mulheres europeias e o apoio ativo ao feminismo, emocionalismo, igualitarismo e islamismo.

A pena seria estipulada em conformidade com os crimes que cometeram e a classe à qual pertenciam. Os traidores da categoria A eram líderes dos partidos políticos, dos sindicatos, das instituições culturais e da mídia. Eles receberiam a pena de morte. Os traidores da categoria B eram marxistas culturais menos importantes. Também seriam condenados à morte, mas poderiam ter a pena reduzida sob certas condições. Os traidores da categoria C eram pouco influentes, mas ajudavam os traidores das categorias mais elevadas. Esses teriam multas e penas de prisão. Todos os multiculturalistas seriam perdoados caso capitulassem a Knights Templar até 1º de janeiro de 2020.

Essa também era a data para o início das deportações dos muçulmanos. A fim de evitar a expulsão, os muçulmanos teriam de se converter ao cristianismo e ser batizados novamente com nomes próprios e sobrenomes cristãos. Seria proibido usar as línguas farsi, urdu, árabe e somali. Todas as mesquitas seriam derrubadas, todos os vestígios da cultura islâmica na Europa seriam extintos, incluindo os sítios históricos. Nenhum casal ex-muçulmano teria autorização de ter mais de dois filhos, e seria estritamente proibido telefonar, mandar e-mail ou escrever cartas para muçulmanos fora da Europa. Por duas gerações após sua conversão, os ex-muçulmanos estariam proibidos de viajar a países com mais de um quinto de muçulmanos.

Mas apesar de tudo isso: "DO NOT for the love of God aim your rage and frustration at Muslims." [Pelo amor de Deus, NÃO direcione sua raiva e sua frustração para os muçulmanos.] Pois se um cano estourasse em seu banheiro, o que você faria? "Afinal, não é muito complicado. Você vai até a raiz do problema, o próprio vazamento! Você NÃO pega um pano e começa a enxugar o chão antes de consertar o próprio vazamento. É desnecessário dizer que nossas autoridades são o vazamento, e os muçulmanos, a água."

A declaração de guerra foi apresentada de forma meticulosa com a luta de resistência dividida em fases. No momento, o autor se encontrava na primeira fase da guerra civil, que duraria até 2030. Nessa fase, a luta seria feita por ataques de choque realizados por células secretas e independentes que não tinham contato entre si. Na segunda fase, que duraria de 2030 a 2070, surgiriam frentes de resistência mais sofisticadas. Nessa fase, os golpes finais contra os governos da Europa seriam preparados. Na terceira fase, depois de 2070, começariam as execuções dos traidores das categorias A e B, e a agenda conservadora cultural seria implementada. A partir de 2083, haveria paz, as brigadas revolucionárias do conservadorismo cultural teriam ganhado a guerra civil, e a sociedade ideal poderia ser construída.

Knights Templar era a organização que lideraria tanto a guerra civil como a construção da sociedade. Qualquer um poderia se filiar. Aquele que pegasse em armas e começasse a lutar seria automaticamente parte da irmandade, parte da rede de células que se estendia pela Europa sem um comando central. O próprio Andrew Berwick tinha o mais alto grau da organização, *Justicious Knight Commander*. Também era ele que, durante a reunião de fundação em Londres em 2002, tinha sido incumbido de escrever o manifesto da organização, por ter habilidades e condições especiais para fazê-lo.

Por conseguinte, ele definia os ritos de iniciação para novos membros, ritos que eles facilmente poderiam fazer sozinhos. Tudo de que precisavam era um quarto escuro, uma pedra grande para fazer às vezes de altar, uma vela, um crânio, ou uma réplica de um crânio, e uma espada. A vela simbolizaria Deus e a luz de Cristo. Quanto ao texto a ser lido, era só imprimi-lo do manifesto.

As condecorações seriam dadas de acordo com o número de traidores que cada um havia matado. Elas ostentavam nomes como Distinto Destruidor do Marxismo Cultural ou Distinto Mestre Sabotador. Também era possível receber distinções de Excelência Intelectual. Berwick colara imagens de adornos de fardas provenientes da maçonaria e dos diversos ramos das forças armadas, oferecendo dicas sobre os sites da internet em que o leitor poderia encontrar os adereços. Custavam só alguns dólares. Assim, os templários poderiam criar seus próprios uniformes.

Enfim, ele fez uso daquilo que aprendera nas aulas de trabalhos manuais na Escola Primária de Smestad. Em sua opinião, o ensino obrigatório de tricô e costura tivera um objetivo utópico desprezível: a igualdade entre os sexos.

"No entanto, em retrospectiva, estou agradecido por ter aprendido tanto sobre pontos e costura, já que é uma habilidade fundamental na confecção e montagem de uma armadura balística moderna... É um tanto irônico, e cômico até, que uma habilidade destinada a feminizar os meninos europeus pode ser, e será, usada para restabelecer o patriarcado."

"Seja criativo", foi sua recomendação ao leitor, e nesse caso ele não estava pensando em trabalhos manuais, e sim nos diversos métodos para matar os traidores.

Havia longas listas de manobras e truques inteligentes. "Sempre disfarce seu alvo real, usando a artimanha de um alvo falso que todo mundo toma como certo, até atingir o verdadeiro alvo. Ataque onde o inimigo menos esperar. Faça barulho no leste, parta para o ataque no oeste."

Se o inimigo for forte demais, ou bem protegido demais, assim como os chefes de Estado muitas vezes o são: "Invista contra algo que lhe é caro". Em algum lugar, há uma fenda na armadura, uma fraqueza que pode ser atacada. "Esconda uma faca por trás de um sorriso." A infiltração pode ser a maneira mais simples de se aproximar de alvos difíceis. "Arrumar um emprego de férias num acampamento vinculado ao maior partido político é uma maneira de conseguir isso. Geralmente, o primeiro-ministro faz uma visita durante o período do acampamento."

"Seja um camaleão, use máscaras", recomendou ele, sugerindo que o leitor arranjasse um uniforme da polícia, pois assim poderia circular com armas sem levantar suspeitas.

Ele explicou minuciosamente detalhes úteis: como comprar armas da máfia russa ou de motoclubes, como mandar antraz via correio, como usar armas químicas ou espalhar radiação. Para provocar uma morte extremamente dolorosa, era possível encher as balas com nicotina pura.

A primeira coisa em que um templário neófito deveria pensar era ter um bom plano financeiro. As possibilidades incluíam trabalhar, fazer um pé-de-meia, pedir dinheiro emprestado ou arranjar diversos cartões de crédito e tirar o máximo proveito deles.

A luta exigiria dedicação extrema de todos, e, a fim de se motivar, era possível usar "boa comida, estímulos sexuais, meditação". Todos os meios eram permitidos, desde que funcionassem. No entanto, ele se preocupava com a baixa habilidade de combate do homem moderno. As pessoas eram péssimas em mirar e atirar. "Europeus urbanos como nós. Ai :)!", queixou-se, sugerindo videogames do tipo Call of Duty: Modern Warfare como uma boa alternativa à filiação a um clube de tiro.

Para evitar ser pego com provas, ele recomendou trocar de disco rígido várias vezes durante o planejamento. Os equipamentos pertencentes às diversas fases deveriam ser enterrados ou destruídos. O planejamento era tudo, havia necessidade de conhecer o terreno, ter noção do tempo gasto e ter planos de contingência se algo desse errado.

De fato, a maioria dos atos terroristas fracassou. Foram mal planejados, a bomba não explodiu, as pessoas machucaram a si mesmas ou foram descobertas, algo que teria de ser evitado a qualquer custo. O autor sugeriu lançar mão de tabus sociais. "Fale que começou a jogar World of Warcraft e ficou um pouco viciado no jogo. Está com vergonha e prefere não falar sobre isso. Então a pessoa a quem você está fazendo confidências vai pensar que você acaba de lhe contar seu segredo mais íntimo e vai parar de fazer perguntas. Ou você pode dizer que virou gay. Seu ego provavelmente vai levar um baque, a não ser que você se sinta seguro em sua própria heterossexualidade, pois eles realmente vão acreditar que você é gay. Mas pelo menos vão parar de cutucar e querer saber por que você mudou e por que eles não o veem mais com frequência." O próprio Berwick tinha vários amigos que acreditavam que ele se tornara gay, o que era hilário, pois ele era 100% hétero!

Por baixo de toda a inclemência havia essa pitada de algo amigável, como um sorriso frio. A última parte do manifesto, ao contrário das duas primeiras, foi escrita para *alguém*. Tinha um destinatário, um leitor imaginário. Não era o cidadão comum, não era qualquer um, mas alguém que tinha a mesma convicção ou que estava prestes a passar para sua facção. Ele quis adotar um tom solícito e explicou como combater o medo e a solidão, motivando-se com música e guloseimas.

Ele era o líder da guilda outra vez. Com domínio total sobre seus próprios jogadores, os adversários e o terreno. Se alguém ficasse com dúvidas, deveria só pensar no meio milhão a um milhão de mulheres europeias que foram estupradas por muçulmanos, e meter mãos à obra.

"De certo modo, a moral perdeu o sentido em nossa luta", escreveu ele. "Alguns inocentes vão morrer durante nossos ataques simplesmente por estarem no lugar errado, no momento errado. É melhor se acostumar à ideia desde já."

Ele dedicou um capítulo ao tema "Killing Women on the Field of Battle" [Matando mulheres no campo de batalha]. A maioria dos marxistas culturais e humanistas suicidas eram mulheres, e mulheres soldados que protegiam o sistema não hesitariam em matar você na batalha. "Por isso você precisa abraçar e se acostumar com a ideia de que vai ter de matar mulheres, mesmo mulheres muito atraentes."

Era importante publicar seu manifesto on-line antes da ação e, sobretudo, estar mentalmente preparado: "Uma vez que se decida lançar um ataque, é melhor matar a mais do que a menos, senão há risco de reduzir o impacto ideológico do ato. Explique o que você fez (num comunicado divulgado antes da operação), certificando-se de que todos entendem que nós, os povos livres da Europa, voltaremos a atacar muitas e muitas vezes."

Um templário não teria de ser apenas o exército de um homem só, ele também teria de ser uma agência de marketing unipessoal. O material de recrutamento deveria ser bem-apresentado e profissional, poderia valer muito a pena investir dinheiro em marketing. "Imagens sexy de mulheres vendem e causam inspiração tanto em tempos de paz como na guerra", explicou. Além disso, todos deveriam preparar uma série de fotos de si mesmos antes da ação, pois, se alguém fosse detido, a polícia só vazaria imagens em que aparecesse com aspecto de retardado.

Antes de tirar as fotos, era preciso se produzir a fim de valorizar a aparência. Fazer algumas sessões de solário para ter um aspecto mais sadio. Malhar duro por, no mínimo, sete dias antes. Cortar o cabelo. Usar um maquilador profissional. "Bem, isso soa gay para guerreiros machões como nós, mas a gente precisa sair o melhor possível nas fotos", escreveu ele. "Vista sua melhor roupa, leve várias mudas ao estúdio, por exemplo, terno e gravata, roupa esportiva e, de preferência, um traje militar. Mas não leve armas ou qualquer coisa que o revele como um guerreiro da resistência."

A autoapresentação era importante, tanto antes como depois da morte. Andrew Berwick também preparara uma série de sugestões para lápides, incluindo diversas inscrições, como: "Nasceu na escravidão marxista em XX.XX.19XX. Morreu como mártir na luta contra o regime marxista criminal." Outra sugestão era parafrasear o *Never surrender,* de Winston Churchill. "O martírio antes da Dhimmitude! Nunca se renda!" De resto, cada um poderia escolher como adornar as lápides; ele sugeriu anjos, colunas, flechas, aves, leões, esqueletos, serpentes, coroas, caveiras, folhas ou ramos.

Também era importante dar a si mesmo um presente de mártir, algo de que se tinha muita vontade. Ele mesmo guardara três garrafas de Chateau Kirwan 1979. Quando o martírio se aproximou, ele levou uma para a ceia de Natal com seus meios-irmãos e a outra para uma festa com um amigo. A última, ele guardaria para sua comemoração final de mártir, para "saborear com duas prostitutas modelos de primeira classe que pretendo alugar antes da missão". Afirmou que era preciso ser pragmático e reconhecer os "instintos primitivos do homem", em vez de uma "piedade equivocada".

Se você morresse na luta, seu nome seria lembrado durante séculos. Sua história seria contada às gerações futuras e sua morte ajudaria a levantar o moral do movimento de resistência. Você seria lembrado como um dos bravos heróis da cruzada que disseram "Basta!"

No entanto, se você sobrevivesse e estivesse preso porque o poder ainda não fora arrancado dos marxistas culturais, deveria cuidar de explorar a situação. Um processo judicial era uma oportunidade excelente e um palco adequado para um templário abjurar a hegemonia mundial marxista. Berwick lembrou que então seria preciso falar em nome de Knights Templar e não como indivíduo. Deveria exigir sua libertação e o julgamento do regime de seu país por um tribunal da força patriótica nacional.

"Quando você tiver apresentado suas demandas, os juízes e o público na sala de audiências provavelmente vão rir à beça e zombar de você por ser ridículo. Você deve ignorar isso e se manter firme e focado. Então terá o prestígio de um mártir vivo." Essa posição influente lhe daria a possibilidade de criar uma confederação prisional pan-europeia de nacionalistas militantes. A prisão era um excelente lugar para conquistar adeptos e recrutar pessoas para a luta.

Então: o final. Depois de ganha a guerra civil, era a vez de construir a sociedade ideal, que preservaria os genes europeus. Seriam criadas fábricas com barrigas de aluguel em países de baixo custo, onde cada mãe teria de produzir uma dezena de crianças louras de olhos azuis. Também seria estudada a possibilidade de desenvolver um útero artificial.

Os pais que não fossem aptos a cuidar de seus filhos poderiam entregá-los aos cuidados de famílias de acolhimento patrióticas, as quais poderiam ter até doze crianças. O mais importante era consolidar o *pool* genético do arquétipo nórdico. "If you go black, there is no turning back." [Se você for negro, não há como voltar atrás.] Olhos azuis constituíam um gene recessivo e era importante prevenir a extinção dessa cor de olho sob ameaça; caso contrário, em poucos anos, mal sobrariam pessoas louras de olhos azuis no planeta.

A sociedade se tornaria casta. A abstinência sexual até o casamento seria a norma. O divórcio era uma quebra de contrato e seria punido. O patriarcado precisava ser reerguido; o pai sempre teria a guarda dos filhos em caso de divórcio.

Para evitar a rebelião, era preciso ter zonas livres. Cada país poderia ter sua Las Vegas, onde as pessoas que não conseguissem se controlar teriam um refúgio. Lá, haveria sexo livre, maconha livre e farras homéricas. Lá, os liberais apolíticos poderiam morar. Berwick frisou que, embora todos os marxistas fossem liberais, nem todos os liberais eram marxistas.

Uma vez por dia ele era arrancado de seus escritos. Então era obrigado a sair de seu quarto e entrar na vida do apartamento da rua Hoffsveien, nº 18.

Na cozinha, a área para refeições era apertada. Seus joelhos quase se chocavam. Mas eles também podiam levar os pratos para a sala, onde a mesa de jantar ficava perto da porta que dava para a varandinha fumódromo, debaixo de duas litografias de Vebjørn Sand.

A mãe falava de coisas que ouvira, boatos que lhe foram contados. O filho falava do mundo pelo qual estava obcecado. O livro que estava escrevendo. A Noruega, a Europa, o Islã, o mundo. A mãe não gostava muito quando ele falava do livro, ele ficava tão intenso. Com o tempo, ela passou a evitar todos os assuntos que pudessem levar a conversa para a política.

Mas Anders não desistia, só tinha a mãe com quem conversar. Às vezes, Wenche pensava que tudo aquilo era um absurdo, uma loucura, que precisava acabar. Afinal de contas, eles já passaram tantos momentos agradáveis juntos; agora só havia aquele livro. De repente, ele a chamava de feminista e pequeno-marxista, imagine, ela que sempre votara no Partido Progressista.

Ao falar com a mãe, ele exercia censura sobre a violência. A vantagem com ela era que não havia risco nenhum de que mexesse em seu computador. Nunca seria capaz de entrar em seus arquivos. A irmã, pelo contrário, teria entendido alguma coisa se tivesse vindo visitá-los. Mas ela não veio. Do outro lado do Atlântico, porém, ela percebeu que nem tudo estava do jeito que deveria estar, e, numa carta à mãe, escreveu: "Mãe, não é normal! Ele tem 30 anos e só fica trancado dentro do quarto!"

A mãe, que a essa altura era aposentada por invalidez, também se influenciava pelas ideias dele. À mesa do café, ao lado do supermercado, ela podia dizer que a Noruega deveria se tornar uma ditadura autocrática. A democracia fracassara. Ela nunca entrava em maiores detalhes. Os outros, uma variada coleção de pessoas com tempo livre durante o dia, ficavam levemente boquiabertos, antes de continuarem como de costume, enchendo outra vez as xícaras de café e conversando amigavelmente.

Aos poucos, Wenche também adotara uma atitude negativa para com a imigração, mas nada que destoasse da atitude geral dos outros do café.

Durante todas as campanhas eleitorais, ela era vista no estande do Partido Progressista perto do centro comercial. Muitas vezes passava a manhã ali, conversando com os que distribuíam panfletos anunciando uma Noruega mais direitista.

Às vezes, ela tinha receio de voltar para casa. O humor do filho começara a variar muito, ele era capaz de ter reações violentas por causa de pequenas coisas ou podia estar totalmente distante, carrancudo e mal-humorado. Ele a acusava de falar com um número grande demais de pessoas que poderiam "nos contaminar". Nesses períodos, ele não queria comer na cozinha, mas recebia a comida no quarto e deixava o prato do lado de fora da porta. Se tivesse de ir ao banheiro, andava com as mãos na frente do rosto; a certa altura, chegou a usar máscara.

Aí, de repente, ele era capaz de beijá-la no rosto. Ou de se sentar tão perto dela no sofá que a deixava com dificuldade de respirar. Então ela sentiu que ele a importunava, assim como fazia quando era criança, quando grudava nela e nunca a deixava em paz. Era como se ele não soubesse bem onde se sentar no sofá, às vezes ficava perto demais, às vezes, distante demais.

Wenche estava solteira outra vez. Ela expulsara o capitão aposentado. Ao saber que o relacionamento acabara, Anders lhe comprou um vibrador.

— Nossa, quanta preocupação — comentou ela, dizendo que não, agora já deixara a vida sexual para trás.

Mesmo assim, Anders perguntou várias vezes se ela tinha testado o presente.

Wenche queria saber se ele mudaria de casa em breve, mas ela nunca disse nada sobre o assunto. Ela o suportava. Ele a suportava.

O Partido Progressista e o site www.document.no o rejeitaram. Fjordman o ignorara. A partir de agora, ele estava sozinho.

Sozinho na cadeira macia, funda, maleável. Sozinho diante da tela. A janela de seu quarto estava tapada. O mundo estava impedido de entrar.

Estava na hora de sair da toca. Aliás, mais do que na hora.

Ele fizera contas detalhadas para ver por quanto tempo poderia se manter, do ponto de vista financeiro, depois de comprar tudo de que precisava. O prazo estava apertado.

Ele queria fazer uma bomba. Por isso teria de mudar de casa. Para a bomba, precisava de fertilizantes, e, para comprá-los, era preciso ter uma propriedade agrícola. Em maio de 2009, criou a sociedade unipessoal Breivik Geofarm com sede social à Hoffsveien, nº 18. O objetivo informado ao Cadastro Nacional de Pessoas Jurídicas foi "compra, venda e administração de ações, desenvolvimento de projetos, incluindo aquisição e incorporação de imóveis". Havia possibilidade de alterar o objetivo.

Ao longo do primeiro semestre de 2010, ele começou a comprar equipamentos na internet. A primeira coisa que encomendou foi uma caixa Pelican dos EUA.

— O que você vai fazer com isso? — perguntou Wenche, vendo-o arrastar a caixa, que ele lhe contara ser à prova de bala, para dentro do quarto.

— No caso de alguém arrombar o carro — respondeu ele.

Em maio, encomendou granadas de fumaça, ponteiros a laser para armas de fogo e cavalos de frisa, os quais furariam os pneus se alguém o perseguisse. Mais tarde, fez um pedido de luzes piscantes, GPS, silenciador e pentes de balas.

Ele assumiu o controle das chaves dos depósitos no sótão e no porão. O depósito do sótão tinha paredes de tela de arame, portanto, tudo teria de estar acondicionado em caixas. No porão, havia uma porta sólida para o depósito, mas ali o movimento também era maior; no depósito comunitário, as pessoas deixavam bicicletas, esquis e tobogãs.

Com a chegada do verão, ele começou a procurar uma propriedade agrícola. Escolhera os municípios de Eda e Torsby, na província de Värmland, logo do outro lado da fronteira sueca. *Procuro uma propriedade agrícola isolada/ociosa/desativada*, escreveu ele no campo do assunto num e-mail que enviou aos endereços eletrônicos oficiais das Prefeituras, da província de Värmland e de uma dúzia de corretores imobiliários da região. A carta estava escrita numa mistura de sueco e norueguês.

Olá,

Meu nome é Anders Behring e decidi passar de um a dois anos escrevendo um livro sobre estratégias de investimento em ações, principalmente uma análise técnica e psicológica relativa ao comércio de ações. Nesse contexto, procuro um lugar sossegado e isolado no município de Torsby, um pequeno sítio ou outra propriedade agrícola ociosa e abandonada.

Ele frisou que a propriedade precisava incluir *depósito/garagem/galpão* e que deveria estar situada num lugar *isolado/ermo*.

No dia seguinte, um funcionário da Prefeitura de Torsby respondeu: *Olá, Anders, que legal que você está com planos de vir para nosso município.* Uma pequena imobiliária escreveu *Boa sorte com o livro!*

Mas ninguém encontrou um imóvel que servisse para o norueguês.

Ele deixou o projeto da propriedade agrícola um pouco de lado, pois havia muitas outras coisas a serem resolvidas. Em primeiro lugar, precisava terminar o livro. O livro era o mais importante.

Era extremamente importante assumir o controle de sua própria biografia. Por onde começar?

A infância recebeu algumas linhas. "Sinto que tive uma infância privilegiada, sendo cercado de pessoas responsáveis e inteligentes por todos os lados", escreveu no capítulo intitulado "Interview with a Justiciar Knight Commander of the PCCTS, Knights Templar" [Entrevista com o Justiciar Knight Commander do PCCTS, Knights Templar]. Ele comentou que alguns talvez achassem uma entrevista desse tipo irrelevante, porém, ele mesmo teria gostado de ler uma entrevista semelhante com um combatente da resistência.

Então, ali estava ele, no peidódromo, entre Coderock e as prateleiras da IKEA, escrevendo perguntas e engendrando respostas. Ele não tinha nenhuma experiência negativa da infância, escreveu. "Acho que venho de uma família típica da classe média norueguesa."

Mas a imagem idealizada foi logo desfeita. Os pedaços ficaram espalhados depois da breve apresentação das pessoas que deveriam cuidar dele na infância.

Primeiro o pai.

"Não falo com meu pai desde os 15 anos, quando ele se afastou (ele não estava muito feliz com minha fase de pichador dos 13 aos 16 anos). Ele tem quatro filhos, mas rompeu com todos, por isso está muito claro quem foi o culpado. Não guardo rancor, mas alguns de meus meios-irmãos sim. O fato é que ele simplesmente não sabe lidar muito bem com as pessoas."

Depois, o padrasto. "Tore trabalhou como major no Exército, mas agora está aposentado. Ainda mantenho contato com ele, embora ele passe a maior parte de seu tempo (aposentadoria) com prostitutas na Tailândia. É um animal sexual primitivo, mas, ao mesmo tempo, um cara muito simpático e agradável."

Por fim, a mãe. "Minha mãe pegou herpes genital de seu namorado (meu padrasto), quando ela tinha 48 anos. Tore tivera mais de quinhentas parceiras sexuais, e minha mãe sabia disso, mas, devido a vários fatores, sofreu a falta de bom juízo e moral." Ele enfiou a faca lá no fundo e a girou. "A infecção do herpes atacou o cérebro, causando meningite, de modo que precisou fazer uma cirurgia de implante de dreno, pois a infecção era recorrente." Ele acrescentou que a mãe foi obrigada a se aposentar antes do tempo em função disso e que então a qualidade de vida caiu de forma radical. "Agora, ela tem a capacidade intelectual de uma criança de 10 anos."

A mãe não só feriu sua própria honra, feriu a honra dele e de toda a família, "uma família que já estava estragada pelos efeitos secundários da revolução sexual feminista".

O carrasco da moral estava a postos do lado da guilhotina.

Depois de atribuir a parcela da culpa aos personagens adultos de sua infância, foi a vez do amigo de infância Ahmed.

O colega de sala, filho de médico paquistanês, do bairro dos endinheirados da zona oeste de Oslo, nunca se integrou devidamente; ou seja, a integração não era possível. Ahmed fizera aulas de urdu na infância e começara a frequentar a mesquita aos 12 anos. Berwick descreveu como um colega do futebol, que mais tarde viria a ser seu parceiro de negócios, fora assaltado e espancado por Ahmed e sua gangue paquistanesa. O templário o acusou de ter participado num estupro coletivo no Parque de Frogner. "Esse pessoal de vez em quando estuprava as chamadas 'putas batatas'", escreveu ele. Era esse tipo de coisa que lhe abrira os olhos para o perigo muçulmano.

O amigo de infância foi acusado de dar gritos de alegria toda vez que um míssil Scud era disparado contra os americanos durante a primeira Guerra do Golfo, em 1991. Na época, os meninos nem tinham completado 12 anos. "Por sinal, sua total falta de respeito por minha cultura despertou meu interesse e paixão por ela. Graças a ele, gradativamente desenvolvi uma paixão por minha própria identidade cultural."

O templário se gabou de seus laços estreitos com as duas gangues paquistanesas mais poderosas de Oslo da época, a Gangue A e a Gangue B. Tudo foi inserido num contexto islâmico. Ele retratou as incursões das gangues na zona oeste de Oslo para subjugar os *kafr*, os infiéis, e arrecadar *jizia*, tributo, na forma de celulares, dinheiro ou óculos de sol. As gangues muçulmanas atormentavam, assaltavam e espancavam os jovens noruegueses étnicos que não possuíam os contatos certos. O próprio Anders garantiu sua liberdade de movimento travando uma aliança.

"Ter alianças com as pessoas certas garantia a passagem segura em qualquer lugar, sem risco de ser subjugado e assaltado (*jizia*), espancado ou atormentado."

Por que você tinha tantos amigos que não eram noruegueses étnicos?

"Se me metesse em alguma encrenca, eu esperava que meus amigos me apoiassem 100%, sem se entregar ou fugir, assim como eu faria por eles. Pouquíssimos noruegueses étnicos compartilhavam esses princípios. Ao enfrentar alguma ameaça, eles ou amarelavam, ou se deixavam dominar, ou se mandavam."

Os que se defendiam entre si eram os muçulmanos ou *skinheads*. Na juventude, ele preferiu os muçulmanos aos militantes brancos.

Um dia veio a ruptura. Do nada, Anders, o Templário, levou uma pancada de um paquistanês gigante na frente do prédio da estação de Majorstua. Ele era da opinião de que a pancada fora encomendada por Ahmed. "Para mim, aquilo acabou com nossa amizade. Mas também limitou minha liberdade de movimento, já que eu não contava mais com a proteção da Ummah de Oslo. A partir de então, a gente teve que se armar para ir a festas, caso as gangues muçulmanas aparecessem, e geralmente optamos por ficar em nossos próprios bairros da zona oeste."

Quinze anos depois de ter sido excluído da turma do grafite, ele estava dando uma lustrada em sua juventude. Finalmente, ele poderia brilhar do jeito que sempre quisera, "escrever" em cima daquilo de que não gostava. "Aos 15, eu era o pichador (grafiteiro) mais ativo de Oslo, algo que vários membros da turma tradicional do hip-hop podem confirmar." Ele se qualificou como um dos hip-hoppers mais importantes da zona oeste de Oslo, uma figura central, "a cola da turma", e alternava entre chamar seus amigos pelos nomes artísticos e pelos nomes verdadeiros. "Morg, Wick e Spock estavam em toda parte. O fato de que centenas de jovens da nossa idade e em toda a zona oeste, e até na zona leste, nos admiravam provavelmente foi a causa disso." Ele contou como saíam em incursões grafiteiras à noite, com as mochilas cheias de latas de spray, e "bombardeavam" a cidade com os tags e o nome do crew. Para quem quisesse ter meninas ou respeito, tudo era uma questão de ser um hip-hopper, lembrava ele na reconstrução de sua vida.

De fato, as meninas tinham sido uma dimensão distante para Anders na adolescência. Ele simplesmente era pouco popular. Os amigos lembravam que ele se perguntava por quê. Seu único namoro na época de escola havia durado um verão. Eles tomaram banho de mar, se beijaram um pouco, tomaram sol. Mas Anders fizera uma escolha "errada". Namorara uma menina que era considerada feia, "com corpo de menino e sardas".

Ao apresentar sua história para o mundo, o pichador excluído a retocou com pó de prata e spray cintilante. Ela precisava estar impecável. Por isso, mesmo na declaração de guerra, até no meio da obra-prima, ele sentiu necessidade de explicar por que parou de andar com Spok e Wick na 9ª série.

Ele escreveu que desejara se concentrar mais nos estudos; além disso, não queria se drogar. Os amigos, no entanto, optaram por continuar naquele meio e, de acordo com o entrevistado, ficaram cada vez mais envolvidos no mundo do crime e das drogas.

O meio da pichação foi classificado como o lado do inimigo na guerra civil iminente.

"Muitos desses grupos declaram ser tolerantes e antifascistas, mas nunca vi pessoas tão hipócritas, racistas e fascistas como aquelas que costumei chamar de aliados e amigos. A mídia os elogia enquanto eles vandalizam a cidade, roubando e saqueando. No entanto, qualquer tentativa de afirmação feita por suas vítimas é duramente condenada pela elite cultural como racismo e nazismo. Vi a hipocrisia e os dois pesos e as duas medidas com meus próprios olhos, é difícil ignorar. Com amigos e aliados nos grupos racistas do jihad, como as Gangues A e B e muitas outras gangues muçulmanas, eu era uma das 'batatas' protegidas."

A juventude marxista jihadista, disfarçada sob bandeiras como SOS Racismo, Jovens contra o Racismo e Blitz, apoderou-se do movimento hip-hop. Ao mesmo tempo, os jovens noruegueses foram criados para ser tolerantes e, portanto, mentalmente despreparados para a violência dos muçulmanos. "Esse sistema me deixa enojado." Assim ele encerrou a primeira fase juvenil.

Seu próximo grupo, o Partido Progressista, também foi alvo de críticas. Ele se autorretratou como uma das estrelas, que quase entrou na lista do partido para a eleição da Câmara Municipal em 2003. Só que fora traído por uma estrela em ascensão da mesma idade.

"Na época, eu era mais popular que Jøran Kallmyr. Mesmo assim, não o culpo por ter me apunhalado pelas costas. Afinal, ele investira muito mais de seu tempo na organização do que eu."

Em retrospectiva parecia tão claro. Ele saíra do Partido Progressista por ter se dado conta de que não conseguiria mudar o sistema por meios democráticos.

No fim, ele inclui uma linha sobre Lene Langemyr, escrevendo que, nessa época, teve uma amiga de pele escura.

Não era nada fácil. Era um trabalho e tanto ser redator, editor, escritor, entrevistador e entrevistado de uma só vez. Tudo tinha de bater. O formato também.

Ele copiou o modelo dos retratos dos famosos nas revistas, que, em nome da banalidade, geralmente encerravam com uma série de perguntas simples que as celebridades teriam de responder sobre si mesmas: Descreva-se em cinco palavras. O que escrever?

Bem, otimista, pragmático, ambicioso, criativo, trabalhador.

Esportes: snowboard, malhação, fisiculturismo, spinning, corrida.

Esportes na TV: só vôlei de praia feminino.

Comida: todas as culturas têm pratos excelentes.

Grife: Lacoste.

Perfume: Chanel Platinum Egoïste.

Certo dia, a mãe bateu em sua porta para lhe dar um recado e reparou na enorme arma que estava no canto perto do guarda-roupa.

— Você pretende deixar aquela espingarda no seu quarto? — perguntou ela. — Eu realmente não gosto dela. — Ele lhe contou que também encomendara um fuzil, e um dia lhe mostrou uma grande pistola preta.

— Você não pode morar aqui em casa com tantas armas — arrematou ela.

Anders murmurou alguma coisa sobre uma guerra civil iminente.

A mãe se afastou, a vida com o filho estava ficando cada vez mais enclausurada. Muitas vezes, ela sentia pena dele, ele só ficava entocado ali.

O que havia dentro de todos aqueles sacos pretos pesadíssimos? Ele encheu o depósito do porão com as coisas mais estranhas. Certa vez ela encontrou duas mochilas cheias de pedras atrás da porta de seu quarto, e ainda quatro tambores gigantes com tampas.

Anders se irritou quando ela lhe perguntou sobre isso.

Ele falou que se dedicaria à agricultura, e Wenche respondeu:

— Que legal!

Mas ficou um pouco surpresa; afinal, ele não era nada prático. Mesmo assim, foi bom poder contar às amigas do café que Anders finalmente faria algo com sua vida.

Todos os tambores, vasilhas, latas e caixas eram equipamentos de que precisaria no sítio. Ele teria de fazer várias viagens para conseguir transportar tudo. Também estava levando grande variedade de roupa.

Certa vez, vestiu um macacão branco, que ele chamou de roupa de sobrevivência. Às vezes, andava de colete preto com bolsos. "Para o exame de licença de caçador", foi a resposta dele quando ela perguntou para que servia.

Um belo dia, ele saiu do quarto vestindo uma jaqueta de uniforme com muitos emblemas. Ela pensou: Agora desisto. Ele faz tanta coisa estranha...

Ele comprara o uniforme no mesmo mês em que registrara a empresa Breivik Geofarm no Cadastro Nacional. Com a ajuda de agulha e linha, trancelins dourados, faixas, condecorações, bandoleiras e distintivos, o uniforme se transformara num verdadeiro traje festivo.

Agora, estava pendurado dentro de um saco de TNT no guarda-roupa azul-claro. Aquele não seria levado para o sítio.

O outro uniforme também estava pronto. Algumas peças foram compradas em lojas de esporte; outras provinham de revendedores de equipamentos militares e paramilitares, como as botas táticas, o capacete com viseira, as placas de reforço e os protetores de braço, o colete à prova de balas, a pescoceira, a máscara antigás soviética e as algemas descartáveis de plástico. Num varejista on-line da Alemanha, ele havia encontrado, em março de 2011, o último item de que precisava: uma calça tática preta igual àquela usada pela polícia norueguesa. Custou 58 euros.

Alguns dias antes de ir para o sítio, ele foi falar com a mãe.

— Mamãe, estou com medo.

— Nossa, medo de quê?

— Estou com medo de fazer algo que realmente não sou capaz de fazer.

Ela tentou consolá-lo.

— Você vai gostar de morar no sítio! — disse ela.

Não apenas uma roupa

Logo do outro lado do fiorde, Bano estava na frente da tela procurando um traje especial. Rápida e decidida, ela apertava as teclas, clicando de traje em traje.

Ela havia juntado dinheiro trabalhando no departamento de alimentos e bebidas do parque de diversões Tusenfryd, onde ela e Lara fritaram hambúrgueres durante as férias escolares. Além de virarem os hambúrgueres e encherem os copos de papelão com Coca-Cola, elas passavam os dias espreitando o chefe "lindo de morrer", um dos motivos pelos quais Bano se candidatara a trabalhar no mesmo restaurante onde a irmã mais nova já havia trabalhado no verão anterior. Ao final da temporada, Bano fora eleita "Funcionária do Ano" de todos os restaurantes do Tusenfryd. Ela tinha uma mente ágil e dedos eficientes. Qualquer coisa que resolvesse fazer era feita num instante.

Bano sorria mais que a maioria e ria mais alto e com maior frequência. Lara era mais tímida.

— Agora já sei quem é quem — disse um menino que sempre confundia as duas. — Aquela que sorri o tempo todo é Bano, Lara é a que é séria.

Lara já gastara o dinheiro do salário fazia tempo, comprando roupa na Hennes & Mauritz. Bano mantinha o seu na poupança. Ela estava procurando uma roupa muito específica.

Desde os 7 anos, quando viu seu primeiro desfile de 17 de Maio, o Dia Nacional da Noruega, ela desejara ter um traje típico norueguês. Ela insistiu tanto que a mãe procurou pelos brechós da cidade inteira e finalmente encontrou dois trajes infantis na loja UFF. Havia muito tempo, aquelas duas vestimentas já não serviam mais para as meninas.

Bano queria adquirir um traje típico que duraria pelo resto da vida, que seria passado para as gerações futuras, assim como os que suas amigas tinham. Ela provou e admirou os modelos das amigas, a maioria ganhou um para a confirmação da Igreja Luterana. Mandar costurar um novo era caro demais, por isso ela estava procurando um traje de segunda mão, em bom estado, no site www.finn.no. Os critérios eram os seguintes: ela teria de gostar, teria de caber em seu orçamento e, evidentemente, ser do tamanho certo para ela, que media apenas 1,62 m.

Um traje chamou sua atenção. De Trysil, estava escrito. Ele era de lã preta, com bordados de ramalhetes de flores vermelhas e amarelas descendo pela saia e pelo corpete. Estavam incluídos uma camisa branca engomada, um pequeno broche, um par de abotoaduras e uma bolsa bordada para usar na cintura. A vendedora morava em Skøyen.

O pai a acompanhou. Do ferryboat, poderiam acompanhar os contornos da cidade de leste a oeste. Os guindastes e andaimes evidenciavam a expansão constante da cidade à beira do fiorde. Toda a orla seria interligada por um calçadão de dezenas de quilômetros, Bano havia lido. Que ideia fantástica!

O barco os levou ao Cais de Aker. De lá tomaram o Bonde nº 12 até a Praça de Solli, fizeram a baldeação para o Bonde nº 13 e desceram na rua Hoffsveien.

O traje parecia ter sido feito sob medida para ela. Dez mil coroas trocaram de mãos.

No ferryboat de volta para casa, com a roupa no colo, falando sem parar, como era seu costume, enquanto o pai ouvia e concordava com a cabeça, como era o costume dele. Ela fantasiava sobre um broche de filigrana maior, depois de terminar a temporada de trabalho de verão desse ano, pois o broche que veio junto era praticamente de criança. E ela ainda precisava de sapatos típicos com fivelas para combinar com o traje.

Depois, Bano se apressou a subir o caminho íngreme até o conjunto residencial na orla da floresta. Ela foi direto para seu quarto no térreo, vestiu a indumentária nacional-romântica e fez uma entrada arrebatadora na sala.

— *Mashalla ka joani, Bano!* — exclamou a mãe, com lágrimas nos olhos. — Que linda você está!

Até o Dia Nacional, Bano tiraria e colocaria o traje típico repetidas vezes, olhando-se no espelho de frente e de costas, antes de, finalmente, poder usá-lo à vista de todos. Afirmou à irmã mais nova que o traje típico era a roupa mais sexy que uma mulher poderia vestir. Ela adorava as tradições festivas e as datas comemorativas. O Dia Nacional, com todo seu *pathos,* era sua data favorita.

Na véspera do dia, poliu os sapatos e as fivelas, passou a camisa e lavou o cabelo. O traje estava pendurado no cabide, pronto para ser usado. Ela foi se deitar num estado de exaltação, mas as dúvidas surgiram no decorrer da noite.

— Não tenho direito de usar o traje — disse ela à mãe. Ela estava semivestida na escada enquanto o sol da manhã avançava com dificuldade pela camada de nuvens.

— Que absurdo é esse? Vem cá, vou fazer uma trança em seu cabelo — interrompeu a mãe.

Mas Bano ficou parada.

— Um traje típico deve ser do lugar de onde a pessoa vem. Sua história, sua família, suas *origens* devem ser daquele lugar. Não se pode simplesmente comprar na internet.

Bano se encostou no corrimão. Na mesa da sala, havia um vaso com bandeiras norueguesas e folhagem verde de bétula.

— O traje é seu — afirmou o pai olhando para a filha. — Você o comprou.

— Mas imagine se alguém perguntar! — protestou Bano. — Imagine se alguém perguntar de onde é o traje? E se eu responder Trysil, eles vão querer saber por que eu tenho um traje de Trysil. Afinal, não conheço ninguém de Trysil!

A filha explicara aos pais a questão do traje típico. Havia um monte de regras. Os trajes não poderiam ser alterados ou enfeitados, nem ser carregados de joias. O mais legal era herdar de sua avó, ou então ganhá-lo para a confirmação.

Era justamente um traje passado de uma geração a outra que Bano havia comprado. A mulher que o vendera tinha herdado de ambas as avós, e, já que não tinha filhas, resolveu vender um deles.

A avó materna de Bano era de Kirkuk; a avó paterna, de Erbil. Bano sempre tivera orgulho de sua origem curda e se interessara pela luta dos curdos por sua cultura e por uma nação própria. Em geral, ela falava com os pais em curdo, enquanto os irmãos menores preferiam responder em norueguês. Mas nesse momento, no 17 de Maio, ela queria celebrar a liberdade e a nação da Noruega.

De repente, havia algo que soava falso.

— Por isso, não sei — hesitou ela. — Na verdade, não tenho direito de vestir o traje.

— Escuta aqui — respondeu o pai. — Se alguém perguntar, diga que você tem uma tatara-tatara-tataravó que se apaixonou por um viking norueguês que estava fazendo uma incursão em Bagdá. Para evitar um assassinato de honra por ter se apaixonado por um infiel, ela teve de fugir com ele — disse o pai. — Para Trysil!

Bano só pôde rir. Ela abraçou o pai e desceu outra vez para seu quarto, onde acabou de se vestir com esmero, antes de a mãe fazer tranças com fitas de seda em seus cabelos ondulados e castanhos, que lhe chegavam quase até a cintura. Bano tomou o chá da manhã com cuidado para não derramar nada na camisa. Lara, que estava usando um vestido branco de renda, recém-comprado na loja de uma cadeia popular, fez a mesma coisa. Aquele vestido causava tanto desgosto quanto gosto à mãe. Desgosto porque era curtíssimo. Gosto porque não era decotado.

As duas irmãs eram muito parecidas, só que Lara tinha pernas compridas enquanto Bano tinha seios fartos. As duas tinham os mesmos olhos, a mesma cabeleira comprida e castanha. Agora saíram pela porta da frente da casa geminada, uma de traje típico comportado, a outra de minivestido ousado. Ali, o irmão caçula, estava de terno, assim como Mustafa; Bayan usava um vestido simples. No peito, todos ostentavam um laço do 17 de Maio nas cores norueguesas.

As duas irmãs andavam uma ao lado da outra, descendo a trilha até a estrada principal, e já podiam ouvir as bandas de sopro. Bano olhou para a irmã mais nova com cumplicidade.

— Esse traje vai passar de geração em geração — disse ela, alisando os belos bordados com a mão. — Para aquela de nós que primeiro tiver uma filha. Aquela menina vai herdar o traje.

Lara sorriu. Era típico de Bano ter pensado tão bem em tudo.

— E você o usará quando eu me tornar *russ* — prometeu Bano. No último ano do ensino médio, os alunos eram chamados de *russ*, uma designação proveniente do latim, da palavra *depositorus*, "aquele que prestará", e, no caso dos jovens formandos, aqueles que prestarão os exames finais.

Bano já começara a guardar dinheiro para comprar um carro de *russ* com o grupo de amigas, e fora escolhida para ser a responsável financeira. Ela abrira uma conta bancária dedicada ao projeto do carro de formatura para si mesma e as amigas, de modo que tudo fosse transparente e organizado. Na conta, já havia 8 mil coroas. No decorrer do ano, ela tiraria a habilitação. Como ansiava pelo momento de vestir o macacão e o chapéu vermelhos dos formandos dali a um ano!

Um carro de *russ* passou por eles. Duas adolescentes estavam sentadas em cima do carro, agarrando-se ao teto. A mãe se impressionou, balançou os cachos que estavam ficando grisalhos e olhou para a filha mais velha com cara de brava.

— Bano, você está proibida de fazer isso quando se formar! Aquelas meninas podem cair e se machucar!

— Calma, mãe, não se preocupe — riu Bano. Logo, todo o povo de Nesodden veria seu traje típico.

A mãe não se tranquilizou e soltou um suspiro profundo.

— Sabe, mãe, quando eu for *russ*, já vou estar com a carteira de habilitação. Então, vou ficar ao volante, não no teto! — disse Bano.

O novo broche de filigrana cintilava em seu peito. A agulha transpassava o tecido branco e fino da camisa, bem na altura do coração.

O discurso do presidente

OS GRAMADOS DE Salangen começaram a verdejar havia pouco tempo, e as árvores ainda estavam sem folhas.

A temperatura estava acima de zero, mas nas ladeiras sombreadas e nas encostas que desciam em direção ao vilarejo, a neve ainda resistia, marrom-acinzentada de terra e poeira. Ali, na região norte, a primavera foi ganhando terreno do inverno apenas lentamente.

Sob a neve, havia um sussurro constante. Plantas resistentes ao frio já estavam brotando. Logo, tudo desabrocharia num verão breve e intenso, banhado de luz.

Durante o inverno, as águas do fiorde formaram lindos desenhos de gelo na superfície. As ondas salgadas foram congeladas, transformando-se em pequenos icebergs, que esperavam para ser liberados. No frio da noite, o gelo do fiorde se retraía; ao sol da primavera, ele se expandia. As rachaduras gretavam a placa de gelo; fissuras finas se propagavam às pressas, fazendo o gelo tremer. As vibrações emitiam um som grave, seguido de fortes estrondos. Era o gelo que cantava.

Os sinais da primavera começaram a ficar cada vez mais numerosos. No espaço em frente ao ginásio de esportes, começou o desfile de 17 de Maio: as crianças estavam de bochechas vermelhas depois de tanto agitar as bandeiras pela cidadezinha. Elas depositaram uma coroa de flores no memorial de Salangen pelos homens que perderam a vida no mar, e em homenagem àqueles que foram mortos durante a Segunda Guerra.

Havia banda de sopros e percussão, havia coral, havia o prefeito. Algumas famílias vestiam os robustos trajes típicos dos vales profundos e fiordes estreitos da Noruega, usando segunda pele de lã por baixo. Outras ostentavam o cafetã colorido dos lapões, completo, com mocassins de pele de rena e faca na cintura. O pároco trajava um longo manto branco com fímbrias bordadas em fio de ouro, enquanto o chefe escocês do Centro de Acolhimento de Requerentes de Asilo, de kilt xadrez em tons de roxo e sapatos atados, andava escarranchado com uma câmara fotográfica pendurada ao pescoço. Os jovens afegãos requerentes de asilo estavam num grupo separado, os somalis formavam outro, os chechenos, um terceiro. Esse ano, os residentes do Centro de Acolhimento Estatal de Sjøvegan levaram sua própria faixa no desfile. Era azul-celeste, com apliques de retalhos que mostravam as estações do ano, o verão e o inverno, o sol e a noite polar, a relva e a neve, uma raposa prateada e um salmão saltitante. Tudo coroado com a bandeira norueguesa. Assim como o restante da população da cidadezinha, os imigrantes vestiam suas melhores roupas, e do pódio soavam discursos sobre a "excelência e beleza da Noruega".

Um grupo entorpecido e cansado, vestido de vermelho, se distinguiu dos outros da praça. De ressaca devastadora, tinham os olhos apertados. Os jovens se aproximaram lentamente; alguns se jogaram no chão, abafando bocejos, dois ou três estavam dormindo. Os macacões vermelhos estavam sujos de lama, excrementos de gaivota e cerveja. Eram os *russ* da Escola de Ensino Médio de Sjøvegan. A maioria passara a noite em branco, muitos estavam na farra desde o 1º de Maio. Tinham dançado e bebido, beijado e vomitado. Alguns haviam começado a namorar, outros acabaram o namoro. Somente os motoristas se mantiveram sóbrios. Os amigos se revezavam, uma noite cada um, para dirigir os carros que mais pareciam sucatas, e que ganhavam cada vez mais arranhões e amassos conforme a temporada de farra da formatura chegava ao fim.

Agora, pela primeira vez, a turma de formandos estava reunida com o restante do povo da cidadezinha. Não gritando das janelas abertas de carros que passavam a toda velocidade, mas juntos com todo mundo, ali, no campo de esportes, onde eles mesmos poucos anos antes haviam corrido para lá e para cá, pedindo sorvete e olhando para os *russ* como se fossem estrelas do rock.

A essa altura, era só uma questão de aguentar até o último item do programa: o discurso do presidente dos *russ*.

Eles baixaram os chapéus vermelhos sobre a testa; a metabolização do álcool estava ocorrendo em seus organismos, então eles sentiam frio. Nas abas, cada um tinha um nome escrito, causando vergonha ou orgulho. Todos foram batizados pela comissão de nomes no início das festanças. Os apelidos não pareciam tão engraçados agora, em meio à multidão de conterrâneos desafetados, no clima solene que, afinal de contas, os discursos e os recitais de poesia infundiram. Ser batizado fora a parte mais assustadora dos rituais de *russ*. De repente, os membros adolescentes da comissão se viram com grande poder, assumindo o papel de juízes sobre seus colegas. Como é tênue a linha entre o humor e o *bullying*. Algumas gotas de água do mar na testa, e o julgamento era proferido ali, no meio das pedras da beira-mar, pintado em branco sobre a aba preta brilhante, alguns tão obscenos que era impossível mostrar o chapéu em casa. Depois do batizado, um rapaz ficou sentado na orla; ele queria se jogar no mar, desesperado por causa do apelido que ganhara, *Hole-in-one*, uma alusão a uma relação sexual malsucedida dentro de um Golf vermelho, que a escola inteira conhecia. Foi o presidente dos *russ* que decidiu tirar o nome da aba. Ele raspou as letras com uma pedra cega, antes de levar o rapaz encharcado e seu chapéu para a casa de Heiaveien no meio da noite, onde pegou tinta e começou a escrever um novo nome com a mão trêmula. Einstein seria o nome dele. Ele começou com um E, mas, muito contente, teve uma ideia ainda melhor. $E = mc^2$ seria o nome do rapaz, que era um aluno aplicado.

Os membros da comissão de nomes ficaram furiosos, aquilo era um desaforo infame do presidente. Os batizados eram prerrogativa deles. Mesmo assim, deixaram o rapaz ficar com o chapéu que tinha a fórmula de Einstein na aba.

Simon fora o candidato óbvio quando os formandos iam eleger o presidente, e a maioria se surpreendeu ao saber que alguém tinha a pretensão de concorrer com ele, já que qualquer um estaria fadado ao fracasso. Evidentemente, Simon ganhou com maioria, enquanto o outro candidato se tornou diretor da peça de teatro dos *russ*.

Bem, agora *o Simon* estava ali, pálido e com olheiras, esperando o aluno ginasial de cabelos alisados terminar seu poema. Seus cabelos estavam eriçados e duros de gel sob o chapéu vermelho, seus dedos, dormentes de frio.

No meio da multidão, Tone, Gunnar e Håvard aguardavam. Os pais haviam se desesperado quando Simon, no semestre anterior, chegou em casa anunciando que havia sido eleito presidente dos *russ*. "Lá se foi a época de formatura", suspiraram. Sabiam que Simon se envolvia demais em tudo, em alegrias e tristezas, as suas próprias e as dos outros, e, como presidente dos formandos, ele seria destinado a entrar em conflitos, preso entre a cruz e a espada, a administração da escola e os *russ* cheios de exigências. O conflito mais duro fora por causa de 100 coroas.

Os *russ* haviam trabalhado e arrecadado dinheiro para a unidade de pediatria do Hospital Universitário de Tromsø. Acabou sobrando algum dinheiro, o equivalente a 100 coroas por formando, e o conselho dos *russ* propôs que todos tivessem um desconto de 100 coroas no transporte de ônibus para uma festa em Finnsnes. Simon sentiu que isso não estava certo, achando que esse dinheiro deveria ser destinado ao projeto da escola no Camboja, onde estavam fazendo uma contribuição para levar água potável a aldeias pobres. "A gente merece" se opunha ao "Camboja precisa mais", posições que mais tarde se transformariam em divisões políticas e criariam facções e panelinhas. Ninguém queria dar o braço a torcer.

No fim, Simon conseguiu impor sua vontade. Como de costume.

Mas agora tinham chegado quase ao final. O pódio era dele.

Sua voz enferrujada soou sobre o campo.

— Comemoramos que terminamos a escola, algo que exigiu nosso empenho dia e noite!

Vivas e aplausos dos *russ*.

— Se não nascemos de novo, pelo menos fomos batizados de novo, aqui perto, na curva do conhaque! — gritou ele, suscitando mais brados.

— O nome não importa — continuou ele. Simon sabia como fazer as pazes. — Eu mesmo recebi o nome de John F. Kennedy. Aliás, ele também era presidente. Mas, infelizmente, foi assassinado em Dallas.

Simon abriu um sorriso para a plateia.

— Sou muito otimista para esperar o mesmo destino!

Os pais sorriram aliviados. Gunnar convencera Simon de se dar o tempo de escrever o discurso direito, não só rabiscar alguns pontos como ele costumava fazer. Estava indo muito bem!

Do pódio, Simon alertou contra o *bullying*, no dia a dia, na escola e sobretudo on-line, quando a exposição involuntária ao ridículo poderia ter "consequências gravíssimas". Ele encerrou apresentando os resultados e os avanços do projeto de água no Camboja e a luta contra o fechamento da Escola de Ensino Médio de Sjøvegan.

Depois, prestou homenagem à Constituição e à pátria, e a banda escolar tocou o hino nacional.

Centenas de vozes foram levadas pelo vento em direção ao mar. Com o emudecer da última nota, a praça despertou. As crianças pequenas estavam indo com seus pais para as festas comunitárias, com direito a brincadeiras e doces, os mais velhos rumavam para o lar dos idosos, os solitários voltavam para suas casas vazias, enquanto os requerentes de asilo iam se arrastando pela subida do morro íngreme até o Centro de Acolhimento. Sua faixa azul-celeste com a raposa prateada e a bandeira norueguesa seria guardada num armário até ser tirada, desenrolada e passada outra vez, no próximo 17 de Maio.

Os formandos apagariam em seus quartos. Em quartos que ainda escondiam lembranças semiesquecidas de uma época de cor-de-rosa ou azul-claro. Adesivos com Spiderman e Britney Spears ainda decoravam as paredes; cartazes de futebol estavam pendurados ao lado de diplomas de torneios regionais e do horário das aulas. Até alguns bichinhos de pelúcia esquecidos continuavam nos quartos. Por enquanto, eles poderiam ser crianças, ainda mais um pouco, por mais um breve verão.

Com o tempo, a maioria deles sairia do pequeno vilarejo, onde menos de 2 mil almas viviam, onde havia uma loja de roupa, uma farmácia, um ginásio de esportes e um centro de acolhimento de requerentes de asilo. Eles sairiam para o mundo, iniciariam estudos superiores ou cumpririam o serviço militar. Alguns permaneceriam e trabalhariam no supermercado ou no lar dos idosos; outros não sabiam muito bem o que queriam ser, as possibilidades eram numerosas demais, por isso tirariam um "ano sabático".

Para cumprir seu dever, Simon acompanhou Håvard e os pais à festa comunitária de Øvre Salangen, onde a família morara um bom tempo atrás, perto da casa dos bisavós. Agora, ele era o herói, imagine, o próprio presidente dos *russ* chegou! Ele entrou na brincadeira e desempenhou seu papel. A criançada disputou seu cartão de *russ*, no qual ele havia colocado "Endereço: Praça de Youngstorget".

Faltavam três dias para o sol da meia-noite. Nos próximos meses, o sol brilharia dia e noite.

A família Sæbø se dirigiu ao pátio na frente da casa azul, que ficava na curva logo abaixo da igreja, e onde a chave sempre estava sob o tapete. Simon cambaleou até seu quarto, arrancou o macacão de *russ* e se jogou na cama. Do lado da janela que dava para o fiorde brilhou o emblema do Manchester United, pintado de vermelho e amarelo diretamente sobre a parede. Para se proteger da noite clara, ele fechara as cortinas. A estampa do tecido mostrava um rapaz com um skate debaixo de um dos braços e uma bola de futebol debaixo do outro.

Mas não ficou totalmente escuro. Sobre sua cama, reluzia um coração feito de estrelas luminosas. Estrelas que sua namorada certa noite colara no teto.

Mais algumas semanas de escola, e então o verão estaria ali, lindo e resplandecente.

Ele arranjara um emprego no cemitério, que ficava logo acima do barranco atrás da casa. Ele só precisaria atravessar o jardim, passar pela cerca, dar uns dois passos na rua e entrar pelo portão do lado da igreja. Lá, ele cortaria a grama, arrancaria pragas, regaria e cuidaria dos túmulos durante todo o período das férias, à exceção de umas duas semanas, para as quais ele tinha outros planos. Seria bom passar o tempo no cemitério pacato, ficar ao ar livre, sentir o sol, estar longe da sala de aula.

Então, finalmente, depois do verão, a vida real começaria. JFK tinha planejado tudo.

Num livro da estante, estava escrita a seguinte citação: "Não pergunte o que seu país pode fazer por você, pergunte o que você pode fazer por seu país."

Um dia, ele também faria discursos como os de Kennedy.

Veneno

MIL QUILÔMETROS MAIS ao sul, em uma das florestas mais densas da Noruega, um homem estava fervendo ácido sulfúrico no pátio. O líquido límpido e viscoso fervilhava sobre um fogão elétrico improvisado, e um fedor de ovos podres pairava sobre o quintal. Ele não podia ser visto da estrada, pois estava escondido por um celeiro vermelho. Um fio elétrico de 10 metros levava até uma tomada dentro do celeiro.

Composto de uma casa sede pintada de branco, um celeiro, um estábulo de verão, uma casinha para os trabalhadores, um armazém vermelho e uma garagem, o sítio ficava do lado leste do rio Glomma e tinha vista para a densa floresta ao leste, enquanto a oeste se viam pastos e campos verdes. As flores amarelas da tussilagem já brotaram nas beiras das estradas e um tapete branco de anêmonas-dos-bosques cobre o chão entre os abetos.

A propriedade agrícola, que foi arroteada antes de 1750, era o primeiro sítio de rendeiro sob a Fazenda de Vål, que ficava um pouco mais adiante, à beira do rio. Vålstua, como o sítio era chamado, tinha alguns poucos hectares de terras cultivadas e um tanto de floresta, mas fazia vários anos que a propriedade tinha sido explorada de verdade. O proprietário estava preso, condenado por ter tido uma plantação de maconha ali.

Ele deveria ter pensado que era fácil se esconder no campo, diziam as pessoas, balançando a cabeça. Mas não, se houvesse um lugar onde as pessoas prestavam atenção, era justamente ali, e ficara evidente para todos que a atividade agrícola no Vålstua fugira do padrão. Os que viviam lá mal mostravam a cara, mas a atividade no anexo era excepcionalmente intensa. Esse tipo de coisa sempre chamava atenção.

Antes de cumprir a pena, o dono anunciou o arrendamento do sítio em vários sites. Um jovem de Oslo entrou em contato, dizendo que iniciaria a produção de beterraba açucareira. Quando foi ver o local, ele contou ao proprietário que tinha 3 mil horas de autoestudo na área de agronomia e um conhecido na Escola Superior de Agronomia de Ås. De qualquer forma, acrescentou o dono, o sítio tinha charme bucólico e o sol iluminava o terreno até se pôr. Mais tarde ele disse à namorada que ficou surpreso pelo fato de que o rapaz bem-vestido da zona oeste de Oslo não dissera uma única palavra sobre a bela paisagem e mal se preocupara em ver a casa sede.

Chegaram a um acordo de 10 mil coroas de aluguel por mês. O proprietário desejou boa sorte ao arrendatário, e então foi cumprir alguns anos de pena de prisão aberta.

Agora, os tambores e os trompetes soavam dos vilarejos próximos. Uma leve névoa matinal pairava sobre a paisagem, mas a previsão era de algumas aberturas de sol ao longo do dia.

Não havia comemoração do 17 de Maio sem leves admoestações do jornal local. Esse ano, *Østlendingen* alertara os cidadãos contra a compra de confete em spray, pois continha solventes nocivos. A autoridade aduaneira havia interceptado grandes quantidades na fronteira com a Suécia às vésperas do Dia Nacional, informou o jornal. E, para não assustarem as crianças, os *russ* foram proibidos de andar com pistolas de água em seu desfile, algo que suscitara protestos dos formandos.

Esses eram os assuntos sobre os quais as pessoas conversavam, enquanto as crianças brincavam e os idosos visitavam os túmulos de seus entes queridos no cemitério, levando buquês de anêmonas-dos-bosques e coroas de folhagem de bétula, assim como ditava a tradição da região de Østerdalen.

Uma notícia lançou um toque levemente sombrio sobre a comemoração. Durante a noite do 17 de Maio, o carro de formatura de uma moça imigrante havia sido pintado com suásticas. Esse tipo de coisa eles não queriam ali.

O homem de Vålstua estava ocupado demais com o ácido sulfúrico borbulhante para refletir sobre o Dia da Constituição. De qualquer forma, o sítio ficava tão longe do vilarejo mais próximo que as bandas escolares e as cornetas dos *russ* não o perturbavam. Concentrados, os olhos azul-claros acompanhavam o ácido sulfúrico através de uma máscara com filtro para ácidos. Ele usava luvas amarelas de lavar louça e um grosso avental de proteção, comprado de um revendedor de roupa de laboratório. O cabelo louro-acinzentado tinha um corte curtinho, revelando uma testa larga, com certa tendência a acne. A tez estava quase cinzenta, o tom típico de um escandinavo que franze os olhos para o sol pela primeira vez após um longo inverno.

O fogão elétrico de uma boca estava em cima de um velho suporte de TV que ele carregara para fora. Ele havia ligado o fogão no máximo, e o ácido logo começou a ferver. O objetivo era reduzir o teor de água para aumentar a concentração. Dentro da casa, havia papeizinhos com números e cálculos por toda parte. Ele calculara que levaria três dias para reduzir os cerca de trinta litros de ácido sulfúrico de uma concentração de 30% para uma concentração de aproximadamente 90%.

Depois de uma hora e meia, o vapor, que primeiro fora quase imperceptível no tempo nublado, começou a mudar de feitio. Lentamente se transformou em fumaça branca, depois ficou cinza, e, passadas duas horas, a fumaça era tão espessa e negra que ele ficou com medo de que os vizinhos a vissem, e tirou o fio da tomada. A fumaça continuou a sair aos borbotões ainda por um bom tempo, e, a partir de então, ele decidiu trabalhar de noite para não atrair atenção indesejada.

Ele arranjara o ácido sulfúrico em diversas revendedoras de automóveis. Num ferro-velho, comprou sete litros de ácido 30%. Numa loja de carros usados, adquiriu quatro baterias com um total de seis litros de ácido, e na Exide Sønnak, um atacadista para oficinas mecânicas, conseguiu mais 25 litros. Como não havia pequenos tambores no mercado, sua compra de um tambor grande não despertou suspeitas. No entanto, o vendedor se preocupou com segurança e proteção do recipiente do líquido altamente corrosivo durante o transporte. Bem, se tivesse batido com o carro, não teria de gastar dinheiro com uma nova máscara de Halloween, ironizou ele no diário de bordo depois de ter chegado são e salvo em casa.

Aliás, comprar todos os produtos químicos tinha sido a fase mais crítica, com maior risco de ser descoberto. Quando começou a encomendar mercadorias para a bomba, em outubro de 2010, enquanto ainda morava com a mãe em Oslo, ele muitas vezes teve medo. Se desse bandeira e chamasse atenção, sendo denunciado às autoridades, ele estaria acabado, neutralizado antes de executar a operação.

Para realizar as compras, teve de superar o medo e, na mesma época, começou a tomar anabolizantes e intensificar a musculação. Ele baixou novas músicas do gênero trance vocal e comprou a última versão da Blizzard de World of Warcraft, o recém-lançado *Cataclysm*, que ele se daria ao luxo de jogar para tomar coragem. Ali, estava num mundo conhecido, entre amigos e inimigos, num terreno que ele dominava, e no qual a pontuação sempre aumentava.

Posteriormente, ele racionalizou que a combinação dessas medidas ansiolíticas, além de três caminhadas por semana com "meditação e doutrinação", levou seu moral e motivação a níveis inéditos. Pelo menos foi o que escreveu no diário de bordo, o qual incluiu na terceira e última parte de seu livro.

Confeccionar uma bomba não era fácil. Ele estudara diversas receitas on-line, tanto as minuciosas monografias escritas como os ensaios práticos no YouTube. Algumas foram publicadas por laboratórios e químicos amadores, outras pela al-Qaeda e organizações militantes.

Os produtos químicos que ele encomendara tiveram endereço de entrega na rua Hoffsveien, nº 18. No site americano eBay, ele encomendou enxofre em pó, que, no manifesto de carga, constava como "tinta em pó amarela para artistas". O nitrito de sódio foi encomendado de uma empresa na Polônia e o nitrato de sódio, de uma farmácia em Skøyen. Ele fez questão de inventar bons pretextos. O enxofre em pó seria usado para limpar um aquário, e os produtos de sódio, para conservar carne, pois algumas colheres de chá de nitrato de sódio misturadas com sal e temperos e esfregadas na carcaça do alce inibiriam a proliferação de bactérias, e a carne preservaria a cor antes de ser congelada. Essa era uma técnica comum entre os caçadores.

O serviço foi eficiente, e as mercadorias começaram a se acumular em seu quarto, no porão e no sótão do apartamento da Hoffsveien. Etanol, acetona, soda cáustica, balões de ensaio, vidros, garrafas, funis, termômetro e máscara. Ao encomendar o pó de alumínio da Polônia, ele escreveu que precisava do pó para misturar com verniz marítimo a fim de torná-lo menos permeável aos raios ultravioletas, e que sua empresa trabalhava com "soluções de revestimento para o setor marítimo".

Comprou um pavio de vários metros. Se alguém perguntasse, diria que era para a comemoração do Ano-Novo. Na Europa, havia milhares de entusiastas da pirotecnia que encomendavam esse tipo de coisa para seus shows. Também se podia aprender como fazer seu próprio pavio em diversos fóruns de pirotecnia on-line, mas seria mais seguro comprar um.

Era importante que fosse comprido o suficiente. Um centímetro equivalia a um segundo, portanto, se precisasse de cinco minutos para escapar, era só pedir um pavio de 3 metros.

Além disso, havia necessidade de uns dois quilos de aspirina para extrair o ácido acetilsalicílico. O mês de dezembro, alta temporada de festas, era uma época conveniente para comprar comprimidos contra dor de cabeça. Ele calculara que precisava de umas duzentas caixinhas. Foi um empecilho inesperado que cada estabelecimento só tinha permissão de vender duas caixinhas para cada cliente, mas ele descobriu que havia cerca de vinte farmácias a uma pequena distância ao longo da Hoffsveien. Previu que conseguiria passar por todas elas num dia, e pegou o bonde até a praça da Estação Central. De lá, percorreu as farmácias de leste a oeste umas quatro ou cinco vezes ao longo do inverno, com intervalos de uma a duas semanas, até ter todas as caixinhas de que precisava. No início, comprou a aspirina mais cara, mas rapidamente passou aos genéricos. Sempre temendo que os farmacêuticos ficassem desconfiados, ele se vestia bem, com roupas conservadoras de grifes discretas, para não levantar nenhuma suspeita.

Dezembro era um bom mês em todos os sentidos. Já que os Correios estavam sobrecarregados com os presentes de Natal, a capacidade para verificar o conteúdo dos pedidos de produtos químicos ficava comprometida.

Ele comprou proteína em pó para aumentar a massa muscular e extrato de cardo-mariano para fortalecer o fígado e limitar os danos infligidos pelos anabolizantes. Além disso, criou um estoque de pós e pílulas que lhe dariam energia extra antes da ação. Ao mesmo tempo, começou a fazer aulas regulares de tiro no Clube de Tiro de Oslo a fim de ter a autorização de porte de arma. Foram concluídas e documentadas quinze aulas de treinamento entre novembro de 2010 e janeiro de 2011, e, no final da primeira quinzena do novo ano, ele mandou um pedido para a compra de uma Glock 17 semiautomática. Além do mais, fazia aula para melhorar sua habilidade no tiro de rifle, sobretudo com mira a mais de 100 metros de distância. Em sua opinião, o videogame Call of Duty: Modern Warfare, que era um jogo baseado em tiro, também lhe ajudara a ter uma mira melhor, e, no decorrer do inverno, ele comprou miras a laser de diversos revendedores de armas, bem como grandes quantidades de munição.

Da China, encomendou nicotina líquida. O veneno seria inserido nas balas. Para esse fim, conseguiu tudo de que precisava na loja Clas Ohlson: uma pequena broca para furar as balas, um alicate para cortar sua ponta, um jogo de lixas e cola Superbonder para selá-las depois.

Ele comprou um fuzil semiautomático Sturm Ruger, modelo Mini-14, e um gatilho que facilitaria o fogo rápido. No fim de janeiro, a loja Intersport de Bogstadveien lhe informou que o silenciador encomendado para o fuzil não chegaria, pois o fabricante havia cancelado todas as encomendas particulares em função de um grande pedido militar. Ele não arriscou comprar um silenciador não automático, já que poderia superaquecer e explodir durante tiros rápidos, e assim estragar o fuzil. No diário de bordo, conseguiu inverter tudo num "bônus", palavra que gostava de usar: "No lugar do silenciador, posso equipar o fuzil com uma baioneta. Em breve, 'Marxist on a Stick' será a marca registrada de Knights Templar Europe." Por conseguinte, encomendou uma baioneta da Match Supply dos EUA, que, na declaração aduaneira, recebeu o código de equipamento esportivo.

Para documentar o processo e para fins de marketing do compêndio, comprou uma máquina fotográfica, pretendendo compensar a falta de habilidade como fotógrafo com o Photoshop.

No diário de bordo, registrou meticulosamente a lista de compras, incluindo um incentivo para quem quisesse seguir seu exemplo: "Não há absolutamente NENHUMA BOA RAZÃO para deixar de adquirir essas mercadorias por medo de ser descoberto. O único impedimento é o medo infundado e a preguiça! A única justificativa para o medo é se você tiver um nome islâmico!"

No dia 13 de fevereiro de 2011, ele fez 32 anos, e dois dias depois do aniversário, que passou sem comemoração, ele começou a fazer a montagem do filme destinado a "promover o compêndio" que estava prestes a terminar. Baixou imagens de sites anti-islâmicos e acrescentou a música de que gostava, cheia de drama e paixão. Depois de doze dias, estava contente com o filme de propaganda. Fez a seguinte anotação no diário de bordo: "Gostaria de ter deixado o filme ainda melhor, mas realmente não posso gastar mais tempo com um *trailer* que talvez nem venha à luz..." Ele acrescentou: "Tive planos de contratar um cinematografista barato da Ásia através do www.scriptlance.com, mas preciso controlar os gastos."

Seu peso subiu de 86 kg para 93 kg em fevereiro, e ele nunca se sentira em melhor forma. Ele se achava 50% mais forte, algo que seria útil, frisou no diário de bordo.

Na primavera, logo antes de sair da casa da mãe, ele recebeu uma carta da Loja Maçônica convidando-o a subir ao nível 4/5, apesar de ele mal ter frequentado as reuniões. Ele respondeu que estava ocupado em função de muitos compromissos de viagem. Não precisava mais daquela Loja Maçônica na qual implorara para ser admitido. Havia criado sua própria loja, onde ele mesmo determinava as regras.

O contrato de arrendamento foi assinado em 5 de abril, e já no dia seguinte o novo sitiante de Vålstua entrou em contato com o Registro de Produtores para informar sobre mudanças relativas à empresa Breivik Geofarm. O endereço comercial foi transferido de Oslo para o município de Åmot. O sítio precisava de novo código comercial, e ele necessitava de um número de produtor para ter acesso a fertilizantes. O cadastro teria de ser alterado para cultivo de raízes e tubérculos.

A essa altura, ele estava a mil e esqueceu sua habitual cautela, mandando tantas mensagens referentes à aprovação do Registro de Produtores que o funcionário responsável começou a ficar desconfiado. Em meados de abril, fez uma verificação dos antecedentes de Breivik.

"Ele fica insistindo tanto... Será que há algum processo relativo a essa pessoa?", escreveu o funcionário num e-mail para seu superior, pedindo que se fizesse um levantamento sobre o sitiante de Vålstua. Nada veio à tona, e uma semana mais tarde foi enviada uma confirmação de que a alteração de uso da propriedade havia sido deferida.

Em 4 de maio, ele alugou um Fiat Dobló da AVIS e se mudou da casa da mãe. Encomendou 6 toneladas de fertilizantes a crédito. Os sacos foram entregues no mesmo dia da mudança. Conforme o combinado, metade foi levada para dentro do celeiro, o restante foi deixado ao ar livre, perto de algumas bétulas.

No mesmo dia da entrega dos fertilizantes, ele construiu a estrutura metálica da bomba. No dia seguinte, começou a amassar os comprimidos de aspirina, de onde extrairia o ácido acetilsalicílico. Ele vira uma dica na internet de usar um pilão, mas, depois de algumas horas, ficou com uma dor insuportável nas mãos, tendo os seus esforços rendido apenas a pulverização de uma pequena porção dos comprimidos. Deveria haver algum outro método. Colocou uma grande lona no chão do celeiro e começou a amassar as pílulas com um haltere de 20 quilos que usava para a musculação. Em quatro horas, amassou 250 caixinhas de aspirina.

Muitas das receitas eram incompletas. Ele tentava e errava, pesquisava e usava a criatividade. Na IKEA, comprou três escovas sanitárias com suportes de aço para usar como recipientes dos detonadores. Planejou tampá-los com placas de alumínio cortadas, parafusos e moedas. Da China, comprou sessenta sacolas à prova de água, ideais para conservar e transportar produtos químicos.

Quando foi extrair o ácido acetilsalicílico do pó, não teve êxito com nenhuma das receitas que estava seguindo, e acabou tendo ácido salicílico inútil. Procurou desesperadamente na internet e começou a desanimar. "Se eu nem consegui a primeira fase da sintetização do reforçador mais simples, como será que conseguiria sintetizar DDNP?! Meu mundo caiu naquele dia, e tentei traçar um plano B", escreveu ele no diário de bordo. Para se animar, foi jantar num restaurante na cidade de Rena, onde saboreou uma refeição de três pratos. Em seguida, assistiu a alguns episódios do seriado *The Shield*.

As alternâncias de humor entre os altos e baixos eram rápidas. Os anabolizantes surtiam efeitos tanto sobre os músculos como sobre a mente. Ele ousava mais, mas também era capaz de entrar em colapso total repentinamente. De qualquer forma, o prazo apertado fez com que ele sempre se reerguesse.

Entre as receitas que encontrou e que, em sua maioria, eram ensaios laboratoriais de diversas universidades, nenhuma lograra extrair o ácido na concentração de que precisava. O dia seguinte também foi infrutífero. Mais uma vez, ele foi jantar fora para elevar o moral e tramar outro plano. "Estou completamente fodido se não encontrar uma solução logo", escreveu no diário de bordo, sábado à noite, dia 7 de maio.

Ao acordar domingo de manhã, foi direto para a internet. Depois de várias horas, encontrou um vídeo no YouTube com pouquíssimos acessos, que mostrou um método pouco convencional para extrair o ácido de que precisava. Usando uma bomba de sucção e um secador de ar de laboratório, o homem do vídeo conseguiu aquilo que os outros químicos da internet não tinham conseguido.

Na segunda de manhã, ele tentou a mesma coisa, com o filtro da cafeteira e secagem normal ao ar em vez de equipamento de laboratório. Apesar de não ter certeza de que havia produzido ácido acetilsalicílico purificado, decidiu que não tinha outra opção senão apostar nesse método. Um risco calculado, escreveu ele no diário de bordo, já que não sabia qual era a qualidade do produto que criou. A terça-feira ele usou para congelar os cubos de gelo necessários para extrair o ácido. Encheu o freezer com sacos de cubos de gelo, cada camada teria de congelar antes de colocar a próxima, para evitar que os sacos estourassem sob o peso das novas camadas. A semana inteira foi gasta com a filtragem.

"Eu adoro a Eurovision", escreveu ele no diário de bordo no sábado, 14 de maio, concedendo a si mesmo uma folga para assistir à final do concurso de música. Ele acompanhara todas as semifinais. "Como sempre, meu país tem uma contribuição que é uma porcaria politicamente correta: uma requerente de asilo do Quênia apresentando uma música de bongô, muito representativa da Europa e de meu país... De qualquer forma, torço pela Alemanha."

O Azerbaijão venceu.

Na véspera do Dia Nacional, o agitador magnético, uma espécie de placa elétrica usada para esquentar líquidos instáveis, falhou. O mecanismo simplesmente parou de funcionar. "Desgraçado equipamento chinês de merda. Eu deveria ter pago mais e comprado uma máquina europeia de boa qualidade!", desabafou, encomendando um novo. Produzir ácido pícrico e DDNP sem o agitador magnético seria demorado demais.

No entanto, naquela noite, ele terminou de extrair o ácido das últimas pílulas de aspirina, e, com uma espátula, raspou o resto do conteúdo que se cristalizara nos filtros de café. Passou tudo em travessas de plástico, e, com a ajuda de um aquecedor a óleo, aumentou a temperatura do quarto até 30°C para secar todo o ácido acetilsalicílico.

O ácido sulfúrico borbulhante encobriu seu quintal num manto escuro de gases. Ele esfriou as bocas do fogão, pendurou o avental de laboratório e a máscara contra gases no celeiro, e entrou na casa para fazer um pouco de comida. Fazia questão de comer bem. A comida funcionava como consolo e recompensa.

Ficou sentado dentro da casa sede até o cair da noite. A socialização com outras pessoas estava fora de cogitação, e ele mantinha uma distância educada dos vizinhos. "Bem-vindo ao vilarejo", a vizinha mais próxima dissera sorridente, estendendo-lhe a mão a primeira vez que o viu, mas, felizmente, ela nunca fizera uma visita. Os outros ele também conhecia apenas superficialmente. Fez questão de deixar claro que Vålstua não era um lugar onde podiam dar uma passada para tomar um cafezinho.

Nas comunidades das redondezas, o Dia Nacional estava chegando ao fim. Os broches e as abotoaduras eram guardados em estojos bonitos, com algodão ou veludo; as camisas eram jogadas na máquina; e os trajes eram escovados e pendurados no guarda-roupa. Os rostos das crianças eram lavados de restos de sorvete de chocolate e ketchup, e o hino nacional e todas as marchas poderiam finalmente descansar nas pastas de partituras da banda escolar. As frágeis anêmonas-dos-bosques que haviam sido colocadas em vasos começaram a murchar, e às 21 horas as bandeiras foram arriadas.

A maioria concordou que a comemoração do 17 de Maio na região de Østerdalen tinha sido tão bonita quanto a do ano anterior, à exceção dos galhardetes de vermelho, branco e azul, que não foram pendurados no calçadão de Elverum. As estruturas metálicas das paredes dos prédios se estendiam nuas, e enquanto alguns achavam que era de responsabilidade da Prefeitura, outros culpavam os donos das lojas. No dia seguinte, o jornal *Østlendingen* tentaria apurar o caso para atribuir a responsabilidade a quem cabia.

As pessoas da comunidade local não haviam sentido o cheiro de enxofre que pairou sobre o verdor dos campos. Nenhum dos jornalistas investigativos do *Østlendingen* vira a nuvem de fumaça negra, e nenhum dos vizinhos à beira do rio Glomma se preocupara com o fato de que o rapaz da zona oeste de Oslo tinha ficado em casa no Dia Nacional.

Quando começou a escurecer, ele saiu de novo. Ligou o fogão no máximo e colocou o recipiente em cima da boca. Um pouco antes da meia-noite, a pesada fumaça negra sairia aos borbotões outra vez, mas aí a escuridão relativa de meados de maio em Østerdalen estaria no auge, e, por algumas poucas horas, a fumaça se confundiria com a noite, antes de o dia clarear novamente.

Logo abaixo do sítio, as águas frias do Glomma passavam correndo. O rio tinha uma força enorme agora, levando toda a água do degelo das montanhas. De qualquer lugar do sítio, ouvia-se o bramido das águas. No início de maio, quando ele assumira a gestão do sítio, um ou outro pedaço de gelo ainda flutuava na água, tendo se soltado da placa de gelo ao norte da ponte de Glombrua, perto de Rena. A cheia da primavera costumava durar até o fim de junho. Somente em julho, o rio se acalmava, tornando-se preguiçoso e sonolento, mal aguentando fluir no calor do verão.

Mas ainda faltava muito tempo para julho.

O diário de bordo do químico

TALVEZ FOSSE O vapor de enxofre, talvez fossem os anabolizantes, o fato é que ele se tornara mais descuidado, sim, quase destemido. Era chato ficar cuidando do ácido sulfúrico em ebulição. Já era o terceiro dia que o vigiava. Somente depois de ferver por muitas horas e atingir uma concentração de mais de 70%, a fumaça negra começava a sair, portanto, com o tempo, ele nem se preocupava em esperar até a noite. O ácido seguia seu próprio ciclo, sem ligar para o do dia.

A geladeira estava vazia, e ele gostaria de fazer algumas compras, mas não podia perder mais o tempo precioso de fervura, não tinha como desligar o fogão. Estava atrasado em relação ao plano original de progressão e decidiu se arriscar a dar uma saída e deixar o ácido fervilhando. Afinal, poderia deixá-lo no fogo baixo. Ele estava no corredor, vestindo o macacão de laboratório e os óculos de proteção, prestes a sair para baixar a temperatura. No momento em que ia girar a maçaneta da porta, olhou de relance pela janela. O vizinho estava no pátio.

Foi por pouco. Ele arrancou o macacão e saiu calmamente.

— Bom dia — disse, ensaiando um tom alegre.

O vizinho perguntou de uma BMW. O proprietário do sítio, que estava preso no momento, tinha um carro estacionado no celeiro de cima, e o vizinho prometera consertá-lo para ele antes de sua volta. Agora viera buscar o carro.

Tinha sido por um triz. Ele ainda estava tremendo, enquanto fazia de tudo para parecer jovial, conversando e dando gasolina suficiente ao vizinho para que pudesse levar o carro embora.

Mais tarde, ele deu conselhos a quem seguisse o diário de bordo sobre a importância de criar o máximo de boa vontade entre os vizinhos: "A boa vontade será retribuída indiretamente no sentido de que eles não vão bisbilhotar e espreitar. Se receber uma visita dos vizinhos, seja gentil e amigável, oferecendo-lhes sanduíches e café, a não ser que isso comprometa a operação."

Pelo visto, o risco seria grande demais se ele deixasse o ácido sulfúrico fervendo sem estar presente, por isso adiou a tarefa para a noite. Já que precisava de comida, foi até a cidadezinha comprar carne vermelha, pão e doces, e, de volta no sítio, fez uma boa refeição. Ao escurecer, ele saiu, e no decorrer da noite conseguiu reduzir todo o ácido sulfúrico.

No dia seguinte, foi a Oslo buscar algumas encomendas. A mãe contara que chegaram várias notificações de retirada dos Correios em sua casa na Hoffsveien. Ao voltar para o sítio, ele levava consigo água destilada, microbalões e um jogo de pesos.

Meia hora antes de chegar, levou um susto ao se deparar com um carro no acostamento. Pensou que poderia ser uma viatura da polícia à paisana. Mais próximo do sítio, viu algo que poderia ser outra viatura da polícia. Estou prestes a ser pego, pensou. Um pouco antes da entrada do sítio, desligou o motor e acendeu um cigarro. Será que tudo acabou? Já poderia haver uma grande equipe de policiais que o aguardava no sítio. Suas armas estavam todas dentro da casa sede. Ele deveria fugir? Mas para onde?

Depois de apagar o cigarro, ligou o carro e foi dirigindo vagarosamente em direção ao sítio com os faróis de neblina acesos, assim teria uma vantagem se os policiais estivessem na sua frente.

A porta do celeiro estava escancarada. Havia alguém ali! Com certeza, estavam encurralando-o, ou talvez estivessem esperando dentro da casa.

Ficou sentado no carro por um bom tempo com os faróis ainda acesos. Fora o vento, tudo estava em silêncio total. Saiu do carro e se aproximou da casa. Destrancou a porta, pegou a Glock e vasculhou a casa e o celeiro, à procura de equipamentos de vigilância. Nada. Talvez tivessem ido embora, talvez tivessem instalado câmaras.

"A paranoia pode ser uma coisa boa ou pode ser uma maldição", escreveu no diário de bordo. Provavelmente, foi o vento que escancarou a porta do celeiro. Ele jurou que nunca se deixaria vencer pela paranoia outra vez. Se viessem buscá-lo, não teria o que fazer de qualquer forma, por isso não fazia sentido se preocupar.

A cada dia, o verdor do campo ficava mais intenso, os pássaros chocavam ovos, as cerejeiras estavam em flor. Enquanto havia grande atividade nos campos em volta, suas terras estavam ociosas. O trifólio e o capim-rabo-de-rato brotavam do solo fértil, espalhando um perfume adocicado. Mas, sobre as construções do sítio de Vålstua, pairava um cheiro de algo podre.

Fisicamente falando, havia chegado à fase mais dura do trabalho com a bomba. Ele tinha 6 toneladas de adubo. Metade disso não possuía força explosiva, era algo que encomendara para não chamar atenção. No entanto, havia 3 toneladas a serem distribuídas em sacos de 50 quilos, carregadas na caminhonete, transportadas até o celeiro e transferidas para um carrinho de mão a fim de serem levadas para dentro. Ele estava exausto depois do primeiro dia, apesar de ter apenas conseguido deslocar uma fração dos fertilizantes.

O adubo vem em grânulos, pequenas bolinhas revestidas de uma substância impermeável. Para que o fertilizante tenha força explosiva, ele deve ser embebido em óleo diesel. Portanto, os grânulos precisam ser amassados para poder explodir.

Breivik limpou o chão do celeiro e espalhou o conteúdo de um dos sacos de adubo uniformemente. Depois, rolou o haltere mais pesado por cima e, o mais depressa possível, juntou os grânulos esmagados com uma pá antes de eles absorverem a umidade do ar. Ele fizera todas as contas no papel, calculando que seria capaz de esmagar 50 quilos em vinte minutos.

O plano deu errado. O método não funcionou. Ele gastou duas horas no primeiro saco, e o adubo absorveu a umidade muito mais rápido do que tinha previsto. Os grânulos não foram totalmente esmagados, e ele logo começou a sentir dor nas costas depois de rolar o peso para frente e para trás no chão.

"Que saco, por que nada sai do jeito que foi planejado???? E o jogo de halteres me custou 750 euros e já está claro que não presta... O que faço agora?" Ele decidiu levantar o moral com uma refeição de três pratos em Rena. Escreveu sobre algo que havia lido a respeito de um "traidor terrorista marxista do início dos anos 1970. "Acho que era chamado de Baader, ou talvez tenha sido Meinhof, um grupo de prostitutas terroristas dos soviéticos e putas dhimmi fiéis da Ummah islâmica", que usaram misturadores elétricos para triturar os grânulos em seu apartamento. Breivik decidiu testar o método dos marxistas. Se os misturadores da década de 1970 deram conta do recado, certamente os modelos modernos deveriam ser capazes disso.

No dia seguinte, foi a várias lojas e comprou doze processadores diferentes, alguns com suporte e outros de mão, para testar qual modelo era melhor. A metade deles não prestou. O formato do recipiente fez com que os grânulos não circulassem, ou as lâminas não eram afiadas o suficiente. Mas uma marca se destacou em termos de eficiência, a Electrolux. Praticamente todos os grânulos foram triturados, e a velocidade, ainda por cima, era mais alta do que a dos outros aparelhos, rendendo mais de meio quilo a cada meio minuto. No dia seguinte, ele foi a três cidades diferentes e comprou seis processadores do mesmo modelo.

Restavam três dias do mês de maio. Os dias foram passados transferindo o adubo para sacos menores e fazendo os preparativos para a trituração.

No último dia de maio, ele estava tão exausto que precisou descansar. Mal conseguia mexer os dedos e temia que tivessem sofrido danos permanentes. Passou o dia inteiro na cama. Foi necessário modificar o plano; três sacos de fertilizante teriam de bastar, e não cinco, como planejara. Era simplesmente demais para uma pessoa só. Melhor deixar a carga explosiva menor.

Tampouco conseguiu dar continuidade ao trabalho no primeiro dia de junho, e ficou na frente do computador atualizando o diário de bordo. No dia seguinte, enquanto estava dentro de casa navegando na internet, de repente ouviu um carro entrar na propriedade. Espiou por entre as cortinas. Um homem pulou do carro e começou a tirar fotos do sítio. Breivik saiu no pátio. O homem disse que queria tirar fotos da cheia de primavera do rio Glomma. Está mentindo, pensou Breivik instintivamente. A linguagem corporal o entregou. Deveria ser um policial.

Ele lhe ofereceu café, mas o homem rejeitou, e Breivik sugeriu que descesse até a margem do rio para tirar fotos melhores. O homem fez que sim, mas continuou a fotografar perto do sítio.

— Paisagens — explicou ele.

Breivik ficou preocupado, mas não tinha opção. Precisava continuar os preparativos.

Naquela noite, ele ligou para a mãe, dizendo que viera um agente secreto querendo tirar fotos do sítio. A mãe achou a história estranha. O filho também lhe contou sobre ruídos assustadores. Havia uns rangidos muito desagradáveis.

— Quando posso ir vê-lo? — perguntou a mãe. Já perguntara várias vezes, mas nunca era conveniente. Ele sempre se dizia cansado, e que havia tanta pedra. Tinha alguma coisa com pedra que o forçava a cultivar capim-rabo-de-rato. Muitas vezes ela não entendia direito o que ele queria dizer.

Nem era para ela vir agora. Ele disse que primeiro queria deixar tudo pronto.

Agora, quatro processadores estavam trabalhando ao mesmo tempo. Faziam tanto barulho que ele mais uma vez passou a trabalhar de noite. Jamais ouviria se alguém viesse. Toda vez que triturava grânulos suficientes para encher um saco de 50 quilos, ele despejava óleo diesel por cima, em quatro porções, para que fosse uniformemente distribuído. Os sacos chineses de duas camadas foram selados com fita adesiva e armazenados.

Ele trabalhou de forma mecânica, constantemente calculando e recalculando o tempo gasto e ajustando o plano conforme o andamento.

Demorou muito mais do que havia previsto. No primeiro dia, gastou uma hora por saco. Logo entrou no ritmo, passando a gastar quarenta minutos, enquanto o recorde era de 32 minutos. Estava progredindo. Dez sacos estavam no cantinho. Vinte sacos. Dois liquidificadores pifaram. Ele os substituiu por dois novos.

Sábado, 4 de junho. Seis sacos. Domingo, 5 de junho. Quatro sacos. Mais dois liquidificadores quebraram. Segunda-feira, 6 de junho. Compra de dois liquidificadores novos.

Ele terminou o terceiro saco naquela tarde. Agora, já triturara 1.600 quilos de grânulos de fertilizante misturados com óleo diesel. Havia pó de fertilizante por todo lado. Suas roupas verdes se tornaram cinzentas. "Com certeza, vou morrer de câncer dentro de doze meses, por causa da grande quantidade dessa porcaria que deve ter entrado em meus pulmões, apesar de eu ter usado uma máscara 3M...", escreveu ele no diário de bordo, acrescentando: "Estou assistindo *The Shield*, uns dois episódios por dia na média. Baixei todas as temporadas no início de maio."

Próxima fase. Sintetizar o ácido pícrico, também conhecido sob o nome de Mãe de Satanás. Ele tinha tudo de que precisava em termos de equipamentos e produtos químicos. Coisa fácil de conseguir, afirmou ele no diário de bordo, "a não ser que você se chame Abdullah Rashid Muhammed".

Para que a bomba detonasse, ele necessitava de um explosivo primário e outro secundário. O primário era DDNP, diazodinitrofenol, o secundário era o ácido pícrico. Ele teria de sintetizar ambos do zero.

Um carro estacionou do lado de fora. Que correria de gente do caralho. Era um vizinho que queria comprar o trifólio e o capim-rabo-de-rato que cresciam em seus campos incultos. Breivik explicou que, por diversos motivos, ele não tinha dado início à gradagem, mas que pensara em cultivar batatas e verduras. O vizinho ficou um pouco perplexo com os planos agrícolas, explicando que o cultivo de verduras era totalmente inútil no solo pedregoso das redondezas do sítio.

Breivik desviou o olhar e começou a falar de um sítio em Røros que queria comprar como alternativa.

— No solo gelado lá em cima, é ainda mais difícil cultivar verduras — contestou o vizinho.

Deram uma volta até o campo, e Breivik ficou com medo de que o vizinho avistasse o tubo do ventilador que saía da janela da sala. Concordaram sobre o preço. O fazendeiro voltaria dali a duas semanas para colher a safra silvestre que crescera à base exclusiva de chuva e sol.

Que cara estranho, pensou o vizinho ao voltar para casa. Educado, talvez um pouco educado demais, ele ouvira suas objeções. Evidentemente, não tinha a mínima noção de agricultura.

Breivik continuou a produzir o ácido pícrico. Ao finalizar o primeiro lote, ele colocou 50 gramas do pó no forno para testá-lo. Se tivesse sido feito corretamente, deveria pegar fogo assim que acendesse. Nada aconteceu. O diário de bordo ficou cheio de palavrões. Ele fizera tudo de acordo com a receita. "Será que o composto que fiz pode ser inerte???? Imprevistos infelizes estão me fodendo outra vez...! Começo a ter dúvidas sérias, e meu moral está desmoronando... "

Perto da hora do crepúsculo, no sábado, dia 11 de junho, nuvens carregadas se aproximaram do sítio. Lá no alto, uma trovoada se avizinhou e as nuvens se dissolveram em grandes gotas de chuva que tamborilaram no teto. De repente, ele ouviu um estrondo, um relâmpago passou pelo céu e o computador soltou um estalido; a luz caiu. Quando voltou, o computador continuou sem funcionar.

Breivik se sentou para rezar. Fazia tempo que não invocava Deus. "Expliquei a Deus que, a não ser que quisesse que a aliança marxista-islâmica e a inevitável conquista islâmica da Europa aniquilassem a cristandade europeia por completo dentro dos próximos cem anos, ele teria de cuidar para que os guerreiros que lutassem para preservar o cristianismo europeu fossem vitoriosos. Ele precisava fazer com que eu fosse bem-sucedido em minha operação e assim inspirasse inúmeros outros revolucionários conservadores/ nacionalistas, anticomunistas e anti-islamistas em todo o âmbito europeu."

O computador continuou sem funcionar.

Dois dias mais tarde, ele fez uma bomba-teste e foi até um lugar afastado, a alguns quilômetros do sítio. Ainda havia trovoadas, isso era bom, pois assim ninguém ligaria para um estampido. Ele acendeu o pavio e esperou. "Provavelmente, foram os dez segundos mais longos de minha vida...", escreveu depois.

A pequena bola explodiu.

Ele foi embora imediatamente, caso alguém tivesse ouvido o estrondo e viesse investigar. Em seguida, foi comemorar com um bom jantar na cidade de Elverum. No caminho de volta para casa, passou pelo local da detonação para conferir a pequena cratera. O DDNP explodira do jeito que deveria, mas o ácido pícrico seco nem sequer detonara. Seria preciso purificá-lo ainda mais.

Em meados de junho, a farsa financeira começou a se desfazer. Dez dos cartões de créditos estavam para vencer, e ele recebera vários avisos de contas pendentes. Se fossem à cobrança judicial e seu nome entrasse no cadastro de inadimplentes, não poderia alugar carro, e o plano dificilmente se realizaria. A maior conta vencida era a dos fertilizantes, mas ele também não pagara o aluguel do sítio do último mês. As contas do tubo do ventilador, do agitador magnético e do ventilador reserva, que ele nem tinha usado, estavam vencendo. Durante uma semana, teria de arranjar por volta de 10 mil euros. Além de sacar o máximo de suas dez contas de cartão de crédito, precisava telefonar à Cooperativa Agrícola e pedir um adiamento do prazo de pagamento.

No fim, ele conseguiu prorrogar metade da conta dos fertilizantes, e escreveu no diário de bordo que agora poderia se "manter a salvo até meados de julho".

O que ele fazia no sítio de Vålstua era extremamente perigoso. O celeiro estava cheio de produtos químicos. Os líquidos eram instáveis, e o procedimento de trabalho, titubeante. Ele mal tomava qualquer medida de segurança. Às vezes, Breivik "tinha um surto" ao ler sobre as precauções de segurança e todas as eventualidades que poderiam causar explosões. O contato com o ar era perigoso, o contato com metais, concreto ou plástico poderia aumentar a eletricidade estática e causar uma detonação. A mesma coisa dizia respeito a fricção e choques, proximidade com gasolina ou óleo diesel, ou com tomadas elétricas. Ele temia o que poderia lhe acontecer se os explosivos detonassem. "A onda de choque/a chama da explosão provavelmente cauterizaria minhas feridas, resultando numa morte prolongada e extremamente dolorosa."

Ele cogitou manter a Glock na área de trabalho, pois, caso sobrevivesse a uma explosão, mas perdesse os braços, ainda poderia dar um tiro na própria cabeça, usando os dedos do pé no gatilho.

Uma camada de pó de alumínio prateado cobria tudo. Em pouco tempo, a mobília e o piso ficaram manchados pelos fortes líquidos, ou corroídos pelo ácido.

Depois de uma longa noite de trabalho no fim de junho, ele acordou às 11 horas, vendo que havia recebido um SMS. Era da namorada do proprietário condenado por cultivo de maconha, e havia sido enviado uma meia hora antes. Ela escreveu que estava a caminho para buscar algum equipamento no celeiro. Nesse caso, ela chegaria em meia hora.

Demoraria, no mínimo, doze horas para arrumar tudo, deixar o celeiro apresentável, desmontar o equipamento químico e os ventiladores, e fazer a faxina. Isso não lhe deixaria alternativa senão matá-la na chegada e então desocupar o local. Ele ligou para ela. Felizmente, ela não saíra ainda. Combinaram que ela viria dali a dois dias, os quais ele gastou limpando e arrumando. Foi obrigado a transferir todos os equipamentos para o porão das aranhas, onde havia grande quantidade de teias, e a cobrir as mesas estragadas com toalhas e o piso manchado com tapetes, um procedimento que o atrasou pelo menos dois dias.

Ela chegou de noite e quis dormir lá. Cedo, na manhã seguinte, Breivik levantou para ver se ela estava bisbilhotando. Caso ela desconfiasse de alguma coisa, ele seria forçado a matá-la. Era difícil compreender a mulher, portanto, quando ela havia feito as malas e estava pronta para ir embora, ele a convidou para um lanche, a fim de ter uma ideia melhor do que ela tinha visto.

Ele também testou algumas das ideias do livro nela, mas não, ela não quis discutir política. Ele serviu mais café. Eles jogaram um pouco de conversa fora. Não parecia que ela estivesse desconfiada de nada. Ela poderia viver.

O sítio fedia a produtos químicos, "tem cheiro de peido fresquinho de ovo", foi sua descrição no diário de bordo. Ele teve de fechar as janelas para que o líquido atingisse temperatura ambiente, o que lhe causou preocupação com a saúde e tudo que havia inalado.

Aí sua placa de rede deu curto-circuito pela segunda vez, e ele ficou sem computador de novo. Ele encomendou uma nova placa e continuou a preparação de DDNP. Depois de purificar o último lote de ácido pícrico, foi até Elverum e comprou três porções de comida chinesa para viagem, carne com miojo e arroz frito. "Uma delícia! Fui cedo para cama já que estava sem computador."

No dia seguinte, ele buscou a nova placa de rede e começou a pagar as contas. Assim que acabou de pagar a nona das dez faturas do cartão de crédito, a luz caiu outra vez e o computador deu curto-circuito. Segundos depois, ele ouviu um trovão. "Caralho, de novo não!!!! Nem está chovendo!!" Como é possível ser tão azarado, perguntou ele no diário de bordo, duas horas depois de o computador ter sido consertado em função da última queda de raio. Ele assistiu a um episódio do seriado de TV *Rome* e saboreou a última porção de comida chinesa para viagem para se recuperar do malogro.

Ele filtrou os cristais do ácido pícrico no dia seguinte. A quantidade era menor do que havia previsto. Precisava ser mais exato e decidiu dar um tempo. Tirou a noite de sábado livre para visitar o Festival de Rena, mas se decepcionou com a seleção de comidas locais, como carne de cabrito ecológica, chouriço, pão sueco, queijo e mel, e deu um pulo até Elverum a fim de comprar mais comida chinesa para viagem.

"Tinha uma garota relativamente gostosa no restaurante hoje que me olhou com atenção", foi seu registro no diário de bordo depois. "Pessoas refinadas como eu são uma raridade aqui, por isso noto que recebo muita atenção nas cidades próximas. Isso tem a ver com a minha aparência e a maneira como me visto. Em sua maioria, a gente que mora aqui é pouco refinada, simplória. Em geral, uso as melhores peças de minha vida anterior, que são roupas de grife bem caras, blusas, camisas polo da Lacoste etc. As pessoas podem ver de longe que não sou daqui."

Ele certamente era notado. As moças do salão onde cortou o cabelo uma vez acharam-no bonito; o cara da loja de computadores pensou que ele era gay; o curdo da kebaberia achou que ele era o norueguês mais simpático que já conhecera.

Um de seus balões de ensaio começara a rachar, gotas escorriam ao longo da fissura. Tinha sido um grande erro comprar apenas dois balões de ensaio em vez de quatro ou cinco. Essa aparente bagatela, o fato de ter comprado poucos balões de ensaio, lhe custara pelo menos três ou quatro dias. De acordo com seus próprios cálculos, ele deveria ter terminado agora. Ridículo.

Na verdade, era um trabalho meio chato com longas esperas. Depois de extrair o ácido, ele teria de esperar quatro horas para a temperatura baixar do ponto de ebulição à temperatura ambiente; depois, mais doze horas até chegar à temperatura de geladeira, e, por fim, de doze a dezoito horas para que aumentasse de $4°C$ à temperatura ambiente outra vez. Por isso demorou umas quarenta horas para preparar um lote de DDNP. Se pelo menos tivesse seis balões de ensaio em vez de dois!

Pela segunda vez desde que se mudou para o sítio, saiu para treinar. Primeiro, virou um copão de bebida de proteína para tirar proveito máximo do treino, depois, amarrou uma mochila nas costas e outra na barriga, e ainda carregou um recipiente de cinco litros de água. Aguentou por vinte minutos.

Fazer a bomba levou muito mais tempo do que o previsto. Ele nem sabia exatamente como finalizar. A internet estava inundada das mais variadas descrições de como fazê-lo. Com atitude de pesquisador, ele questionava os métodos, avaliando e rejeitando-os.

À noite, ele relaxava com o seriado de vampiros *True Blood* ou com um episódio do serial killer *Dexter*. Ele se irritava com o fato de que todos os seriados que assistia promoviam o multiculturalismo, mas "assim é a vida por enquanto", escreveu.

Já no início da primavera, ele havia notado a grande quantidade de insetos. Eles o deixavam fora de si. A essa altura, eles se multiplicaram e praticamente invadiram o sítio. Deveria haver colônias de aranhas dentro das paredes. Certa noite, ele ficou com vontade de comer um docinho durante o episódio que ia assistir, e uma aranha saiu juntamente com os pedaços de chocolate. Ele gritou. As aranhas também já entravam nas luvas que ele usava para limpar os produtos químicos. "Tive um surto... depois daquilo passei a matar todos os insetos que apareciam na minha frente."

Alguns dos amigos começaram a falar com certa insistência em visitá-lo. Um amigo quis dar uma passada quando foi visitar a namorada que estava de férias ali perto. Anders tomara cuidado para não dar endereço algum aos amigos, a fim de evitar que aparecessem do nada. *Eles* descobririam que as coisas não estavam do jeito que deveriam estar. Ao mesmo tempo, ele não poderia cortar todo contato. "O isolamento total e o comportamento antissocial também podem ser contraproducentes se você acaba perdendo o amor pelas pessoas que jurou proteger. Pois por que abençoar seu povo com o presente máximo de amor se todos eles o odeiam?" perguntou ele no diário de bordo. "Este fim de semana estou em Oslo", disse Anders quando o amigo ligou. "Mas que tal vocês todos virem no fim de julho?"

Evidentemente, não era nenhum agricultor que se instalara no sítio de Vålstua. A grama nunca era cortada, uma janela havia se soltado e estava estilhaçada no chão, enquanto duas tábuas haviam caído da parede do celeiro. Três árvores ainda foram derrubadas pelo vento. Mas ele não tinha energia para cuidar de consertos. Estava muito ocupado em criar destruição.

Os vizinhos começaram a reparar em algumas coisas. Por exemplo, o fato de que ele colocara metade do adubo dentro do celeiro. Já que era para ser usado nos campos, o normal era armazená-lo fora. Além disso, ele instalara uma porteira com cadeado. Quando um vizinho comentou isso, Anders disse que foi uma ordem da Prefeitura. Estranho, nenhum outro vizinho ouvira sobre tal ordem. Mas a vida continuava, as pessoas acabavam esquecendo e o ano ia depressa para o verão.

Breivik começou a perder peso. Os anabolizantes logo chegariam ao fim. Ele teria de ir a Oslo para comprar mais. Então poderia aproveitar para testar o roteiro que planejara para o dia da ação. Era o segundo dia de julho. Ele passou por Oslo e pegou a rodovia E18 em direção a Hønefoss. Depois de algum tempo, o lago de Tyrifjorden estava à sua esquerda, e ele encontrou a entrada discreta, onde havia a placa de Utøya. Desceu a rua de acesso, estacionou perto do cais e foi até o barco que estava ali. No site da AUF, ele havia lido que se chamava *MS Thorbjørn*.

Ele olhou para o estreito. Até então, só havia lido sobre a ilha, visto fotos dela. Pensado nela.

Agora ela estava ali, verde e silenciosa.

Ele estudou o velho barco de desembarque, avaliando se balas poderiam atravessar o casco. Marcou as coordenadas no GPS e se familiarizou com as estradas nas redondezas. Além disso, marcou as coordenadas do Cais de Utvika que ficava ali perto. Chamou os destinos de WoW1 e WoW2. Caso a polícia o pegasse antes da ação, ele só diria que estava pensando em alugar Utøya para organizar uma conferência de videogames na ilha.

De volta a Oslo, ele foi à academia Elixia de Sjølyst, que ficava perto do apartamento da mãe. Nas instalações bem iluminadas da academia, com janelas grandes e vista para uma rua de comércio, ele seguiu seu programa costumeiro. Ficou surpreso ao ver que pegava os mesmos pesos de antes de ir para Østerdalen; afinal, mal conseguira treinar. Deveria ser a produção da bomba que o mantivera em tão boa forma. Ele se sentiu animado, mas aí, depois de ter feito metade do programa, sentiu tontura e teve de parar a sessão.

Ele comprou anabolizantes para mais vinte dias, dando preferência a Winstrol, um derivado sintético da testosterona. Sabia que não era bom para os órgãos internos, e estava especialmente preocupado com o fígado. Mais tarde naquela noite, convidou a mãe para jantar num restaurante indiano. Ele disse que temia danos ao fígado. A mãe achou aquilo uma preocupação estranha. Por sinal, ele tinha ficado muito esquisito ultimamente, esquisito e estressado.

— Lá no sítio, as paredes ressumam aranhas — disse ele à mãe enquanto jantavam a comida indiana. — Estão na minha cama, por toda parte.

— Você deve limpar bem e passar aspirador — disse a mãe. — Então elas certamente vão desaparecer.

— Está cheio de besouros, aranhas e outros insetos, voadores e rasteiros — continuou ele. — Um inferno de aranhas.

— Então não acho que o sítio vale 10 mil coroas por mês de aluguel — respondeu a mãe. Ela estava estranhando como ele parecia totalmente descontrolado ao falar dos bichinhos. Uma pilha de nervos, era o que ele tinha ficado. Que esquisito, ela pensara que a vida no sítio o deixaria mais equilibrado. Aliás, ele contara que era muito bonito lá e que a vista sobre o rio Glomma era maravilhosa.

De repente, ele parecia triste.

— Tenho estado tão feio — disse ele à sua mãe. — Olha para a minha cara!

— Você parece perfeitamente normal.

— Não, tenho estado muito feio — queixou-se, dizendo que queria fazer uma cirurgia plástica. No mínimo, queria colocar facetas de porcelana nos dentes.

Anders pagou a conta do restaurante e levou a mãe para casa. Fumaram um cigarro na varanda.

— Não fique tão perto de mim — disse Anders de súbito à mãe. — As pessoas podem achar que sou retardado.

Ela se encolheu. Certa vez, quando estavam andando juntos na rua, ele também havia dito algo parecido. Ele lhe pedira que andasse alguns passos atrás dele, para que as pessoas não pensassem que era um imbecil. E quando o proprietário de Vålstua passou na Hoffsveien para os dois assinarem o contrato de arrendamento, ele a mandou sair do apartamento para que o homem não pensasse que vivia com a mãe.

Terminaram o cigarro. Ele não pernoitou.

A noite estava clara. Ele saiu de Oslo e voltou para o sítio.

Ele se tornara mais agressivo ao ficar sem anabolizantes. Seria bom conseguir aquele efeito outra vez, quando precisasse, pois parecia reprimir o medo. Queria saber como manipular o corpo nesse sentido. "Será que é possível adquirir pílulas especializadas 'de agressividade' no mercado? É provável que seja extremamente útil em certas operações militares, sobretudo em combinação com anabolizantes e pilha ECA...! Isso transformaria a pessoa num exército sobre-humano por duas horas!" escreveu.

No dia seguinte, ele desenterrou a caixa Pelican que escondera na floresta, num verdadeiro covil de pernilongos onde ninguém iria querer ficar por muito tempo. Com o carro cheio de armas, ele seguiu o caminho de Vålstua e acenou para o vizinho que tinha começado a fazer a colheita de capim-rabo-de-rato e trifólio.

Ele gastou os dias seguintes preparando o equipamento. Substituiu as balas de ponta oca pelas de ponta de chumbo, "o mais apropriado para o objetivo de infligir o máximo de dano aos vermes", pois as balas de ponta oca nem sempre expandiam do jeito que deveriam. Dentro da mala, ele também colocou as roupas que usaria. Numa loja de esportes, arranjara uma blusa apertada na qual afivelou o distintivo da polícia. A blusa tinha algumas costuras amarelas que ele escondeu usando um marcador preto. Descobriu que já havia deixado um lote de Winstrol, os anabolizantes conhecidos como *russos*, na mala. Bom, então tinha mais do que pensava. Também havia um pouco de pilha ECA ali, uma mistura de efedrina, cafeína e aspirina. "Estou ciente de que terei problemas sérios para explicar o uso pretendido se eu for pego com todo esse equipamento..."

Ele aprontou os sacos de nitrato de amônio misturado com pó de alumínio, transferindo-os do porão das aranhas para a bancada de trabalho no celeiro. Ao sentir cócegas no nariz e descobrir uma grande aranha preta dentro da máscara, deu um grito. Tinha por costume verificar cuidadosamente se as luvas, a comida e a máscara estavam livres de insetos, mas, nesse caso, um bicho se enfiara mesmo assim.

Do lado de fora, o vizinho ainda estava trabalhando. Ele dissera que levaria seis horas para fazer a colheita do trifólio, e já gastara três dias, algo que impediu Breivik de manter o ritmo. O nitrometano que acrescentaria à mistura era muito explosivo, por isso não se sentia à vontade de mexer com aquilo dentro de casa. Será que o filho da mãe do vizinho não poderia acabar logo?

— Você não pode aparecer aqui sem ligar primeiro! — exclamou Breivik um dia que o vizinho estava no pátio.

— Isso não funciona se eu for trabalhar sua terra — retrucou o vizinho, zangado. No campo, era praxe passar na casa dos outros sem cerimônia. Se você visse que o vizinho estava em casa, era só aparecer para tratar do assunto que fosse.

O rapaz da cidade sempre trancava a porta. As cortinas ficavam fechadas.

A primeira bomba ANFO foi produzida em 1970 por estudantes da Universidade de Wisconsin, em protesto contra a colaboração da universidade com as autoridades durante a Guerra do Vietnã. Um físico morreu. Mais tarde, tanto o IRA quanto o ETA e a al-Qaeda usaram a receita. Também foi usada por Timothy McVeigh na cidade de Oklahoma em 1995, ocasião em que 165 pessoas morreram.

Anders estudara todos.

O que estava faltando era misturar o nitrato de amônio — fertilizante químico — com o pó de alumínio, que aumentaria a força explosiva. Havia uma poeira e tanto. Ele ficou completamente coberto de pó de alumínio, e o soltava por onde andasse. Tinha uma muda de roupa e um par de sapatos para uso exclusivo dentro do celeiro. Ele comprara uma roupa de proteção de um professor universitário de Matemática que vendia coisas de estoques excedentes. Mas não aguentou usá-la, pois, com o trabalho duro, ficava muito quente e abafada. Certo dia, depois de ter ficado no batente seis horas seguidas, o vizinho apareceu no pátio outra vez. O rosto de Breivik estava cheio de pó cintilante de alumínio, o cabelo tinha listras grisalhas. Ele se apressou a enxaguar o rosto na pia, mas não conseguiu fazer nada com o cabelo.

— Se quiser, estou disposto a tirar as pedras de sua gleba, assim você vai poder cultivar suas verduras — sugeriu o vizinho, que estava na soleira. Além disso, ele se ofereceu para adubar os campos, deixando-os prontos para o plantio. Ele poderia contratar uns dois homens e terminar em mais ou menos uma semana. Afinal, Breivik já tinha comprado o adubo.

— Mudei de plano — respondeu Breivik em tom áspero, despedindo-se do vizinho. À noite, enquanto estava assistindo a um novo episódio do seriado de vampiros *True Blood*, um carro com quatro homens entrou no terreiro.

O vizinho devia ter percebido o que ele ia fazer com os fertilizantes e deu o alerta!

Eram apenas quatro poloneses procurando emprego.

Aliás, teria sido bom ter a ajuda dos poloneses para misturar o fertilizante com o pó de alumínio, aquilo era trabalho duro. Um saco pequeno em duas horas! Ele cogitou usar a betoneira elétrica que comprara de segunda mão por mil coroas. Mas tinha medo de que a fricção da agitação e o contato com o metal causassem um curto-circuito. Na pior das hipóteses, isso poderia gerar faíscas, que, por sua vez, poderiam causar uma detonação. Mesmo assim, fazer a mistura manualmente era um processo tão demorado que ele se viu forçado a correr o risco. Para conseguir realizar a ação, ele teria de, no mínimo, reduzir pela metade o tempo gasto nessa tarefa. "De qualquer forma, deixe-me morrer um outro dia..." escreveu ele no diário de bordo.

Acabou dando certo. Como sempre, estava preocupado demais com a segurança, foi sua conclusão. A betoneira não era muito eficiente. Diversos pedaços foram impossíveis de quebrar, e ele foi obrigado a usar as mãos de qualquer jeito, mas agora pôde registrar noventa minutos por saco, com o objetivo de baixar para sessenta. Não obstante, era um trabalho duro para uma pessoa só e ele começou a entender por que Timothy McVeigh fizera uma bomba de apenas 600 quilos. Ele deveria ter enfrentado os mesmos problemas e aprendido a lição "da maneira mais difícil". De qualquer forma, o arrendatário de Vålstua sentiu que havia progredido mais lentamente na última semana e prometeu a si mesmo acelerar o ritmo.

Já estava no sítio havia setenta dias. Em 11 de julho, alugou um carro na AVIS Rena, além de comprar algumas guloseimas, fato pelo qual se desculpou no diário de bordo.

"Já que estou trabalhando na tarefa mais desagradável, hoje fui comprar muita comida requintada e doces." Ele precisava carregar as baterias e elevar o moral antes de iniciar o duro trabalho de fazer a mistura toda manhã. "A boa comida e os doces são parte central do sistema de premiação que me sustenta. Até agora se mostrou eficaz." Se tinha receio de alguma tarefa, por exemplo, um trabalho extremamente duro ou algo que implicasse risco de se machucar ou morrer, ele tomava um Red Bull, uma vitamina com noXplode ou uma pilha ECA para conseguir se lançar à tarefa.

Misturar pó de alumínio, microbalões e fertilizante era a pior tarefa até então. O pó grudava na parte de dentro da máscara, pois ele já não tinha mais filtros. Depois de ter começado, nem era possível tirar pausas para fumar. "Eu literalmente me transformo no Homem de Lata, com uma camada de pó de alumínio cobrindo todo meu corpo."

Lá para meados de julho, ele se sentiu enjoado e tonto, temendo que se tratasse de sintomas de intoxicação por diesel. A roupa que estava usando parecia ter sido embebida no óleo. Esse tipo de intoxicação não era fatal, mas debilitava a pessoa ao longo do tempo e poderia fazer os rins entrarem em colapso. Para compensar todo o lixo que ingerira nos últimos meses, ele tomava comprimidos com vitaminas e minerais e um suplemento de ervas que fortaleceria os rins e o fígado. Entretanto, só se sentiu pior e decidiu começar a usar a roupa de proteção ao misturar os últimos quatro sacos. Deveria ter feito isso desde o início, porque a roupa funcionava muito bem, exceto pela camiseta e pela cueca samba-canção que ficavam completamente encharcados ao fim da jornada.

Todo dia ele tomava a dose de anabolizantes e quatro vitaminas de proteína para criar o máximo de músculos. Era importante ter uma vantagem física.

Na sexta-feira, 15 de julho, ele foi para Rena pegar o trem até Oslo, onde buscaria o carro de aluguel que havia encomendado. Na estação, havia um punhado de gente esperando o trem das 15h03 para Hamar, cidade onde se fazia a baldeação para continuar até a capital. Um senhor, que estava indo para Elverum buscar seu computador recém-consertado, aguardava sozinho na plataforma.

Anders o abordou perguntando se o trem estava no horário. Contou ao senhor que tocava um sítio ali perto. O trem chegou, e Anders embarcou primeiro. Em seguida, o senhor subiu no trem, e, ao passar pelo jovem, foi parado por ele, que fez questão de que sentasse a seu lado.

Depois da conversa superficial na plataforma, Anders foi direto ao ponto.

— O Islã está prestes a tomar conta da Europa — disse ele. Os muçulmanos haviam matado os cristãos ao longo dos tempos, algo que poderia ser chamado de genocídio.

O senhor de idade o ouviu com interesse, pensando que o moço era inteligente e tinha lido bastante; no entanto, era uma literatura diferente daquela que ele mesmo conhecia. O homem observou que muitos muçulmanos também foram mortos nas cruzadas em nome da religião. Podendo ser considerado um veterano político, ele contou sobre sua participação no primeiro protesto contra a Guerra do Vietnã, em Los Angeles, em 1964.

— Então você deve ser comunista! — exclamou Anders. Ele mesmo era cristão, afirmou.

O senhor de Rena respondeu falando sobre o amor ao próximo e sobre seguir o exemplo de Jesus. Breivik desconversou, dizendo que não estava interessado em Jesus e amor e bondade e esse tipo de coisa.

— Ganhei 26 milhões de coroas antes de completar 28 anos — continuou Breivik, contando ao homem que agora usava o dinheiro para dar apoio a instigadores que expulsariam os muçulmanos da Noruega.

O trem entrou na estação de Elverum, e o velhinho se levantou para descer, mas Anders o agarrou e o segurou com força. O homem tentou se desprender, mas não conseguiu, e o trem saiu da estação.

Logo depois da partida de Elverum, o condutor passou, e Anders soltou o senhor de idade, que rapidamente pegou sua mochila e sua jaqueta e seguiu em frente. Ao condutor, ele só disse que não conseguira descer do trem em Elverum como era para ter feito. O funcionário da companhia ferroviária explicou que poderia descer em Løten e pegar o trem de volta para Elverum. Para garantir o desembarque na hora certa, o velho foi em direção à saída e ficou parado diante da porta durante o resto do percurso. Quando estava saindo, o jovem lhe deu um papelzinho, onde estava escrito um nome, um endereço de email e um número de telefone.

Faltavam várias horas para o próximo trem voltar de Løten, por isso ele acabou pegando um táxi para Elverum. Ali, contou aos amigos sobre "aquele idiota", como ele o chamou.

— Tinha alguma coisa fervorosa dentro dele — disse. — Era quase inacreditável que andasse solto.

Algo com aquele jovem fez com que não o esquecesse. Pensando que poderia estar precisando falar com alguém, o velho discou o número. Uma menininha atendeu. Ele se desculpou e ligou de novo. A mesma menina atendeu. Bem. Só que ele havia se enganado ao ler os números. Anders escrevera o número certo, 90087224, mas o senhor lera os zeros como seis. O endereço de e-mail, anders.behring@hotmail.com, o homem nunca tentou acessar.

No fim do dia, Anders voltou da capital com um novo carro de aluguel. Usando uma desparafusadeira, removeu as marcas da AVIS do carro e passou acetona por cima várias vezes. Ainda havia vestígios da marca, mas ele deixou estar. Começou a calcular o peso da bomba e se o carro seria capaz de transportá-la. A capacidade de um furgão Volkswagen Crafter era de 1.340 quilos, e havia 900 quilos de fertilizantes, mais 50 quilos de carga interna. Ele estipulou que seu próprio peso era 130 quilos, incluindo armas, munições e equipamento de segurança. Além disso, levava uma pequena moto de 80 quilos. Então, ainda sobrava uma margem de quase 200 quilos.

Era segunda-feira de noite, 18 de julho. Ao escurecer, ele acomodou a bomba de fertilizantes no carro. Os explosivos estavam embalados nos sacos robustos que encomendara da China, a carga interna estava em duas sacolas plásticas. Ele cortara um colchão, formando três camadas numa caixa de papelão. Nela, transportaria o reforçador e o detonador, separados da bomba. Ele inseriu a caixa grande com o fuzil, a pistola, a espingarda e a munição, um total de mais de 3 mil balas.

Depois de se certificar de que tudo estava funcionando e acomodado no lugar certo, encheu os tanques dos dois carros com óleo diesel. No dia seguinte, prenderia tudo com correias.

Ele estava pronto para a viagem.

Na hora da ceia, tomou uma dose a mais de anabolizantes.

Mas agora teria de dormir. Estava exausto. "A essa altura do campeonato, eu deveria estar apreensivo, mas estou exausto demais para pensar muito nisso", foi seu registro no diário de bordo.

Tudo com que poderíamos sonhar

— Você FEZ a mala?

O sol do final da tarde lançou listras de luz sobre o piso da sala da casa de Heiaveien 2. Simon esticou o corpo comprido e balançou a cabeça. Era ali no chão da sala que costumava pôr as coisas que queria levar em viagens. As primeiras viagens sozinho foram para torneios de futebol e encontros de atletismo. Para a Norway Cup, os pais muitas vezes foram juntos. O pai como treinador e a mãe como coordenadora e mãe postiça de todos os jogadores mirins. Por muito tempo Tone fizera as malas para ambos os filhos, mas a certa altura decidiu que os dois juntos deveriam fazer a tarefa. Então Simon costumava subir com pilhas de roupas, espalhando-as pelo piso da sala: as cuecas num monte, as camisetas em outro; camisas, calças e meias, tudo em pilhas separadas. Depois, Tone conferia todos os montes como uma juíza, aprovando ou rejeitando-os. Em geral, Simon colocava roupa demais, pois gostava de ter várias opções, ligado em roupa do jeito que era. Muitas vezes, ele parava o irmão mais novo na porta com a pergunta: "Você vai sair ASSIM?", mandando-o voltar e se trocar.

Nessa noite de verão, o chão da sala estava vazio.

Logo Simon vai fazer 19 anos, refletiu Tone, no final do verão ele vai para o Exército, não posso mais conferir suas coisas. Em breve ele sairia do ninho para ganhar o mundo, teria de aprender a se virar sozinho.

Ela e Gunnar acabaram de voltar depois de duas semanas na Turquia, enquanto Simon e Håvard haviam administrado a casa de Heiaveien. Foi a primeira vez que passaram férias só os dois, sem os filhos.

Uma das últimas noites no Mediterrâneo, eles jantaram num restaurante perto da praia.

— Estou aqui pensando — disse Gunnar. — Se alguém me perguntasse se eu queria ter mudado alguma coisa na vida, qualquer coisa, eu não conseguiria me lembrar de nada.

Tone acariciou-lhe o braço e sorriu.

— Pois é, a vida nos trouxe tudo com que poderíamos sonhar. — Estavam juntos havia mais de trinta anos, e, agora, tinham 40 e tantos anos. Desde que se conheceram na pista de dança naquela noite escura de Santa Lucia, em Lavangen, tiveram certeza de que aquilo, aquilo era o grande amor.

Estavam abraçados. Tone sorriu.

— Se fosse mudar uma única coisa nesse exato momento, seria que nossos meninos estivessem acompanhando a gente, que estivessem aqui.

Eles riram. Gunnar concordou.

Os meninos tinham recebido o convite de viajar para a Turquia, mas preferiram trabalhar. Os dois conseguiram ocupação nas férias no departamento de serviços de manutenção da Prefeitura de Salangen. Håvard cortava a grama e capinava ao longo das ruas e estacionamentos, Simon cuidava do cemitério. Ali fazia todo tipo de trabalho prático e de manutenção.

— Só que às vezes é um pouco difícil, mãe, ficar dirigindo aquele cortador de grama barulhento enquanto as pessoas visitam os túmulos e querem estar em paz — dissera ele logo antes de os pais viajarem.

Ele costumava resolver isso procurando alguma outra tarefa por um tempo. Por exemplo, havia sido incumbido de pintar um dos depósitos de ferramentas que ficava na parte dos túmulos novos. Era para ser vermelho. Ele havia terminado a pintura de três paredes. A quarta ainda não dera tempo de fazer, ele a pintaria depois de voltar do acampamento de Utøya.

Durante o ano letivo, ele tinha sido jornalista substituto no jornal *Troms Folkeblad*, e no decorrer do verão recebera ainda mais trabalhos desse tipo. "Acho que tenho um dos empregos de férias mais legais da província de Troms!", escreveu ele no Facebook depois de ter sido enviado para cobrir o festival Peixe do Milhão, com entrada de graça em todos os shows. Naquele dia, ele ainda por cima recebeu uma visita especialíssima de Bardu, o amigo Anders Kristiansen, que o acompanhou nas entrevistas com o público lá; foi um dos dias mais divertidos do verão. Anders mostrou seu lado mais engraçado, inspirando as pessoas a darem respostas jocosas. Talvez fosse uma boa ideia ser jornalista.

Enquanto os pais estavam no avião, voltando da Turquia, Simon atualizara seu perfil no Facebook. "Agora é preciso engatar a quinta para preservar a paz doméstica depois da chegada de meus pais. Quinze dias sozinhos deixaram sua marca."

Portanto, o recém-lavado piso da sala estava vazio. Era quase meia-noite, o sol pairava como uma esfera logo acima da superfície do mar. Tone ouviu Simon mexer lá embaixo, era melhor descer para dar uma verificada. Estava na hora de pôr o menino na cama, no dia seguinte teria de madrugar para pegar o voo até Oslo.

Ela entrou no quarto de Simon no momento em que ele fechou o zíper da maior mala da família.

— Nossa, Simon, você está usando esta mala?

— Estou, é muito prática, consegui fazer caber nela a barraca, o colchonete e a roupa.

— Mas é enorme, você nem vai conseguir guardá-la dentro da barraca.

Simon pegara emprestada uma barraquinha para duas pessoas. Ele abriu os braços e deu um largo sorriso.

— Na hora a gente resolve.

Gunnar também entrou no quarto para lhe desejar boa viagem, pois achava que provavelmente estaria dormindo no horário da saída na manhã seguinte.

Ele deu um abraço de boa-noite e disse algumas palavras ao filho.

— Seja você mesmo e defenda sua posição!

A noite foi curta.

Terça-feira de madrugada, Tone saiu se esgueirando silenciosamente da cama de casal onde Gunnar ainda estava dormindo. Ela se perguntou como conseguiria acordar Simon. Obviamente, eles acabaram conversando até altas horas da noite e foram dormir tarde demais.

Ela ligou a cafeteira, pegou comida, desceu a escada, atravessou a sala do porão e entrou no quarto de Simon. A manhã estava cinzenta, irradiando uma luz pálida pelas cortinas azuis com a estampa do menino, da bola e do skate. O coração fosforescente em cima da cama, que emitia um brilho esverdeado durante a noite, se tornara quase indistinguível do teto agora ao amanhecer.

Simon estava deitado de costas com os braços esticados para os lados. Sua respiração era regular e profunda.

— Simon, você precisa acordar! — gritou Tone. — Você tem que pegar um voo!

Nenhuma reação.

— Simon!

Nem um grunhido.

— Simon, você vai para Utøya!

Tone ficou ali admirando o rosto tranquilo de seu filho mais velho e decidiu que seria melhor deitar-se ao seu lado e tentar acordá-lo de um jeito mais suave.

— Simon — sussurrou ela, dessa vez num tom mais agradável. Ficou deitada, alisando seu ombro e peito. Teria sido bom simplesmente adormecer ali.

Simon sempre fora um menino carinhoso, desde pequeno ele se enroscava do lado da mãe na cama, querendo dormir onde ela estava. Ele era capaz de ficar um tempão bem pertinho dela e apenas desfrutar de sua companhia. Imagine que ele ainda deixava sua mãe fazer carinho nele! Especialmente de manhã, quando não queria levantar, aí ele ficava sem defesas contra os afagos dela.

Tone se ajeitara sobre seu braço. Deu puxõezinhos em seu tórax quase sem pelos, onde apenas alguns fios ralos haviam começado a crescer. Ele se torceu um pouco e continuou dormindo. Ela ficou cochilando um pouquinho, antes de olhar para o relógio outra vez e se levantar de um salto.

— Simon!

Ela o puxou com toda sua força.

Simon estava em seu estado de atordoamento matutino, e ela sabia que demoraria pelo menos uma hora para que acordasse de verdade, e a essa altura não tinham mais tempo. Ele semiergueu-se na cama e pôs a roupa que ela lhe passou. Não aguentou comer nada, mas Tone embrulhou os restos da pizza que fizera na véspera, deixando o saquinho no bolso externo da mala.

Ela se perguntou se ele estava levando tudo de que precisava. Pela primeira vez, ele viajaria sem que ela soubesse exatamente o que estava levando. Mas não havia tempo de se preocupar com isso agora.

Gunnar estava dormindo ainda. De qualquer forma, Simon ganhara um abraço do pai na noite anterior.

O rapaz de 18 anos se sentou no lugar do motorista, quis dirigir. Gostava de ficar ao volante, mas dessa vez parou no primeiro recuo de ônibus.

— Mãe, você vai ter que dirigir. Estou cansado demais.

Tone riu. Simon logo estava cochilando, mas de repente deu um sobressalto.

— Eu falei que prometi dar carona a Mari Siljebråten?

Tone acelerou um pouco. Simon já acordara. A linda floresta de bétulas brilhava tímida. No primeiro pedaço, eles tinham vista para o fiorde; mais adiante, ao se aproximarem de Bardu, viam as montanhas do interior da província de Troms. A mãe e o filho estavam falando de amor. Simon e a namorada acabaram de desmanchar o namoro, algo que não contaram para ninguém, à exceção de Tone. Eles tinham se afastado um do outro gradativamente; depois do verão, ele cumpriria o serviço

283

militar em Stavanger, enquanto ela cursaria o magistério em Tromsø. Mas o que era o amor na verdade?

— Vocês vão descobrir — disse Tone com doçura.

— Não sei se quero fazer faculdade depois de terminar o Exército, mãe — disse ele.

— Mas é claro que vai fazer faculdade — retrucou Tone. — Só que não precisa se estressar com isso, faça uma coisa de cada vez. Você tem a vida pela frente.

Simon sorriu. Ele estava com fome de tudo: experiência, aventura, amor.

No caminho para o centro de Bardu, passaram pela casa verde de Anders Kristiansen, onde o pai estava pavimentando o caminho da entrada com novas pedras. No jardim da família Kristiansen, havia uma pequena casinha com um único quarto, a Casinha de Anders. Ali, ele tinha TV e som e garrafas de tequila, seu próprio salãozinho de festas. Já chegaram a estar, de uma só vez, vinte pessoas naquela cabaninha. Anders e seu pai, Viggo, construíram a casinha juntos, com alicerce de verdade e isolamento térmico completo no piso, nas paredes e no teto. Para finalizar, Gerd, sua mãe, costurara cortinas. Na casinha do jardim, os jovens seriam deixados totalmente em paz.

Subindo um pouco a colina, em *Bardu Beverly Hills*, Tone entrou no pátio de Mari Siljebråten. Loura, saudável e bonita, ela já os aguardava. Ela deu um tchau para a mãe e se sentou depressa no banco de trás. Aquele ano, Mari era a líder da delegação de Troms para Utøya, e ela tinha uns dois anos a mais que Simon.

— Nos últimos três dias, Gunnar Linaker e eu ficamos organizando as coisas que nem loucos, agora tudo deve estar pronto, e estou super- -animada!

Gunnar, que era o secretário da AUF Troms, crescera na casa vizinha de Mari. Ele sempre estava a par das atividades da organização juvenil. Dessa vez, havia cuidado da reserva das passagens e organizado as partidas dos jovens de Troms de três aeroportos, Bardufoss, Harstad e Tromsø. Com bastante antecedência, ele telefonara para todos os pais dos inscritos menores de 18 anos para ter certeza de que estavam cientes do que se passaria em Utøya. Quando Mari se exaltava, ele mantinha a calma.

— Gunnar viajou na frente, ele já está na ilha — avisou Mari. — Mas Hanne está nos aguardando no aeroporto.

Hanne era a irmã mais nova de Gunnar, que também fora integrante ativa da AUF desde a adolescência.

No caminho para o aeroporto, perto do quartel de Bardufoss, a líder da delegação recebeu vários pedidos de Tone.

— Você poderia fazer o Simon tomar café da manhã?

— Ele vai ganhar pão com Nutella e talvez uma fatia de pepino de acompanhamento — riu Mari. Ela estava acostumada com o fato de que Simon se esquecia de comer. E, ainda por cima, era enjoado. Para ele, a comida era apenas combustível, mas, assim como no caso do carro, não se podia encher o tanque com qualquer coisa. No acampamento de verão do ano passado, na Carélia, na Rússia, onde tinha representado Troms juntamente com Anders e Iril de Bardu, eles praticamente só ganharam sopa de repolho. Por muito tempo depois, ele se recusou a comer verduras.

— Lembre-se de atender a todas as chamadas, Simon. Lembre-se de responder a todos os SMS. Senão não vou pagar sua conta de telefone.

— Sim, senhora, mãe, mas meu telefone descarrega tão rápido, que na maior parte do tempo ele provavelmente não vai estar ligado.

Tone sabia disso. Por isso, ela havia comprado um novo celular para ele. Mas era um segredo. Ele o ganharia no aniversário de 19 anos, segunda-feira, dia 25 de julho. Faltava menos de uma semana. O bolo já estava no freezer. Num papelzinho sobre o saco plástico, estava escrito "Simon 19 anos". Ela enfeitaria o bolo com chantili no dia.

Chegaram.

A mãe abraçou Simon. Primeiro, ela deu um beijo numa bochecha, depois na outra. Para que a outra bochecha não fique triste, eles sempre diziam.

Mari riu dos dois.

— Será que você também quer um abraço de mãe?! — perguntou Tone. As duas bochechas de Mari também receberam um beijo cada uma.

Tone ficou parada, seguindo-os com os olhos. *Meu Deus, que filho maravilhoso que tenho!*

Karl Erik, o melhor amigo dele, o havia levado ao solário, pois ele sempre estava muito branco; como resultado, agora estava bronzeado e bonito.

Um gatão na companhia daquelas meninas, pensou a mãe ao ver a delegação, que, naquele momento, se reuniu perto da entrada. Parecia que eram só meninas que pegariam esse voo. Bem do gosto dele, riu a mãe para si mesma.

Quando subiram a escada para o avião, a camada de nuvens se rompeu e de repente havia um brilho nas montanhas de trás.

— Estou vendo o sol e o céu, Simon — escreveu Tone num SMS para Simon.

— Não precisa me lembrar, mãe.

No sul, a previsão era de chuva e mau tempo.

Febre de verão

O TEMPO CONVIDAVA para ficar em casa, deitada debaixo de um cobertor quente, tomando chá. Lara preparou um chá de folhas de tomilho que serviu para Bano no sofá.

— Você está se sentindo melhor? — perguntou.

— Talvez um pouco — respondeu Bano.

Lara dera uva, maçã, mel, óleo de fígado de bacalhau e chocolate quente com leite à irmã mais velha. Agora, estava seguindo o conselho da mãe de que tomilho era bom para a garganta. Ao mesmo tempo, ela refrescava o rosto, as mãos e os pés de Bano com um pano úmido.

Foi a mãe que instruíra Lara sobre esse procedimento, para que a febre abaixasse. No dia anterior, um pouco antes da meia-noite, ela ligara para a mãe, que estava acompanhando Ali e Mustafa num torneio de futebol em Gotemburgo, ou melhor, o pai e o filho estavam no torneio de futebol, enquanto a mãe visitava seus parentes em Borås, nos arredores de Gotemburgo.

— Você tem o número da tia Lana? — perguntou Lara.

Lana era a irmã de Bayan. Ela morava em Erbil e era médica especialista em doenças infantis.

— Para que você vai falar com ela? — indagou Bayan.

— Você já sabe que Bano e eu vamos para Utøya amanhã, mas Bano está praticamente sem voz, e a febre não está abaixando. O que posso fazer para ela se recuperar até amanhã?

— Lara, é mais de meia-noite no Curdistão, você não pode telefonar para Lana a essa hora! Eu volto para casa amanhã! Além do mais, você não pode ligar de jeito nenhum para minha irmã e dizer que vocês estão sozinhas em casa! O que ela vai pensar de mim como mãe?! Eu mesma vou voltar para casa.

— Não, mãe, não precisa.

— Precisa sim!

Bayan disse a Mustafa que ela voltaria para casa no dia seguinte, não importando se o time de Ali passasse de fase ou não. Os dois nunca se acostumaram com a cultura descontraída dos noruegueses, cuja atitude era que as crianças em geral se viravam bem. Eles ficavam aflitos se não tivessem controle total e sempre temiam o pior quando as crianças estavam fora de casa e não atendiam o celular. Bano estava de cama com febre em pleno verão, deveria ser algo grave.

Enquanto a mãe estava no trem, voltando de Gotemburgo para casa, Bano reclamou para a irmã.

— Acho que Deus não quer que eu vá.

— Pare de falar besteira, é claro que você vai ficar boa! — respondeu Lara. Afinal, Bano tinha estado tão feliz com a perspectiva de Utøya. Na verdade, elas queriam ter ido no ano anterior, mas aí foram obrigadas a ir com a família ao Curdistão, um lugar onde só aguentavam ficar uma ou, no máximo, duas semanas seguidas. Todas as restrições, todos os olhares, todas as regras, não, elas preferiam a vida na Noruega.

Lara massageava os pés e a nuca da irmã mais velha, ela tinha comprado batatinhas e doces e tentava animá-la com a perspectiva de todas as coisas legais que aconteceriam em Utøya. Bano mal conseguia se levantar, por isso Lara preparou a mochila dela: agasalhos, saco de dormir, colchonete.

As duas adormeceram no sofá.

— Com certeza você vai ter se recuperado o suficiente para viajar amanhã — disse Lara antes de dormir.

Quarta-feira de manhã, Bayan pegou o trem de Gotemburgo, o bonde da Estação Central até o cais de Aker, o ferryboat para Nesoddtangen, o ônibus até Oksvalkrysset, o ponto que ficava ao lado de sua casa, e, antes do meio-dia, ela estava pronta para assumir o papel de enfermeira. Voltou para uma casa em total desorganização. Desde que viajou, nem um copo foi lavado, nem um prato, nada. Bano estava doente e Lara, cuidando da doente.

Lara estava pronta para sair quando a mãe chegou.

— Você deve estar melhor amanhã! — gritou para a irmã mais velha antes de bater a porta e descer até o ponto de ônibus. Em Oslo, ela encontraria os outros membros da AUF, que vinham de avião e barco e trem de todos os cantos da Noruega, para ir até Utøya.

Ela chegou à ilha no final do dia, tarde o suficiente para não ter de escolher entre os diversos seminários com temas que iam desde a integração dos refugiados à campanha contra a exploração de petróleo em Lofoten.

O que restava era um desfile de moda com o presidente da AUF, Eskil Pedersen, e seu vice, Åsmund Aukrust. Eles seriam modelos de passarela, exibindo as novas roupas da AUF, camisetas e blusas e calças num tecido macio. Depois, haveria a abertura do torneio de futebol, seguida de uma atividade chamada *Speed Dating* [Encontro rápido], antes do concurso de perguntas e respostas no café. À meia-noite, começaria a sessão noturna de cinema.

Lara se trocou para o jogo do time da província de Akershus. Eles perderam.

Ela não estava a fim de participar do *Speed Dating* e se deitou na barraca para ler *As madrugadas em Jenin*. Sem Bano, as coisas não eram tão legais. O que não era nenhuma novidade. Bano tinha o dom de fazer tudo parecer muito divertido, até quando não era. Muitas vezes Lara havia feito coisas só porque Bano dissera que isso ou aquilo era *incrivelmente interessante* ou *superbacana*, mas quando a iniciativa era sua, tudo era só mais ou menos.

Na casa de Nesodden, Bano estava deitada na cama de casal dos pais. Ela estava chateada, com dor de ouvido e dores no corpo. A mãe lhe dava analgésicos e a toda hora aquecia panos para cobrir o ouvido dolorido. quando foi até a cozinha para fazer mais um chá, ela ouviu um estrondo vindo da sala. O despertador estava estilhaçado no chão. Bano o atirara do quarto.

— Mãe, aquele tique-taque estava me deixando louca.

— Tudo bem, Bano. Não tem problema.

A mãe se deitou na cama ao lado de Bano. Tudo estava errado. Ela estava doente, ela não estava em Utøya e ela fora reprovada na prova de condução duas vezes seguidas.

— Ai, gastei tanto dinheiro nisso, e preciso ter a carta antes de me formar, agora já juntamos 8 mil coroas para o carro de *russ*.

Bano tinha pressa na vida. Não queria perder nada. A primeira vez que foi reprovada, passara no farol vermelho, a segunda vez, errara a mão numa rotatória. Quando treinava na direção com Mustafa, eles geralmente acabavam brigando. A última vez que dirigiu, estava indo para Tusenfryd trabalhar, e depois Mustafa levaria Ali e Bayan para a Suécia. Como sempre, Bano estava com pressa, e, ao chegar no trajeto sinuoso antes do cruzamento de Vinterbro, ficou atrás de uma carreta enorme.

— Vou ultrapassar!

— Você está louca? — gritou o pai, dando um sermão sobre como ela era péssima motorista.

— Você deveria fazer como meu instrutor de autoescola — disse Bano. — Ele não comenta nada antes de eu parar o carro.

Ao sair correndo do carro para ter tempo de se trocar e vestir o uniforme de Tusenfryd, ela gritou feliz:

— Não se esqueça de trazer quatro litros de vinho tinto, é muito mais barato na Suécia!

Agora, Bano pediu que a mãe buscasse seu computador. Tinha uma coisa que ela queria lhe mostrar. E então, enquanto estava procurando, seu humor melhorou. Bano era assim, os altos e baixos se alternavam num instante. Enfim, achou o que queria mostrar.

— Mãe, podemos ir a Nova York?

Pela primeira vez, a família estava planejando viajar na semana de férias de outubro, e os pais falavam na Espanha ou na Grécia. As meninas preferiam férias urbanas. Bano mostrou para a mãe as passagens baratas que havia encontrado e uma pousada que "custava quase nada para nós cinco".

Deitada ali, ao lado da filha doente, a mãe estava com o coração mole.

— Tudo bem, Bano. Pode deixar que eu pago.

Bano a abraçou.

— Mas então vocês e o papai precisam cortar algumas despesas, tudo bem? — disse a mãe. — E vocês, meninas, não podem tomar banhos tão longos!

Bano ficou deitada navegando em sites sobre Nova York, a Estátua da Liberdade, o Central Park e todas as ruas bacanas do bairro Village. A mãe quis lhe mostrar algumas fotos que ela tirara dos parentes na Suécia.

— Olha como são lindas suas primas. Quase tão bonitas como você, Bano! — disse a mãe, apontando. — E aqueles ali são os namorados delas.

Bano fez cara triste outra vez.

— Todas têm namorado, menos eu — reclamou. — Nunca tive um namorado, e agora tenho 18 anos!

— Tudo a seu tempo, Bano, com certeza você vai achar alguém; é óbvio, uma menina linda como você! Ainda mais você que conhece tantas pessoas.

— É verdade, mas nunca um namorado.

— Agora você vai fazer o último ano do ensino médio, depois passa para a faculdade, e pode ter certeza que lá vai encontrar alguém. Aliás, que tal aquele bonitinho de sua sala que já mencionei para você antes?

— Ai, não, não fale mais nada.

Bano deitou a cabeça no travesseiro do pai. A felicidade com os planos de viagem parecia ter evaporado, agora ela só estava triste e se virou para a mãe.

— Imagine se eu nunca tiver um namorado na vida!

— Pare de falar bobagens, Bano!

— Mamãe, imagine se eu morrer solteira...

*

Nessa mesma quarta-feira, o arrendatário de Vålstua tinha levado o carro com os explosivos até Oslo. Ele estava praticamente desmaiando, pois passara as últimas noites quase sem dormir.

Calma, muita calma, para não ser parado em alguma blitz. Calma, muita calma, para que a bomba ficasse segura.

Nove horas inteiras foram gastas para secar os últimos lotes de ácido pícrico e DDNP no forno. Ele tinha pensado que seria bem mais rápido, agora estava ainda mais atrasado em relação ao plano.

Ele também havia testado o pavio. Pelo que lera, a maneira mais eficaz seria enfiá-lo num tubo cirúrgico estreito. O pavio que ele quis testar, como um dos últimos preparativos, tinha 75 centímetros de comprimento. Por conseguinte, deveria demorar 75 segundos antes de os explosivos serem acionados. O pavio queimou em dois segundos. Ele escreveu: "Porra, que bom que eu verifiquei isso antes..." Dois segundos não lhe dariam tempo suficiente para fugir da explosão; portanto, nada de colocar o pavio dentro de um tubo.

No centro de Oslo, estacionou o carro perto de Olsens Enke, um shopping de plantas e jardinagem. Ele havia criado uma logomarca na qual estava escrito *Limpa Fossa S/A,* colocando-a na parte dianteira do carro para evitar que os transeuntes estranhassem e, na pior das hipóteses, denunciassem o cheiro ruim do veículo. Depois, convidou a mãe para jantar fora e foi dormir cedo no peidódromo.

Quinta-feira de manhã, ele vestiu um blazer bege e calças escuras antes de pegar o trem de volta para Rena. Na estação, ligou para a central pedindo um táxi para o sítio.

— É aquele sítio onde tinha uma plantação de maconha? — perguntou o taxista que estava de plantão naquela manhã.

Breivik disse que sim, e no carro perguntou ao homem local se a investigação daquele caso já fora encerrada.

— Sim, senhor, lá não deve aparecer mais policiais, não — respondeu o nativo de Rena.

O motorista visitara o sítio muitos anos atrás, na época de outros proprietários, quando havia gado nos pastos e tudo estava em ordem. Ao deixar o homem urbano e bem-vestido, ele estranhou o aspecto de decadência e abandono do local.

— Seja bem-vindo a Østerdalen — disse o taxista e foi embora.

Eu te amo

— SOU TOTALMENTE contra isso, Bano — disse Bayan.

— Mas eu PRECISO ter essa experiência! Afinal, no ano passado a gente estava no Curdistão. Todos falam que é demais!

Bano se sentira um pouco melhor ao acordar na quinta-feira de manhã. Embora mal tivesse voz e não estivesse totalmente recuperada, insistiu em viajar para a ilha.

— Mas você está doente, precisa ficar em casa. Amanhã, papai e Ali estarão de volta, então você não vai ficar entediada aqui só comigo. Talvez, se Ali perder o jogo hoje, eles já voltem hoje à noite! Assim podemos passar uma noite agradável aqui em casa, e você pode se recuperar de verdade.

— Mãe, eu nunca fui para Utøya, preciso ir!

Então Lara telefonou.

— O ministro das Relações Exteriores vai falar, vai ser o máximo! É um debate focado no Oriente Médio, sobre Israel e Palestina. Você tem que vir!

— Que legal! — exclamou Bano. Olhando meio de lado para a mãe, ela acrescentou: — Agora estou bem, vou até aí hoje mesmo.

A mãe olhou preocupada para ela. Mas Bano já se decidira.

— *Sibay, Daya, sibay Gro det!* Amanhã, mãe, amanhã a Gro vai lá! Imagine, ouvir a Gro falar!

Bano pegou a mala que Lara havia feito para ela. Quando estava saindo, a mãe veio com as fotos dos parentes na Suécia. — Leve as fotos para Utøya, assim Lara também pode ver.

— *Daya*, a gente volta no domingo — riu Bano. — Lara pode ver as fotos quando voltar. Seria muito chato se eu perdesse as fotos, ou se elas ficassem molhadas. Mas agora preciso ir. Tenho que pegar o barco às 11 horas. *Xoshim dawei, Daya!* Eu te amo, mãe! — disse Bano.

— Eu te amo, Bano — respondeu a mãe, dando-lhe um beijo.

Ao fazer sua inscrição para o acampamento de verão, Bano se registrara como integrante da equipe de trabalho. Assim, ganharia a comida de graça e não teria de pagar a taxa de inscrição. Ela nem cogitou pedir dispensa por não estar muito bem, e se registrou no cais antes de embarcar no *MS Thorbjørn*.

O sol finalmente aparecera. Bano estava usando uma calça leve e uma blusinha sem mangas. Ela recebeu ordem do supervisor de descer até o palco ao ar livre e montar algumas barracas para o show da banda Datarock naquela mesma noite.

— Ah, não! — disse ela quando pediram que segurasse os paus da barraca. Por sorte, Lara estava passando ali perto.

— Lara!

A irmã mais nova foi até ela. — Lara, você pode segurar aqui? — perguntou. — É que não cheguei a depilar as axilas. Entendeu?

Então Lara também se juntou à equipe de trabalho.

Quando as barracas tinham sido montadas, o sol desapareceu atrás das árvores mais altas. Começou a esfriar. O chão estava úmido por causa da chuva do dia anterior e os pernilongos picavam e chupavam sangue, chupavam sangue e picavam. As irmãs foram até a barraca para buscar o repelente.

— Merda! — exclamou Bano. — Perdi a chave!

— Você trancou a barraca? — perguntou Lara incrédula.

— Tranquei, pois no festival de música de Hove teve um monte de furtos nas barracas.

— Mas isso aqui é um acampamento da AUF! Aqui não tem nenhum ladrão — disse Lara.

Bano foi procurar alguma coisa para abrir o enorme cadeado. No fim, encontrou um serrote, mas era muito cego, então voltou para o galpão de ferramentas e perguntou ao zelador se poderia ver que tipos de ferramentas ele tinha. Ela apontou para uma serra elétrica.

— Você pretende abrir sua barraca com uma serra elétrica? — riu o zelador. Ele acabou achando uma lima que serviria para abrir o cadeado.

— Bano, Bano! — Era exatamente do jeito que Lara havia pensado enquanto estava deitada sozinha na barraca no dia anterior: com Bano por perto, tinha sempre muita coisa acontecendo.

Nesse dia, Lara não se sentiu muito bem e não estava a fim de farras. Depois do show de Datarock ela preferiu ir dormir, enquanto Bano e três outras meninas da província de Akershus queriam cantar caraoquê. Uma delas, Margrethe, de 16 anos, sabia cantar de verdade, era baixista da banda de meninas Blondies&Brownies, que ganhara a versão juvenil norueguesa do concurso Eurovision no ano anterior. *You know you love me, I know you care, just shout whenever, and I'll be there...* Elas ensaiaram "Baby", de Justin Bieber, para que pudessem se apresentar como um quarteto no caraoquê.

A máquina de caraoquê não tinha músicas de Bieber, mas muita coisa de Michael Jackson, que era o favorito de Margrethe. Ela sabia todas as letras, e se estivesse com o violão, teria tocado. Bano fez *backing vocal* com a voz rouca. As meninas voltaram risonhas para buscar mais agasalhos na barraca, pois havia um vento frio. Elas ainda estavam com Michael Jackson na cabeça. *Before you judge me, try hard to love me, lalalala... look within your heart then ask, have you seen my childhood?*

— Vocês ouviram falar da Trilha do Amor? — perguntou Bano entusiasmada. — É uma trilha que faz a volta na ilha inteira, e lá dá para ver as pessoas se pegando.

Ela riu alto de sua própria sugestão. Todas deram risadinhas. Elas estavam em Utøya pela primeira vez.

— Meninas! — disse Bano. — Vamos dar um passeio na Trilha do Amor?

*

Anders Behring Breivik trancou a porta da casa branca do sítio de Vålstua e foi embora.

No bagageiro do Dobló estavam o reforçador e o detonador, embalados no colchão cortado sob medida. Os detonadores são muito instáveis, mas as caixas estavam bem amarradas. Quanto ao pavio, ele primeiro o colocara num recipiente estreito de plástico, depois, dentro do suporte de escova sanitária da IKEA. Era importante não haver fricção ou choques durante o transporte, aí tudo poderia detonar, e o carro explodiria.

Suas armas estavam na caixa Pelican. Ele as reformara para que ficassem do jeito que queria: uma baioneta no fuzil, mira a laser na pistola. Usando uma faca, ele riscara, em runas, nomes da mitologia nórdica. À pistola, ele dera o nome do martelo de Thor, *Mjølnir*. *Mjølnir* acertava tudo que o deus do trovão desejasse e voltava a ele depois. A lança de Odin, *Gungnir*, com cujo nome batizara o fuzil, tinha o mesmo dom.

Fazendo modificações e dando nomes, ele se apropriara de tudo, das armas, do uniforme, da moeda dos templários no bolso.

Ao cair da noite, sob nuvens escuras que estavam se formando no céu, ele estacionou o Dobló perto da Crafter, do lado de fora do shopping de plantas e jardinagem, que a essa altura estava trancado, com sua seleção de groselheiras, roseiras e plantas perenes. Atrás dos viveiros, passava a trilha do trem para a região sul. Do outro lado da rua, havia um condomínio de alto nível. As árvores balançavam levemente ao vento, anunciando uma mudança de tempo em Oslo.

Ele saiu e trancou o carro. Exausto, arrastou-se por Sigurd Iversens, desceu Harbitzalleen, atravessou um dos cruzamentos da Hoffsveien. Era a última hora antes da meia-noite.

A mãe ainda estava acordada quando ele foi entrando. Ele a acompanhou até a varanda para fumar um cigarro. Anders ficou parado, inalando a fumaça, antes de olhar para ela de repente.

— Mãe, não fique tão perto de mim.

Ela mudou de posição.

Ele foi para cama. O plano era levantar às 3 horas da madrugada. Isso seria necessário para dar tempo de fazer tudo. Gro Harlem Brundtland faria a abertura às 11 horas. Para garantir a chegada a tempo de decapitá-la, teria de levantar antes do amanhecer.

Mas não iria dar.

Percebeu que não iria dar. Ele simplesmente precisava dormir, ou seja, para conseguir realizar a ação, teria de estar descansado. A ação exigiria tudo dele, atenção, força, concentração.

Ele colocou o despertador para um horário entre 7 e 8 horas da manhã e adormeceu na cama estreita debaixo da janela. Do lado de fora, as folhas da bétula farfalharam. O vento se intensificou.

*

Os dois não encontraram muitas pessoas na trilha; nessa noite, parecia que a maioria havia procurado a comunhão perto do palco ao ar livre e não os encontros apaixonados.

Eles se conheceram no ano anterior.

— Venha conhecer o Simon! — uma amiga dissera.

— Que gato — Margrethe pensara. E um pouco depois: — Uma pena que tenha namorada.

Mesmo assim, eles tinham passado bastante tempo juntos. Mais tarde, haviam trocado uma ou outra mensagem.

Este ano, ao desembarcar na ilha, Simon mandou uma mensagem para ela: "Estou aqui." Ela não respondeu imediatamente, e Simon escreveu "Venha para cá."

Agora estavam passeando pela Trilha do Amor. Simon segurava a caixinha de pasta de tabaco numa mão. A mão do lado onde Margrethe andava estava livre.

Simon de Salangen e Margrethe de Stavanger. Ela tinha cabelos longos e macios e carregava nos erres. Na convenção nacional alguns meses antes, ele tentara beijá-la. Mas não, não aquela vez, os dois estavam comprometidos.

Ele pôs mais uma dose de pasta de tabaco na boca. No outono, faria o serviço militar na guarnição de Madla, nos arredores de Stavanger, bem perto de onde morava Margrethe.

Esta era uma noite e tanto!

Eles estiveram juntos, em meio à multidão, durante o show de Datarock. Ele a levantara em cima do palco. Eles cantaram, eles dançaram.

A noite de julho estava escura. Enfeitiçada, quase assombrosa, achou Margrethe. Eles decidiram dar uma volta na ilha depois do show. Aí desceram até o lago e se sentaram em cima de umas pedras no Cabo Desnudo. Ela havia emprestado seu casaco a ele. Deu meia-noite, deu 1 hora, deram 2 horas da manhã.

Um rumor passou pela floresta. As primeiras gotas de chuva molharam as pedras à beira do lago. Eles se cobriram melhor com as roupas e foram voltando em direção à Trilha do Amor.

Uma cerca carcomida ladeava a trilha. Lá embaixo, o lago de Tyrifjorden estava escuro.

— Você bem que poderia me carregar nas costas! — disse Simon na subida para o acampamento. — Estou tão cansado!

Ela riu. Mas o carregou na última ladeira. E o deixou na parte onde ficavam os nortistas, bem no alto do acampamento.

Um beijo. Boa noite. Ela se enfiou em sua barraca na ala da província de Rogaland, onde sua amiga estava dormindo fazia tempo. Simon entrou agachado na dele.

O acampamento da província de Troms ainda não aquietara. Numa barraca, Viljar estava contando histórias. Como de costume, ele não trouxera saco de dormir, nem colchonete, nem barraca para Utøya. Sempre dava um jeito. Seu irmão mais novo, Torje, estava em outra barraca ouvindo Metallica com seu melhor amigo, Johannes, de Svalbard. Os dois meninos de 14 anos decidiram passar a noite acordados. Através da lona da barraca dava para ouvir os dois cantando. *Forever trust in who we are, and nothing else matters!*

Da barraca de Mari Siljebråten também soavam risadas, enquanto Anders Kristiansen, que era o monitor de plantão naquela noite, tentava fazer todo mundo se aquietar.

Mas não deu certo. Afinal, isso era Utøya.

Lá pelas tantas da noite começou a cair uma chuva torrencial. A Trilha do Amor não atraía ninguém. Todos procuravam abrigo da chuva fria e forte.

Gotas pesadas de chuva ressoavam sobre as lonas das barracas. A água se infiltrava por zíperes e aberturas, sendo absorvida pelos colchonetes e penetrando nos sacos de dormir, que ficavam como compressas úmidas em torno dos corpos jovens.

As gotas de água da mesma nuvem escorriam sobre as ameixas ainda verdes e as magnólias perto da loja de jardinagem Olsens Enke. Tamborilavam no teto de dois furgões que estavam estacionados do lado de fora.

Mas a mistura de fertilizantes, óleo diesel e alumínio estava sequinha e pronta. O pavio estava confortavelmente deitado dentro de um colchão.

Sexta-feira

O COMANDANTE DA *resistência anticomunista norueguesa* envergou uma camisa polo marrom da Ralph Lauren. Por cima, ele pôs um suéter listrado em suaves tons terrosos da Lacoste, vestiu calças escuras e calçou sapatos da Puma. Na cozinha, ele preparou três sanduíches de queijo e presunto. Comeu um e deixou os outros dois num saquinho.

Ele voltou para o quarto, onde pegou uma caixa da Telenor com um novo modem. Havia comprado o mais rápido do mercado. Mas demorou para instalá-lo. Primeiro, ele teve de entrar no Outlook e passar por uma série de procedimentos, para depois ligar o computador outra vez. Às 8h30 ele enviou um e-mail de behbrev@online.no com o título *Teste primeira vez* para si mesmo. *Olá, Meus cumprimentos, AB.*

O modem estava funcionando direitinho.

Ele preparou tudo para mandar o filme que havia montado a partir de clipes e pequenos vídeos da internet, e o mais importante: *2083. A European Declaration of Independence.* Oito mil endereços eletrônicos estavam prontos no computador, já digitados. Agora era só apertar "Enviar". Mas eles não poderiam receber seu e-mail ainda, ninguém poderia abrir os documentos antes de ele estar pronto para a partida.

— Vou dar um pulo na loja de eletrônicos — disse ele à mãe assim que todos os preparativos haviam sido feitos. — Preciso de algumas peças para o computador.

Essa foi a despedida.

A mãe disse que também estava de saída, pretendia pegar o bonde até o centro.

— Você almoça comigo? — perguntou ela.

— Com prazer — respondeu. Tinha dito que ficaria até domingo.

Para o almoço, ela queria fazer macarrão com molho à bolonhesa, um dos pratos prediletos de Anders. E talvez pudessem se regalar com camarões e baguete à noite.

Lá fora, mal se via vivalma. Chovia, o céu estava cinzento. O shopping de plantas e jardinagem acabara de abrir os portões, mas só havia alguns poucos carros solitários no estacionamento externo. Ele abriu o Doblò, desdobrou o colchão da caixa de papelão e retirou o pavio. Depois, entrou pela porta de trás da Crafter para montá-lo. Com uma esmerilhadeira angular, havia feito um buraco entre a cabine e o bagageiro, a fim de poder acender o pavio sem sair do carro. Fixado com fita adesiva de modo que não se enroscasse e pegasse fogo, o pavio passava da cabine diretamente para a carga explosiva.

Ele deixou a Crafter com a bomba ao lado do shopping de plantas e jardinagem, que estava com promoção de cercas vivas de tuias. Trancou a van e entrou no Doblò, que continha a caixa Pelican com todo o equipamento: as algemas descartáveis, a garrafa de água, o fuzil, a espingarda e as munições. Dirigiu pelas ruas desertas em direção ao centro. Estacionou na Praça de Hammersborg, em frente ao Quarteirão do Governo, tomando cuidado para pagar um valor com folga no parquímetro e deixando o comprovante bem visível no para-brisa. Em seguida, passou rapidamente pelo Quarteirão do Governo para verificar se alguma barreira nova surgira recentemente. Debaixo do braço, levava uma pasta de couro preta, como que tentando se entrosar no ambiente do baluarte da burocracia. Saindo do Quarteirão do Governo, onde tudo estava tão aberto e acessível como antes, passou pelos vendedores de flores da praça de Stortorget e foi direto para a Catedral da Sé, onde pegou um táxi.

— Que horas as pessoas costumam sair das repartições públicas agora na época de férias? — perguntou ele.

— Os primeiros já começam a ir para casa por volta das 14 horas — respondeu o taxista, um quarentão norueguês-paquistanês. E hoje era sexta-feira ainda por cima.

— Em sua opinião, que prédio de Oslo tem o maior valor político? — continuou o passageiro. O norueguês-paquistanês pensou duas vezes, antes de receber mais uma pergunta.

— Qual é o melhor caminho de Skøyen até a Praça de Hammersborg? Já era 12h30 quando ele estava de volta à Hoffsveien.

Às 12h40, Gro Harlem Brundtland desceu do pódio do Salão Grande.

Ela estava corada e com calor de tanto falar sobre a luta pelo direitos das mulheres. Muitos anos se passaram desde a última vez que foi para Utøya, uma ilha que visitara pela primeira vez ainda menininha, logo depois da Segunda Guerra. Naquela ocasião, ela saíra escondida do quarto à noite e fora até a fogueira do acampamento, onde estavam os adultos. O pai havia fingido que não a vira, deixando-a ficar ali e ouvir as canções trabalhistas, as risadas, as conversas. Agora, ela falara de sua vida política e de tudo o que havia mudado desde o seu nascimento no final da década de 1930. As mudanças não vieram de graça, a luta pela liberdade custara, as mulheres subiram nas barricadas, foram ridicularizadas e excluídas. A igualdade era algo pelo qual se precisava lutar todo dia, tanto no âmbito global como no cotidiano. Gro advertiu as jovens da AUF contra o retrocesso.

Entre centenas de jovens no salão abafado e úmido, Bano e Lara, des calças, estavam prestando atenção. A igualdade entre os sexos era uma de suas causas de luta. Sobretudo, elas defendiam a verdadeira inclusão das meninas imigrantes. As irmãs já sentiram na própria pele as limitações que lhes eram impostas quando passavam férias no Curdistão, em termos de roupa, conduta, liberdade de movimento. A luta pela igualdade não poderia parar na fronteira norueguesa.

Estava na hora do almoço. Depois, as meninas de algumas das delegações de províncias teriam um encontro com Gro; aquelas que eram candidatas juvenis para suas respectivas câmaras municipais nas eleições dali a dois meses.

A província de Akershus havia sido selecionada, e Bano estava na lista dos candidatos para a Câmara Municipal de Nesodden!

— Como podemos ser ouvidas? — perguntou ela à matriarca nacional.

— Sejam vocês mesmas! — disse Gro. — Senão ninguém vai prestar atenção ao que vocês dizem, e muito menos confiar em vocês. Isso é a coisa mais importante. Se não forem vocês mesmas, nem vão aguentar por muito tempo.

Bano estava usando sandálias de plástico cor-de-rosa na chuva. Gro desembarcara do *MS Thorbjørn* de calças branquinhas e tênis brancos novos, debaixo de um temporal que ela nunca tinha visto em Utøya. Uma das pessoas que a recepcionaram no cais, imaginando que aqueles sapatos não durariam por muito tempo, perguntou à médica aposentada que tamanho ela calçava.

— Precisamos de um par de botas de borracha tamanho 36! — gritaram, mandando uma pessoa procurar.

— Ela pode pegar as minhas — soara a resposta de uma voz rouca de dentro de uma das barracas. Era Bano, que imediatamente tirou as botas de borracha verdes calçando havaianas rosa-choque em seu lugar.

Em seguida, ela ligou orgulhosa para casa.

— Mãe! Gro está usando minhas botas!

As botas mantiveram Gro seca. Entretanto, os jovens de Utøya ficaram cada vez mais molhados. O camping logo abaixo do edifício da lanchonete tinha sido transformado num lamaçal, eram poucas as lonas de barracas que resistiram à chuva que penetrava o tecido e pingava sobre mochilas, sacos de dormir e mudas de roupa. No campo de futebol e perto da rede de voleibol, a grama não era mais verde, e sim marrom de lama, pisoteada e besuntada de lodo e terra. O torneio de futebol foi adiado porque era impossível jogar no campo. Muitos haviam ouvido o discurso de Gro usando sua última muda de roupa seca. No fim, o salão ficou suado e abafado, e precisaram abrir as janelas para a chuva lá fora.

Depois do encontro com a ex-primeira-ministra, Bano ligou outra vez para a mãe.

— Falei com Gro, mãe, falei com uma lenda viva!

— Mas, Bano, você está praticamente sem voz!

— Está tudo bem, é tão legal aqui — gritou Bano em resposta.

— Tome cuidado para não ficar ainda mais doente. Agasalhe-se bem — pediu a mãe. — E peça para Gro escrever um autógrafo em suas botas!

Um jornalista de TV que seguira Gro até Utøya perguntou às meninas da AUF o que Gro significava para elas.

— Ela é a maior — respondeu Bano.

— Maior do que Jens Stoltenberg?

Bano pensou bem.

— Se isso daqui fosse um festival, e eles tivessem sido as bandas, o nome de Gro estaria em primeiro lugar e com letras maiores, e depois, embaixo do nome dela, viria Jens — riu ela em voz rouca.

Acredito que esta seja minha última mensagem. É sexta-feira, 22 de julho, 12h51.

Cumprimentos sinceros,

Andrew Berwick, Justiciar Knight Commander.

De volta ao peidódromo depois de ter pegado o táxi para casa, ele estava prestes a enviar o filme e o manifesto. Mas o computador travou repetidas vezes. Então parou de vez, antes de ele ter conseguido mandar qualquer coisa. Finalmente, o arquivo começou a se mexer outra vez, o cursor se moveu lentamente para o lado. Parecia que o e-mail pelo menos havia sido enviado para alguns destinatários, mas aí o computador travou de novo e ele teve de reiniciá-lo.

A sensação de pânico se espalhou pelo corpo. Tantos anos de planejamento, e as coisas indo tão mal!

Ele fitou os olhos na tela.

Enfim, o envio estava em andamento.

Em cima, estava escrito *Patriota Ocidental*. A seguir, ele apresentou a obra como uma série de "soluções e estratégias avançadas de caráter ideológico, prático, tático, organizacional e retórico".

Não quero lhe pedir qualquer recompensa pela obra, já que se trata de um presente de um patriota a outro. Por sinal, só lhe peço um único favor, peço que envie este livro para todos que conhece. Por favor, não pense que os outros vão cuidar disso. Peço desculpas por ser franco, mas as coisas não funcionam assim. Se nós, a Resistência da Europa Ocidental, falharmos ou ficarmos apáticos, a Europa Ocidental cairá, e, com ela, todas as suas liberdades...

Ele olhou o relógio.

Alguns destinatários já deveriam ter recebido o e-mail com *The Islamisation of Western Europe and the Status of the European Resistance Movements* no campo do assunto, por conseguinte todos os funcionários já deveriam ter saído do Quarteirão do Governo.

Na verdade, pretendera destruir o disco rígido depois de ter enviado o manifesto, mas agora não havia outra opção senão deixar o computador continuar o trabalho sem ele.

Ele se preparou para deixar o quarto; o computador, os dois cofres, o armário com a roupa social, Coderock na parede, a cama de solteiro. Às 14h45, saiu do quarto, virou para a esquerda no corredor, girou a maçaneta e bateu a porta de entrada.

Ele deixou sua antiga vida para trás quando saiu.

No peidódromo, o computador e o modem estavam zumbindo. Quando o manifesto havia sido enviado para mil endereços eletrônicos, tudo parou. O limite máximo do filtro de spam da Telenor para o número de mensagens enviadas num dia fora atingido.

Na tela, uma janela do navegador estava aberta. Ela mostrava o programa do dia para a AUF em Utøya.

Andando em direção ao cruzamento, virando para a direita, ao longo dos antigos edifícios industriais da Hafslund, passando a estátua de bronze de uma menina nua com os braços para cima, ele fez o caminho habitual até Olsens Enke em ritmo apressado. Não encontrou nenhum conhecido.

Ele destrancou o furgão e entrou pela porta de trás. Ali dentro estavam os robustos sacos de juta chineses, nos quais empacotara os explosivos. Ele se trocou ao lado da bomba. Tchau para Ralph Lauren, Lacoste e Puma. Vestiu a malha de compressão. Nas mangas, prendeu os distintivos da polícia feitos de plástico, e, por cima da malha, colocou o colete. Ele pôs a calça preta com as faixas refletoras nas bordas e prendeu o coldre da pistola na coxa. Nos pés, calçou as pesadas botas militares pretas com esporas nos calcanhares.

Antes de abrir a porta do carro para sair, olhou com atenção ao redor. Esse era um momento de vulnerabilidade. Se alguém o visse sair do bagageiro do carro todo paramentado de policial, poderia ficar cismado. Mas não viu ninguém. Skøyen parecia despovoado nessa sexta-feira fria e encoberta, a maioria dos residentes tinha casa de veraneio ou de campo, onde passavam o mês de julho. Ele bateu a porta traseira e se sentou ao volante.

Simultaneamente, Gro estava entrando na cabine do ferryboat *MS Thorbjørn*, indo embora de Utøya. Ao lado dela, estava Julie, sua neta e filha de Jørgen, seu filho falecido. Julie era integrante ativa da AUF e teve vontade de ficar na ilha depois da palestra de Gro, mas ao ver que o tempo estava ficando cada vez mais úmido e encoberto, optou por voltar para casa com a avó. Hadia Tajik também estava acompanhando as duas, ela tinha ido para ouvir Gro falar.

Gro escapou. Ela desembarcou no cais do lado do continente, onde seu carro as aguardava.

Anders Behring Breivik fez o mesmo percurso que fizera de manhã. O acesso para a rodovia E18 estava congestionado. Um trator derrapara da pista perto da saída para Bygdøylokket, e havia uma barreira com dois policiais uniformizados.

Ele olhou para a frente. Imagine só se eles vissem seu uniforme de polícia dentro do furgão cinza! Eles iriam pará-lo e desmascarar os distintivos falsos. Aí tudo estaria acabado antes de ter começado.

Mas não foi o caso.

Ele passou a barreira.

Tudo continuou.

No centro, ele pegou a rua de mão única chamada Grubbegata, que tinha prédios governamentais dos dois lados. Já fazia sete anos que as autoridades decidiram fechar a rua. Mas a decisão administrativa tinha dado tantas voltas nos diversos órgãos da burocracia que ainda não fora implementada.

Às 15h15, ele parou na frente do Ministério da Pesca e Litoral. Saiu e colocou a luz piscante em cima do carro. Entrou novamente; estava com medo.

Ele poderia desistir daquilo tudo. Só ir embora.

Ele ligou o carro. E dirigiu calmamente em direção à Torre.

De acordo com seus cálculos, o pavio precisaria de seis minutos para acionar a bomba. Bastante tempo para escapar, mas também tempo suficiente para que alguém pudesse cortar o pavio e impedir a detonação. Será que deveria acender o pavio já, a algumas centenas de metros do edifício? Não conseguiu se decidir. Então já havia chegado.

Nenhuma barreira impedia o furgão de subir direto para o edifício de dezessete andares que abrigava o Ministério da Justiça e o gabinete do primeiro-ministro. Numa placa estava escrito *Entrada Proibida*, uma corrente fora pendurada entre duas estacas, mas havia espaço de sobra para desviar e passar.

Ao chegar perto da entrada, viu que dois carros bloqueavam o melhor lugar para estacionar. A fim de maximizar a onda de choque numa direção, ele montara a bomba de 950 quilos de forma que havia uns 200 quilos de explosivos a mais de um lado. Por causa daqueles dois carros, ele teve de estacionar no sentido contrário do que pretendera. A força explosiva repercutiria para fora do prédio, e não para dentro dele.

A meta era que o prédio todo desabasse. De acordo com seus cálculos, se conseguisse fazer desmoronar a fileira de colunas externas que sustentavam o edifício, toda a construção viria abaixo. Do escritório do primeiro-ministro, no topo, até embaixo.

Ele estacionou logo na frente da entrada, rente ao prédio. O temor estava prestes a tomar conta dele. Suas mãos tremiam. Para sufocar o medo e se acalmar, ele focalizou o plano que repassara na cabeça centenas de vezes. Já visualizara os atos repetidas vezes, agora era preciso confiar no treinamento e seguir o plano.

Com as mãos ainda trêmulas, pegou o isqueiro. Permanecendo no banco do motorista, ele se virou para trás e acendeu o pavio que despontava do buraco do bagageiro.

O pavio pegou fogo imediatamente, soltando faíscas e crepitando em direção aos sacos de fertilizantes.

Agora não havia como voltar atrás.

Ele tinha se preparado para morrer no mesmo segundo em que ateasse fogo. O gás de ANALFO (nitrato de amônio, pó de alumínio e óleo diesel) poderia sair pelo buraco e explodir o carro. Ficando quase perplexo por isso não ter acontecido, ele pegou depressa as chaves, mas esqueceu o celular no painel, e saiu. Trancou o carro e olhou ao redor. Durante o planejamento, imaginara que agentes armados viriam correndo, que ele teria de matá-los. Mas ninguém veio. Mesmo assim, abriu o coldre da coxa, tirou *Mjølnir* e subiu a rua com a pistola na mão direita.

O Centro de Monitoramento ficava no segundo subsolo da Torre Alta. Dali, dois seguranças vigiavam o Quarteirão do Governo por meio de diversas câmeras. Os guardas não notaram o furgão que estava estacionado logo do lado da entrada.

Uns dois minutos depois de Breivik ter acendido o pavio, uma recepcionista da Torre Alta avisou que havia um furgão estacionado em local proibido perto da entrada. Um dos seguranças voltou a gravação da câmera alguns minutos, apertou "play" e assistiu à filmagem de um carro subindo devagar do lado de fora. O segurança viu um homem, que ele supôs ser um guarda, deixar o carro e sair da imagem.

Estavam acostumados com carros estacionados em locais proibidos, principalmente carros de serviços de entrega e furgões, bem como de visitantes que tinham assuntos rápidos a resolver. De acordo com os regulamentos, a entrada somente deveria ser usada pelo primeiro-ministro e pelos ministros ao chegarem ou saírem com os carros oficiais do próprio governo. Mas a regra mal era aplicada.

Fora da imagem, o homem de uniforme já estava passando para a calçada do outro lado da rua, por causa das obras. Ali encontrou um jovem que levava um buquê de rosas vermelhas. O jovem olhou com curiosidade para o policial, notando de relance a pistola.

Breivik avaliou rapidamente se o homem vindo na direção contrária era um agente secreto que teria de ser baleado. Chegou à conclusão de que o homem era civil e o deixou viver.

Tendo passado um pelo outro, os dois se viraram, e seus olhares se encontraram. Continuaram andando, virando-se outra vez. A essa altura, Breivik já tinha colocado a viseira.

O homem das rosas quase parou. Ficou surpreso ao ver o policial armado entrar num furgão. Também achou estranho ele sair pela Møllergata na contramão. O homem estranhou tanto aquilo que pegou seu celular e digitou o modelo e o número da placa do carro, *Fiat Doblò VH 24605*, antes de continuar andando.

Lá embaixo, no Centro de Monitoramento, o oficial de segurança usou as câmaras para procurar o motorista. Parecia que ele tinha ido em direção ao Ministério da Educação e Pesquisa. Mas ali não se via ninguém. O guarda voltou sua atenção para o carro que estava estacionado em lugar proibido e fez um zoom na placa.

Naquele momento, Breivik já estava saindo da Møllergata, virando à direita para descer em direção ao fiorde e entrar no Túnel da Ópera. Dentro do carro, ele inseriu no GPS as coordenadas que havia salvado enquanto estudara o casco do *MS Thorbjørn*.

O guarda do Quarteirão do Governo decidiu ligar para o Departamento Nacional de Trânsito solicitando o nome e o número de telefone do proprietário do carro. Era o que costumavam fazer para localizar o motorista e lhe pedir que tirasse o veículo.

Um jovem veio andando da Møllergata e subiu a estreita passagem em direção ao chafariz da Praça Einar Gerhardsen. Ele estava vestindo uma camisa branca e levava uma pasta de laptop a tiracolo. Na verdade, o jovem bacharel de Direito estava de folga nessa sexta-feira, mas acabara de terminar um relatório sobre acordos aduaneiros entre a UE e os países emergentes e queria mostrá-lo aos colegas.

— Pode mandar por e-mail — dissera o colega do Departamento Jurídico, mas Jon Vegard Lervåg queria entregá-lo pessoalmente, e assim aproveitar para desejar boas férias de verão a todos. No fim de semana, ele e a esposa viajariam para Ålesund, sua cidade natal, para contar aos pais e sogros a feliz notícia: eles teriam um filho.

O jovem atravessou Grubbegata. Ele era ligeiro, praticava corridas de montanha, de preferência nas encostas íngremes da região oeste. Tinha 32 anos, a mesma idade daquele que acabara de sair do Quarteirão do Governo e agora estava indo para o Túnel da Ópera. Os dois nasceram no mesmo ano, no mesmo mês, com apenas quatro dias de diferença. Quatro dias e uma eternidade.

Jon Vegard Lervåg era membro da Anistia Internacional e da organização Advogado de Rua, que prestava assistência jurídica gratuita a toxicodependentes. Anders Behring Breivik era membro do Knights Templar e do Clube de Tiro de Oslo. Jon Vegard, um hábil violonista clássico, estava aguardando ansiosamente o show de Prince no dia seguinte. Estava feliz com a perspectiva da viagem pela serra no domingo e feliz com a perspectiva de ser pai em fevereiro. Quatro dias os separavam, e para sempre.

Quando Jon Vegard passava ao lado do furgão, este explodiu num mar de chamas. Ele foi jogado para cima por uma onda de choque tão potente que morreu na hora, antes até de ser atingido por estilhaços de vidro e pedaços de metal.

Eram 15h25min22s.

Duas jovens mulheres, assessoras jurídicas do Ministério, que estavam atrás do carro, também foram elevadas pela onda de choque, engolidas pelo mar de chamas e atiradas ao chão. Morreram imediatamente. Duas recepcionistas da Torre Alta foram ejetadas de suas cadeiras por cima do balcão e aterrissaram na praça. Os vidros entraram voando no prédio, as portas foram despedaçadas, as esquadrias viraram lanças de madeira, pedaços de metal se transformaram em pontas de faca incandescentes.

Tudo foi arremessado para dentro do prédio, ou sobre a praça, a rua e o chafariz, onde oito pessoas já jaziam mortas ou moribundas. Em torno delas, havia vários feridos, derrubados pela onda de choque ou com cortes profundos.

Em cima de tudo, grandes quantidades de folhas de papel caíram lentamente. Devagar, quase flutuando ao vento, elas pairaram sobre a destruição, em meio à qual o anel de casamento de Jon Vegard permanecia intacto.

— O que foi isso? — perguntou o primeiro-ministro ao ouvir o estrondo.

Jens Stoltenberg estava sentado atrás da mesa falando ao telefone. Ele optara por trabalhar em casa, na residência oficial do primeiro-ministro em Parkveien. Como era época de férias, não havia necessidade de ir até o escritório da Torre Alta. Ele estava escrevendo o discurso que apresentaria em Utøya no dia seguinte. O tema deveria ser a economia e a luta pelo pleno emprego. Seus assuntos prediletos.

No momento do estrondo, ele estava ao telefone com o presidente do Parlamento, Dag Terje Andersen, que se encontrava numa floresta na província de Vestfold. Trovão, supôs o primeiro-ministro, afinal, a previsão era de temporal.

Continuaram a conversa.

Uma das funcionárias do gabinete do primeiro-ministro estava na recepção no momento da explosão. Ela foi morta na hora pela onda de choque. Do lado de fora do escritório de Stoltenberg na Torre Alta, um dos seguranças estava inconsciente, enquanto o assessor de imprensa naquele exato momento saía correndo de seu escritório no 15º andar, onde as janelas haviam sido arremessadas para dentro da sala. O sangue pingava nos sapatos. Ele pôs a mão na cabeça, os dedos ficaram vermelhos. Um arranhão se estendia na parte de cima da cabeça e sangue escorria pelos cabelos acobreados. Ele voltou correndo para o escritório destruído, querendo pegar algo para estancar o sangramento. Achou uma camiseta numa sacola e a apertou contra a ferida.

Enquanto corria escada abaixo, ligou para o primeiro-ministro na linha direta. — Olá, aqui é o Arvid. Está tudo bem com você?

— Sim — respondeu Stoltenberg. Ele ainda estava no meio da conversa com Andersen na outra linha.

— Você não está ferido?

— Não...

Enquanto fugia pela escadaria parcialmente escurecida e caída, Arvid Samland contou ao primeiro-ministro o que viu. Ele e vários outros funcionários estavam tentando sair do prédio. Havia fumaça e uma grossa poeira por todo lado, pedaços da construção bloqueavam partes da escada e estilhaços de vidro estavam espalhados ao longo da escadaria, onde os traços de Picasso aplicados a jato de areia na parede de concreto estavam sem um arranhão.

No subsolo do prédio, o segurança estava com o telefone na mão, tendo acabado de começar a digitar o número do Departamento Nacional de Trânsito, quando houve o estrondo. O teto tremeu, os monitores ficaram pretos, as lâmpadas e os alarmes piscaram, os canos de água estouraram. Então ele mudou o número e ligou para a linha direta da polícia de Oslo, sendo o primeiro a avisar sobre a explosão.

Ao mesmo tempo, centenas de pessoas fugiram correndo do prédio governamental. A fumaça saía da construção em grande quantidade, vários andares estavam em chamas, o edifício poderia desmoronar ou poderia haver uma nova explosão. Algumas pessoas ficaram simplesmente paradas e boquiabertas. Outras pegaram os celulares e ligaram para casa.

O segurança que havia alertado a polícia permaneceu na frente dos monitores. Ele procurou as imagens do carro que estacionara seis minutos antes. Tendo visto as filmagens de novo, telefonou para a polícia pela segunda vez.

— Foi um carro que explodiu — disse ele, informando sobre o homem de uniforme escuro que deixou o carro logo antes da explosão.

Três seguranças entraram no escritório de Jens Stoltenberg em Parkveien, vestiram um colete à prova de balas nele e lhe ordenaram que os seguisse para um quarto blindado. Já que o ataque no centro visou o prédio do governo, era possível que a residência do primeiro-ministro também fosse um alvo.

No entanto, não foi posta guarda armada na parte externa da residência.

Breivik estava dirigindo com o rádio ligado. Ele próprio não ouvira explosão alguma.

Algo havia dado errado, o pavio não acendera os explosivos. Tinha sido um fracasso!

A Crafter deveria ter explodido fazia tempo, ponderou ele enquanto estava parado no congestionamento dentro do Túnel da Ópera.

No entanto, a algumas centenas de metros da Praça de Hammersborg, as caixas Pelican no bagageiro haviam tombado, sacudindo muito. Será que a explosão tinha ocorrido quando elas caíram e ele não a ouviu por causa do barulho das caixas? Ou... será que simplesmente fora a pressão do ar gerada pela explosão que fizera as caixas caírem?

Ele continuou dirigindo. Aumentou o som do rádio. Depois de uns dois minutos, a transmissão da estação P4 foi interrompida por uma notícia de que houvera uma explosão no Quarteirão do Governo.

Yess! A bomba tinha explodido!

A primeira viatura da polícia chegou ao local três minutos depois da explosão. Ao mesmo tempo, dez ambulâncias foram direcionadas para a área. Vários transeuntes se apressaram a prestar primeiros socorros. O Hospital Universitário de Oslo foi colocado em alerta de calamidade, e o pronto-socorro se preparou para um grande movimento. Entre os que foram chamados para o Quarteirão do Governo, havia um dos melhores amigos de Anders Behring Breivik, o bombeiro que se preocupara com ele, querendo saber quando voltaria à realidade e a ser ele mesmo.

Nove minutos depois da explosão, o disque-denúncia da polícia recebeu um telefonema.

— Olá, aqui é Andreas Olsen. Estou ligando pois acho que houve uma explosão no Quarteirão do Governo e vi algo muito suspeito ao passar por lá.

A atendente disse que não poderia registrar a denúncia naquele momento, mas que retornaria a chamada. Olsen a cortou, dizendo que observara um homem de uniforme policial que estava andando com uma pistola na mão.

— Desculpa, mas olha só, não posso receber a denúncia agora. Qual é seu nome?

— Trata-se de uma informação concreta sobre um carro — insistiu Olsen. Era ele que andara com um buquê de rosas na mão e que notara Breivik subindo do Quarteirão do Governo. Ele explicou sucintamente o que havia visto: um homem com capacete de proteção e pistola, que tinha um "ar estranho". O homem subira sozinho do Quarteirão do Governo e entrara num furgão cinza com a placa VH 24605.

A atendente havia acabado de ler a mensagem do segurança do subsolo da Torre Alta, e então conjugou as informações. Entendeu que a denúncia era importante e anotou os dados num papelzinho amarelo.

Ela levou o papelzinho até a Central de Operações, deixando-o na mesa da chefe operacional. A atendente que recebera a denúncia viu que a chefe estava ocupada ao telefone, mas achou que tivesse feito contato visual com ela. Conforme sua impressão, ela havia entendido que o papelzinho era importante.

Aí ela saiu.

E o papelzinho ficou ali.

Enquanto um Fiat Doblò VH 24605 estava parado no congestionamento perto da Ópera, o papelzinho ficou ali.

Intocado sobre a mesa, numa sala de caos, ele não incomodou ninguém.

O distrito policial de Oslo não tinha quaisquer procedimentos coordenados de alerta, portanto a própria chefe operacional, que deveria ter liderado a ação, foi pegar a lista telefônica. Ao invés de gerenciar a Central de Operações, coordenando a operação com o chefe de operações de campo, ela priorizou gastar seu tempo convocando policiais para plantão. Na fase crítica, mal havia contato entre a chefe operacional da central e o chefe de operações de campo, que comandava os esforços de proteção e resgate no Quarteirão do Governo.

Anders Behring Breivik ainda se encontrava no congestionamento na frente da Ópera. Ele temia que toda a cidade de Oslo já estivesse bloqueada por causa do ataque a bomba e que ele nunca chegasse à próxima fase da operação.

Se eu fosse o chefe da polícia, colocaria barreiras em todas as principais vias de acesso, pensou ele. Talvez a capital já estivesse hermeticamente fechada por forças de segurança.

Mas nenhum bloqueio foi feito, nenhuma rua foi fechada. Isso nem foi cogitado. Não foi feita qualquer tentativa de parar possíveis autores em fuga. Todo o pessoal disponível foi mandado diretamente para o Quarteirão do Governo e para a operação de resgate ali, o que também foi o caso da tropa de elite altamente treinada, conhecida pelo nome Delta.

Em meio ao caos, ninguém ainda havia notado o papelzinho amarelo. Nenhuma das forças policiais nas ruas foi instruída de procurar um furgão da marca Fiat Doblò com a placa VH 24605, ou um guarda de uniforme escuro num carro civil.

Breivik ainda estava bem perto. Ele demorou muito para atravessar o centro-leste e o túnel sob o fiorde de Oslo, antes de subir à superfície no centro-oeste. Saindo do Túnel da Ópera, ele passou pela Embaixada dos EUA, que, a essa altura, fervilhava de agentes de segurança. A polícia também estava a postos na frente da embaixada. Ele passou direto. Ah!, pensou, obviamente acham que se trata de terrorismo islâmico. Ele se divertiu ouvindo os especialistas em terrorismo dizendo no rádio que isso apontava para a al-Qaeda.

Ele ficou um pouco estressado com o aparato de segurança perto da embaixada, temendo mais uma vez que alguém fosse estranhar o fato de ele estar de capacete e uniforme num furgão. Agora era preciso se acalmar. O mais importante era não bater o carro. Ele passou a esquina do Parque do Palácio Real, atravessou Parkveien, onde o primeiro-ministro se encontrava num quarto blindado, subiu Bygdøy Allé com suas lojas exclusivas. As árvores enormes que ladeavam a alameda estavam carregadas de castanhas ainda verdes. Ele estava em seu bairro, em seu hábitat. Passou por prédios elegantes e por Fritzners Gate, onde vivera sua primeira infância. Algumas ruas mais adiante, do outro lado da alameda, ficava o apartamento que alugara quando tinha 20 e poucos anos. Ele conhecia as ruas, os bares, as lojas. Conhecia as travessas e os atalhos. Agora sabia que conseguiria sair da cidade, a polícia nunca seria capaz de fechar todas as ruas para o oeste.

Ele saiu de Oslo num impulso.

Foram entrando mais denúncias a respeito de observações de um homem de uniforme que deixou o furgão alguns minutos antes de o veículo explodir. Os seguranças de vários ministérios assistiram às gravações de diversos ângulos. A descrição que fizeram foi idêntica àquela que Andreas Olsen havia dado.

Mas nenhum alerta saiu da Central de Operações da delegacia de Oslo, nem para os policiais de rua, nem para o público através da mídia.

Às 15h55, meia hora depois da explosão da bomba, uma operadora por acaso notou o papelzinho amarelo que estava na mesa da chefe operacional. Já haviam se passado vinte minutos desde que Andreas Olsen dera parte da informação. Ela ligou para ele, pedindo que prestasse depoimento outra vez.

— E isso foi antes da explosão? — perguntou a operadora depois de Olsen ter repetido mais uma vez o relato do que vira.

— Cinco...

— O que você disse?

— Cinco minutos antes da explosão.

— Tem certeza de que ele estava usando uniforme da polícia?

— Havia uma marca da polícia no braço. Se era um uniforme autêntico, não posso confirmar. Mas eu pensei que fosse, pois vi um capacete com aquela viseira de vidro, e ele estava com a pistola na mão. Então me perguntei se havia alguma ação, pois estranhei a situação.

— Mas isso foi cinco minutos antes da explosão?

Olsen confirmou o fato mais uma vez e fez a descrição do sujeito: aparência europeia, 30 e poucos anos, aproximadamente 1,80 m de altura. A operadora ficou convencida de que se tratava de uma informação importante:

— Uma excelente observação, qual era a placa daquele carro?

Eles desligaram às 16h02.

Depois da ligação, a operadora marcou a informação como *importante* no registro operacional e cuidou para que fosse acessível a todos. Além disso, informou ao chefe de operações de campo, que lhe pediu que passasse os dados a uma patrulha da tropa de elite. Era impossível fazer contato pelo sistema de comunicação interna, portanto ela procurou os números de seus celulares e fez as chamadas.

Às 16h03, Breivik passou em frente à delegacia de Sandvika, que fica à beira da rodovia E18. Se os policiais tivessem olhado para fora, eles poderiam ter visto o furgão prata passar na estrada. Sandvika tinha pessoal disponível, mas não sabia o que fazer com os agentes, pois aguardava uma solicitação de assistência de Oslo.

Às 16h05, a operadora de Oslo ligou para a tropa de elite via celular para informá-los sobre o homem de uniforme escuro num Fiat Doblò. Ela também lhes deu o número da placa. A patrulha disse que as informações eram vagas demais para tomar alguma medida.

Às 16h09, a chefe de operações de Asker e Bærum, o distrito pelo qual Breivik estava passando naquele momento, finalmente conseguira falar com o distrito policial de Oslo para oferecer ajuda. Ela então foi informada sobre o veículo e o possível autor. Àquela altura, a delegacia de Asker e Bærum dispunha de três patrulhas, e a chefe de operações chamou a patrulha mais próxima, dando a descrição do suspeito. Essa patrulha havia sido enviada para a prisão de Ila a fim de buscar um preso que iria para Oslo. A chefe de operações pediu que adiassem o transporte do preso por causa da bomba em Oslo. Ela também informou as duas outras patrulhas e anunciou no sistema de comunicação da polícia a marca do carro, o número da placa e a descrição. Em seguida, entrou em contato outra vez com a patrulha perto da prisão nacional de Ila, que agora deveria estar disponível, pedindo que ficassem observando ao longo da rodovia E18.

No entanto, os dois policiais da radiopatrulha optaram por contrariar a ordem que receberam. Foram buscar o prisioneiro em Ila mesmo assim e estavam indo para Oslo. Queriam "terminar a tarefa", disseram. No registro de operações, o transporte do prisioneiro fora registrado como missão de prioridade 5, a mais baixa. O prédio do governo do país havia explodido, e a patrulha agiu como bem quis. A segunda patrulha de Asker e Bærum, que estava ocupada com uma missão ligada à psiquiatria e havia sido instruída de se livrar da tarefa, tampouco cumpriu a ordem recebida.

E isso justamente quando Breivik passou por seu distrito, num Fiat Doblò, VH 24605, de cor clara, exatamente conforme a informação que a chefe de operações deu através do sistema de comunicação da polícia. Duas patrulhas policiais poderiam ter estado na rodovia E18 e prestado atenção. Nenhuma o fez. Breivik passou voando para o oeste.

A julgar pela conduta da polícia de Oslo, muito pouco indicava que a Noruega de fato havia sido alvo de um ataque terrorista com grande risco de ataque secundário. As ofertas de assistência feitas pelos outros distritos foram, em sua maioria, rejeitadas, embora houvesse muitos alvos em Oslo que ainda não estavam protegidos. O Parlamento pediu reforços para seu corpo de guardas, pois não havia guarda armada na parte externa do edifício. Vão ter que se virar com seus próprios seguranças, foi o recado da chefe de operações de Oslo. É melhor vocês trancarem alguns edifícios, foi a mensagem que a administração de segurança da Assembleia Nacional recebeu. A sede do Partido Trabalhista na Praça de Youngstorget pediu proteção, a Casa do Povo pediu proteção. Os pedidos foram rejeitados com o conselho de mandarem esvaziar os edifícios.

Na Noruega, há um único helicóptero de polícia. E em julho o serviço de helicóptero estava de férias. Como consequência das novas medidas de contenção de despesas da polícia, não havia nenhum esquema de contingência para a tripulação no alto verão. Mesmo assim, às 16 horas, depois de ter ouvido sobre a bomba no noticiário, o primeiro piloto já se apresentou para serviço. Ele foi informado de que não precisavam dele.

Ao mesmo tempo, no decorrer da hora seguinte, a tropa de elite fez duas solicitações para usar o helicóptero da polícia. A tropa foi informada de que o helicóptero não estava disponível, apesar de estar no chão, completamente operacional e em condições para voar a qualquer momento. A polícia tampouco tomou alguma iniciativa para mobilizar os helicópteros das forças armadas ou para usar helicópteros civis.

Depois da bomba de Oslo, não foi dado um alerta nacional de imediato. Um alerta nacional inclui a transmissão de mensagens que são avaliadas como importantes para todos os distritos policiais do país. Nesse caso, há procedimentos rotineiros nas delegacias. Para Asker e Bærum, isso implicaria a instalação de um bloqueio policial na rodovia E16 perto de Sollihøgda, para onde Anders Behring Breivik estava indo a essa altura.

Quando a Kripos, a polícia de investigação criminal, entrou em contato com a polícia de Oslo para saber se havia algo com que pudesse ajudar, a chefe de operações respondeu assim:

Chefe de operações: Bem, pois é, você talvez possa, ou seja, talvez seja interessante alertar, fazer um alerta nacional.

Kripos: Sim, e qual será o teor do alerta?

Oslo: Pois é, seria interessante que foi visto um carro aqui, é isso. Um pequeno furgão cinza. VH24605. Então, se você puder mandar isso, ou seja, um alerta nacional de que houve um ataque aqui e que os distritos policiais de fato tenham isso um pouco em mente.

Kripos: Aquele carro?

Oslo: Sim, e de resto outras atividades, pois pode ser interessante em relação aos postos de fronteira. Hum, talvez alertar a Administração Aduaneira, que fica na maior parte das fronteiras de qualquer forma.

A comunicação entre as entidades era ruim e vaga. A conversa se encerrou sem que a chefe de operações conseguisse transmitir que esse poderia ser o veículo de um possível autor, que a pessoa fora vista perto do local, que estava vestindo uniforme policial e estava armada.

As informações da testemunha não foram anunciadas através de qualquer sistema conjunto de comunicação, tampouco foram transmitidas à mídia para notificação via rádio e televisão. A Central de Trânsito Rodoviário de Oslo, que possui uma extensa rede de câmaras, também não foi alertada. Apesar de o Quarteirão do Governo, o principal centro de poder da Noruega, ter sido explodido por uma bomba, o plano de resposta a terrorismo nunca foi implementado.

Ninguém apertou o botão vermelho.

Os recursos existentes não foram aproveitados.

Enquanto isso, Breivik dirigiu calmamente em direção a Sollihøgda. Ele respeitou os limites de velocidade. Não quis ultrapassar nem ser ultrapassado, para evitar que alguém olhasse para dentro do carro e estranhasse alguma coisa.

Às 16h16, ele cruzou Sollihøgda. Lá embaixo, de seu lado esquerdo, estava o lago de Tyrifjorden, escuro e cinzento.

Logo, ele conseguiu ver a ilha de Utøya.

*

Os melhores tinham de ficar na defesa.

E nos últimos acampamentos de verão de Utøya, Simon tinha sido o burro de carga do time de futebol da província de Troms. Ele era o mais bem treinado e, sobretudo, aquele que tinha mais experiência de equipe entre os ativistas. Sabia enfrentar os ataques dos adversários, captar a bola e chutá-la para frente no campo. Ele também era o que ficava mais irritado com os lerdos, sendo capaz de gritar "Vamos, é preciso correr, tenha dó!", ou "Corra mais!". Não aceitava um empenho que fosse mais ou menos, aquilo não era diversão. Era para ganhar.

Brage e Geir Kåre jogavam no meio de campo, enquanto Viljar brilhava no ataque. Ele corria mais rápido, fazia o maior número de gols. Uma vez, às altas horas da noite depois de uma longa farra, ele e Simon começaram a discutir sobre quem era o mais rápido de verdade e decidiram disputar uma corrida sobre a ponte de Tromsø, que media por volta de 1 quilômetro. Um, dois, três e já! Eles correram, mas acabaram desistindo depois de uns 200 metros. O efeito da farra saiu vencedor.

Eles se conformaram facilmente com o fato de que não sabiam quem era o mais rápido, e agora Viljar comemorou um *hat-trick* de verdade, três gols na mesma partida.

No gol, Gunnar Linaker era o rei. O secretário da província de Troms, um grandão de mais de 100 quilos, jogava-se em todas as direções. Depois do jogo, ele estava tão cheio de lama que Mari teve de dar um banho de mangueira nele. Além disso, ele distendera a virilha, e então ligou para um amigo em Tromsø que cursava Medicina. "Você precisa deitar e descansar até a dor passar", foi a orientação. Não, isso não era possível. Até agora, Troms ganhara todos os jogos, sendo o primeiro time a se qualificar para a semifinal. Não havia outra opção senão ignorar a dor. Esse ano, eles ganhariam o torneio!

Durante as partidas de futebol, Anders Kristiansen não aparecera, nem mesmo como espectador e torcida. Eles certamente sentiram falta de seu entusiasmo e voz alta, mas ele andava ocupado com outras coisas, agora estava preparando o seu programa político. Além do mais, o rapaz de 18 anos tinha chegado a Utøya alguns dias antes dos outros para participar de um curso de treinamento para a campanha eleitoral que se iniciaria depois das férias. Anders estava na lista dos candidatos do Partido Trabalhista para a Câmara Municipal de Bardu e tinha esperanças de conseguir um assento fixo no segundo semestre. Depois do verão, ele visitaria as escolas de toda a província de Troms para participar dos debates, e era importante dar os retoques à argumentação e ao estilo. Debater com os adversários políticos era uma das coisas de que mais gostava. Ele tinha gravações de vários debates parlamentares na TV, como, por exemplo, o debate sobre o Regulamento de Armazenamento de Dados e o Regulamento dos Correios, e estudava atentamente como os representantes apresentavam seus pontos de vista, o que funcionava e o que não funcionava, como se poderia vencer o adversário, ridicularizá-lo, torná-lo inofensivo ou lhe tirar a credibilidade. Ele contava os dias para o início da campanha eleitoral!

Depois do jogo de futebol, havia seminários políticos. Eles poderiam escolher entre temas como *Nossos primos suecos sob a bandeira direitista — experiências com o governo conservador no país vizinho,* ou *Violência contra mulheres e crianças,* ou ainda uma atualização sobre as negociações do clima.

Mari e Simon queriam se informar sobre um assunto que era totalmente desconhecido para os dois, *O Saara Ocidental, a última colônia da África.* Aprenderam sobre os saarauis que lutavam contra a ocupação marroquina de seu país, enquanto eram relegados às áreas desérticas mais inóspitas, separados por um muro de mais de 2 mil quilômetros de extensão, e onde mais de um milhão de minas terrestres mutilavam pessoas e animais todo ano. A liberdade de expressão era fortemente cerceada, havia desaparecimentos e encarcerações arbitrárias...

— A gente precisa dar continuidade a isso — falou Mari ao ouvido de Simon.

Quando o seminário estava chegando ao final, uma inquietação se espalhou pela sala. Várias pessoas começaram a falar à meia-voz, enquanto o ativista de direitos humanos do Saara Ocidental continuou a falar. Um menino se levantou e interrompeu o saaraui dizendo que houve uma grande explosão em Oslo. Ele mostrou seu iPhone e o que havia lido na internet. Muitos ficaram com medo, vários dos participantes da capital tinham pais que trabalhavam no Quarteirão do Governo ou nas redondezas.

A sessão foi encerrada com a chegada de um rapaz que veio avisar sobre a convocação de uma reunião informativa. A reunião seria realizada no Salão Grande, onde eles se encontravam naquele momento, por isso Mari e Simon permaneceram sentados. Na reunião, o presidente da AUF, Eskil Pedersen, apresentaria as informações mais recentes sobre a explosão. No entanto, não acrescentou nada além daquilo que eles próprios poderiam ler em seus iPhones.

Monica Bøsei, uma mulher delgada na faixa dos 40 anos, subiu ao palco.

— Os que querem ligar para seus pais, podem ligar, os que querem conversar, podem nos procurar, pois estamos aqui à sua disposição — disse ela.

Havia vinte anos, Monica era a administradora da ilha, dando continuidade às ideias do movimento trabalhista, além de introduzir algumas de suas próprias. Ela cuidava das finanças, colocava ratoeiras e fazia a manutenção dos edifícios. Depois de ela ter trabalhado alguns anos, foi aberta uma vaga de zelador. Um rapaz da AUF da mesma idade de Monica conquistou tanto o emprego como ela. Eles começaram a namorar, passaram a viver juntos e tiveram duas filhas. Quando a AUF comprou o ferryboat *MS Thorbjørn*, ele também se tornou capitão.

Essa seria a última temporada de Monica na ilha. A Mãe Utøya, que era como a chamavam, fora nomeada diretora do Museu Marítimo e passaria o bastão a outra pessoa. Mas agora ela estava ali para cuidar dos jovens apreensivos.

— Hoje à noite, vamos acender todas as churrasqueiras e vocês vão ganhar quantas salsichas quiserem — ofereceu ela, dizendo que Utøya ficava longe de Oslo e que era o lugar mais seguro onde poderiam estar naquele momento.

Em função das mortes no Quarteirão do Governo, a discoteca de sexta-feira foi cancelada e o torneio de futebol foi adiado por causa da chuva. Não havia mais campo para jogar. Monica aconselhou todos os líderes das delegações das províncias a juntarem seus respectivos grupos para falar sobre o que havia acontecido.

Simon e Mari saíram juntos e foram em direção às barracas.

— Não estamos seguros aqui — disse Simon.

— O quê? — exclamou Mari.

— Bem, se isso for um ataque contra o Partido Trabalhista... — argumentou ele.

— Cale a boca, pelo amor de Deus! — pediu Mari a Simon.

— Só estou dizendo que não é por acaso que pegaram o Quarteirão do Governo. Se isso for um ataque contra o Partido Trabalhista, e nós somos parte do partido...

Eles encontraram Viljar. E Simon não calou a boca.

— Viljar, se isso for político, contra o governo, não estamos seguros nem aqui.

Viljar acabara de falar com sua mãe e estava pensando no que dizer para Torje, o irmão mais novo. Durante a palestra de Gro, o menino de 14 anos havia entrado em colapso, depois de passar a noite acordado e do subsequente jogo de futebol. A essa altura ele e Johannes estavam dormindo na barraca. Viljar e a mãe decidiram que seria melhor acordá-lo só depois da reunião informativa e contar a notícia com certo cuidado. Agora estava na hora de tirá-lo do sono.

Na ala da província de Troms, Mari delegava as tarefas. Ela mandou Viljar e mais dois outros prepararem sanduíches e fazerem groselha. Ela mesma serviu o refresco doce em copos de plástico. Ao receber uma notícia ruim, o nível glicêmico cai, pensou ela. Por isso é importante ingerir um pouco de pão agora.

Tudo estava molhado, cinzento e lamacento. O camping se transformara numa poça gigantesca. Mas em pouco tempo, todos estavam sentados no que conseguiam encontrar de cadeiras dobráveis, caixas ou tocos secos.

— Respire fundo, acalme-se — Mari disse a si mesma, só que ela não conseguiu.

*

Agora, Anders Behring Breivik estava no distrito policial de Buskerud Norte, a que Utøya pertencia. Na delegacia de Hønefoss, também não havia ninguém que tivesse recebido instruções de procurar um furgão prata com uma placa específica.

Ele desceu a estrada sinuosa de Sollihøgda. Uma seta apontava para a pequena saída à esquerda. Na placa, estava escrito Utøya. O motorista nem precisava se preocupar com a placa, pois o GPS do carro já mostrava que era para sair ali. Pouco antes das 16h30, o carro saiu da rodovia.

Ele não quis ir até o cais ainda, então parou numa pequena clareira logo acima. Já planejara isso: caso chegasse bem antes da partida do barco, ele aguardaria num ponto onde não pudesse ser visto da rodovia nem do cais. O barco partia apenas de hora em hora. Ele conferira isso no site da AUF, e a próxima partida seria às 17 horas.

Como havia tomado uma boa quantidade de água e um Red Bull, ele saiu do carro para fazer xixi. A desvantagem com ECA era que deixava a pessoa com muita vontade de urinar. Os anabolizantes não davam nenhum tipo de barato em si, mas afinavam o sangue de modo que o coração recebesse mais oxigênio. A pessoa ficava mais concentrada e percebia as coisas mais rapidamente. A visão se aguçava e o reflexo melhorava.

Mas agora ele teria de esperar, o que não lhe convinha.

Enquanto esperava, a Kripos estava elaborando um alerta nacional sobre um possível autor. Quarenta minutos depois da conversa vaga com a Central de Operações de Oslo, na qual foi dito que "talvez fosse interessante fazer um alerta", o alerta foi emitido. Já havia se passado uma hora e dezoito minutos desde a explosão, e uma hora e nove minutos desde a ligação de Andreas Olsen informando sobre o homem de uniforme e pistola e sobre o número da placa do carro.

Alerta nacional — Explosão: possível(is) bomba(s) no centro de Oslo
Pedimos que se procure um pequeno furgão cinza, possível placa 24605.
Por enquanto, a relação entre a explosão e o veículo é desconhecida, mas se o veículo for encontrado, favor informar a Central ou o distrito policial de Oslo para instruções mais detalhadas. Favor tomar certo cuidado ao abordar o veículo.
Atenciosamente, Central da Kripos

Eram 16h43. Não estava escrito nada sobre o fato de que o condutor desse carro, cujo código alfabético da placa a Kripos por sinal não conseguira incluir, fora observado usando um uniforme de segurança ou polícia. Além disso, na prática, muito poucas delegacias receberam o alerta. Não tinham ligado o sistema que o pudesse receber, ou os sinais de alarme não foram definidos corretamente.

Isso também era o caso do distrito policial de Buskerud Norte, onde Breivik se encontrava a essa altura. O computador capaz de receber alertas ficava sozinho num canto, um pouco afastado das três mesas que eram usadas normalmente. Se o computador não estivesse sendo usado, a tela ficava preta. A fim de achar eventuais mensagens de alerta, era preciso entrar em Pastas Coletivas > Alertas e escolher o distrito policial entre todos os distritos do país. Só assim se poderia ver se havia algum alerta para a delegacia.

Ninguém fez isso na delegacia de Hønefoss, em Buskerud Norte.

Portanto, enquanto o alerta estava sendo enviado de Oslo, sem ser recebido pela delegacia a alguns quilômetros de distância, Breivik aguardava no carro. O lago estava cinza e sombrio. A chuva açoitava a superfície da água. Não havia barco algum.

Deveria chegar logo, se a partida estava prevista para as 17 horas.

*

Simon estava inquieto e quis ligar para casa, mas seu telefone estava descarregado. Ele pediu emprestado o de Julie Bremnes. Como filha do cantor popular Lars Bremnes, ela normalmente não conseguia se aproximar do trio Anders, Simon e Viljar sem que eles começassem a cantar gritando: *Ah, se eu pudesse escrever no céu, seu nome eu escreveria!*

Mas agora não. Cinco minutos antes das cinco, Simon ligou para o pai em Salangen, que estava acompanhando o noticiário na TV com Håvard.

— Pai, qual é a notícia mais recente?

— Eles dizem que é uma bomba. Até agora foi confirmada uma morte — respondeu Gunnar, transmitindo as imagens da tela da TV. — Não está nada claro, Simon, são especulações.

— É importante que a gente tenha as informações mais precisas possíveis. Muitos aqui estão preocupados. Ligue para mim se vocês ficarem sabendo de algo mais, então.

— Vou fazer isso, sim — disse Gunnar. — Tchau!

Simon tinha parecido bastante estressado. Gunnar se ajeitou na poltrona. Tone estava a seu lado, fazendo tricô.

Ao mesmo tempo, logo do outro lado do estreito onde estava o filho, aproximadamente a uma distância de 600 metros em linha reta, Breivik decidiu descer de carro até o cais para descobrir o que estava acontecendo com o barco. Ele foi dirigindo lentamente pela íngreme estrada de terra até o cais. Lá embaixo havia um grupo de jovens com mochilas. Eles o olharam com curiosidade quando ele estacionou. Um rapaz louro com colete de guarda e *walkie-talkie* foi andando em sua direção. Breivik saiu do carro fazendo um gesto defensivo com a mão. Não quis que o rapaz se aproximasse mais.

— Controle rotineiro por causa do ataque terrorista no Quarteirão do Governo — disse ele ao jovem vigia. — Foi decidido que serão destacados policiais para alguns locais. — Ele fez uma pausa. — Para garantir que não aconteça mais nada.

O guarda ouviu a mensagem com certa perplexidade. Era estranho que um policial armado e uniformizado viesse sozinho num carro civil. Mas naquele momento deveria haver falta de viaturas policiais, pensou ele.

— Onde está o barco? — perguntou Breivik ao vigia da AUF.

— Parado por causa da explosão — respondeu o vigia, que se chamava Simen.

O policial lhe pediu que chamasse o barco.

— Mais dois homens do serviço de segurança estão a caminho — disse, frisando que ele mesmo faria a travessia o mais rápido possível para proteger a área. O jovem ligou para a ilha.

Ali, no cais do ferryboat, um carro estava com os vidros abaixados e o noticiário no último volume. De cabeça curvada, alguns jovens estavam ouvindo, enquanto tentavam manter os celulares fora da chuva. Todos conheciam alguém em Oslo, e a maioria estava no ônibus a caminho da ilha quando a bomba explodiu. Eles discutiam quem poderia estar por trás do ataque. O palpite mais quente era a al-Qaeda.

Os jovens haviam se registrado com os guardas do cais, suas mochilas foram revistadas à procura de álcool e drogas, como de praxe antes do acampamento de verão.

— Vou só conferir se vocês não estão levando espingardas de cano serrado ou fuzis — brincou o membro da equipe de socorristas voluntários, numa tentativa de aliviar o clima pesado.

O *MS Thorbjørn* partiu do cais de Utøya e foi indo em direção ao continente. Ao lado do furgão que ele parara na beira do estacionamento, o homem uniformizado estava aguardando. O vigia da AUF o viu mexer em alguma coisa numa caixa.

A chuva já havia acalmado quando o capitão levou o barco para o cais. Era uma embarcação de desembarque dos anos 1940, usada por fuzileiros suecos durante uma geração. A AUF conseguira comprá-la por um bom preço quinze anos antes. De aço espesso, o casco era pintado de vermelho até a linha-d'água e de preto nas laterais da parte de cima. Os vidros da cabine estavam embaçados. No teto, a água da chuva pesava sobre a bandeira norueguesa.

Ao chegar do lado do continente, o capitão baixou a frente, e a proa se tornou uma rampa de desembarque. Monica Bøsei se apressou a sair para receber o policial que estava no cais.

— Por que não fomos informados sobre isso? — perguntou ela.

— É que tudo está um caos em Oslo agora — respondeu o policial.

— Ok — disse Monica. Ela se dirigiu ao barco outra vez, enquanto o policial foi até o carro. Ele havia dito que precisava levar alguns equipamentos.

Arrastando uma caixa preta pesada, ele voltou com um fuzil na mão. Monica se aproximou dele pela segunda vez.

— Você não pode aparecer com este fuzil na ilha. Ele vai assustar todos! — exclamou ela. — Pelo menos precisa escondê-lo.

Dessa vez foi o policial que respondeu "ok".

Ele retornou para o carro a fim de pegar algo com que pudesse cobrir o fuzil. No banco da frente estava a Benelli num saco plástico preto. Ele tirou a arma do saco, deixando-a descoberta. De qualquer jeito, não teria uso para a espingarda.

A pesada caixa de plástico com rodas formava sulcos profundos no cascalho. Na rampa de embarque, o policial a empurrou a bordo. O fuzil ainda estava apenas semicoberto, e Monica pegou um saco plástico a mais na cabine do barco para que a coronha também ficasse escondida.

O barco soltou uns pigarros e partiu do cais. A essa altura, todos haviam sido contados e registrados, todas as bagagens foram verificadas, isto é, à exceção da caixa de rodas. Ninguém tinha pensado em controlar o oficial da lei.

Preta e pesada, a caixa à prova d'água ficava ao lado do policial. Tudo a bordo estava molhado depois da chuva, não havia onde sentar ou encostar. O convés pintado de verde brilhava liso e escorregadio. Na amurada, as pérolas de água se apinhavam. O tempo clareara um pouco depois de a chuva torrencial ter amansado; o céu agora estava mais branco do que cinza, oferecendo a esperança de uma noite clara.

Monica queria conversar. Sobre a bomba, sobre o trabalho da polícia, sobre a missão do homem. O fardado era taciturno, respondendo de modo áspero e resumido, enquanto bebia avidamente de uma pequena mochila com canudo que levava nas costas. Ele parecia quase irritado e não olhava para os jovens que estavam em pé no convés a seu lado.

Uma figura forte e compacta, ele parecia pesado, sim, era como se algo pesasse sobre ele. Afetado pela gravidade do momento, pensou o jovem vigia que ficou no cais.

A travessia até a ilha levou apenas alguns minutos. Quando o barco se aproximou do cais de Utøya, o marinheiro do convés jogou a amarra, pulou e o atracou.

O capitão saiu da cabine para dar uma mão com a caixa grande. Equipamento de detecção de bombas, pensou ele. O policial perguntou se alguém poderia levar a caixa até a sede. O capitão se ofereceu. Ele foi buscar o único carro da ilha, deitou a caixa no bagageiro e dirigiu até a casa da recepção que ficava na ladeira íngreme.

Os jovens que vieram no barco foram subindo o caminho de terra com suas mochilas. O policial ficou no cais com Monica. Um dos vigias da ilha, o policial Trond Berntsen, foi cumprimentar o recém-chegado.

— Olá — disse o falso policial em tom seco e se apresentou como Martin Nilsen. Era o nome de um amigo seu, um nome que ele lembraria.

Dali a pouco chegou também o segundo vigia da ilha, Rune Havdal. Na verdade, a AUF só os contratara para as noites. Animados, os adolescentes raramente gastavam todas as horas da noite para dormir, e às vezes havia necessidade de vigias adultos para acalmá-los. De dia, os vigias estavam de folga, e seu plano tinha sido levar os filhos ao parque de diversões de Tusenfryd nessa sexta-feira, mas, por causa da previsão de tempestade, eles optaram por fazer o passeio no dia anterior. Com 9 e 11 anos, seus filhos eram os mascotes da ilha; eles construíam cabaninhas nas árvores e brincavam de esconde-esconde na floresta. Esse ano, os dois levaram um amigo também.

Trond Berntsen perguntou a que distrito policial o recém-chegado pertencia e teve como resposta "Serviço de Segurança, Delegacia de Grønland". Breivik percebeu seus próprios tropeços na terminologia policial e a falta de domínio de alguns códigos. O vigia continuou a indagar sobre sua missão.

Este homem é a maior ameaça da ilha, pensou Breivik. É ele que pode me desmascarar.

De repente, ele se sentiu completamente paralisado. Os membros estavam pesados; os músculos, enrijecidos; os nervos, como que imobilizados.

Ele estava com receio. Não conseguiria dar conta disso.

Berntsen se afastou um pouco e trocou algumas palavras com uma integrante da equipe de socorristas voluntários, que também viera no barco.

— Sujeito estranho — disse ele sobre o policial. Mas a mulher estava abalada por causa do ataque a bomba e queria subir logo para encontrar os colegas no acampamento. Ela apenas assentiu com a cabeça. Trond Berntsen voltou para o pequeno grupo no embarcadouro do ferryboat.

— Quando vêm os outros dois? — perguntou ele ao falso oficial do Serviço de Segurança da Polícia.

Por baixo da farda de policial, o coração batia acelerado, ele suava, a respiração era desigual.

Tenho tão pouca vontade de fazer isso, ocorreu-lhe subitamente, enquanto estava ali com Bøsei e os vigias.

— Eles vêm mais tarde — respondeu.

— Você conhece Jørn? — perguntou Berntsen de repente.

Breivik estremeceu. Isso poderia ser uma pergunta capciosa. Talvez Jørn nem existisse. Ou poderia ser alguém que qualquer um conheceria se realmente trabalhasse no Serviço de Segurança da Polícia.

Ele precisava tomar o controle da situação, senão estaria acabado. Tomando coragem, ele interrompeu a inquirição e sugeriu que subissem para a sede. Lá ele poderia informá-los sobre a bomba em Oslo.

Berntsen lançou-lhe um olhar avaliativo, antes de fazer um gesto de assentimento e tomar a dianteira, subindo a encosta coberta de relva.

— Chegou um policial aqui.

Anders Kristiansen estava a uma pequena distância dos outros do acampamento de Troms, que a essa hora terminavam seus sanduíches. Nessa sexta-feira, ele era monitor, equipado com um *walkie-talkie* e um colete refletor amarelo. A mensagem sobre o policial foi transmitida pela rede de comunicação.

— Que bom! — disseram alguns, aliviados.

— A polícia deu ordem para que todos se reúnam no centro da ilha — continuou Anders Kristiansen depois de ouvir o resto da informação.

O centro da ilha, onde fica?, pensou Mari. Rigorosamente falando, seria onde eles estavam nesse momento. Na parte do camping dedicada à província de Troms.

Por isso, eles continuaram ali.

"Agora ou nunca. É agora ou nunca."

O comandante da resistência anticomunista norueguesa estava andando alguns passos atrás de Berntsen na subida. Nos pés, ele tinha as botas pretas de combate. As esporas de ferro do calcanhar estavam escondidas na grama molhada.

Ele segurava firmemente *Gungnir*, que continuava coberto pelo saco plástico preto. *Mjølnir* ainda estava no coldre da coxa.

O corpo resistia. Os músculos tremiam. Parecia que não seria capaz de realizar isso. Cem vozes na cabeça gritavam: não faça isso, não faça isso, não faça isso!

Ou tenho de me entregar agora, ou preciso realizar o que planejei, pensou ele no ponto em que a ladeira ficou mais íngreme.

Ele forçou a mão direita em direção à coxa, desabotoou o coldre, agarrou a pistola.

Uma bala estava aguardando na câmara, dezessete tiros estavam prontos no pente.

A caixa com 3 mil cartuchos, o capitão havia levado até a sede. Ela estava fechada e trancada atrás da casa. Ele tinha a chave no bolso.

Três pessoas estavam andando na sua frente, duas estavam atrás dele. Se eles desconfiassem de algo, o derrubariam. Eles poderiam pular em cima dele.

Então, ele ergueu a Glock devagar e a apontou para Berntsen.

— Não! — exclamou Monica. — Não aponte assim para ele!

Ele disparou contra a cabeça do vigia. Monica Bøsei se virou, mas não teve tempo de correr. Uma bala a atingiu à queima-roupa.

Os dois mortos jaziam perto um do outro. O assassino se posicionou de pernas abertas, primeiro sobre Berntsen, e lhe deu dois tiros na cabeça, depois atirou mais duas vezes em Monica. Ela ficou deitada com o rosto virado para baixo na grama molhada, recém-cortada.

O capitão, que havia estacionado o carro com a caixa no bagageiro, dobrou a lateral da casa no momento em que Berntsen caiu. Alguns segundos depois, os olhos fitaram o lugar onde sua mulher sucumbiu. Mas a imagem foi imediatamente apagada de sua memória. Ele correu ladeira acima pensando que logo levaria um tiro nas costas.

— Corra para salvar sua vida! — gritou ele para quem encontrasse pelo caminho.

Gritos encheram o ar.

A respiração do assassino estava acelerada.

A partir de então foi fácil.

Os olhos, o corpo, o cérebro, a mão, tudo colaborou.

O outro vigia, Rune Havdal, estava prestes a entrar na mata. Ele foi o próximo a ser fuzilado, primeiro com um tiro de imobilização nas costas, depois com um tiro de execução na cabeça.

Os jovens que viram os fuzilamentos correram para todos os lados.

Tentando colocar o barco em marcha à ré, a tripulação do barco gritou:

— Saiam daí!

Anders Behring Breivik não se apressou. Ele andou com calma, simplesmente seguindo o maior fluxo de jovens em fuga.

Ele tinha tempo de sobra, a ilha não era grande. A água estava ali, cintilando como uma arma de destruição em massa. Agora eles estavam encurralados. Era só assustá-los um pouco, e eles se jogariam no lago e morreriam afogados.

Foi isso que ele havia planejado.

Enquanto a adrenalina bombeava em seu corpo, ele se encheu de paz. A força de vontade vencera o corpo. A barreira fora quebrada.

Lara ouviu um estampido. E mais um. Aí, vários em rápida sucessão. Ela estava na frente do espelho do banheiro na extremidade do camping. O chão do banheiro dava uma sensação de aconchego nos pés dormentes de frio. Ela praticamente só trouxera roupa para tempo ensolarado, e estava com frio. Depois de tirar a malha encharcada e vestir uma seca, ela se pôs na frente do espelho para ver como ficou, e aí ouvira os estampidos fortes.

Lara havia nascido sob o som de tiros, algo que fizera parte do cotidiano de Erbil na década de 1990. Ela tinha 5 anos quando a família fugiu, para longe das balas, das explosões, do choro dos enlutados. Agora o som terrível estava ali. Naquele lugar.

Gritos horripilantes cortavam o ar. Ela saiu correndo para ver o que estava acontecendo. Do lado de fora, ela viu pessoas passando em disparada.

Onde estava Bano?

Elas tinham ido juntas até a barraca depois da reunião informativa. Lara quis estar perto da irmã mais velha. Da barraca, elas ligaram para os pais, e Mustafa tentara acalmá-las. "Uma bomba em Oslo? Bem, então o valor da nossa casa vai subir. Agora, todos vão preferir morar em Nesodden!", brincou ele.

Bano pendurou a blusa verde e as calças pretas de ginástica na barraca para secar, e colocou um jeans seco e a jaqueta de velejar vermelha da

Helly-Hansen, que ela havia comprado recentemente com o dinheiro do trabalho de férias. A jaqueta, com capuz amarelo fosforescente, custava quase mil coroas a menos sem o capuz, mas esse era o modelo que ela queria. Para ser levada a sério, era importante cuidar da aparência, dissera a Lara. Contente, ela enfiou os pés nas botas que Gro havia usado algumas horas antes.

As irmãs saíram juntas da barraca. Elas queriam tentar descobrir o que estava acontecendo. O que era aquilo com a bomba em Oslo? Qual era a gravidade? Quando Lara entrou no banheiro para se trocar, Bano quis subir direto para a lanchonete.

Bano sempre queria estar no meio do agito, pensou Lara. E, a essa altura, havia uma grande aglomeração na frente da lanchonete. Era óbvio que Bano iria lá.

— Você precisa de mim para alguma coisa, Lara? — perguntou Bano do lado de fora do banheiro.

— Não, pode deixar, já estou indo — respondeu a irmã mais nova. Ela sentiu necessidade de ficar um pouco sozinha para se recompor. De repente, ela começou a chorar. Será que a al-Qaeda tinha chegado à Noruega?

Aí soaram os tiros.

Muitos dos que passaram correndo estavam indo para a lanchonete, outros corriam na direção oposta. Será que Bano ainda estava lá? Ou ela estava no meio daqueles que fugiam de lá?

Lara estava no vão da porta. Ela não conhecia ninguém daqueles que disparavam em direção à lanchonete e ninguém daqueles que fugiam de lá. De repente, sem pensar, ela deu meia-volta e correu no sentido contrário. Sozinha, subindo uma ladeira íngreme com matagal e árvores frondosas, ela correu para dentro da floresta, em meio aos pinheiros.

Ela correu, ela só correu, de meias, sobre o musgo macio entre as árvores, descendo a encosta no ponto em que começou a se inclinar em direção à água, seguindo um trecho da Trilha do Amor antes de chegar ao lugar mais íngreme. De repente, ela estava com quatro meninos correndo em volta dela. Eles atravessaram a trilha e pararam à beira do lago, a alguma distância de uma pequena construção de alvenaria cinza que cuidava do fornecimento de água na ilha.

— O que está acontecendo? — perguntou Lara.

Na parte mais alta do camping, a maioria da delegação de Troms se levantara.

— Agora a gente precisa respirar fundo — disse Mari. — Não há motivo para entrar em pânico.

— Calma, calma — pediu Viljar. — Vai dar tudo certo.

— Uma brincadeira de mau gosto mexer com bombinhas agora — disse Geir Kåre.

— Aquilo não é bombinha coisa nenhuma — argumentou Simon.

Anders Kristiansen estava na escuta no *walkie-talkie* e, ao mesmo tempo, conferia as barracas. — É para todos saírem de suas barracas — ordenou.

Julie Bremnes estava observando Anders. Era a primeira vez que a menina de 16 anos o vira tão sério. Ele alternava entre ficar na escuta no sistema de comunicação e tirar o *walkie-talkie* para esticar o ouvido em direção ao cais.

Simon, Anders e Viljar se entreolharam, os companheiros de luta, os três amigos, os três mosqueteiros de Troms.

— Fiquem aqui — pediu Anders. — Vou verificar o que está acontecendo.

— Eu vou com você — sugeriu Brage Sollund, que fora junto com Simon para a convenção nacional do Partido Trabalhista dois anos antes.

Anders parou. Novas mensagens estavam chegando pelo *walkie-talkie*.

— Tem algo errado aqui — declarou ele preocupado. Brage foi verificar.

Viljar segurava com força seu irmão mais novo, Torje, que berrava e queria sair às pressas. À sua volta, as pessoas corriam para todos os lados, mas o rapaz de 14 anos foi detido pelo irmão mais velho.

Eles seguraram as mãos uns dos outros. O círculo de Troms estava firme, apesar dos jovens que passavam por eles correndo em direção à floresta.

— Fiquem parados! — gritou Mari para aqueles que queriam correr. — O policial disse que era para a gente se reunir no centro da ilha! — Essa fora a última mensagem clara transmitida pelo sistema de comunicação. Mari fez questão de ter controle sobre seu grupo e ordenou: — Ninguém pode se mexer! Fiquem parados! Fiquem parados! A polícia já chegou, não há motivo para pânico!

— Quero voltar para casa — falou Torje ao ouvido de Viljar.

Assim que Brage chegou à lanchonete, ele viu dois amigos caírem. Primeiro um, depois o outro. Baleados por um policial! Brage se jogou dentro de uma moita.

Aí o homem uniformizado entrou no campo de visão de Mari. Ela estava com o rosto virado para a lanchonete e viu uma menina de cabelos escuros e blusa cinza da AUF se aproximar do homem. Observou que a menina disse algo para ele, mas ela não ouviu o quê. Quando a moça estava a poucos passos de distância, o policial levantou a pistola e atirou nela.

Agora Mari gritou, para todos que estiveram de mãos dadas.

— Corram! Corram! Corram!

Sentindo que era o lugar mais seguro, Julie Bremnes se posicionara entre Simon e Anders.

— Corra! — berrou Simon agora.

— Só corra! Não olhe para trás! — gritou Anders.

Breivik abriu fogo pesado contra eles com o fuzil, a 30-40 metros de distância.

As balas dispararam a 800 metros por segundo. Lascaram as árvores, bateram contra os troncos, atingiram alguns corpos, um pé, um braço, um ombro, uma coluna. Os jovens tropeçaram, continuaram correndo, sumiram por entre as árvores.

No camping, Gunnar, o rei dos goleiros, ficou estirado no chão, perto de um toco de madeira, com o rosto virado para a grama. O tiro entrou nas costas e avançou até o topo da cabeça.

Eirin, uma menina de Balsfjord, tentou arrastá-lo consigo no momento em que ele caiu. A respiração dele estava pesada, muito pesada, mas ela não conseguiu fazer contato com ele, e tampouco conseguiu arrastá-lo.

Eu não deveria ter deixado Gunnar, eu deveria ter levado Gunnar, pensou Eirin enquanto estava correndo.

Assim que o acampamento se esvaziou, Breivik andou a passos largos até Gunnar e lhe deu um tiro na nuca. A bala entrou do lado direito do occipício e saiu pela têmpora direita. Ele perdeu a consciência. Mas o coração continuou batendo.

A uma pequena distância estava a irmã mais nova de Gunnar, Hanne. Quando os outros desataram a correr, ela tropeçou, se levantou, correu e caiu num matagal, onde ficou deitada. Ela não viu o irmão mais velho ser baleado, e, do ponto onde estava, não via ninguém. Ela não fazia ideia de que o irmão estava a poucos metros dali com ferimentos graves na cabeça.

Neonazistas, pensou Mari enquanto corria do lado de Simon.

— Mari, Mari — disse Simon apenas e olhou para ela.

— Você tinha razão, Simon — deu tempo de Mari responder. — Vamos! Ela se virou para ele outra vez, mas ele tinha sumido.

Na Trilha do Amor, ela encontrou Anders Kristiansen. Ele estava falando tão depressa que era difícil entender o que dizia. Era como se não fosse capaz de formar as frases. Só ouvia:

— Vou ligar para a polícia.

— Isso, faça isso — pediu Mari. — Boa ideia.

Viljar e Torje estavam correndo lado a lado. Torje pegou o telefone e digitou o número da mãe, gritando:

— Eles estão atirando na gente! Eles estão atirando na gente! — Viljar lhe tirou o telefone.

— Está tudo bem, mãe, vou tomar conta dele — disse, com a maior calma possível enquanto corria.

Ele desligou.

— Onde está Johannes? — gritou Torje. — Johannes!

O melhor amigo havia desaparecido.

Os dois irmãos correram desabaladamente pela Trilha do Amor até chegarem a uma curva onde a cerca enferrujada estava estragada e uma tora havia sido colocada sobre a fenda. Ali, desceram escorregando até alcançarem uma prateleira rochosa debaixo da qual puderam se esconder.

Na trilha, Mari encontrou a secretária-geral da AUF, Tonje Brenna.

— O que está acontecendo? — perguntou Mari.

— Não sei, fique escondida.

"Perto de você não fico nem fodendo", pensou Mari. "Você é o alvo mais provável de todos."

As pessoas passavam correndo umas pelas outras, se cruzavam, corriam de volta na direção em que as outras haviam vindo. Utøya tinha poucos esconderijos. Havia campos abertos com grama recém-cortada, escarpas íngremes ou bosques ralos. Em muitos pontos, o declive era acentuado demais para dar acesso ao lago. Por trás das árvores, ouviam-se tiros após tiros. Um grupo de jovens ficou parado na Trilha do Amor sem saber o que fazer.

A delegacia de Hønefoss estava provida de uma única policial na Central de Operações. A delegacia tivera uma situação financeira apertada no último ano, e a delegada havia realizado uma série de medidas de contenção de despesas, entre as quais o plantão solo periódico na Central de Operações.

Além da chefe de operações, havia cinco policiais de plantão. Eles acompanhavam o noticiário sobre a explosão em Oslo na sala comunitária, discutindo se deveriam preparar as viaturas caso o distrito policial de Oslo precisasse de assistência. A chefe de operações de Hønefoss ligou para seu colega na capital, mas não houve solicitação de ajuda, portanto deixaram de fazer os preparativos.

Às 17h24, veio uma chamada de emergência. Primeiro, a ligação fora para a Central de Emergências Médicas, que, por sua vez, contactou a polícia. Um homem gritou que era "barqueiro aqui na ilha" e que tentaria chegar até o barco.

— Um homem está atirando — gritou ele. — Está vestido de policial.

Era o capitão do *MS Thorbjørn* que estava ligando.

— Ele tem uma arma automática! — O capitão acabara de ver sua mulher Monica ser baleada. Agora ele estava procurando sua filha mais velha. — Liguem para mim se precisarem do ferryboat! — conseguiu acrescentar no final.

Ao mesmo tempo, houve uma ligação na segunda linha de emergência. Um menino gritou que havia "tiros por todo lado", pânico e caos, e que as pessoas tinham corrido para as "bordas" da ilha.

De repente, as luzes vermelhas estavam acesas em todas as linhas de entrada.

Às 17h25, Anders Behring Breivik caminhou de volta pela área do acampamento, onde Gunnar Linaker jazia inconsciente.

Até então, Breivik havia matado três pessoas perto do cais, três na frente da entrada principal, uma perto do acampamento e duas no caminho até lá. Agora ele dobrava a lateral da construção comprida e marrom de madeira, andando rente à parede.

Ele avaliou se deveria entrar num edifício, o que certamente implicava certo risco. Alguém poderia estar atrás da porta e se jogar em cima dele, montar uma armadilha, derrubá-lo. Isso ele aprendera no World of Warcraft. As chances sempre diminuíam se você entrasse na fortaleza do inimigo.

— O que está acontecendo? — perguntou-lhe um membro da AUF que estava na janela. Várias cabeças apareceram. Eles não haviam visto o policial até então.

— Alguém está atirando, por isso é melhor vocês ficarem longe das janelas! — disse ele. — Deitem no chão, que vou aí ajudar vocês.

Uma menina perto da janela segurava um celular cor-de-rosa na mão. Ela acabara de falar com o pai, que era caminhoneiro e frequentemente tinha fretes para fazer na região de Oslo. Felizmente, ele estava seguro.

— Se ficarem totalmente inundados aí na ilha, me avisem — dissera o pai. — Então posso ir buscar vocês!

— É melhor você me trazer um par de botas de borracha se passar por aqui, pai — respondera Elisabeth. — Não temos mais roupa seca!

Elisabeth tinha acabado de se formar no ensino ginasial e estava em Utøya pela primeira vez. Seu rosto ainda era o de uma criança.

Ele entrou no edifício. No corredor, havia centenas de sapatos e botas, pois nas salas todos deveriam ficar sem calçados. Nas paredes, viam-se cartazes com as palavras de ordem da AUF ao longo dos anos.

Breivik entrou sem pressa no primeiro salão, o chamado Salão Pequeno. Por um breve momento ele ficou na porta para ter uma visão geral. Os jovens olharam para ele, aguardando alguma instrução.

Ele foi até um pequeno grupo e começou a atirar.

Vários tombaram no chão, incluindo alguns dos que não foram atingidos.

Ah, eles estão fingindo que foram baleados, foi a ideia que passou por sua cabeça. Ele se aproximou calmamente de cada um e deu fim às suas vidas com um tiro na cabeça.

Alguns jovens ficaram parados gritando, como se estivessem colados ao chão. Eles o olharam fixamente, não conseguindo escapar, fugir, se salvar.

Que estranho que eles fiquem aí parados, pensou Breivik. Nunca vi isso em filme.

Aí, ele apontou a pistola contra eles.

Alguns imploraram por sua vida.

— Por favor, não atire!

Mas ele sempre atirou.

Uma menina foi baleada em meio a um grito. A pistola quase encostou no rosto dela, ele atirou dentro da boca aberta. O crânio foi despedaçado, mas os lábios se mantiveram intactos.

Na extremidade da sala, uma menina estava sentada no banquinho do piano com a cabeça sobre o teclado. Breivik sabia que não havia baleado ninguém ali. Atirou na cabeça dela. O sangue escorreu sobre e entre as teclas. Estando em pé próximo do piano, ele viu que vários haviam se escondido atrás do grande instrumento. Ele se posicionou acima deles, ergueu o braço e atirou para baixo na fresta entre a parede e o piano. Tiro após tiro, todos em cheio.

Muitos cobriram os rostos com as mãos. As balas lascaram primeiro as mãos, antes de penetrarem na cabeça. Uma das pessoas que havia se escondido atrás do piano era Ina, de Akershus, amiga de Bano e Lara. Dois tiros atravessaram suas mãos e seu braço, e ela disse a si mesma: vou sobreviver a isso. Um tiro foi arremessado na mandíbula, o que era mais sério. De olhos fechados, ela tentou segurar a mandíbula no lugar. Não viu o homem que atirava, mas sentiu sua respiração em cima deles, e ouviu como se movia em volta do piano. Então ela sentiu um aperto no peito. Esse é o tipo de tiro que mata, pensou. Um gosto que ela nunca sentira antes se espalhou pela boca. Pólvora. Ela perdeu a sensação nos braços e achou que as mãos tivessem sido arrancadas pelos tiros. O gosto de pólvora se misturou com outro gosto: o sangue que fluía dentro da boca, escorrendo pelo maxilar, pelas mãos que seguravam a mandíbula no lugar.

Aí a pistola fez um clique. O pente tinha se esvaziado. Ele tomara cuidado para não o encher completamente, evitando assim que as balas travassem. Ele trocou o pente com calma. Levou alguns segundos, o suficiente para as pessoas se lançarem por uma janela, em direção à porta, o suficiente para fugirem. Muitos tentaram, mas, perto das portas, estava tudo congestionado.

A baixista da Blondies&Brownies estava presa no vão da porta entre o Salão Pequeno e o Salão Grande quando Breivik acabou de trocar o pente. A moça delgada de cabelos claros foi atingida por um, dois, três tiros. Ela caiu. Um dos tiros penetrou no lado esquerdo do occipício, atravessou o crânio e foi mais para dentro, onde rasgou seu cérebro. A vida esmoreceu. Ali, entre as duas salas, a vida de Margrethe terminou. *Before you judge me, try hard to love me. Look within your heart then ask, have you seen my childhood?*, cantara ela com Bano no caraoquê da véspera.

Breivik passou por cima dela. Ele entrou no recinto mais importante da AUF, o Salão Grande, onde Bano se deixara inspirar por Gro, onde a palestra sobre o Saara Ocidental cativara Mari e Simon, onde Monica Bøsei tentara consolar os membros da AUF com a promessa de que acenderiam todas as churrasqueiras.

Um menino se escondera atrás de um alto-falante. Breivik o viu e atirou. O rapaz se esquivou várias vezes. Breivik teve de se empenhar para atingi-lo, disparando uns cinco ou seis tiros sem acertar.

Um tipo muito ligeiro, pensou Breivik. Enfim, um dos tiros atingiu o alvo, acertando a cabeça. O menino tombou. Para garantir que enfim acabara com o rapaz ágil, Breivik disparou mais dois tiros contra ele.

Elisabeth estava correndo rente à parede, ela acabara de digitar o número do pai outra vez.

Freddy Lie atendeu e não ouviu nada senão gritos. Elisabeth se agachou perto da parede e gritou ao telefone enquanto Breivik entrou na sala.

Freddy, que apenas alguns minutos antes se oferecera para ir buscar ela e a irmã um ano mais velha, escutou aquilo sem poder fazer nada. O que estava acontecendo? Ela estava sendo atacada? Estava sendo estuprada?

A ligação caiu. Ao ligar de volta, ele recebeu a mensagem de que o celular estava desligado ou fora da área de cobertura.

A bala acertou o canal auditivo de Elisabeth, abriu caminho pelo crânio e atravessou o cérebro de uma vez. Somente ao atingir a capa cor-de-rosa, a bala parou. A menina tombou de lado e foi baleada mais duas vezes. Ficou deitada daquele jeito. Seus longos cabelos loiros e macios foram tingidos de sangue vermelho. A calça de moletom cinza, sua camiseta, tudo ficou manchado de vermelho. Logo, os dedos se enrijeceriam, apertando o celular cor-de-rosa perto da cabeça.

Todos que estavam sentados ao longo da parede foram baleados. O atirador usou o mesmo método que usara no Salão Pequeno. Primeiro, abriu fogo a alguns metros de distância, em seguida, atirou à queima-roupa em todos que estavam estirados no chão.

Estou desperdiçando munição, disse ele para si mesmo. Por outro lado, o método era eficaz.

O primeiro ponto de mira era sempre a cabeça. Mas assim que ele começava a atirar, todos caíam muito rápido no chão. Era bem confuso. Nem sempre era fácil acertar onde queria. No entanto, ele ficava cada vez melhor. Fizera questão de comprar o melhor sistema de mira no mercado, tanto para *Gungnir* como para *Mjølnir*.

Às vezes era difícil ver se os jovens já haviam sido atingidos. O fuzil fazia um buraco muito pequeno, e se a pessoa morresse instantaneamente, o sangue parava de ser bombeado, por isso nem sempre dava para determinar se estava morta ou não. Se estivesse em dúvida, era melhor atirar mais uma vez.

Breivik passou o olhar pelo Salão Grande. Nenhum movimento. Ele voltou, passando pelo Salão Pequeno, nenhum movimento. Ele saiu.

Estivera dentro do edifício por dois ou três minutos. Em uma centena de segundos, ele havia matado treze pessoas, e deixado várias outras gravemente feridas. Eram 17h29.

O assassino atravessou o camping. Ele atirou para dentro de algumas barracas, mas seria demorado demais verificar uma por uma, por isso continuou andando.

A chefe de operações da delegacia de Hønefoss começara a convocar o pessoal. Cinco minutos se passaram desde o primeiro telefonema, e as chamadas estavam em fila de espera na linha. Ela não possuía acesso a uma lista de alerta, mas os policiais que estavam de plantão tinham os números de seus colegas armazenados em seus celulares e ligaram para aqueles que não estavam viajando.

Quatro policiais, dois homens e duas mulheres, correram para a sala de equipamentos, preparando-se para a saída. Puseram o equipamento de proteção, armaram-se e levaram aparelhos de comunicação. A quinta policial, uma mulher mais velha, ficou para assistir a chefe de operações.

Ainda não fora elaborado um plano para a realização da ação policial. No entanto, estava claro que precisariam de um barco, e foi dada ordem de que o barco da polícia, um bote inflável vermelho, estivesse pronto.

Ninguém pensou no *MS Thorbjørn*. A embarcação poderia levar uma grande força até a ilha em poucos minutos. A distância de Hønefoss até o cais de Thorbjørn era de 13 quilômetros. Na melhor das hipóteses, eles poderiam estar na ilha em pouco mais de quinze minutos depois de terem deixado o posto policial.

Mas o ferryboat, que transportara seiscentos jovens até a ilha e que fazia travessias constantes entre a ilha e o continente todo verão, foi esquecido em meio a tudo que teria de ser levado em consideração.

Após a conversa telefônica com a polícia, o capitão começou a procurar a filha. Um pensamento lhe veio à cabeça. Essa semana Gaddafi dissera que enviaria terroristas aos países que bombardearam a Líbia. Deveria ser isso que estava acontecendo! Eles certamente tomariam reféns. Várias vezes, quando estavam sozinhos, ele e Monica falaram sobre como a ilha seria perfeita para uma ação com reféns.

Depois de ter corrido em círculos pela ilha, ele voltou ao cais onde estava o ferryboat. Correu para o barco.

Na cabine, o marinheiro de convés e alguns outros jovens haviam se escondido. Mais alguns vieram correndo. Uma das pessoas no barco digitou o número do presidente da AUF, que estava no edifício da recepção, perto do cais, no momento em que Breivik desembarcou. Marteladas, Eskil Pedersen pensou ao ouvir uns barulhos fortes se misturarem com o som da TV. Dois dos assessores da AUF desceram para verificar, um deles voltou imediatamente.

— Alguém está atirando — gritou. Eles trancaram a porta do andar de baixo e abriram a porta da varanda do segundo andar a fim de olhar para fora, mas não viram ninguém.

O segundo assessor correu até o barco, e era ele quem estava ligando agora.

— Venha para cá o mais rápido possível!

— O que aconteceu? — perguntou Eskil.

— Só corra! — respondeu o assessor.

Além do presidente da AUF, do capitão e do marinheiro de convés, seis pessoas se salvaram a bordo do barco. Estavam aterrorizadas. Ouviram tiros e gritos. Em pânico, o capitão saiu de marcha à ré a toda velocidade. Ele pediu que todos se deitassem no chão, pois o atirador tinha mira telescópica, ele tinha visto. Eram 17h30.

Quando estavam no meio do lago, o capitão quis voltar. Pretendia levar mais gente, afinal, o ferryboat comportava muito mais de nove pessoas. Alguns a bordo choraram, outros ficaram calados.

Monica estava morta, a filha ainda estava na ilha. O capitão começou a falar de um amigo que morava ali perto e que estivera no Afeganistão e tinha armas em casa. Talvez pudessem buscar as armas dele. Seus pensamentos estavam um caos. O barco estava rumando direto para o cais de Thorbjørn, mas aí o marinheiro de convés lembrou que o policial havia dito que viriam mais dois. Por isso o embarcadouro seria inseguro. O capitão também temia que houvesse terroristas ali, e o barco não poderia cair nas mãos deles. Era preciso ir mais longe. O *MS Thorbjørn* mudou de rumo, deixando o cais para trás e indo para o meio do lago.

Ao mesmo tempo, em volta da ilha, havia jovens escondidos à beira do lago. Eles viram o barco desaparecer. Eskil Pedersen recebeu mensagens desesperadas daqueles que tinham ficado na ilha e respondeu: "Fujam! Escondam-se ou nadem!"

Em seguida, ele ligou para alertar a cúpula do Partido Trabalhista.

Lara estava deitada atrás de algumas pedras perto da orla, pensando na motosserra que Bano achara no dia anterior. Poderia ser usada tanto para atacar como para se defender, pensou. Ela queria muito falar com a irmã, mas ao sair em disparada acabou deixando o telefone. Com certeza, Bano havia achado um bom lugar para se esconder. Talvez ela estivesse no porão onde estava a serra. Ali seria um bom esconderijo. A porta poderia ser fechada com um ferrolho por dentro, e era possível empilhar coisas pesadas atrás dela para impedir que alguém a abrisse.

Mas Bano não estava se escondendo dentro de nenhuma casa. Enquanto Breivik foi andando em direção à lanchonete, ela estava na orla da floresta, na extremidade do acampamento, com algumas meninas que ela não conhecia.

— Se realmente houver um atirador, alguém precisa falar com ele! — disse uma.

— Temos que pedir para ele parar — falou outra.

Como integrantes da AUF, elas cresceram numa cultura onde se procura vencer o debate. É o poder da palavra e a força da argumentação que dão a vantagem. Os jovens que estavam em Utøya nessa tarde estavam acostumados a serem ouvidos.

— Não vamos morrer hoje, meninas. Não vamos morrer hoje! — disse Bano ali na orla da floresta. Elas ouviram os tiros, mas não sabiam de onde vinham. Só ao verem um menino perto da lanchonete ser baleado sem mais nem menos elas correram. Subindo o barranco atrás do acampamento. Sobre campânulas azuis e cornichões amarelos, sobre urzes e morangos silvestres. Correram até chegar à Trilha do Amor.

Na trilha, encontraram Anders Kristiansen. Ele estava acostumado com o som de tiros dos campos de tiro ao alvo de Bardufoss, onde o pai trabalhava.

A essa altura, ele estava telefonando desesperado para 112. Sempre ocupado. Finalmente, conseguiu completar a ligação.

— Estão atirando em Utøya! — avisou ele. Mas já que as centrais de emergência locais estavam sobrecarregadas, a chamada foi transferida para um distrito policial que ainda não estava a par da situação na ilha. Disseram ao rapaz de Bardu que ele estava enganado. Não havia tiroteio em Utøya, havia uma bomba em Oslo.

Inútil. Anders desligou.

Eles seguiram a trilha. Estavam num grupo grande. Eles se agacharam, prontos para saltar. Lá embaixo, longe deles, estava o lago de Tyrifjorden. Alguns, descalços ou só de meias, passaram correndo por eles.

Os que estavam na trilha discutiram se era uma brincadeira ou se era sério.

— Não tem graça nenhuma brincar com uma coisa dessas — disse uma menina.

— Talvez seja um tipo de truque publicitário — sugeriu um menino.

Os jovens se encolheram atrás de um pequeno morro. Agachados assim, não conseguiam ver a lanchonete, onde foram disparados os últimos tiros. Logo, os que estavam atirando tampouco deveriam conseguir vê-los.

Então ouviram passos pesados na urze.

Um menino sugeriu que se deitassem em posições estranhas se fingindo de mortos. Pois era tarde demais para fugir.

Bano se deitou de lado, com um braço embaixo do corpo e outro esticado. Ela puxou o capuz amarelo e fosforescente da jaqueta de velejador sobre parte do cabelo. Estava calçando as botas de borracha tamanho 36.

Do lado dela, Anders se deitou. Ele, que sempre, desde pequeno, fizera questão de ter uma visão geral, agora se deitou no chão. Ele, que aprendera a retórica de Obama e tinha paixão por debates parlamentares, agora estava sem palavras. Ele, que na infância brincara de guerra com uma espingarda feita de uma tábua de madeira serrada, agora se deitou para se fingir de morto. Ele cingiu Bano com o braço.

O homem de uniforme havia chegado ao pequeno morro a alguns metros deles.

— Onde está o filho da puta?

Ninguém respondeu.

Ele começou pelo lado direito.

Primeiro, baleou um menino.

Depois, baleou Bano.

Em seguida, baleou Anders.

Os tiros foram disparados a intervalos de poucos segundos.

Cara luazinha, brilhe sobre quem
está sem cama e casa não tem.

Quase no final da fileira, Marte e Maria, as duas meninas que estiveram com Bano na orla da floresta perto do acampamento quando tudo começou, estavam de mãos dadas. Na cabeça de Marte ecoava uma canção de ninar. Surgira de repente, enquanto ela ouvia tiro após tiro.

Faça os pequenos dormirem bem
Sem choro e no colo de alguém.

A canção a acalmara quando era pequena, e a acalmou agora. Ela ficou imóvel, de olhos fechados.

Marte e Maria tinham acabado de se filiar à organização juvenil e estavam em Utøya pela primeira vez. Para verem se tinha a ver com elas. Os rostos estavam voltados um para o outro. As duas vestiam novas blusas da AUF. A logomarca da chama sobre o peito estava virada para o chão.

Marte olhou de relance para cima e viu um par de botas de combate pretas e lamacentas e, por cima delas, uma faixa refletora xadrez.

Então um tiro atravessou impetuosamente a cabeça da melhor amiga. Espasmos passaram por seu corpo, alcançando a mão.

Ela se soltou da mão da outra.

Dezessete anos é uma vida muito curta, pensou aquela que ainda restava.

Aí houve outro estampido. Era como se uma corrente passasse pelo corpo, como se alguém tocasse bateria dentro de sua cabeça. Havia um brilho diante dos olhos.

Então tudo sumiu. O chão sumiu, o som sumiu.

O sangue escorria por seu rosto e se juntava nas mãos onde a cabeça descansava. "Tanto sangue. Agora vou morrer", pensou ela.

O menino ao seu lado foi atingido por vários tiros. Ele esticou a mão e disse:

— Estou morrendo. Socorro, estou morrendo, me ajude — pediu ele.

Só que não havia ninguém ali para ajudá-lo. Ela queria, mas não conseguia se mover. Ele estremeceu, mas continuou respirando. A respiração ficou cada vez mais baixa, até emudecer de vez.

Primeiro, Breivik atirou uma ou duas balas em cada um. Depois, ele voltou e atirou neles outra vez. Os que tentaram se erguer levaram mais tiros; um menino estava com cinco balas no corpo.

As armas poderiam ser mortais a uma distância de até uns 2 quilômetros. Agora, o atirador estava ao pé de suas vítimas mirando nas cabeças. As balas se expandiam e se fragmentavam ao atingir o tecido humano.

O assassino ficou intrigado com um som que saía das cabeças quando ele atirava no crânio das pessoas. Era como um *ah*, uma expiração, um respiro. Muito interessante, pensou ele. Não fazia ideia disso.

Nem sempre o som saía, mas, na maioria das vezes, sim, o que o deixava intrigado cada vez que matava mais um.

O odor de sangue, vômito e urina cercava os onze jovens na trilha. Dois minutos antes, cheirara a chuva, terra e medo.

Vinte e cinco cartuchos sobraram em torno deles, alguns em cima de seus corpos. Cinco da pistola, vinte do fuzil.

O cérebro de Marte estava sangrando. Resíduos de pólvora queimada cobriam a ferida na cabeça. Então, ela também perdeu a consciência.

De algum lugar no meio do grupo, soaram gemidos fracos. Depois, houve apenas pequenos pios. No fim, o silêncio era completo.

Alguns pingos de chuva bateram no chão.

— Psiu, Ylva, vem cá, para que eu possa ajudá-la.

Simon estava curvado na Trilha do Amor. Ylva, uma das meninas mais novas de Troms, vinha rastejando.

— Vem cá — disse Simon, estendendo a mão. Ele ajudara muitos a passarem a tora de madeira. Ele era forte. As pessoas poderiam se segurar nele até tomarem pé, e aí poderiam se soltar e correr para se esconder.

— As meninas primeiro — disse ele num gesto cavalheiresco. Os tiros estavam chegando mais perto.

Duas meninas de Troms se aproximaram, agachadas. Eirin estava carregando Sofie, que, ao correr pelo acampamento, havia levado tiros no ombro e no abdômen. Quando elas foram levadas para baixo, a fila se congestionou. Tonje Brenna, que estava na parte inferior recebendo as pessoas, precisava de ajuda. Mari, que tinha ficado lá em cima na trilha, desceu para dar uma mão. Simon carregou a menina com cuidado.

Exatamente naquele ponto, a trilha era sinuosa. A algumas curvas de distância, o assassino deu chutes nas onze pessoas no chão para assegurar-se de que estavam mortas.

Tendo terminado ali, ele prosseguiu ao longo da Trilha do Amor.

A ilha estava em silêncio.

Onde estava todo mundo?

Aí ele viu um buraco na cerca. Uma tora de madeira fora colocada de través.

Mari viu o policial se aproximar.

— É aquele homem que está atirando, é ele que está atirando na gente! — Mari teve tempo de pensar antes de pular. Ela escorregou escarpa abaixo, o pé foi espatifado ao aterrissar. As pessoas corriam por cima dela. Ela se estirou no chão.

Simon desceu desabaladamente pela encosta em direção ao lago. Uma voz o chamou.

— Simon!

Em meio ao pulo a voz o alcançou. Era Margrethe, com quem tinha namorado na Trilha do Amor na noite anterior.

— Vem cá! — gritou ela.

Simon se atirou em sua direção. A rocha em que se acomodavam estava cheia, mas eles abriram espaço para ele.

O assassino passou o olhar sobre a tora e pelo declive íngreme. Ele não conseguiria chegar até a água. Facilmente perderia o equilíbrio com todo o equipamento, e aí ficaria difícil se levantar outra vez.

Ele vislumbrou algumas peças de roupa coloridas atrás de um arbusto. Escondidos em moitas e matagais, estavam outros jovens cujas vidas ele poderia tirar.

— Vou matar vocês todos, marxistas! — gritou ele, empolgado, e ergueu *Gungnir*.

Três meninas foram baleadas na parte mais alta da encosta. Nenhuma delas morreu na hora, mas logo sangraram até a morte.

Breivik viu um pé despontar de cima de uma formação rochosa e apertou o gatilho novamente. Acertou no meio da canela. Simon soltou um grito. Ele se precipitou da prateleira. Será que caiu ou pulou? Os que permaneceram na rocha não sabiam. Mas o salto foi longo, ele voou escarpa abaixo, ele pairou, antes de ser atingido por uma bala nas costas.

Ele aterrissou numa pedra, sem pôr as mãos, sem gritar. Os braços pendiam para fora da pedra. Os pés mal tocavam o chão. Na mão esquerda, ele agarrava uma caixinha de pasta de tabaco. Na direita, o calor de Margrethe permaneceria ainda mais um pouco.

Aí Viljar levou um tiro.

Viljar e Torje haviam sentado na outra extremidade da formação rochosa, enquanto os estampidos se aproximavam. Eles foram empurrados cada vez mais para a ponta, e no final estavam completamente desprotegidos. Torje quis sair dali, Viljar quis ficar. Quando os tiros começaram a soar na encosta logo acima deles, Torje foi o primeiro a pular.

Os irmãos pousaram à margem do lago.

A essa altura, as balas vinham em rápida sucessão. Viljar foi atingido no ombro e tombou. Ele se levantou para correr e foi baleado na coxa. Caiu outra vez, mas tentou se pôr em pé. Cambaleando, ele esticou as pernas, e, assim que estava quase em pé, foi atingido de novo e se estatelou no chão.

Ajoelhado na margem do lago, com chios e zunidos no ouvido, ele levou mais um tiro, que atravessou seu braço.

O irmão mais novo estava berrando.

— Torje! Saia daqui! — gritou Viljar. Torje não deveria vê-lo assim.

Ele deu um chute na água, em direção ao irmão mais novo, para enxotá-lo dos tiros.

Ele se ergueu mais uma vez, cambaleou. O sangue escorria pelo corpo.

O quinto tiro o atingiu no olho e rebentou o crânio. Ele desfaleceu. Cinco balas o acertaram e se fragmentaram dentro do corpo. A bala na cabeça se dividira em pequenos pedaços, que, a essa altura, estavam alojados no tecido cerebral. Um pedaço parou a alguns milímetros do tronco cerebral. O ombro e o braço foram quase decepados pelos tiros. Metade da mão esquerda havia desaparecido.

Mas ele estava pensando em Torje.

O irmão mais novo de quem deveria cuidar.

— Torje — sussurrou ele.

Não houve resposta de Torje.

Os tiros choveram sobre os jovens da margem do lago.

Ylva, a menina de 14 anos que Simon carregara da trilha, levou uma bala em cada coxa e outra no abdômen. Depois foi atingida na garganta. Ela colocou a mão sobre a ferida do tiro, enquanto gritou para seu amigo de infância que estava estirado no chão ali do lado.

— Viljar, agora vou morrer!

— Não, você não vai morrer — respondeu Viljar lá na orla. Ele não conseguiu ver mais nada.

Nos filmes, as pessoas morrem de um tiro só, pensou Ylva. Como ela poderia viver ainda, depois de ter sido baleada quatro vezes? É impossível sobreviver a isso, pensou, e ficou esperando a Luz.

Mas a Luz não veio. Então seria melhor tentar estancar as hemorragias.

— Acho que levei um tiro no olho — foi o comentário de Viljar agora.

Ela olhou para Viljar.

— Ai, merda! — disse ela. Depois não disse mais nada, pois não sabia o que falar para alguém que tinha levado um tiro no olho.

Logo acima dela estava Eirin.

— Por favor, não atire, não quero morrer! — gritara ela quando a perna falhou. A bala ficou alojada no joelho. A seguir, ela foi atingida nas costas, e, a essa altura, o sangue jorrava de sua barriga. Vou sangrar até a morte, pensou ela, deitada sobre areia e cascalho, e se conformou com isso. Ela estava em estado de choque. Com certeza, iriam todos morrer. A menina a seu lado fora baleada no ombro, no abdômen, num pulmão e num braço, e alternava momentos de consciência e inconsciência. Era Cathrine, a irmã mais velha de Elisabeth, aquela que levou uma bala no ouvido enquanto falava com o pai.

Uma moça com feridas graves se arrastou pelos braços procurando abrigo. Ela escorregou para dentro da água, onde ficou estirada vomitando sangue. Alguns meninos a tiraram da água antes de se esconderem outra vez.

Para o atirador, aquilo tudo levou dois minutos.

Eram 17h35.

Ele seguiu em frente.

Viljar estava deitado à beira do lago, tentando se orientar pelo próprio corpo. Ele percebeu que os dedos estavam presos apenas por umas tiras de pele. Não podia enxergar nada de um olho e levou a mão até ali. Havia um buraco no lugar do olho. Ele teve a sensação de que algo estava errado na cabeça. Passou a mão sobre o crânio e sentiu algo macio. Estava tocando seu próprio cérebro. Ele tirou a mão depressa.

O crânio de Viljar tinha rachado.

Parte do cérebro estava fora da cabeça.

Mas ele estava pensando. Pensou que era importante respirar, não desmaiar, não desistir. Pensou em coisas que o deixavam feliz. Que voltaria para casa, para Svalbard, andaria de *snowmobile*, pensou numa menina que ele gostaria de beijar.

Aí ele começou a sentir muito frio e ter convulsões. Ele tremia. Alternava momentos de consciência e inconsciência.

— Está tudo bem, Simon, juntos vamos dar conta disso — disse ele ao amigo que pendia sobre a pedra a seu lado.

Viljar estava delirando.

— Vamos sair dessa, Simon — disse ele e começou a cantarolar.

Ele contava piadas, ele cantava, ele chamava Torje.

— Fique quieto, ele pode voltar, e aí vai nos pegar! — Os outros em volta o mandavam se calar.

Mas Viljar não ouvia.

Ah, se eu pudesse escrever no céu, seu nome eu escreveria...

Cantou Viljar.

Se minha vida fosse um barco...

Torje acreditava que o irmão corria a seu lado, até que se virou e viu Viljar cair, levantar-se, cair outra vez. Aí ele parou e berrou, antes de dar meia-volta e correr para a água e começar a nadar.

O que ele vira seria imediatamente apagado da cabeça de Torje. Ele não teria qualquer lembrança dos tiros que acertaram o irmão mais velho.

Ele nadou ao longo da ilha e achou uma caverna que adentrava o penhasco de calcário. Se ficasse em pé ali dentro, a água chegava até seu pescoço. Primeiro, ele estava sozinho, depois veio mais um. Os que passavam nadando viram um menino ruivo gritando.

— Onde está o Viljar? Onde está o Viljar?

Às 17h38, a primeira patrulha deixou a delegacia de Hønefoss. Ninguém na delegacia sabia exatamente onde ficava Utøya, mas eles haviam conferido o mapa.

Os dois homens da primeira patrulha estavam armados com pistola e metralhadora e usavam equipamento de proteção. Foram instruídos pelo chefe da ação a ir em direção a Utøya e "observar".

Saíram a toda velocidade com as sirenes piscando.

Ao mesmo tempo, Breivik estava indo para o sul da ilha. Ele havia carregado a Glock e o fuzil diversas vezes. Não poderia ficar sem munição em ambas as armas simultaneamente. Às vezes, trocava o pente mesmo se tivesse algumas descargas sobrando. Muita munição fora gasta, mas ele ainda tinha mais.

Ele atirou contra algumas pessoas que estavam nadando. Por entre as árvores, ele viu dois vultos. Um homem norueguês e uma mulher árabe, era como ele mais tarde descreveria os dois. Achou que pareciam muito confusos.

Um deles era o melhor amigo de Torje em Svalbard, Johannes, um menino da 8ª série.

Quando o acampamento de Troms se dissolveu e todos entraram em pânico, correndo em diversas direções, Johannes se perdeu dos outros. Ele tinha corrido para a ponta sul, onde se escondeu, depois correu de volta sozinho, dentro da mata.

Breivik ficou parado aguardando que se aproximassem. Não levantou a arma, pois aí eles dariam meia-volta e sairiam correndo, não, ele aguardou, preparando-se para matá-los.

Quando Breivik ergueu a arma, Johannes gritou para a menina.

— Corra! Corra!

As balas eram mais rápidas. Três em Johannes. Duas em Gizem. Johannes tinha 14 anos. Gizem acabara de fazer 17.

*

— Papai! Quero um abraço!

— Não, agora não, não tenho tempo.

— Carinho! — gritou Eilef. Mas o pai só agarrou as chaves e o emblema policial da prateleira perto da porta de sua casa em Hønefoss. Håvard Gåsbakk foi dirigindo para a delegacia, passando pelo farol vermelho e pisando no acelerador. Ao encostar na frente da delegacia, ele quase se chocou com a patrulha número dois, que a essa hora estava saindo do estacionamento.

O policial experiente acompanhara os noticiários da TV sobre a explosão em Oslo. Tanques de gás embaixo do Quarteirão do Governo, pensou. Depois, al-Qaeda. Gåsbakk fizera parte da tropa de elite antes de se mudar com a família para Hønefoss, onde a vida de policial se resumia a um roubo de supermercado ou uma pancadaria de vez em quando. Atualmente, seu passatempo mais arrojado era subir até o topo de um pinheiro de 40 metros de altura no terreno de sua casa, de onde enxergava toda a extensão do lago de Tyrifjorden.

No momento em que o distrito policial de Buskerud Norte começou a convocar o pessoal, um ex-colega da Delta havia ligado.

— O terrorismo chegou à Noruega — disse Gåsbakk.

— Pois é, agora vão ter que se mobilizar em volta da Prefeitura de Hønefoss!

Ficaram conversando durante uns quinze minutos, portanto Gåsbakk não se dera conta de que um colega telefonou, deixando um recado na secretária eletrônica: "Compareça ao serviço. Tiroteio em Utøya."

A patrulha que estava saindo do estacionamento viu Gåsbakk chegando e informou à chefe operacional que um oficial mais graduado comparecera, portanto ele deveria se tornar o chefe de operações de campo. A mensagem foi confirmada pela chefe operacional, mas ninguém avisou ao recém-chegado que ele agora estava liderando a operação.

Gåsbakk entrou correndo no posto policial e vestiu o uniforme e o equipamento de proteção. Ele se trancou dentro da sala de armas e viu que havia uma arma de atirador de precisão numa das prateleiras. Ele a levou, além de sua própria MP5, pois o atirador de precisão local estava de férias. Levou o equipamento de comunicação e as chaves para uma das viaturas. Agora era preciso chegar o mais rápido possível até a ilha.

Virou a chave, mas o carro não ligou. Merda, bateria descarregada. Havia um auxiliar de partida na garagem, que finalmente fez o motor pegar. Assim como outras viaturas da polícia na Noruega, o carro não tinha nenhum painel de comunicação de dados. Todos os combinados, toda a comunicação teria de ser falada. Havia tráfico constante no sistema de comunicação policial, e, além disso, seu celular estava tocando ininterruptamente. Era sempre o mesmo número. O celular tocava, ele rejeitava a ligação, o celular tocava, ele rejeitava a ligação, ele ficava apertando o tempo todo, enfim, ele simplesmente teve de atender e dizer:

— Estou pouco me lixando para aquelas framboesas! Não ligue mais!

— Era uma amiga da mãe que tinha colhido framboesas para eles. Agora estavam prontas para serem entregues.

Håvard Gåsbakk estava indo em direção à Utøya.

Às 17h42, no mesmo momento em que Gåsbakk recebeu a mensagem telefônica sobre o tiroteio em Utøya, uma força de 26 homens saiu da capital. Era a tropa de elite Delta, que fora transferida do Quarteirão do Governo e estava rumando para Utøya, a 38 quilômetros de distância. As viaturas eram pesadas, e havia chuva, pista molhada e trânsito intenso. No caminho, cruzaram com várias ambulâncias em serviço de emergência.

Também passaram voando pelos pais de Viljar e Torje. Eles não tiveram qualquer notícia de seus filhos desde que ouviram Torje gritar ao telefone e Viljar tentar tranquilizá-los.

Christin Kristoffersen e Sveinn Are Hanssen, que estavam visitando amigos em Oslo enquanto os meninos participavam do acampamento de verão, entreolharam-se assim que uma fileira comprida de veículos negros e pesados com luzes piscantes passou ribombando.

— O que está *acontecendo*?

Era como se estivessem sendo esvaziados de todo o ar. Ficou difícil respirar. O último carro pesado deixou um zumbido.

Logo antes de Sollihøgda, o casal foi parado. Eram os primeiros a chegar à barreira. A mãe saiu apressadamente.

— Meus meninos estão na ilha! Deixem-nos passar!

Mas não adiantou nada. Ela quis romper a barreira correndo.

— Você não vai conseguir passar por aqui — disseram os policiais.

— Somos muitos e você é uma só. Somos mais rápidos que você.

Christin entendeu que era impossível tanto passar de carro como correr até Utøya. Ela voltou para o carro, onde Sveinn Are estava sentado em silêncio. Talvez abrissem a estrada logo. No noticiário ainda não haviam falado nada sobre o que estava acontecendo em Utøya.

Mustafa encontrara todas as peças para o box antes da viagem à Suécia. Ele tinha o costume de comprar cada peça onde o preço era melhor, para depois juntá-las. Na loja Byggmakker, em Ski, ele também mandara cortar uma placa de 70 x 120 cm, que era para esconder os canos na lateral do box. Bano sempre reclamara que não era bonito com os canos à vista.

A única coisa que faltava era um puxador para a porta de correr. Obra típica do papai, Bano diria se só estivesse semipronto para sua volta de Utøya. Aquelas portas nunca vão ter puxadores, diria ela. Todos os trabalhos do papai em casa são assim.

A família inteira reclamava do banheiro. A banheira era velha e descascada, as paredes e o piso estavam tão encardidos após anos de uso que já não se via sua cor original. Bayan sempre tentava lavar embaixo da banheira, mas não conseguia, o chão vivia molhado e o teto estava cheio de saliências por causa da umidade. Mustafa instalara um ventilador, mas não ajudou. Bayan quis chamar um encanador, mas afinal de contas Mustafa era engenheiro mecânico com especialização em água e esgoto, então isso ficou fora de cogitação.

Ele quis surpreender as meninas com um banheiro novinho em folha para quando voltassem de Utøya. Por isso eles foram até o shopping de Ski a fim de comprar puxadores para a porta de correr. Era ali que estavam quando primeiro Ali e depois Bano ligaram contando sobre a bomba em Oslo.

De qualquer forma, agora estavam voltando para casa com o novo e lustroso puxador.

O rádio do carro estava ligado.

Enquanto discutiam sobre quem poderia estar por trás da bomba em Oslo, uma mensagem chegou no celular do pai.

Agente ama vocês mais que tudo no mundo beijos banoElara tem alguém com pistolaAqui de onde ligamos agora estamos seguras

Era difícil digitar no telefone do rapaz, que tinha sido configurado de forma diferente do seu. Lara demorara muito para decidir se deveria mandar a mensagem ou não, já que não sabia onde Bano estava. Ela não tinha coragem de dizer isso aos pais. Tantos tiros, aquilo não terminava nunca! E cada tiro poderia ser em Bano. Lara e os quatro meninos ainda estavam se escondendo na enseada perto da casa da bomba de água, onde, a essa altura, muitos jovens haviam se reunido.

O pai respondeu.

O que está acontecendo?

Depois de alguns minutos Lara escreveu mais.

Tem um que está atirando não sei onde está bano

Então o pai escreveu:

Você não pode me ligar?

Aí ele não recebeu mais respostas. Ele escreveu mais uma mensagem.

Sei que não é verdade, você não é Bano ou Lara

Uma nova mensagem apareceu no telefone dele do mesmo número desconhecido.

A gente ama vocês mais que tudo. Mas uma coisa aconteceu.

Eram 17h47.

No mesmo horário, a Central de Operações de Oslo enviou um recado para suas próprias unidades.

"Zero-um com mensagem importante a todos: Em conexão com a explosão no Quarteirão do Governo e o tiroteio em Utøya, Buskerud Norte, foi observado que o suspeito está vestindo uniforme de policial ou de segurança — fim."

A mensagem fora enviada pelo sistema de comunicação interna mais de duas horas depois que Andreas Olsen, os guardas do Quarteirão do Governo e outras testemunhas oculares começaram a alertar a polícia sobre o uniforme.

Cinco minutos mais tarde, às 17h52, a primeira patrulha da delegacia de Buskerud Norte chegou ao cais de Thorbjørn. No caminho até lá, os policiais da viatura receberam o seguinte recado da chefe operacional: "helicóptero mais tarde, possivelmente a Delta também." Foram instruídos a tomar cuidado e aguardar o barco policial.

Ao saírem do carro, ouviram os tiros. Eram constantes, bem definidos, controlados, e originavam-se de duas armas diferentes, mas nunca simultaneamente ou de vários lugares da ilha ao mesmo tempo. Isso os fez suporem que só havia um autor.

Os dois policiais ficaram no cais sem fazer nada além de observar, o que afinal fora a ordem que receberam. Observar e aguardar o barco policial. Eles estavam fortemente armados. E ficaram esperando enquanto os tiros estouravam do outro lado do estreito.

Utøya ficava a 600 metros de distância.

Como havia visibilidade desimpedida sobre o estreito, a patrulha estava com medo de se tornar alvo de tiros. Depois de três minutos, às 17h55, a patrulha avisou que o ponto de encontro teria de ser mudado para a estrada. Os policias encontraram um abrigo atrás de um contêiner no cais. Por fim, um deles subiu até a estrada para desviar o trânsito e assim facilitar o acesso para a tropa de elite. Aí os dois perderam a comunicação entre si.

O distrito policial de Buskerud Norte tinha um barco próprio, um bote inflável vermelho, que estava em cima de um reboque do lado de fora do posto policial. Mas o bote não estava pronto para ser usado, e o comandante da ação teve de encher de ar um pontão e de gasolina o tanque. O corpo de bombeiros de Hønefoss, porém, possuía um barco grande e seguro, disponível no cais perto do posto de bombeiros. Eles ligaram desde cedo oferecendo assistência, mas inicialmente a ajuda fora recusada, pois a polícia tinha seu próprio barco. Mais tarde, a polícia ligou para pedir o barco, mas sem conseguir completar a ligação. A polícia fez várias chamadas para o corpo de bombeiros, só que no número errado.

Nem a tropa de elite, chegando de Oslo, nem Håvard Gåsbakk, chegando de Hønefoss, receberam alguma mensagem final sobre o ponto de encontro para a ação policial. Gåsbakk, no entanto, achou óbvio que esse ponto fosse o cais de Thorbjørn, de onde a distância até a ilha não passava de algumas centenas de metros.

A tropa de elite que vinha de Oslo não sabia onde ficava Utøya. A primeira patrulha tinha GPS na viatura, mas o aparelho não mostrava os nomes das ilhotas do lago de Tyrifjorden. Os homens dos carros pretos tentaram fazer contato com o distrito policial de Buskerud Norte para confirmar o ponto de encontro, além de transmitir a necessidade de barcos para mais pessoal. Mas a rede de comunicação de emergência ainda não fora desenvolvida para cobrir Buskerud Norte, e o sistema de comunicação analógica só tinha cobertura depois de Sollihøgda. Portanto, o telefone era o único meio de comunicação disponível, mas, por causa da capacidade sobrecarregada, a Central de Operações não atendia as chamadas telefônicas da tropa de elite.

A falta de comunicação impossibilitou que o tempo de deslocamento fosse aproveitado para planejar e coordenar a ação. Quando a Central de Operações de Buskerud Norte finalmente ficou sabendo que a Delta estava a caminho, eles não faziam ideia do número de agentes, nem do fato de que estavam chegando de carro. Até logo antes das 18 horas, a Central de Operações de Buskerud Norte acreditou que a tropa de elite chegaria de helicóptero e pousaria diretamente em Utøya.

Ao mesmo tempo que essa questão foi esclarecida, houve um mal-entendido fatal. Informando a tropa de elite sobre onde era o ponto de encontro, Buskerud Norte deu a instrução de "comparecer no cais".

— Que cais? — perguntou o homem da Delta. — Você está falando do cais perto do campo de golfe? — Era o único lugar que ele conhecia à margem do lago de Tyrifjorden.

A chefe operacional de Hønefoss se virou para o chefe do Estado-Maior, que acabara de chegar ao posto policial, e, enquanto segurava a linha, ela falou:

— A Delta diz que o ponto de encontro é perto do campo de golfe.

O chefe do Estado-Maior, que estava ao telefone com alguém que ligava de Utøya, simplesmente assentiu com a cabeça, e a chefe operacional disse para a Delta:

— Ok, então vamos combinar perto do campo de golfe.

Consequentemente, o ponto de encontro foi transferido para um lugar a 3,6 km de distância da ilha, ao invés da distância de 600 metros do local original, onde uma patrulha de Buskerud Norte já estava observando a ilha e para onde Håvard Gåsbakk estava indo naquele momento.

O primeiro carro da tropa de elite não estava ciente da mudança e passou a saída de Utøya às 18h01. De lá eles poderiam ter ido até Utøya em poucos minutos se houvesse um barco no local. A próxima saída era o camping de Utvika. O primeiro carro pegou essa saída e foi até o lago, onde havia vários barcos. Lá, o condutor recebeu a instrução, via sistema de comunicação, de virar, e subiu de novo. Várias das viaturas atrás dele tiveram de fazer a mesma manobra. Logo estavam na rodovia outra vez, afastando-se cada vez mais da ilha.

Tendo quase chegado ao cais de Thorbjørn, Gåsbakk recebeu ordem de dar meia-volta e retornar para Storøya.

Na média, Breivik matou uma pessoa por minuto.

Breivik estava perto de uma casa vermelha baixinha, conhecida como a Escolinha. Ele pensou que com certeza muitos estavam se escondendo lá dentro. Ao atirar na porta, ouviu gritos de meninas. Deu um tranco na maçaneta, mas, do outro lado, um dos socorristas voluntários estava segurando a trava. A casinha estava cheia de gente. Breivik desistiu dela. O risco ligado a forçar a entrada era grande demais. Na caixa Pelican, ele tinha uma lata de óleo diesel. Seu plano era derramar o conteúdo em volta dos edifícios e atear fogo, para depois atirar nas pessoas quando saíssem correndo.

Só que estava sem isqueiro, e por isso subiu outra vez à lanchonete para procurar um.

Ele já havia matado quarenta pessoas a tiro na ilha. Estava na hora de se entregar; isso aumentaria a chance de sobreviver à ação. No entanto, ele esquecera o celular no carro-bomba.

Não achou nenhum isqueiro, mas achou um celular. Discou 112 e teve de esperar na linha. Depois de várias tentativas, a Central de Operações de Hønefoss atendeu. O relógio marcava 18h01.

— Central de Emergência da Polícia.

— Bem, bom dia, meu nome é comandante Anders Behring Breivik da Resistência Anticomunista Norueguesa.

— Pois não.

— No momento estou em Utøya. Desejo me render.

— Ok, de que número está ligando?

— Estou ligando de um celular.

— Está ligando do seu celular?

— Bem, não é meu celular, é outro... — respondeu o homem de Utøya, e a ligação caiu.

— Outro, como é mesmo seu nome? Alô... Alô...!

O celular que Breivik achara não tinha chip, portanto o número não apareceu na tela do posto policial local.

Então era melhor continuar a matança. No caminho, ele encontrou um cão que estava correndo desesperado para cá e para lá. Fazia tempo que não via ninguém que pudesse matar, onde estava todo mundo?

Ele foi andando à margem do lago. Perto do morro de Stoltenberg, ele se deparou com três jovens. Atirou nos três e os matou. Na baía dos Bolcheviques, encontrou outro grupo, e matou cinco a tiro. Logo, a orla ficou intransitável. Ele voltou em direção ao centro da ilha outra vez.

Um grupo que estava se escondendo, encoberto pelo capim alto, ouviu seus passos. Mas não podiam correr, não podiam fugir, pois seguravam uma vida nas mãos.

A vida de Ina.

No chão, uma integrante da equipe de socorristas voluntários estava deitada de costas. Em cima dela, estava Ina, lentamente perdendo sangue. Depois que Breivik saiu da lanchonete, Ina se arrastara de trás do piano. Ela conseguiu sair, antes de desabar na área do camping. Alguém a carregou até a rampa de skate ali perto.

363

— Ela não vai sobreviver — Ina ouviu eles sussurrarem. Então uma menina assumiu o comando.

— Cada um pega uma ferida — mandou ela. Agora estavam sentados assim, cada um apertando uma pedra contra as feridas de Ina, quando ouviram Breivik se aproximar. Um deles quis correr para procurar a irmã, mas recebeu a ordem: — A gente precisa de você aqui.

Atrás do capim alto, eles viram o homem de uniforme.

— Agora ninguém se mexe — disse aquela que assumira a liderança.

Ele estava andando pela Trilha do Amor.

Se tivesse olhado para a direita, Breivik os teria visto.

Mas ele olhou para a frente.

E parou perto de uma pequena construção cinza, achando que era um banheiro externo. Ele se equilibrou, com cuidado, andando até a lateral da casinha, pois havia declives dos dois lados. Ali, viu uma pessoa, depois mais uma, e por fim várias; um grande grupo estava se apinhando contra a parede da casa da bomba de água. Breivik ainda estava a certa distância.

— Vocês o viram? — perguntou ele.

Ninguém respondeu.

— Sabem de onde vieram os últimos tiros?

Ninguém se mexeu.

— O atirador ainda não foi pego, mas tem um barco ali perto do lago, pronto para evacuar vocês. Podem se juntar? Precisam ir imediatamente!

Algumas meninas se levantaram hesitantes. Foram andando com cuidado em sua direção. Ele olhou para seus rostos, algumas pareciam aliviadas, outras mais desconfiadas.

— Precisam se apressar antes de o terrorista chegar. Ainda não o pegamos.

Mais uns dois jovens se levantaram e foram se aproximando dele.

— Você tem algum documento de identidade? Pode provar que é policial de verdade? — perguntou um deles.

Andrine, uma menina de 17 anos de Groruddalen, foi uma das pessoas que estavam indo em direção ao policial. Ela viu que ele de repente ficou irritado, como se estivesse frustrado por eles não irem rápido o suficiente. Aí ele deu um tiro logo acima de sua cabeça. Andrine se jogou na água. De dentro do lago, viu que a menina que esteve a seu lado fora baleada e estava estirada no chão; em seguida, viu seu melhor amigo, Thomas, ser baleado. Primeiro na garganta, depois na cabeça.

Uma moça gritou.

— Socorro, por favor!

Breivik a fuzilou. Em seguida atirou contra os que subiram correndo o barranco.

Andrine sentiu uma pressão contra o peito. A garganta, o céu da boca, a boca ficaram cheios de sangue. Um projétil entrara em um dos seios e parara a alguns milímetros da medula espinal, o pulmão havia sido perfurado. Ela ficou deitada na água. Não conseguia respirar. Estava prestes a se afogar em seu próprio sangue. Os olhos estavam arregalados. Se eu fechar os olhos, vou morrer, pensou ela enquanto ficava cada vez com menos ar. Ela viu o homem balear todos os que estavam perto da casa da bomba de água. Breivik foi até eles e segurou a pistola a alguns centímetros de suas cabeças. E atirou, e atirou, e atirou.

Então o assassino parou. Ele olhou em volta, examinando com os olhos cada um que estava ali, deu meia-volta e subiu o barranco. Aí, ele se virou de repente. Pausou, sorriu e ergueu a arma mais uma vez.

Ele mirou nela. Olhou diretamente para ela. O tiro atravessou suas botas de borracha e seu pé. As balas chapinharam na água à sua volta, ricocheteando das pedras ao redor, e as lascas atingiram seu rosto.

Ele mirou nela de novo. Agora vou morrer, pensou ela.

Breivik apertou o gatilho.

Andrine achou que estava morta quando viu um menino saltar para fora. Ele levou um tiro, dois tiros, três tiros, todos destinados a ela. Um entrou na coluna e saiu pelo peito dele. O seguinte entrou na cabeça, o terceiro, na coxa. Ele tombou, já estava morto.

Era Henrik Rasmussen de Hadsel, província de Nordland. Andrine não o conhecia. Ela nunca o tinha visto antes. Mas ele estivera escondido no barranco, vendo um tiro depois do outro acertá-la. Aí ele resolveu pular na sua frente.

Henrik completara 18 anos em fevereiro. A última coisa que fez antes de ir para Utøya foi organizar uma ação contra o racismo em seu município.

— Oba! — comemorou Breivik.

Em seguida, ele foi embora. Andrine olhou em volta. Todos estavam mortos. Alguns estavam deitados com o rosto dentro da água, outros, em posição fetal. Um crânio estava dividido em dois. O cérebro estava aberto.

Andrine estava aguardando a morte. Ela esperava que todo o sangue sairia de seu corpo. Ela queria ter um caixão branco no enterro, totalmente branco. Mas como ela transmitiria isso?

Ela não poderia morrer. Aí o sacrifício do menino desconhecido seria em vão.

Lara se jogara na água gelada e começara a nadar ao ouvir os primeiros tiros da casa da bomba de água. Eram mais ou menos 18h15.

Enquanto nadava, ela ouviu tiros e gritos. Alguns pediram por suas vidas.

— Por favor! Não atire! Quero viver!

Desse lado da ilha, a água escavara cavernas nas falésias de calcário, onde era possível se esconder. Lara foi nadando até uma delas, mas a caverna estava cheia, não havia lugar para ela. Então nadou mais adiante e conseguiu um lugar na próxima. Ali dentro, ela estava escondida por todos os lados.

Ela via barcos na água do lado de fora da caverna. Campistas e veranistas dos chalés locais tiravam jovens gelados e apavorados da água.

Ina e seus ajudantes também ouviram os tiros da casa da bomba de água. Tiros, gritos, ganidos, tiros. Em seguida, tudo ficou muito quieto. Um dos que estavam apertando suas feridas de bala repetiu:

— Estão morrendo, estão morrendo, estão morrendo.

As forças de Ina estavam desvanecendo, ela havia perdido muito sangue. Num estado de sonolência, ela viu uma gota de chuva brilhar sobre uma folha.

Imagine que algo pode ser tão bonito, aqui, agora.

Pensou ela.

Em Salangen, Gunnar estava com o telefone na mão. Logo depois das 18 horas, ele viu uma linha de texto na parte inferior da tela da TV. Estava escrito: "Tiroteio em Utøya."

— Tone! Tone!!! Está escrito algo sobre tiroteio em Utøya.

A mãe de Simon veio correndo. O choro tomou conta dela imediatamente.

— Meu menino! — gritou ela.

— Mas Tone, você sabe que o Simon corre rápido e é bom nadador, então vai estar tudo bem — disse Gunnar para tranquilizá-la.

Mas o pânico se apoderara de Tone de tal forma que estava com falta de ar.

— Devem ser duas pessoas que têm um conflito. A gente precisa se acalmar, afinal, nada indica que o Simon esteja envolvido. São tantas pessoas na ilha.

Mas Tone estava preocupada.

Alguns minutos se passaram. Não apareceram mais informações sobre Utøya.

— Preciso averiguar isso — murmurou Gunnar e digitou o número de onde Simon havia ligado da última vez.

— Olá, peço desculpas, mas aqui é Gunnar Sæbø, o pai do Simon — disse ele. — Simon acabou de ligar desse telefone.

— Tem um louco que está atirando. Não posso falar — sussurrou Julie Bremnes.

— Mas você viu o Simon?

— Eh, não, corremos juntos, mas depois acabamos nos separando, faz um tempo que não vejo Simon — sussurrou a moça de 16 anos, que estava numa enseada a alguma distância da escarpa. — Estou me escondendo, não podemos falar mais.

— A menina estava se escondendo e só sussurrava — disse Gunnar a Tone. — Não podemos ligar mais vezes, não podemos ligar mais. Aí outras pessoas podem ser feridas. — No entanto, chamaram os números que passavam na tela. Estava escrito que as famílias poderiam ligar para esses números. Só que as chamadas nunca eram completadas.

Tone estava chorando.

— Meu menino! Meu filhinho!

Gunnar telefonou para os amigos com quem iam comemorar um aniversário naquela noite de sexta-feira.

— A gente vai se atrasar um pouco — disse ele. — Iremos assim que essa questão do Simon tiver sido resolvida.

— Caralho, agora já começou.

Enquanto o massacre estava acontecendo perto da casa da bomba de água, uns trinta homens da Delta e da polícia local chegaram à ponte de Storøya.

O jargão era duro.

— Terrorismo em solo norueguês.

— É, agora está estourando.

Ficaram sabendo que a pessoa que iriam pegar poderia estar vestida de uniforme de polícia. Assim como o Talibã no Afeganistão, pensou Gåsbakk. Eles também tinham costume de vestir uniformes policiais para se infiltrarem na população antes dos ataques.

O recado de que muito provavelmente se tratava de um jovem louro de uniforme policial não havia chegado.

No mesmo momento em que a Delta estava a postos, o barco policial atracou perto de uma barragem de pedra logo embaixo da ponte. Os homens fortemente armados embarcaram depressa. A disposição para entrar em ação era elevadíssima, agora estavam em movimento, era preciso pegar o caminho mais rápido.

— Está chegando no limite — gritou o barqueiro. O bote inflável vermelho estava registrado para dez pessoas e os homens eram pesados, cada um levando uns 30 quilos de equipamento, além de escudos e aríetes. A proa se manteve firme com apenas o barqueiro no bote, mas à medida que os homens se deslocavam para trás, a fim de abrir espaço, a água fluiu sobre a amurada, passando para o convés e o tanque de gasolina.

A atitude era: "Estou nessa. A gente vai atravessar e eliminar o sujeito. A gente vai salvar vidas." Ninguém quis ficar para trás. Ninguém quis perder a operação. Com dez homens a bordo, o barqueiro deu um basta. O bote ficou bem na água até ser retirado da pedra sobre a qual estava pousando. Aí afundou tanto que a amurada estava a um palmo da água.

— Você precisa acelerar ao máximo! — gritou Håvard Gåsbakk ao ver o bote mal avançar. — Acelere! — gritou ele outra vez para o barqueiro de Buskerud Norte.

— Estou acelerando ao máximo — respondeu o barqueiro. — Não vai mais rápido que isso.

Depois de algumas centenas de metros, o motor começou a falhar antes de parar por completo. Ali estavam eles, dez homens fortemente armados num bote inflável que estava sendo levado pelas ondas. Alguns soltaram a roupa de proteção, pois, se o bote afundasse, eles afundariam juntos, tragados pelo peso de todos os equipamentos. Eles xingaram. Eles chiaram. Eles praguejaram.

Ouviram os disparos da ilha.

Um campista veio para o resgate. Ele reduziu a velocidade para não inundar o bote inflável vermelho, que estava tão pesado que qualquer manobra brusca poderia enchê-lo de água.

Vários dos agentes especiais fortemente armados estavam com água até os joelhos, enquanto o tanque e a mangueira de gasolina flutuavam junto com remos e outros equipamentos. A primeira coisa que foi colocada no barco do campista era um escudo. Depois, os homens se transferiram para o barco, um por um, enquanto o dono passou para o bote inflável vermelho. Ali, ele teve de pegar nos remos.

Um dos policiais ergueu a mão e gritou "Muito obrigado, amigo!". Aí rumaram para Utøya.

No entanto, o ritmo continuou sendo lento, pois esse barco também estava sobrecarregado.

Mais um barco chegou, e quatro homens pularam para ele.

Finalmente, pegaram velocidade. Os dois barcos aceleraram. Mas todos os deslocamentos haviam roubado tempo precioso.

Anders Behring Breivik estava estranhando o fato de a Delta ainda não ter chegado. Ele viu um helicóptero circulando sobre a ilha e pensou que era da polícia. Ficou surpreso ao ver o helicóptero chegar tão perto, pois sabia que era equipado com câmara térmica que poderia localizar seres vivos em meio à vegetação a longas distâncias. A essa altura, o helicóptero estava numa linha de fogo de 200 metros. Ele poderia derrubá-lo com dez tiros, mas aí ele também revelaria sua própria localização, se é que eles já não o viram. Por que não o baleavam?, perguntava a si mesmo. Talvez o helicóptero só informasse a Delta sobre onde avançar ao chegar à ilha.

Uma ideia lhe ocorreu. Será que realmente desejava sobreviver? Ele pensou na demonização que se seguiria. Tinha tudo de que precisava para se matar ali mesmo, e, se fosse fazê-lo, teria de ser agora.

Por um breve momento, pesou sua vida.

Optou por viver.

Ele deveria seguir o plano. A primeira fase era o manifesto, a segunda fase era a bomba e Utøya, a terceira fase seria o processo judicial.

De repente, ficou com grande vontade de sobreviver. Pensou em como se render e assim garantir que pudesse continuar até a terceira fase.

Será difícil capitular, temeu ele. A Delta vai me executar na primeira oportunidade.

Ele estava sem armadura e agora já tinha pouca munição também. Ao ver mais um celular largado no chão, decidiu ligar para a polícia outra vez. Eram 18h26. Ele estava na ilha havia mais de uma hora. Dessa vez, sua ligação foi atendida rapidamente. Mas não pelo destinatário certo. Por causa de um erro em uma das estações de base da NetCom, todas as ligações dos seus assinantes eram transferidas para o distrito policial de Buskerud Sul.

— Telefone de Emergência da Polícia.

— Bom dia, meu nome é Anders Behring Breivik.

— Olá.

— Sou comandante da resistência norueguesa.

— Pois não.

— Pode me transferir para o chefe de operações da Delta?

— Bem... qual é seu papel e de que se trata?

— Estou em Utøya.

— Ah, está em Utøya.

— Conclui minha missão, por isso desejo... me render.

— Você deseja se render, sim.

— Isso.

— Qual é seu nome mesmo?

— Anders Behring Breivik.

— E você é comandante de...

— Knights Templar Europe é o nome da organização, mas somos organizados na... resistência anticomunista contra a islamização da Europa e Noruega.

— Sim.

— Acabamos de realizar uma operação em nome de Knights Templar.

— Sim...

— Europa e Noruega.

— Sim...

— E, levando em consideração que a operação já foi realizada, é... aceitável se render à Delta.

— Você deseja se render à Delta?

— Você poderia... você poderia me transferir para o chefe de operações da Delta?

— Sim, você, você de certa forma está falando com alguém que, com alguém que de certa forma tem responsabilidade superior.

— Tudo bem, vá descobrir o que precisa, e depois você liga para esse telefone, tá?

— Hum, mas que número de telefone...

— Muito bem, tchau.

— Não tenho esse número de telefone. Alô!

Mais uma vez, Breivik ligara de um telefone sem o chip funcionando, um telefone que só era possível usar para chamadas de emergência. Portanto, o atendente não viu na tela o número de onde havia ligado.

O comandante da resistência anticomunista contra a islamização da Europa e Noruega decidiu continuar até que fosse neutralizado.

Ele caminhou para o sul, seguindo a orla pedregosa.

O barco mais rápido chegou à ilha às 18h27. Quatro homens da tropa de elite foram deixados no cais. Alguns membros da AUF correram em sua direção e apontaram para o norte, em direção à baía dos Bolcheviques e ao morro de Stoltenberg.

— Ele está ali! Ele está ali!

Era o último lugar onde Breivik havia atirado em alguém. Mas depois disso ele já tinha passado pelo cais, através da base por detrás da casa sede, de onde ligara para 112, e ido para o sul.

O grupo da Delta foi para o norte, enquanto Breivik estava indo em direção à ponta sul da ilha. Ficou parado à beira do lago, observando várias pessoas que se afastavam da ilha a nado. Uma lancha amarela vinha em sua direção e parou para resgatar algumas das pessoas que estavam nadando. Ele disparou alguns tiros, fazendo com que a lancha desse uma virada brusca e corresse a todo vapor na direção oposta, afastando-se dele, da ilha e dos jovens na água.

Ao se aproximar da ponta sul, avistou um grupo de jovens parcialmente escondidos pelo matagal. Eles não sabiam que ele estava chegando perto. Ele lembrou que já estivera naquele lugar. Havia vários mortos ou feridos espalhados por ali. Alguns estavam semi-imersos na água. O terreno era plano naquele trecho, não havia encostas íngremes ou precipícios, a transição da ilha para o lago era suave.

Algumas meninas viram o homem uniformizado se aproximar.

— Ah, polícia! Polícia! Socorro, nos ajude!

Ele foi calmamente em sua direção.

— Quem de vocês precisa de ajuda? — perguntou. Ele caminhou até elas. Aí começou a atirar.

Lá no alto, tudo foi filmado. O helicóptero sobrevoando a ilha não era da polícia. Fora alugado pela televisão estatal, a NRK. Enquanto filmava sobre o Quarteirão do Governo, a equipe de câmera recebeu ordem do chefe de turno para se dirigir a Utøya.

A distância era longa demais para que o operador conseguisse distinguir o que a lente captava. Só depois, ao conferir as gravações, ele veria que filmara um massacre.

Simultaneamente, o barco com Håvard Gåsbakk e mais cinco homens estava prestes a chegar à ilha. Os seis a bordo ouviram os tiros e viram os projéteis chovendo na água. Portanto sabiam que rumo deveriam tomar.

Um homem ficou no embarcadouro do ferryboat para proteger o local, os outros foram para o sul numa formação de cinco homens. Primeiro, o escudeiro, depois, os outros. Venceram moitas e arbustos perto da água, aí o matagal se adensou tanto que mudaram de direção e andaram no sentido do interior da ilha, subindo uma vereda florestal, depois indo outra vez em direção à saraivada de tiros.

Na ponta sul, uma menina levou dois tiros na cabeça e um no peito, enquanto os homens percorriam a trilha. Outro jovem foi atingido por um tiro que atravessou a garganta, enquanto os homens se apressavam pelo matagal. Um terceiro levou uma bala na cabeça, enquanto eles trocavam de escudeiro. Um quarto foi alvejado duas vezes na coluna, enquanto os cinco homens se aproximavam. O quinto adolescente foi baleado três vezes, primeiro na coluna, o que o fez tombar, depois na cabeça e na garganta. E os homens ainda não haviam chegado.

Eles estavam correndo pela trilha de cascalho.

Agora vamos estar sob fogo. Vamos ser alvo de tiros, pensou Gåsbakk, que tinha dois filhos. Haverá luta. Assim eram seus pensamentos. Ele ainda não tinha visto nenhum dos mortos na ilha. Os homens haviam passado fora da rota de Breivik. O assassino evitara aquele trecho, pois de lá havia vista para o continente e risco de levar tiros.

É estúpido demais levantar a viseira, pensou Gåsbakk, mas a levantou mesmo assim. Ela ficava muito embaçada no tempo úmido, e era impossível ver direito através dela. Ele ouviu a saraivada de tiros, uma arma pesada que estava trabalhando.

Isto daqui é injustiça, refletiu, olhando para sua metralhadora ligeira MP5, que não se comparava à arma que estava ouvindo, a qual tinha potência maior, alcance maior. Ele se sentiu intimidado.

Deveria ter dado um abraço no Eilef, pensou. Esta pode ser minha última corrida.

Breivik estava olhando para os que havia matado. A seu lado, havia um menino que, de acordo com o assassino, parecia "supernovinho".

— Você matou meu papai! Você matou meu papai! — gritou o menino. — Você precisa parar de atirar. Já matou o suficiente! Agora nos deixe em paz!

Breivik olhou para ele e achou que parecia muito pequeno para ser adolescente. Talvez ainda não fosse marxista cultural doutrinado.

— Está tudo bem, vai dar tudo certo — disse ele ao menininho.

O menino ficou gritando.

— Ele me deixou viver. Ele me poupou!

Breivik se virou para subir até a base e buscar mais munição.

Os cinco homens chegaram ao fim da trilha e trocaram de escudeiro outra vez. Ficaram parados. Ele deveria estar bem perto. Eles se sentaram e tomaram as precauções. Escutaram. Fazia algum tempo que ouviram o último tiro. No momento, não havia nenhum som para seguir. Um homem da Delta começou a gritar.

— Cale a boca! — gritou Gåsbakk. Era prematuro chamá-lo antes de saberem onde estava. — Agora a gente só escuta!

Eles avançaram mais. Após 100 metros chegaram a uma construção de madeira, baixa e vermelha. Eles se locomoveram até a quina sudoeste, cobrindo, simultaneamente, diversas zonas de fogo.

O silêncio era completo.

Então vislumbraram um movimento na moita a 50 metros de distância. Uma faixa refletora cintilou. Perderam o vulto de vista outra vez. Eles atravessaram a Trilha do Amor. Avançaram em direção à moita por dois lados. Aí um homem de uniforme policial surgiu diante deles.

— Delta, Delta — eles gritaram.

Agora serei baleado, pensou Breivik. Ao mesmo tempo, ele achou que pareciam um pouco perplexos. Provavelmente, eles não esperavam um norueguês, mas um homem escuro.

— Polícia armada! Fique parado! Mãos para cima! — gritou um.

Breivik deixou o fuzil em pé, encostado a uma árvore.

Depois, ele se virou e foi andando em direção aos policiais, mantendo ambas as mãos afastadas do corpo. Nos ouvidos, ele tinha fones, com um fio que entrava no colete e descia ao longo do corpo.

— Deite no chão! — gritou um.

Em seguida, outro ordenou:

— De joelhos!

Vários homens estavam apontando as armas para ele, com o dedo no gatilho. Se não obedecesse a ordem, poderia ser fuzilado.

— Se chegar mais perto, a gente atira!

Os homens da Delta notaram o colete saliente. Será que poderia ser um cinto-bomba? Os fios de seu iPod estavam pendurados para fora.

— Não é um cinto-bomba! É um cinturão com munição! — gritou um homem da Delta do flanco.

— Deite no chão! — gritou um.

— De joelhos! — berrou outro.

— Decidam-se, afinal é para eu me ajoelhar ou deitar? — disse Breivik.

— No chão!

Ele se deixou cair, primeiro de joelhos, depois de bruços.

Håvard Gåsbakk imediatamente pulou em cima dele, forçou suas mãos para trás sobre as costas e colocou as algemas. Um outro amarrou suas pernas com algemas descartáveis.

Lá embaixo, com o corpo voltado para o chão, Breivik virou a cabeça e olhou para Gåsbakk, que, a essa altura, estava com uma perna de cada lado de suas costas.

— Não estou atrás de vocês. Considero vocês como meus irmãos. Não são vocês que vou pegar.

— Você tem algum documento de identidade? — perguntou Gåsbakk.

— No bolso direito.

Um homem pegou a carteira e leu o nome e o número de identidade com a data de nascimento, transmitindo a informação via sistema de comunicação.

— Não sou contra vocês — continuou Breivik. — Isso tem motivação política. O país está sendo invadido por estrangeiros, isso é um golpe de Estado, isso é o começo do inferno, vai ser pior, a terceira célula ainda não foi acionada.

Aí Gåsbakk avistou dois mortos no chão. Eram os dois primeiros que via. Eram Johannes e Gizem, com quem Breivik se deparara na floresta.

— A Glock está no coldre — disse Breivik.

— Já sei — respondeu Gåsbakk.

Um homem tirou a pistola de sua coxa. Um outro ficou o tempo todo com a arma erguida, mirando em Breivik.

Gåsbakk fitou os olhos em Breivik e pediu com insistência:

— Para sua própria consciência, responda agora: existem outros? Onde eles estão?

— Estou sozinho — disse ele. — Estou sozinho.

Estou. Sozinho.

Depois de tudo ter acabado

A SALA DA casa de Heiaveien estava ficando cheia.

Às tantas da noite, houve relatos de sete mortos. Um pouco mais tarde, de dez.

Gunnar não conseguiu completar a ligação para nenhum dos números de telefone que passavam na tela e, enfim, ligou para o delegado local. Talvez ele tivesse conhecidos nos distritos policiais de Buskerud Sul ou Norte?

Ele tinha, sim.

Eles estavam com os olhos fixos na tela. Viram jovens nadando em águas escuras. Corpos brancos lá embaixo, filmados do ar. Nadavam depressa, com braçadas fortes e firmes. Alguns nadavam em grupo. Outros estavam sozinhos. Rumavam direto para o continente. Todos tinham o mesmo objetivo, fugir da ilha.

O delegado ligou de volta para Gunnar.

— É sério — disse ele, mas não sabia mais que isso.

Aí veio o "Velhão", o delegado antigo. Ele resolvera as questões da comunidade de Salangen durante quarenta anos, emitindo multas por excesso de velocidade e reprimindo a pesca ilegal, impondo a proibição de *snowmobile* na serra, enfim, mantendo a ordem na cidadezinha desde a época em que os habitantes locais e os requerentes de asilo se chocaram no final da década de 1980.

— Achei que deveria vir — disse ele, ali do lado de fora da porta destrancada. — Se eu puder ser de alguma utilidade para vocês.

Ele iria tentar ligar para outras linhas além daquelas que constavam na tela. Além disso, eles o teriam por perto, se precisassem de alguma coisa.

Mas todas as linhas estavam congestionadas.

A filha dos vizinhos de Øvre Salangen também apareceu. Astrid tinha três anos a mais que Simon. Ela tomara conta dele desde os 4 anos de idade, e era considerada praticamente uma irmã mais velha. Essa noite, ela havia tomado umas taças de vinho e, assim que se sentou na frente da TV, viu a notícia sobre tiros em Utøya. Mesmo sob o efeito de álcool, dirigiu até Heiaveien.

Chegaram vários parentes, vizinhos, amigos. Todos os convidados da festa de aniversário, para onde a família Sæbø deveria ter ido, entraram. Afinal, não poderiam comemorar antes de Simon ligar e dizer que estava tudo bem.

Uma mensagem passou pela tela. Alguns dos jovens sobreviventes afirmaram que o número de mortos era muito maior do que o anunciado. A estimativa, segundo um membro da AUF, era de uns trinta ou quarenta.

Dentro da sala, os corações passaram a bater mais forte e mais rápido.

Cada segundo sem uma ligação de Simon se tornava um segundo de dor. Os minutos logo ficaram insuportáveis.

Alguém fez café e pôs xícaras na mesa. Os convidados do aniversário haviam trazido alguns dos bolos.

A angústia pesava sobre a sala cheia de luz.

O sol ainda brilhava pelas janelas panorâmicas que davam para o fiorde. O sol não se poria essa noite, ele se mudaria para o lado oeste sobre o horizonte e, aos poucos, seus raios somente passariam por uma pequena janela lateral.

Tone desaparecera. Fazia tempo que ninguém na sala a havia visto.

Eles a encontraram no pequeno cômodo que era mais usado para secar roupa. Ali, ela estava sentada no chão, balançando de um lado para o outro.

— Não meu Simon. Não meu Simon. Não meu Simon!

Tone já não percebia nada fora de si mesma. A dor era voraz demais, o pavor se agarrara a ela. Ela tinha perdido a mobilidade dos braços e das pernas. Ela era como uma pilha de roupas no chão. Só conseguia evocar uma imagem: Simon, Simon feliz, quando ela lhe deu um abraço e dois beijos no aeroporto.

Gunnar estava falando com a polícia. Ele até parece normal, pensou Astrid. Sua voz era clara, ele não hesitava. Ele segurou o telefone ao ouvido e se virou para a janela.

Aí ela viu suas costas. Sua camisa estava encharcada, com marcas de suor do tamanho de bolas de futebol nas axilas.

Gunnar passava da TV à varanda para fumar. Algumas pessoas achavam que Tone não podia ficar sozinha ali no chão. Elas a ajudaram a ficar em pé, ela caminhou com movimentos rígidos, mecânicos, entre as amigas. Ela foi até Gunnar e pediu um cigarro. A única maneira de respirar era fumar.

O fiorde cintilava ao sol noturno, sendo refletido nas montanhas do lado de trás.

De repente, um carro apareceu na estrada.

— Ele está dirigindo fora da estrada! — disse alguém que se juntara aos dois na varanda.

O carro correu a toda a pressa. Saiu da rodovia e pegou a estradinha de terra até entrar no pátio. A porta se abriu num rompante. Kristine saiu. Kristine, a jogadora de futebol e a estudante de magistério, a namorada de Simon durante toda a adolescência, que quase se tornara parte da casa nos últimos anos, estava ali embaixo no cascalho olhando para Gunnar e Tone na varanda. A menina estava desfeita em lágrimas. Ela subiu a escada correndo, enquanto gritou:

— Simon morreu! Simon morreu! Simon morreu!

Por um segundo, o silêncio na casa de Heiaveien foi absoluto.

Antes de a mãe de Simon desmoronar na varanda.

Kristine, que estava em sua casa, desesperada por não conseguir entrar em contato com Simon, havia ligado para todos os seus amigos. Dez vezes, vinte vezes, repetindo os mesmos números vezes sem fim. No final, Brage Sollund atendeu. Ele tinha ficado numa moita até o autor ser pego. Ele mesmo não vira Simon, mas ouvira o que os outros contaram.

— O que você sabe do Simon? — perguntou Kristine.

As palavras ficaram presas na garganta de Brage. Ele murmurou alguma coisa, enquanto pensou em como dizer aquilo. Afinal, ele tinha de responder alguma coisa.

— Você provavelmente não vai ver Simon de novo.

Kristine soltou um grito.

— Você tem certeza? Tem certeza?

— Não vi o que aconteceu, mas Geir Kåre viu...

Isso era tudo o que Kristine lembrou, antes de entrar no carro e dirigir para a casa da família Sæbø.

Agora ela estava berrando.

— Nunca mais vamos ver Simon — chorava.

— Pode haver algum engano — disse Gunnar. — Talvez — acrescentou.

Pois haviam também recebido mensagens de que Simon estava no hospital, de que tinha sido resgatado, de que levara um tiro no pé. E Brage não havia visto Simon pessoalmente. Afinal, Brage se escondera num lugar bem diferente.

Mas a mãe de Simon, a força de amor da família, foi exaurida de toda sua energia e se arrastou para o quarto de dormir.

Håvard desapareceu, querendo ficar sozinho em seu quarto. Ele estava com o laptop na cama e entrou na página de Facebook do irmão, onde deixou uma mensagem.

Simon! Volte para casa!!!!

À beira do lago, Viljar aquietara.

Ele estava na posição fetal. Completamente quieto. Ele tinha parado de contar histórias.

Ele tinha parado de cantar, tinha parado de xingar. Os últimos murmúrios também emudeceram.

Não saía mais nenhum som de Viljar. O capuz do moletom cinza estava vermelho de sangue. Algo estava pendurado de sua órbita ocular.

Margrethe estava espremida na prateleira com os olhos fixos em um único lugar. Na pedra lá embaixo.

Ela não estava sentindo nada, nem tristeza, nem medo. Simon morreu, logo, vamos todos morrer, pensou ela. Os que atiravam, os que continuavam a atirar, voltariam e matariam todos. Os tiros soavam tão regulares, tão implacáveis. Para Margrethe, a vontade de viver havia desaparecido, ela não ligava para ficar escondida, ela tinha desistido da vida. Ela enrijecera ali em cima da prateleira da escarpa. Vira e mexe, seu telefone se iluminava. *Papai* estava escrito na tela, mas ela não atendia.

Tudo tinha acabado. O fim chegara. Agora todos iriam morrer.

A última conversa com o pai terminara antes de Simon cair. Simon havia tirado o telefone da mão de Margrethe dizendo:

— A gente não pode fazer barulho. Estamos nos escondendo. — Em seguida, ele colocara o telefone na prateleira, mas sem desligá-lo. Por isso, o pai, em Stavanger, ouviu os dois tiros, nítidos, altos, diretamente no ouvido. Ele ouviu os gritos. Estão sendo mortos!, pensou. Um tiro contra Simon, um contra Margrethe.

Ele não sabia que um dos dois havia levado ambas as balas.

Um barco civil com três policiais fortemente armados se aproximava da escarpa.

Agora vão nos balear, pensou Margrethe.

— Polícia! Polícia! — gritaram os homens.

Os jovens que estavam feridos na beira do lago pensaram: ou estamos salvos ou estamos acabados. Não houve pânico, ninguém fugiu, pois se esses fossem os comparsas daquele primeiro, sua superioridade de forças de qualquer forma seria grande demais, suas armas, pesadas demais.

Os três homens pularam em terra.

— Há alguém ferido aqui? — gritaram, começando imediatamente a enfaixar aqueles que poderiam ser salvos.

Aí Margrethe desceu em disparada para Simon.

Como ele estava frio!

O casaco de *fleece* que ela lhe emprestara na noite anterior subia pelas costas dele, assim como a jaqueta de chuva, que estava quase cobrindo sua cabeça. Ela puxou o casaco para baixo e o agasalhou melhor com a jaqueta, dobrando o capuz com cuidado para que o rosto aparecesse.

O rosto estava completamente branco, desprovido de qualquer cor. Não havia sangue. Nada que indicasse que ele fora baleado. Na jaqueta de chuva e no casaco de *fleece* só havia um pequeno furo onde o tiro do fuzil havia entrado, e uma ferida na canela. Era como se estivesse dormindo e passando frio.

Margrethe passou a mão sobre suas costas, acariciou seus ombros. O abraçou. O agarrou.

A realidade feria como uma garra.

Ele estava morto. E ela estava salva.

Ele estava morto, e ela viveria.

Os policiais rapidamente identificaram os mortos: um menino que estava flutuando na água depois de quatro tiros nas costas e no abdômen. Morto. Simon, que pendia inânime sobre uma pedra. Morto. Viljar, que estava estirado na beira do lago com partes do cérebro para fora da cabeça. Morto.

Um pouco mais para cima no declive, estavam as três meninas que Breivik baleou primeiro. Uma delas comemorara seu aniversário de 14 anos cinco dias antes, a outra, que tinha 15, acabara de ser nomeada líder dos jovens que se preparavam para a confirmação da Igreja de Bragernes, onde ela também cantava no coral, a terceira tinha 16 anos e fora de Stavanger para Utøya com Margrethe. Na noite anterior ela estava dormindo pesadamente, quando Margrethe entrou sorrateiramente na barraca. Todas as três sangraram até a morte antes de a equipe de resgate chegar.

Os policiais trabalhavam com rapidez e eficiência, concentrando-se nos jovens que poderiam salvar. Ylva, Eirin e Cathrine foram socorridas e transferidas para os barcos com os corpos cheios de balas e estilhaços. Todas as três tinham grandes hemorragias internas.

— Não! — gritou Tonje Brenna quando os policiais determinaram quem estava morto.

— Ele acabou de falar nesse instante! Não está morto! — A secretária-geral da AUF estava apontando para Viljar. — Agora há pouco ele estava cantando!

Um dos socorristas se sentou ao lado de Viljar na borda do lago.

— Ele não pode estar morto! — gritou Tonje.

Viljar jazia inerte na água. O policial encontrou algo.

Um pulso baixo.

E, depois, um som, um som muito fraco.

— Para cá! — gritou ele. — Há vida!

O homem era especialista treinado em primeiros socorros e medicina de guerra, ele servira no Afeganistão e tinha muitos anos de experiência. Ele pegou um lenço triangular e, com jeito, enfiou-o embaixo da cabeça de Viljar. Cuidadosamente, acomodou o cérebro do rapaz de 18 anos dentro da cabeça. Encaixou os pedaços do crânio na posição certa, enquanto cuidou para que nenhuma ponta afiada encostasse na massa mole. Gentilmente, embrulhou a cabeça de Viljar e amarrou o lenço. Com o cérebro no lugar certo, Viljar foi carregado para um barco com outros jovens sobreviventes.

Com a cabeça deitada num colo, Viljar acordou em algum lugar do lago de Tyrifjorden. Ele olhou para os que estavam ali e perguntou em voz débil:

— Onde está o Torje?

Eles a chamavam. Os outros jovens já estavam no barco. Era o último barco que faria a travessia com os sobreviventes da escarpa.

Um policial foi até Margrethe.

— Agora é melhor você ir.

— A gente não pode simplesmente deixar ele aqui!

— Vai ter alguém para tomar conta dele — disse o policial.

Um policial armado fora incumbido de vigiar os mortos.

— A gente precisa levar o Simon junto!

— Os mortos vão ser transportados mais tarde.

Simon estava tão gelado.

— Não vou sem o Simon!

— A ilha ainda não está segura. Nenhum dos sobreviventes pode ficar aqui.

No fim, ela foi forçada a ir. O policial teve de arrastá-la para o barco. Simon ficou pendurado do jeito que havia caído, sobre uma pedra perto da água. Acima dele, havia três meninas mortas, na orla mais abaixo, havia um menino morto e um policial que vigiava.

— Os feridos primeiro, os feridos primeiro!

Congelada, Lara estava sentada na margem do lago entre a escarpa e a casa da bomba de água. Ela tremia de frio depois de ter ficado tanto tempo na água. No final, dentro da caverna, uma indiferença total a acometera, a cabeça caíra sobre o peito, ela tivera certeza de que seria baleada. Estava sentindo frio demais para se importar. Mas agora... agora estavam salvos.

Ah, como ela sentia necessidade de ter Bano por perto. Ela queria ser embalada, abraçada, consolada pela irmã mais velha. Precisava falar com Bano, que ria de tudo, que sempre via algo bom naquilo que era triste, que transformava o cotidiano num conto de fadas. E, afinal, os contos de fadas sempre tinham um final feliz.

De repente, ela só gritou.

Ela uivou, ela berrou, mais alto que todos em volta. Todas as forças que sobravam se converteram em som.

Ela ficou sem fôlego, antes de cair exausta.

Aí ela foi colocada num barco.

— Não olhem para a terra! — disse o barqueiro. — Olhem só para a frente. Não se virem!

Alguns olharam mesmo assim e soltaram um grito.

Ao longo da margem, jaziam jovens, alguns semi-imersos na água, outros sobre as pedras. Em alguns lugares, o rochedo estava tingido de vermelho. Roupas manchadas de sangue estavam largadas ali. A maioria das peças pertencia àqueles que haviam nadado. Havia tanta roupa, tantos sapatos.

— Nunca mais vou jogar Call of Duty — disse um menino a bordo do barco de Lara.

O barco atracou no camping de Utvika. Na margem, os jovens foram recebidos por pessoas que lhes davam cobertores ou edredons.

As pessoas sabiam o que havia acontecido lá na ilha! De repente, Lara estava de volta à realidade. Aquilo realmente havia acontecido!

Ela perguntou a todos se tinham visto Bano.

— Sim, ela está viva — disse um menino. — Acho que alguém falou com ela. — Alguns tinham a impressão de tê-la visto numa barraca.

Havia gritos de angústia, choro, pânico. Alguns estavam em estado de choque e se movimentavam mecanicamente, com olhares vazios. Outros tinham de ser carregados em terra e ficaram deitados no chão. O restante estava morrendo de medo de todos, os olhares diziam: — Você também vai tentar me matar?

Na estrada, havia uma fila de carros. Voluntários se prontificaram para levar os jovens até o local de encontro e voltar para pegar outros. Mas Lara não quis ir antes de Bano ser resgatada. Sabia que a irmã ainda não tinha chegado, pois certamente a estaria aguardando se tivesse desembarcado primeiro.

No fim, Lara foi arrastada para dentro de um carro por três amigos. — Todos vão se reunir em Sundvolden — disseram. — Talvez Bano esteja lá.

O rádio do carro estava ligado e foi noticiado que o autor do crime era norueguês e louro.

Ali no carro, Lara conseguiu emprestado um telefone. Ela ligou para o pai.

— Estamos a caminho! — gritou o pai. — Para buscar vocês!

Depois da notícia sobre tiros em Utøya, os vizinhos se reuniram na casa da família Rashid. Eles também tentaram os números que apareciam na tela, mas as ligações nunca eram atendidas. Um vizinho descobriu que foi criado um centro para os familiares no Hotel Thon, em Sandvika. A essa altura, estavam num táxi indo para lá, pois Mustafa, estressado e nervoso demais, não tinha condições de dirigir o próprio carro. Os pais pegaram Ali num descampado perto de casa, onde o rapaz de 14 anos estava jogando futebol com alguns amigos. Os pais dos amigos haviam dito que poderiam tomar conta do menino, mas não, Ali quis ir junto para buscar as irmãs.

— Como vocês estão? — perguntou o pai.

Lara ficou quieta.

— Papai — disse ela enfim. — Papai... Não sei onde Bano está.

— Você não está com Bano?

Lara chorou.

Eles combinaram que o primeiro a receber alguma notícia de Bano ligaria para o outro.

Ali estava no banco de trás com Bayan. Ele tentava consolar a mãe.

— Bano é esperta, você sabe disso. Ela é a melhor para encontrar esconderijos. Por isso ninguém achou ela ainda!

Por sorte, o taxista era do Marrocos. Ele tinha o Alcorão no porta-luvas. Bayan leu a sagrada escritura e pediu a Deus que cuidasse de sua filha mais velha, a primogênita.

Mustafa estava murmurando no banco da frente.

Alá! Não há Deus senão Ele, o Vivo, o Eterno. O sono e a fadiga não o atingem. Tudo o que está nos Céus e na Terra lhe pertence.

Era a mesma oração, *Ay-at-ul-kursi*, que ele rezara no rio entre o Iraque e a Síria, a oração a que recorrera nas noites passadas em branco durante a guerra civil.

Conhece o passado dos homens e seu futuro. E de Seu saber, eles só alcançam o que Ele permitir. Seu trono abrange os Céus e a Terra, e Ele os mantém sem esforço algum. Ele é o Altíssimo, o Glorioso.

Fazia muito tempo que não precisava daquela oração.

Em Sandvika, tiveram de esperar muito antes de receber a informação de que todos de Utøya haviam sido mandados para o Hotel de Sundvolden, à beira do lago de Tyrifjorden. Mas Bano não telefonou. Bayan chorava e se lastimava.

— Minha filha, minha filha! — soluçava.

Uma outra mãe deu atenção especial a ela.

— Vai dar tudo certo — disse a mulher delicada de cabelos louros que a abraçava. Ela contou que se chamava Kirsten e que seu filho também tinha ido para Utøya. O nome dele era Håvard e ele era o presidente da AUF de Oslo. Eles tampouco tiveram alguma notícia do filho nas últimas horas. Pouco antes das 17h45 haviam recebido a última mensagem.

Kirsten ofereceu carona a Bayan e Mustafa até Sundvolden. No entanto, a família Rashid estava em três pessoas, por isso pegaram outro táxi.

A noite tinha começado a escurecer quando iniciaram a longa viagem circundando o lago de Tyrifjorden.

— Vai dar tudo certo — disse Bayan a Ali assim que se sentaram em outro banco traseiro de táxi. — Logo teremos as duas meninas conosco.

O carro saiu de Sandvika, e Bayan olhou para Ali sorrindo.

— Daqui a pouco Bano vai ligar e dizer: Estou bem!

No Hotel de Sundvolden, Lara não conseguiu participar das cenas de alegria que se passavam quando as pessoas se reencontravam. Ela saiu na chuva com a roupa já molhada. Não chorava mais, não tinha mais gritos dentro de si.

No estacionamento externo, ela aguardou os ônibus e carros com jovens de Utøya. Os olhos perscrutaram os veículos, passando pelos vidros, pelas portas, fixando-se em todos que desciam na sua frente, antes de seguirem adiante.

A alguma distância, estava um menino pálido com sardas e cabelos ruivos. Ele estava encharcado. Torje se escondera por muito tempo na caverna à beira do lago, mas quando um barco começou a resgatar os jovens da água, ele nadou em sua direção. Ao se aproximar do barco, os tiros zuniram sobre sua cabeça. O barco acelerou e foi embora. Torje ficou para trás, sozinho na água. Ele nadou para a ilha e saiu da água. Estava gelado demais para nadar de volta à caverna. Várias vezes, Torje esteve perto do atirador, mas ele sempre conseguiu escapar ou se esconder.

O rapaz de 14 anos havia telefonado para os pais quando pegou um ônibus no cais. Eles estavam a caminho. Depois de uma espera de três horas em Sollihøgda, eles já haviam circundado a maior parto do lago de Tyrifjorden. Eles ligaram e desligaram, e ligaram de novo. A cada quilômetro percorrido, Torje e Viljar ficavam mais novos na cabeça da mãe. Chegando perto de Sundvolden, ela os via como duas criancinhas.

Torje estava esperando por Viljar e Johannes. O irmão mais velho e o melhor amigo.

Então alguém disse que não haveria mais ônibus.

— Quando Bano Rashid chegar, você pode dizer que esse é nosso quarto?

Lara estava exausta de tanto esperar, e já que não chegariam mais ônibus, ela entrou e pediu um quarto. Recebeu uma chave.

— Bano tem cabelo comprido e escuro, ela se parece comigo, sim. É minha irmã mais velha.

Ela se arrastou até o elevador.

Ela está viva, pensou Lara ao entrar no quarto. Conseguira um computador emprestado na recepção e desenhou um coração na página do Facebook de Bano.

Ela está viva, pois se estivesse morta, eu o teria sentido. E não estou sentindo que ela está morta, disse para si mesma.

Num quarto da mesma ala, Margrethe olhou para a cama grande.

Aquele quarto bonito! Como odiava aquele quarto bonito! Estava tudo errado.

— Vamos pegar o carro e buscar você — disseram seus pais, em Stavanger, quando ela finalmente ligou para casa dizendo que estava viva.

— Não, não façam isso — disse ela com voz monótona. — Eu me viro para voltar sozinha.

Tudo no quarto era liso e brilhante, tinha cheiro de recém-lavado. Tudo era passado e dobrado e polido. Ela arrancou a colcha, jogou as almofadas decorativas de lado e se deitou embaixo do cobertor. Um edredom macio, limpo, quente. Algo se quebrou. Não dava para aguentar.

Ficar deitada embaixo daquele edredom aconchegante, enquanto Simon estava deitado lá fora, sozinho na chuva.

*

— Estou sozinho — dissera ele.

Isso foi enquanto Håvard Gåsbakk ainda estava sentado em cima dele. Eram 18h30. Seu corpo estava sendo pressionado contra o chão úmido. O nariz estava na grama molhada. Em folhas frescas, terra e musgo. Com a cabeça ligeiramente inclinada, ele continuou a falar.

— Tem uma terceira célula que ainda não foi acionada. Isso é o começo de um inferno! Vai ficar pior.

A voz era dura, combativa.

Pior que isso? Gåsbakk gelou. Ele informou via sistema de comunicação que deveriam emitir um alerta nacional sobre a possibilidade de mais um atentado.

Breivik encarou Gåsbakk.

— Posso lhes contar 98%, mas quero negociar sobre os últimos 2%.

— Você já falou o suficiente, olhe em volta! — disse Gåsbakk. Ele ouviu como os outros da tropa gritavam pedindo kits de primeiros socorros, informando sobre mortos e feridos.

— Isso é um golpe de Estado — disse o homem que estava deitado debaixo dele com os braços e as pernas atados.

Gåsbakk fora incumbido de segurar e imobilizar o homem ali no chão, essa era sua tarefa, ele não estava numa posição de negociação.

Gritos lastimosos soaram de uma voz fininha.

Um menino pequeno saiu dentre as árvores. Um adolescente com sangue no peito segurava sua mão. A criança berrava:

— Quero meu pai, quero meu pai!

O homem no chão arfava. O efeito químico das substâncias estimulantes aos poucos se diluía, mas ele ainda estava sob o efeito daquilo que seu próprio corpo produzira. Sob o efeito dos assassinatos que realizara, dos hormônios que isso liberara.

Ele hiperventilava ali no chão entre a Escolinha e a ponta sul da ilha.

Depois de quase meia hora, um homem da Delta assumiu a supervisão do detido. Gåsbakk correu para a casa sede a fim de participar do trabalho de resgate.

— O que a gente faz com os mortos? — perguntou um.

O que deveriam fazer com os mortos?

Gåsbakk olhou em volta.

— Os que estão na orla devem ser puxados para cima para que não flutuem na água, os outros podem permanecer onde estão — respondeu ele pelo sistema de comunicação.

Três homens haviam chegado da *unidade do crime organizado, operações especiais*. Sua missão mais importante era descobrir se havia probabilidade de mais ataques. Era crucial impedir a perda de outras vidas.

Os primeiros interrogatórios seriam realizados na ilha. Transportar Breivik até Oslo antes de a ilha estar segura e antes de o resgate ter sido concluído implicaria no envio de um número excessivo de pessoal.

O comando e a central de operações foram instalados na casa branca de madeira logo acima do cais, onde os administradores do acampamento e a Mãe Utøya tinham vivido. Foi ali que o presidente da AUF tinha acompanhado os noticiários da TV quando os primeiros tiros foram disparados umas três horas antes.

Ainda havia feridos espalhados pela ilha. Dois policiais da tropa de elite estavam conduzindo o detido.

Uma pequena escada de pedra levava até a casa. Degraus seguros e largos de pedras antigas. Logo ali, na grama, havia três corpos. Monica e os dois vigias, os pais dos meninos que a essa hora choravam por papai.

Os três interrogadores estavam aguardando Breivik do lado de fora da casa. Às 20h15, ele lhes foi entregue pela tropa de elite, mais de uma hora e meia depois da captura. Além disso, eles receberam um celular e um *button* com motivo de caveira. *Marxist Hunter* [Caçador de marxista] estava escrito no *button*. O interrogador-chefe soltou as algemas que seguravam as mãos do assassino nas costas, recolocando-as na frente.

— Seria mais fácil se vocês me executassem aqui no térreo — disse Breivik quando eles o mandaram subir a escada.

— Você não será fuzilado. Vamos falar com você — falou o interrogador-chefe.

Breivik olhou para ele.

— Vou morrer de qualquer jeito — disse ele, explicando que tinha ingerido uma série de substâncias químicas. Ele estava prestes a ficar desidratado e morreria dentro de duas horas se não lhe dessem algo para beber.

Eles o levaram para o primeiro andar e o colocaram numa poltrona. Na sala, havia uma mesa, um sofá grande, vários sofás pequenos e algumas poltronas relativamente grandes. Breivik ganhou uma garrafa de refrigerante.

Os interrogadores se sentaram num sofá cada um.

— Você é acusado num caso que envolve homicídio. Você não é obrigado a prestar depoimento à polícia, e você pode...

Breivik interrompeu o interrogador.

— Está tudo bem. Posso prestar depoimento. Resumidamente.

Ele estava de frente para a mesa e com as mãos atadas no colo.

— Eu me sacrifiquei. Não tenho qualquer vida depois disso. Posso muito bem sofrer e ser torturado pelo resto da vida. Nunca vou ser solto. Minha vida terminou quando me ordenei como Knights Templar. Mas o que vocês queriam falar comigo? Por sinal, estou surpreso pelo fato de que não estou sendo interrogado pelo PST (Serviço de Segurança da Polícia).

— O que você quis conseguir aqui hoje? E vai acontecer algo mais?

— Desejamos tomar o poder na Europa dentro de sessenta anos. Sou comandante de Knights Templar. Nossa organização foi criada em Londres em 2002 com delegados de doze países.

Ele ressaltou que não eram nazistas e que apoiavam Israel. Não eram racistas, mas queriam o Islã político fora da Europa. Poderia ser chamada de uma revolução conservadora.

— Mas escrevi isso num manifesto de 1.500 páginas, não posso explicar tudo isso agora — acrescentou.

— Tem algo mais na ilha?

— Não.

— Cargas explosivas? Armas?

— Não, isso é um capítulo encerrado.

— Seu carro, do outro lado do estreito, está carregado?

— Não, mas minha espingarda deve estar lá dentro.

— Há outras pessoas aqui além de você?

— Não — disse ele, antes de fazer uma ressalva repentina. — Tem mais, mas não vou dizer o que é ou onde está. Estou disposto a negociar com vocês. Então quero condições adequadas e algo em troca da informação.

— Está bem.

— Se quiserem poupar trezentas vidas, então prestem muita atenção no que digo agora. Mas na realidade preferiria negociar com o serviço secreto.

— Fale o que você sabe. Muitas vidas inocentes já se perderam hoje — disse o interrogador.

— Não os chamaria exatamente de inocentes. Trata-se de marxistas extremos. Crias marxistas. É o Partido Trabalhista, a Juventude do Partido Trabalhista. Eles têm o poder na Noruega. Eles que facilitaram a islamização da Noruega.

— Vai haver perda de mais vidas?

— Claro. Isso é só o começo. A guerra civil se iniciou. Eu não quero o Islã na Europa, e meus correligionários concordam comigo. Somos da opinião de que a Europa e a Noruega valem nossa luta, pois não deixaremos Oslo acabar como Marselha, que chegou a ter maioria muçulmana em 2010. Queremos lutar por Oslo. Minha operação foi 100% bem-sucedida, por isso me entrego agora. Mas a operação em si não é importante. Isso foi só fogos de artifício.

Ele olhou para suas mãos. Havia um pouco de sangue em um dos dedos.

— Olha, estou ferido — disse ele. — Preciso ser enfaixado. Já perdi muito sangue.

— De mim você não vai ganhar porra nenhuma de curativo — resmungou o policial que levava mensagens entre a sala de interrogatório e a sala ao lado, onde eles mantinham contato com o comando de Oslo.

— Não posso perder tanto sangue — disse Breivik. — E agora já perdi meio litro. — Ele achou que poderia desmaiar por causa da perda de sangue. Foram buscar um curativo.

Enquanto colocavam o curativo, Breivik se perguntou por que estava sangrando. Ele lembrou que algo acertou seu dedo quando desferiu um tiro na cabeça de alguém à queima-roupa. Algo atingiu o dedo de ricochete. Deve ter sido um pedaço do crânio, explicou ele aos homens da sala.

O arranhão foi registrado como medindo 5 milímetros. O interrogatório poderia continuar.

— Em troca de prestar depoimento, quero um computador com Word na prisão. Quero... — Ele balbuciou, gaguejou um pouco, como se de repente não soubesse o que pedir. — Preciso de condições mais adequadas para dar esclarecimentos. Preciso de mais ordem.

Depois de algum tempo, ele chegou à conclusão de que tinha três listas de exigências. Uma simples, que seria fácil de atender; uma segunda, com a qual eles talvez fossem concordar, e que, de fato, seria atraente para a polícia; enquanto a terceira lista de exigências dificilmente seria aceita.

— Fale! Comece com a simples!

— Minha célula tem 15 mil simpatizantes na Noruega, muitos deles dentro da polícia. É possível que ninguém queira defender ações tão bestiais como as que realizei hoje, mas o Islã é muito mais brutal do que minha organização! Nós somos mártires, podemos ser monstros, não há problema. Os jovens marxistas, eles são...

Um policial entrou e interrompeu.

— A polícia está do lado de fora do apartamento da Hoffsveien, nº 18. Sua mãe está em casa? E o que está escrito na porta?

— Na porta está escrito Wenche Behring Breivik.

Quando a bomba explodiu, Wenche estava em casa e não ouviu nada, nem sentiu a onda de choque.

Ela tinha tomado um cafezinho com as amigas no café, tinha ido ao supermercado comprar carne moída, e, ao chegar em casa às 14 horas, Anders estava de volta das compras na loja de eletrônicos. Mas às 14h30, ele teve de sair outra vez, era alguma coisa que tinha esquecido de comprar.

— O almoço vai estar pronto quando você voltar! — avisou ela na hora em que ele saiu.

Ela picou cebola, refogou a carne moída, misturou o molho de tomate, pôs a mesa. Tudo estaria pronto quando o filho voltasse. Ela esperaria para ferver a água do macarrão até que ele estivesse na porta. Reservou o molho e começou a limpar os camarões que teriam para o jantar. Jogou as cascas do camarão no lixo, fechou o saco e o colocou do lado de fora da porta de entrada. Depois, ela se sentou para esperar.

Estava morta de fome. Será que ele não viria logo?

Duas horas se passaram desde que ele saíra. Ela ligou para ele. O telefone estava desligado. Estranho, ele nunca desligava o telefone.

Esquisito ele não estar em casa ainda. Ele só daria um pulo na loja de eletrônicos. Será que tinha passado na casa de algum amigo?

Às 17 horas, ela ligou de novo para ele. Ninguém atendeu.

Logo depois, uma amiga telefonou falando para ligar a TV. Era horrível! Ela ficou assistindo as notícias e foi até a cozinha para ferver a água do macarrão, pois agora estava com muita fome. Ela comeu um pouco.

Às 19 horas, ligou para Anders outra vez. Onde ele poderia estar? Será que sofreu algum acidente de carro?

Fazia tempo que Anders não ficava em casa. Depois de ele se mudar para o sítio, só passara uma noite em casa, além da noite anterior, é claro. Ela lhe perguntara se tinha arranjado uma bela vaqueira lá em Elverum. Direto da vacaria!

Agora, ela ficou sentada na frente da TV. Que coisa Anders não estar ali, com todos aqueles horrores acontecendo.

Primeiro a bomba. E agora: dez mortos na ilha!

Entre 20 e 21 horas, ela ligou para o telefone dele várias vezes, pois estava começando a ficar seriamente preocupada. O que poderia ter acontecido? Será que fora atingido pela bomba?

Às 21h40, seu telefone fixo tocou. Ela se apressou a atender.

— Aqui é a polícia. Pedimos que você saia!

— Ai, não! Aconteceu alguma coisa com Anders?!

Ela saiu correndo do apartamento. Do lado de fora, ela foi recebida por luzes piscantes. Várias viaturas estavam na calçada perto da porta de entrada. Homens armados com coletes pretos e viseiras estavam a postos, mirando nela.

Pediram que ela entregasse as chaves e a conduziram para um dos carros. Uma policial a levou pelo braço.

— Seu filho foi detido por um crime grave. Sua presença na Sede da Polícia é requisitada para um interrogatório como testemunha.

Wenche fitou-a de olhos arregalados. Aquilo era uma loucura.

— Seu filho dispõe de arma de fogo? — perguntou a policial.

— Ele prestou a prova de licença de caçador e é membro de um clube de tiro. Ele tem uma Glock e uma espingarda — disse Wenche e acrescentou: — A espingarda está dentro do guarda-roupa no quarto dele.

O carro passou em disparada pelas ruas vazias.

— Seu filho tem problemas psicológicos?

— Ele foi pego por quê?! — exclamou Wenche. — Ele que é tão bonzinho e atencioso, e...

O carro entrou na garagem da Sede da Polícia.

A tropa de elite permaneceu na frente ao nº 18 da Hoffsveien.

Nas janelas, os vizinhos estavam boquiabertos. Em pouco tempo, toda a vizinhança estava nas janelas com celulares na mão.

— Olhe lá fora! Olhe lá fora! — ligaram um para o outro. Na TV, que todos deixaram ligada no fundo, logo veriam a imagem de seu prédio, e seria anunciado que o autor do crime era norueguês e tinha 32 anos de idade.

Ai, meu Deus, era o Anders da Wenche!

A tropa de elite aguardava o sinal verde de Utøya antes de invadir o apartamento.

— Há explosivos lá? — perguntaram ao filho de Wenche.

— Não — respondeu ele. — Tem um computador no peidódromo.

Foi assim que ele falou. Era o primeiro quarto que eles veriam, disse ele, e o único quarto de interesse. O sótão e o porão já foram esvaziados de suas coisas.

— Vocês devem estar cientes de um coisa — disse ele inopinadamente. — Esse foi o pior dia de minha vida. Lamento que tenha sido necessário. É de esperar que o Partido Trabalhista aprenda a lição e pare com a importação de muçulmanos em massa.

— Haverá mais mortes hoje?

— Não quero me pronunciar sobre isso. Mas realmente preciso de condições um pouco mais adequadas. Preciso ter acesso a um computador com Word para que possa formular minha lista de exigências.

— Estou achando um pouco estranho que você não esteja com as exigências prontas de antemão — apontou o interrogador-chefe.

— Sinto muita dor agora e não consigo me concentrar. Acho que uma infraestrutura melhor poderia remediar isso.

Explicaram a Breivik que não poderiam se deslocar naquele momento.

— Vocês me veem como um monstro, não é?

— Nós o vemos como um ser humano.

— Vocês vão me executar. E toda minha família também.

— Estamos dispostos a vigiar sua família se for necessário. Para nós, uma vida é uma vida. Você será tratado exatamente igual a qualquer outro.

Ele disse que teria de sair para mijar e foi acompanhado até o lado de fora.

— Agora tenho a lista de exigências pronta. Vocês vão fazer as anotações? — perguntou ele ao voltar.

Isso foi confirmado.

— Quero ter pleno acesso a correspondência na prisão o mais cedo possível.

— Isso você terá de qualquer forma tão logo o fundamento para a restrição de correspondência e visitas tiver sido eliminado.

— Por quanto tempo é comum ter restrição de correspondência então?

— Isso depende da investigação e é difícil dizer algo a esse respeito quando se trata de um caso de homicídio.

— Caso de homicídio? Isso não foi homicídio, foram execuções políticas! — exclamou Breivik. — Knights Templar Europe me deu permissão de executar traidores das categorias A, B e C. Eu considero, ou melhor, *nós* consideramos Knights Templar a suprema autoridade militar e política da Noruega.

Ele admitiu que os que havia matado na ilha eram traidores da categoria C.

— Quem toma a decisão sobre a categoria à qual as pessoas pertencem?

— Formulei tudo no meu livro. Na verdade, não temos mandato para executar os traidores da categoria C. Mas estávamos falando de minhas exigências...

Como exigência número dois, ele queria ter acesso a um computador, no mínimo, oito horas por dia. Poderia ser um computador sem internet, mas com impressora.

— Sou um intelectual. Não um guerreiro. Minha vocação é lutar com a pena, mas às vezes é preciso lutar com a espada. — A exigência número três era acesso à Wikipédia. A exigência número quatro era cumprir a pena com o menor número de muçulmanos possível. A exigência número cinco era que não deveriam servir a ele comida halal.

Os policiais na sala ao lado transmitiram as exigências à direção da polícia de Oslo, e os interrogadores disseram que as exigências muito provavelmente seriam contemporizadas. No entanto, acrescentaram que, para haver um acordo, ele teria de dizer imediatamente se alguém seria morto num futuro próximo.

— Tudo bem, se minha lista de exigências mais extensa for aceita, estou disposto a entregar as duas células que, nesse exato momento, estão planejando ações terroristas contra os partidos que apoiam o multiculturalismo.

— Continue.

— A chefe do PST, Janne Kristiansen, precisa apresentar uma proposta à Comissão Parlamentar Permanente de Justiça sobre a introdução, na Noruega, da pena de morte por enforcamento e do uso de *waterboarding* como tortura.

Então ele pediu um cigarro, e ganhou um. Pediu mais bebida, e ganhou isso também.

— A mídia é a principal responsável pelo que aconteceu, pois não publicaram minhas opiniões. Aí é preciso divulgar a mensagem de outra forma. — Depois, ele de repente disse que tudo era trágico, que seu coração chorava pelo que havia acontecido.

— Mas você é o comandante e tem a responsabilidade — protestou o interrogador.

— Minha responsabilidade é salvar a Noruega. Assumo total responsabilidade por tudo aqui na ilha, e estou orgulhoso da operação. Você não tem noção de quanto o trabalho foi difícil — disse ele. — Foi de cão. Estou me afligindo com a ideia deste dia há dois anos...

Depois de a noite chegar e o interrogatório já ter durado várias horas, uma equipe da Kripos, a Polícia de Investigação Criminal, chegou para realizar exames do acusado. Colheram DNA e urina, e foi feita uma raspagem em suas roupas.

Os homens pegaram uma câmera, mas o *comandante da resistência anticomunista norueguesa* se opôs a ser fotografado. Afinal, ele já tirara fotos divulgadas on-line. Agora a polícia tiraria aquelas fotos chatas contra as quais ele havia advertido no manifesto. As fotos do criminoso com algemas e ombros afundados. Nas imagens que havia feito num estúdio fotográfico, ele estava maquiado, e elas foram retocadas em Photoshop. Havia retratos dele de traje maçônico, de uniforme de templário, de roupa de proteção química. Ele incluíra as fotos nas últimas páginas do manifesto. Não, ser fotografado em Utøya com pôsteres da AUF no fundo, isso ele não queria de jeito nenhum.

No entanto, quem decidia já não era mais ele.

Na foto que mais tarde vazaria para a imprensa, Breivik estava sentado numa poltrona com as mãos no colo. O pescoço estava curvado, os olhos fitados no chão. Ele parecia incomodado.

Suas roupas seriam apreendidas. Os homens da Kripos pegaram um saco preto.

— Tire a roupa.

Ele se recusou.

Não havia opção.

Ele se recusou outra vez.

Mas de repente ele ficou com pressa e passou a arrancar a roupa com grande entusiasmo.

— Pare, pare!

Era para despir uma peça de cada vez, seguindo as ordens da Kripos. Ele poderia ter elementos explosivos no corpo. Armas escondidas. Os homens decidiram a sequência e o ritmo em que ele tiraria as roupas.

Enfim, ele estava só de cueca numa sala cheia de homens uniformizados. Começou a se exibir, tentando ser macho. Agora estava mais que disposto a tirar fotos. Com o rosto para a câmera, estufou o peito. As mãos estavam unidas sobre uma das coxas, enquanto contraía o corpo na pose clássica de fisiculturista, para parecer o mais musculoso possível.

Por um momento, os policiais ficaram desconcertados. Em outra circunstância, em outro tipo de crime, talvez fosse apenas ridículo, mas agora... era grotesco, era simplesmente inconcebível.

Com quem estavam lidando realmente?

Breivik deu uma risada nervosa. Errara o alvo. Ele entendeu. A piada não pegou bem. Não havia se preparado para isso, e excepcionalmente se sentia contente com o corpo. De certa forma, o corpo estivera pronto para dar um show. O *comandante* se descuidara.

Eles lhe deram uma roupa branca descartável e ele se vestiu rapidamente. No corredor, os policiais encontraram um par de sapatos velhos para ele. Talvez fossem do capitão, talvez de um dos vigias. De qualquer forma, ele estava muito pouco satisfeito com os sapatos. Mas não havia opção.

A conversa poderia continuar.

— Você diz *nós*, quem são vocês?

— Na Noruega, eu sou o líder superior de nossa organização, aqui sou comandante. Também sou juiz. Sou soberano aqui na Noruega. A organização internacional de Knights Templar não pode controlar em cada detalhe o comandante norueguês. Hoje enviei um documento para milhares de nacionalistas militantes. Alguns países chegaram mais longe que a Noruega, por exemplo, a França será conquistada por meus irmãos dentro de quinze anos, e, assim que criarem uma base adequada, imagino que será fácil me tirarem da prisão.

— Você disse que se estabeleceram como organização em Londres em 2002. Desde então você vem trabalhando com esse objetivo?

— No início, eu era uma célula dormente. Nunca proferi ideias extremistas até agora. Por isso, o PST não me detectou. São pessoas como eu que desejamos recrutar, pessoas aptas, mas sem uma conduta suscetível de constar nos registros policiais.

Ele quis sair para mijar outra vez, e, ao ser levado para dentro novamente, perguntou se alguém tinha pasta de tabaco. Tinha, sim. Ganhou uma pitada de pasta de tabaco e a colocou debaixo do lábio superior.

Ele se recusou a contar qual tinha sido o plano A, e começou a cobrar uma resposta para suas listas de exigências. Disse que visava forçar a sociedade a quebrar seus princípios, algo que seria uma vitória ideológica.

Era a primeira hora depois da meia-noite.

— Minha operação ainda está em andamento — disse ele. — Mas com a pena, não a espada. A história me julgará. No entanto, também se trata de como a mídia vai me julgar. Faço uma distinção entre o sucesso técnico de combate e o sucesso midiático. A mídia provavelmente vai me apresentar como um monstro...

— É um objetivo ser apresentado como um monstro?

— Não necessariamente — respondeu ele depressa. — O objetivo não era ser tão brutal como fui. Ao avaliar as pessoas, tentei não pegar as mais novas. Peguei as que eram mais velhas. Temos conceitos morais, sabe. Embora talvez não tenha sido tão evidente hoje.

Alguém entrou com um molho de chaves na mão e perguntou se eram dele. Ele assentiu. Eram do carro.

Era a hora mais escura da noite. Lá fora fazia frio. Barracas tinham sido montadas para os policiais, que a essa altura formavam uma equipe de busca na ilha.

— Quanto tempo vai demorar até eu ter uma resposta para minha primeira lista de exigências? — insistiu Breivik. — Se eu não tiver acesso a um computador com Word na prisão, vou sucumbir. Se eu não tiver a possibilidade de contribuir para a luta pelo resto da vida, tudo vai perder o sentido.

— Quantas pessoas você acha que matou hoje?

— Bem, umas quarenta ou cinquenta. Mas foram executadas, não assassinadas. O objetivo foi matar os futuros líderes do Partido Trabalhista. Se o partido mudar a política, posso garantir que não haverá nenhum ataque em solo norueguês. Isto é, quase posso garantir. Talvez possa garantir.

A genialidade da escolha de Utøya foi que representava uma facada bem no coração do Partido Trabalhista.

— Evidentemente, é trágico que alguém precisasse morrer, mas em última análise é a totalidade que importa. É obvio que seria muito mais simples matar apenas Stoltenberg, por exemplo. Significaria menos de um mês de monitoramento secreto. Mas para uma pessoa com meu intelecto e inteligência, seria um desperdício de recursos gastar tempo planejando matar uma única pessoa.

Um homem entrou com um recado: as exigências de Breivik foram aceitas pelo comando do distrito policial de Oslo.

— Agora pode nos contar o que prometeu — disse o interrogador-chefe.

Aí o *comandante* deu para trás. Afinal de contas, ele não quis mais fornecer as informações que daria em troca do cumprimento das exigências.

— Quero uma aprovação escrita com a assinatura de um procurador de Justiça.

— Você deve honrar sua palavra e não tentar ganhar tempo! — retrucou o interrogador irritado.

*

Julie Bremnes estava no saguão do Hotel de Sundvolden quando recebeu o telefonema.

Geir Kåre acabara de lhe contar sobre o que se passou na encosta. Sobre Viljar que levou um tiro no olho, sobre Eirin, sobre Ylva. Ele e Simon desceram correndo ao mesmo tempo, e, no momento da saraivada de tiros, ele estava ao lado do amigo. Geir Kåre teve sorte. Apenas o blusão ficou com um buraco de bala.

— Simon não pode estar morto! — gritou Julie ao ouvir como ele aterrissou sobre uma pedra. Tudo ficou preto. Ela caiu no chão. Simon, que tão galante, naquela mesma manhã, a chamara para sua mesa no refeitório, vendo que ela chegou sozinha e que estava insegura. Simon que dava abraços, Simon que sempre cantarolava a música de seu pai.

Ela se levantou do chão, e o celular tocou. Ela o atendeu sem saber quem era.

— Julie, você teve alguma notícia de Simon?

Era Gunnar Sæbø.

Julie ficou calada.

— Eu... Eu não sei de nada. Ele deve estar se escondendo.

Gunnar agradeceu e desligou.

Era noite, havia sol da meia-noite, e ninguém estava dormindo. Dali a algumas horas, Tone, Gunnar e Håvard fariam a mesma viagem que Simon fizera na terça-feira. Embarcariam num voo em Bardufoss. Depois rumariam para o lago de Tyrifjorden.

Mas Gunnar quis fazer mais uma chamada. Alguém lhe dera o número de Geir Kåre, muitos haviam dito que ele sabia de alguma coisa. Gunnar entrou num quarto onde não havia ninguém e apertou os dígitos, um por um. Gunnar conhecia Geir Kåre bem, pois ele visitara a casa de Heiaveien várias vezes depois de vir com Brage e Viljar aquela vez que Simon se propôs fundar a divisão da AUF de Salangen.

Enquanto ainda estava no saguão, Geir Kåre recebeu uma chamada de um número desconhecido. Ele apertou o botão de atender e ouviu uma voz baixa.

— Olá, é Gunnar, o pai de Simon.

Gunnar não teve chance de falar mais nada.

Pois Geir Kåre só chorou.

Ele não parou de chorar.

Ele soluçou ao telefone.

Gunnar ficou quieto do outro lado.

Geir Kåre não conseguiu falar nada.

Gunnar ficou calado. Ele estava imóvel.

— Geir Kåre — disse o pai de Simon ao final. — Você pode me dizer o que aconteceu?

Geir Kåre lhe contou o que havia visto.

Não se ouvia qualquer som de Salangen. Aí Gunnar pigarreou.

— Há alguma chance de Simon estar vivo? — perguntou enfim.

— Não sou médico... — respondeu Geir Kåre.

— Existe a possibilidade de você ter se enganado?

— Mas fiz o Exército, já vi... a gente já aprendeu...

— Você pode ter se enganado?

— Acho que não...

— Talvez tenha uma possibilidade de que ele esteja vivo mesmo assim?

— Não, Gunnar, ele levou um tiro no coração.

Silêncio na linha.

— Eu o vi morrer, Gunnar.

— Bem, obrigado por ter me contado isso — disse o pai de Simon.

Ele desligou. Levantou-se e foi para a sala. Tone estava lá. Todos os outros estavam lá.

Gunnar não disse nada. As pernas o levaram até a varanda.

*

— Seu filho é acusado com base no artigo de terrorismo.

Estavam numa sala da sede da Polícia. Wenche queria ficar com o casaco, pois estava prestes a "desmoronar de nervoso".

— Há provas? — perguntou ela.

O interrogador assentiu.

— Você teve algum conhecimento de seus planos?

— Não sei de nada. Não sei de nada!

— Conte-nos o que você sabe.

— Ele disse que finalmente tinha tudo com que sonhara. Arava a terra, plantava capim e o cortava, tinha aprendido a dirigir trator. Ontem à noite, ao chegar em casa, estava completamente exausto e só caiu na cama. Ele disse que ficaria em casa comigo durante três dias e descansaria. É tudo que tenho para contar.

Anders era sensato e sábio, mas com convicções fortes, disse a mãe. Ele tinha muitos bons amigos, e era alguém que solucionava os problemas dos outros, tudo que fazia, ele fazia com dedicação total. — Ele é um menino agradável, caloroso, que ama sua mãe. É, como mãe só posso lhe dar a melhor avaliação.

— Anders tem convicções fortes sobre o quê?

— Ele acha que a sociedade decaiu muito. A Noruega deveria ser mais rigorosa, as pessoas têm liberdade demais aqui. Ele acredita que deveria haver mais regras. A Igreja estatal deveria ser uma Igreja estatal de verdade, mais categórica. Os pastores deveriam ser como os de antigamente. Eu também acho. O evangelho norueguês quase não é mais aplicado. Anders acha uma grande pena que o ensino da doutrina cristã na escola tenha acabado. E também é um pouco difícil porque já temos tantas pessoas diferentes aqui. Eu cresci na década de 1950. Então as coisas eram mais rigorosas. Os alunos recebiam reprimendas. As pessoas se importavam umas com as outras. Anders queria que fosse assim. Eu mesma tenho saudades disso, já que cresci assim.

— Anders tem ódio de alguém?

— Ódio, não. Talvez a palavra certa seja desagrado. Mas afinal muitas pessoas são descontentes.

— Ele está descontente com o quê?

— Está descontente com o governo. Mas isso deve ser permitido. Ele disse que havia desordem no sistema, que eles precisavam redirecionar um pouco sua política.

Ela mesma achava que a sociedade deveria cuidar melhor dos idosos e das crianças pobres ao invés de embaular todos aqueles bilhões no exterior. — Mas quando ele reclamava, eu dizia: deixe disso, é bom morar na Noruega, estamos bem e o governo sabe administrar o dinheiro.

Ela foi indagada sobre as armas do filho. A espingarda estava dividida em duas partes, disse ela, e, portanto, não era perigosa. A Glock era grande, escura, cinza e tão pesada que ela teria de segurá-la com ambas as mãos.

— Ele gostou muito do Clube de Tiro. O inspetor lhe fez elogios — disse ela, antes de continuar. — Se ficar claro que Anders é culpado por esse drama infernal, não quero que minhas amigas jamais descubram.

Aí *minha* vida também será arruinada. Espero que vocês entendam isso. Minhas amigas não precisam julgar Anders, mesmo que eu o faça. Não aguento perder o contato com minhas amigas... Não pode ser verdade. Meu menino Anders, que é tão bonzinho.

Ela chorou.

— Precisa de um lenço? — perguntaram.

Ela balançou a cabeça.

— E a gente ainda teve uma noite muito agradável ontem. Por que ele atacaria o Quarteirão do Governo? Não dá nem para pensar nisso. Por que ele mataria pessoas em Utøya? Afinal, ele é sitiante em Elverum! Ele estava tão cansado e contente. Isso daqui é horrível. Acho que vou morrer. É quase como se fosse meu próprio julgamento. Espero que vocês não me vejam como uma mãe ruim. Estou praticamente denunciando meu próprio filho.

— Apreciamos muito sua contribuição para esclarecer o caso.

— Anders é um amor de menino. Se ficar claro que foi ele, devia estar inconsciente no momento do crime. Posso fumar um cigarro?

Deixaram-na fumar. O interrogatório continuou assim que ela voltou.

— Como ele reage se for contrariado?

— Ele sempre fez questão de não ser contrariado. Sempre se antecipou aos problemas.

— Como ele demonstra seus sentimentos?

— Ele pode levantar a voz, mas, em geral, diz que não vale a pena gastar uma só lágrima por causa dessas coisas.

— Como ele é quando está feliz?

— Bem, aí ele diz que está feliz. Sempre falei isso para ele. Você precisa *mostrar* isso. Precisa demonstrar com a linguagem corporal, falar sobre os sentimentos e ser extrovertido. Se acontece algum problema, a gente sempre senta para conversar. Ele é bom nisso.

— Como ele é quando está triste?

— Nunca o vi muito triste. Não é de seu costume. É gentil e de trato fácil. Instala lâmpadas, carrega peso, pinta, esse tipo de coisa. Eu não poderia ter um filho melhor. Ele não costuma guardar sentimentos.

Estava um pouco triste aos 12-13 anos de idade porque era baixinho, aí eu disse que não deveria pensar nisso, pois ele tinha tantos valores excelentes. Então ele ficou um pouco mais extrovertido.

Ela parou, mas pediram que contasse mais.

— Ele é bonzinho, nunca fez mal algum a sua mãe... isso daqui é um pesadelo... se for verdade o que estão dizendo... é como se eu fosse morrer... mas ninguém consegue fazer aquilo sozinho... deve ser um grupo... não pode ser Anders de jeito nenhum... afinal, ele só chegou ontem...

Em seguida ela ficou quieta. Ela falou que talvez não devesse dizer isso, mas chegou a ter umas ideias ao ouvir sobre aquela bomba na TV. Apareceu um especialista que explicou como era fácil fazer uma bomba com fertilizantes. Anders tinha bastante esterco de vaca, pensou ela. E quando falaram na TV que o homem era branco e tinha uma pistola, logo lhe passou pela cabeça: Anders tem uma pistola. Não, agora estou tecendo uma trama só porque ele ainda não voltou para casa, ela pensou. Não poderia ser possível.

— Mas não quero dizer nada que possa levar meu filho a passar cinquenta anos na prisão. Como será que tratam alguém que é suspeito de uma coisa dessas?

— Ele está seguro, e a polícia está cuidando dele.

— Ele disse que estava esperando ansiosamente o almoço... — Wenche chorou. — Eu não deveria chorar tanto.

— Pode chorar à vontade — disse o interrogador.

— Não, prefiro chorar quando chegar em casa — respondeu Wenche.

— Será que eu deveria ficar brava e danada da vida e perguntar como ele pôde fazer isso comigo? É um inferno. Não posso contar isso a nenhuma amiga, vai estar no jornal e tudo, é quase pior do que ser, do que ser lésbica ou gay! É a pior coisa que pode acontecer com alguém! O que as pessoas vão dizer de mim? Vão apontar e dizer: ali está a mãe daquele que matou os dez em Utøya...

Ela soluçou.

— Quantos anos vai ser a pena dele se for condenado? Vai ser possível visitá-lo?

O interrogador a deixou falar livremente.

— Ele não pode ter planejado isso da noite para o dia, ele deve ter ficado lá na roça pensando.

Wenche fez uma pequena pausa e olhou para a mulher da equipe de interrogadores.

— É verdade que uma mãe pode ter um pressentimento, uma sensação ruim? Acho que sim. Eu estava sentada ali querendo mostrar a ele aquele horror que se passava na TV, e aí ele não veio, e então eu pensei... e pensei... ai, não...

Ela olhou para a interrogadora.

— Sou a mãe mais infeliz da Noruega.

*

Já eram quase 2 horas da madrugada. Lara dera uma cochilada na cama, ela não estava conseguindo dormir direito. Tinha medo de que houvesse alguém do lado de fora de sua janela. O som de tiros ainda retumbava nos ouvidos. Pensou em Bano. Talvez a irmã estivesse lá embaixo.

A área da recepção ainda estava cheia de gente. Havia pais com rostos desesperados e olhos avermelhados. Também havia gritos de alegria, pessoas que se abraçavam. Eram os pais que tinham vindo e que poderiam buscar seus filhos, gelados, sim, molhados, sim, traumatizados e assustados, sim, mas vivos!

Ela estava olhando para a porta exatamente no momento em que sua família chegou. Ali correu para ela, a abraçou.

— Estou tão feliz por você estar viva — sussurrou ele.

O pai correu também, tomando-a nos braços. Ele a abraçou, beijou e a abraçou mais uma vez.

— Que bom que você está aqui — repetiu ele várias vezes.

Mas a mãe não a viu.

Ela só viu a que não estava presente.

*

Só perto das 4 horas da madrugada o interrogatório em Utøya foi encerrado. Ele seria transportado para a sede da Polícia de Oslo.

Um dos barqueiros voluntários, que passara a noite inteira transportando a polícia entre Utøya e o continente, foi chamado. De roupa branca de proteção e sapatos velhos, Breivik foi levado para fora da casa.

Caminhando sobre a relva molhada, com as mãos atadas em algemas, ele escorregou. Um policial o segurou para que não caísse, ajudando-o a retomar o equilíbrio.

— Está tudo bem? — perguntou o policial.

— Está sim, obrigado — respondeu Breivik.

Ele ficou calado durante a travessia de barco. O amanhecer era fosco e cinzento.

No carro, a caminho de Oslo, o interrogatório continuou. Os homens pediram a Breivik que fosse honesto e lhes contasse se outros ataques haviam sido planejados. Ele respondeu:

— Se eu lhes der isso, não tenho nada.

— Agora é importante atenuar o medo do povo — argumentaram os policiais, o povo que o *comandante* se propusera a proteger. Breivik retrucou que cabia aos oficiais da lei incutir segurança no povo.

— Não podemos tranquilizar o povo norueguês depois do efeito que você obteve.

Breivik sorriu:

— É isso que se chama terrorismo, não é?

*

Por toda a ilha soavam tons diferentes. A abertura de uma sinfonia, uma música de Justin Bieber, o tema musical do seriado Sopranos ou simplesmente o toque padrão de telefone. Muitos celulares tinham sido colocados no modo silencioso, pois seus donos tentaram se esconder e não queriam ser denunciados pelos toques de chamada. Agora, os telefones reluziam mudos na escuridão, alguns através de uma manta, dentro de um bolso, numa mão enrijecida.

Eram chamadas que nunca seriam atendidas.

Apenas os agentes da polícia que foram incumbidos de vigiar os mortos poderiam ouvir as melodias e ver as telinhas se iluminarem repetidas vezes.

Mamãe

Mamãe

Mamãe

Mamãe

Até que as baterias se dessem por vencidas, uma depois da outra.

No Facebook, as pessoas compartilhavam esperanças e temores. Håvard acompanhava as mensagens que entravam em massa na página de Simon.

VAMOS LÁ, Simon Sæbø!

Guerreiro!

Dê alguma notícia!

Venha para caaaaaasa!!!!

Tenho esperança.

Simon não estava mais lá fora na chuva. Um mal-entendido fez com que as equipes de resgate começassem a tirar alguns dos mortos da ilha, transportando-os para Elstangen, no continente, onde a Defesa Civil armara uma tenda.

O policial de Buskerud Norte que tinha ficado no cais de Thorbjørn durante o tiroteio apenas contando tiros participava ativamente do trabalho de resgate. Ele ajudou a embalar a cabeça de Viljar e o carregou para um barco. E, depois de todos os vivos terem sido levados embora, ele passou aos mortos.

Ele foi até o rapaz comprido e magro que estava pendurado sobre uma pedra. Seu rosto estava totalmente branco, os músculos haviam começado a enrijecer. A mão esquerda segurava uma caixinha de pasta de tabaco.

O policial pegou o menino, segurando-o pelos ombros. Assim que levantou o peito do menino da pedra é que veio:

O sangue.

Aos borbotões.

Todo o sangue que se acumulara na cavidade torácica de Simon agora estava jorrando sobre o policial. O sangue que fora contido pela pressão da pedra espirrou em seu rosto, inundou seus cabelos, escorreu pelo uniforme, sobre as botas, tingindo suas mãos de vermelho.

Era exatamente a quantidade de sangue que cabia numa caixa torácica jovem e forte.

Seu filho tem algum sinal característico?

No sábado de manhã, Jens Stoltenberg pegou o caminho mais rápido para Sundvolden. Ele embarcou num helicóptero perto do Forte de Akershus e apertou o cinto de segurança. A máquina levantou voo.

Durante toda a noite, ele conduzira o conselho de crise e as reuniões de gabinete, recebendo informações da polícia e do PST. A Noruega fora alvo de um ataque terrorista interno. Um por um, os ministros foram até a residência do primeiro-ministro, para onde seu gabinete se mudara depois que seus escritórios na Torre Alta foram destruídos. Quartos de dormir se transformaram em escritórios, poltronas, em camas. Na mesa comprida de jantar, o número de computadores, celulares e blocos de anotações cresceu rapidamente. A maioria dos ministros estava de férias no momento da explosão, muitos passavam a temporada em casas de veraneio espalhadas pela Noruega, na montanha, no litoral, na região oeste, ao longo da costa sueca, e eles apareceram aos poucos, dependendo da distância que tiveram de viajar.

Primeiro, Stoltenberg se recusara a acreditar naquilo.

Ele se agarrou à esperança de que se tratava de um vazamento de gás, tendo ficado irritado ao ser forçado a permanecer na sala blindada. Mas esse tipo de coisa cabia à polícia decidir, não ao líder do país. Ele queria sair, ele queria trabalhar. Ficaram sentados ali dentro com uns dois celulares como único meio de contato com o mundo lá fora. Em alguns momentos, ele tinha ficado sozinho na sala.

Às 17h45, ele recebeu a primeira mensagem de que algo horrível estava acontecendo no acampamento de verão da AUF. Anniken Huitfeldt, a ministra da Cultura e ex-presidente da AUF, escreveu: "Incidente com tiros em Utøya. Ouço falar em mortes."

Primeiro, a bomba no Quarteirão do Governo, com vários mortos, depois, alguém que estava atirando em Utøya!

O tempo todo o primeiro-ministro estava sendo atualizado sobre a situação, que ficou cada vez mais grave. Ele recebeu as notícias alarmantes sobre o número crescente de mortos antes de elas serem divulgadas na mídia. Por volta das 22 horas de sexta-feira, ainda estavam falando em apenas sete mortos. Na última hora, antes da meia-noite, houve relato de dez.

Depois, entre 3 e 4 horas da madrugada, veio a notícia chocante: mais de oitenta mortos.

Nas primeiras horas do sábado, Øystein Mæland, o diretor da Polícia da Noruega, anunciou: 84 mortos.

Quando o helicóptero estava se aproximando do lago de Tyrifjorden, o primeiro-ministro pediu ao piloto que fizesse um desvio e sobrevoasse a ilha. Ele conhecia cada ponta e cada enseada de Utøya, sabia que flores exalavam seu perfume sobre a ilha no final de julho, sabia onde estava o sol, onde estava a sombra, onde a Trilha do Amor era mais romântica. No ano anterior, o sobrenome dele e de Thorvald, seu pai, foi dado a um outeiro, em agradecimento à sua doação para Utøya dos royalties provenientes de um livro de diálogos. O Morro de Stoltenberg era o nome do outeiro. No dia anterior, três jovens foram mortos ali.

Jens Stoltenberg tinha 15 anos na primeira vez que visitou Utøya. Isso foi em 1974. A AUF passara um mau bocado depois da cisão traumática em função do referendo sobre a CEE (Comunidade Econômica Europeia) dois anos antes, quando o partido-mãe envidou todos os esforços para um "SIM", enquanto a juventude do partido deixou claro seu apoio à campanha do "Vote Não". De acordo com a AUF, era o capital que tinha o poder na CEE.

O Partido Trabalhista sofreu uma considerável fuga de votos para a Aliança Eleitoral Socialista nas eleições pós-referendo e teve de tentar salvar o que restava. Toda a AUF era malvista pela cúpula do Partido Trabalhista, sobretudo por causa das posturas adotadas pelos jovens radicais na política externa: a guerra do Vietnã, o apoio à OLP na Palestina, a crítica contra o *apartheid* na África do Sul e a oposição à OTAN.

Utøya também passou um mau bocado. A ilha pesava nos orçamentos da AUF, e o secretário da organização declarou querer que toda a ilha afundasse no lago de Tyrifjorden, assim eles estariam livres dela. Ela estava infestada de ratos-d'água, as construções estavam podres, a manutenção era falha. Em 1973, um empresário alemão ofereceu 1,5 milhão de coroas à vista para comprar a ilha toda, que, em 1950, fora dada de presente à AUF pelo movimento sindical.

Mas então a AUF decidiu investir na ilha cordiforme. Para atrair os participantes ao acampamento de verão de 1974, o boletim interno escreveu sobre os encantos da ilha que transformavam as pessoas em "fãs de Utøya", citando atrativos como as cantorias, as oficinas políticas, o sol, o verão e as novas causas de luta.

O adolescente Jens Stoltenberg era um daqueles que logo se tornaram fãs de Utøya, e até o acampamento de verão de 2011, só se passaram duas temporadas sem que ele visitasse o acampamento. Esse ano teria sido seu 35º verão de Utøya.

O piloto sobrevoou a ilha, e o primeiro-ministro olhou atentamente para baixo. No chão, ele viu uma série de manchas brancas. Em alguns lugares, elas estavam como pérolas enfileiradas à beira do lago. Cada pérola era uma manta. Cada manta uma vida humana.

Era inconcebível.

Tinham-lhe dito o que havia acontecido, ele viu o número, mas era um número que o economista não era capaz de compreender. Ele trabalhara com números e estatísticas durante toda sua carreira profissional, mas não estava acostumado a contar vidas, contar mortes.

Eles ficaram calados. A única coisa que fazia barulho dentro do helicóptero eram as pás da hélice.

O primeiro-ministro, vestido de terno preto e gravata, entrou no saguão do hotel. Ele foi levado pela recepção até uma espécie de bar, um lugar que o fez pensar em drinques servidos em taças altas. Mas agora não havia ninguém ali. Todos estavam sentados dentro do salão de banquetes, para o qual havia acesso por uma pequena escada que saía do bar. Lá no palco estavam o chefe da delegacia de Hønefoss e um homem da equipe de identificação da Kripos. Eles informaram sobre os últimos jovens que haviam sido identificados vivos.

No salão, estavam a família Sæbø de Salangen, a família Kristiansen de Bardu, a família Rashid de Nesodden e uma centena de outras famílias, parentes próximos de desaparecidos e sobreviventes.

Os policiais no pódio tinham uma lista com treze nomes. Eram jovens que estavam desaparecidos e que agora tinham sido identificados, vivos, mas feridos, em diversos hospitais da região leste.

Os nomes foram lidos um por um.

Cada nome foi seguido da alegria de uma família e da crescente apreensão entre as outras.

Stoltenberg e seu séquito estavam no fundo do salão. O primeiro-ministro viu os pescoços. Os ombros. As costas. A multidão. O grande número de pais. Irmãos mais novos sentados em cadeiras, encostados numa mãe ou num pai. Ele viu pessoas que tremiam, estremeciam ou estavam absolutamente imóveis.

O número de nomes é pequeno demais e o número de pais é grande demais, pensou Stoltenberg.

Ele conhecia várias das pessoas do salão, ele conhecia seus filhos. Alguns ele acompanhara desde que nasceram, outros, desde a primeira vez que tomaram a palavra na convenção nacional do Partido Trabalhista. Contra alguns, ele argumentara fortemente sobre a questão da afiliação à CEE, pois a essa altura ele era o adulto da ala do "SIM", e eles eram os jovens e radicais. Monica Bøsei, a Mãe Utøya, tinha sido uma amiga.

A cada nome que era lido, as chances diminuíam para os pais que restavam. Para aqueles que agora, fervorosamente, esperavam que seus filhos estivessem entre os gravemente feridos. Pois, nesse caso, estariam vivos.

O último nome foi recitado. Oitenta e quatro não era mais um número, era uma catástrofe. A esperança se foi, não havia mais feridos.

Stoltenberg lutou para se manter ereto. Logo, todos sairiam do salão de banquetes e viriam em sua direção.

Aí entrou um policial com um papel, o qual ele deu a um dos dois no pódio. Surgira um último sobrevivente num pequeno hospital em Ringerike. O paciente já havia sido transferido para o Hospital de Ullevål.

Stoltenberg segurou o ar.

Tinha mais um bilhete na loteria.

— É uma menina... — leu o homem do pódio.

Então a esperança já se perdeu para todos os pais de meninos, pensou Stoltenberg.

Não dava para aguentar. Ele mesmo tinha dois filhos da mesma idade dos que estiveram em Utøya, um menino e uma menina.

Os pais de meninas vislumbraram uma esperança.

— ... entre 14 e 20 anos de idade, com altura por volta de 1,62 m...

— Meu Deus, é Bano! — Bayan se alegrou em voz baixa.

— ... com cabelos escuros...

— É Bano!

Tudo batia, a altura, a idade, a cor do cabelo!

— ... e olhos azuis.

Lara olhou para a mãe. O coração se apertou.

— Lentes de contato — sussurrou Bayan. — Ela deve ter usado lentes de contato azuis!

— Além disso, a menina tem uma cicatriz facilmente identificável no pescoço.

— É ela — sussurrou uma mãe. — É Ylva. — Ela chorou. — Só pode ser Ylva!

Ylva, a amiga de infância de Viljar e Torje, que Simon carregara sobre a tora de madeira e que fora atingida por quatro tiros alguns segundos depois de Simon. Ela ainda não tinha sido capaz de dizer seu nome.

A mãe se virou e viu Stoltenberg, que ela conhecia havia vários anos. Ela foi em sua direção. Atrás deles, a reunião estava se dissolvendo.

Stoltenberg estava perturbado, ele abraçou a mãe de Ylva e estava prestes a dizer "Que notícia maravilhosa!"

Mas ao reencontrar a voz, ele viu os olhos da mulher ao lado. Ela perdera a última esperança. O olhar dela ficou gravado em sua memória.

— Aqueles olhos. Aqueles olhos — ele diria mais tarde. — Eram a antessala do inferno.

Ele engoliu as palavras e, em seu lugar, deu um afago nas costas da mãe de Ylva.

Jens Stoltenberg é um homem que só acredita naquilo que pode ser provado. O ateu não é de esbanjar palavras pomposas. Ele raramente se expressa por meio de imagens e alegorias; a vida inteira ele tem ido direto ao ponto, sendo concreto, um pouco canhestro. Mas diante de todas aquelas vidas interrompidas e dos que lhe eram mais queridos, as palavras também tiveram de se alargar, se esticar; a palavra inferno adquiriu um significado concreto.

Ele saiu para o bar. Era pleno dia. Lá dentro, porém, os desesperados estavam entre esferas de discoteca e paredes espelhadas. Fazia calor, estava abafado, um cheiro acre se espalhava sobre o local.

Stoltenberg foi até o conjunto de sofás mais próximo. Ali, os pais estavam sem notícias da filha. No próximo, do filho. No terceiro, contaram-lhe que o filho havia telefonado repetidas vezes, e aí ele de repente parou de ligar. Um pai ouvira gritos ao telefone, depois, silêncio. Um havia nadado com um amigo ferido nas costas. Uma menina, que nem era para ter ido ao acampamento, acabou indo mesmo assim, agora ela estava desaparecida.

Logo, "desaparecido" passou a significar falecido.

Stoltenberg estava ajoelhado entre pessoas que não conseguiam se levantar das cadeiras. Ele as abraçava, ele chorava. Ele as segurava, ele as afagava. Era uma sensação intensa de muitas pessoas, muitos corpos, rostos em choque. Havia jovens lhe contando que gritaram "mate-me logo, não aguento mais" quando a tropa de elite chegou.

Meio palmo separava cada conjunto de sofás. Não vou conseguir passar por todos, pensou Stoltenberg. Não aguento. Eles são numerosos demais. O número, que não era mais um número, mas um mar de sofrimento, o arrasou.

Na saída, um sem-número de microfones foi enfiado em seu rosto. Ele se recompôs e falou, em norueguês e inglês, sobre solicitude, comunhão e calor humano. Enquanto os jornalistas locais estavam mais interessados nos sentimentos de Stoltenberg e no fato de que o rei e a rainha haviam chegado, os jornalistas estrangeiros faziam perguntas críticas sobre a preparação do país para ataques terroristas.

— Você confia na polícia e no aparato de segurança, Mr. Stoltenberg? — perguntou um americano.

Sim, confirmou o primeiro-ministro. Mas hoje ele se saiu melhor falando sobre emoções.

— Utøya é o paraíso de minha juventude que ontem se transformou num inferno.

Era isso.

Depois da reunião no salão de banquetes, Gunnar precisou encontrar Geir Kåre.

No mesmo dia, de manhã cedo, a família Sæbø conseguira lugar num voo de Bardufoss. Viggo e Gerd Kristiansen pegaram o mesmo voo. Não sabiam nada, absolutamente nada, sobre o filho. Ninguém vira Anders depois que ele saiu correndo do camping. Roald e Inger Linaker também voaram com eles, tinham sido informados de que o filho Gunnar estava gravemente ferido num hospital. Não faziam ideia da gravidade real.

Antes de o voo decolar, Håvard ganhou comprimidos para dormir e adormeceu. Tone e Gunnar ficaram apertando a mão um do outro.

Simon fora baleado, isso eles entenderam. Senão ele teria ligado. Ele deveria estar em cima de uma mesa cirúrgica. Por isso não poderia telefonar.

Antes de saírem de Salangen, eles mandaram fotos ao pronto-socorro do hospital de Ullevål, para onde os casos mais graves haviam sido transportados por via aérea. O hospital perguntara se era para procurar algum sinal característico.

— Sinal característico? Tone! Simon tem algum sinal característico? — perguntou Gunnar.

As lágrimas escorriam pelas faces de Tone.

— Sinal característico?

Ela quis responder que deveriam procurar um menino lindo, o mais lindo de todos.

Aí ela se lembrou de uma pinta no peito.

Depois de se registrarem em Sundvolden, Tone colhera uma amostra de DNA. Puseram um cotonete em sua boca, foi só isso. Mais uma vez, os pais foram perguntados sobre os sinais característicos de Simon, se ele tinha alguma cicatriz, piercing, tatuagem, roupa, cabelo diferente? Tiveram de preencher um formulário amarelo que se chamava *antemortem*, que facilitaria o trabalho da polícia para achar Simon. Era algo que todos precisavam fazer, disseram os pais um ao outro, o formulário amarelo poderia ajudar a identificar Simon se eles o achassem vivo, mas muito ferido.

De volta à recepção, eles conferiram cuidadosamente, mais uma vez, todas as listas penduradas nas paredes com os nomes dos sobreviventes.

— Preciso encontrar Geir Kåre. Acho que ele sabe de alguma coisa. Você quer ir junto?

Não, Tone não queria ir. Ela queria ficar sentada em uma mesa num cantinho e o aguardar. Ela não queria falar com ninguém que soubesse.

Gunnar encontrou Geir Kåre.

Geir Kåre o pegou nos braços e o segurou. Até então, Gunnar manteve a esperança.

Mas Geir Kåre vira tudo.

Desnorteado, Gunnar atravessou o pátio onde havia mesas de café com guarda-sóis. Ele atravessou a rua, desceu até o lago, onde foi obrigado a parar.

Ele estava sem ar. Tudo ficou preto. A respiração não alcançava os pulmões. Ele arquejava descontroladamente, sentindo um nó no peito.

Seus pensamentos o sufocaram, o feriram. A certeza se radicou. A perda ficou tão nítida para ele. Uma torrente de lembranças surgiu. Além de tudo que não se tornaria lembranças.

Ali, à beira do lago, Gunnar chorou.

Agora ele se dera conta.

Era definitivo. Não vamos mais ver Simon.

Aí ele foi até Tone.

E lhe contou isso.

Um pastor foi até eles e se sentou ao lado de Håvard, que parecia um sonâmbulo desde que se fechara no quarto na noite anterior. Agora, ele estava rígido, fechado em si mesmo.

— Você quer me contar sobre seu irmão? — perguntou o pastor.

Håvard fez que sim.

As pessoas que circulavam ali eram habilidosas, havia pastores, psicólogos, o pessoal da Cruz Vermelha, o rei e a rainha e os príncipes herdeiros. Eles eram discretos, cuidadosos, calorosos. Além de Stoltenberg, vários ministros também estavam presentes. Anniken Huitfeldt, a ministra da Cultura, foi até a mesa deles.

— Vocês estão aqui por causa de quem? — perguntou ela.

— Simon Sæbø — respondeu Gunnar com voz quebrada.

— Ah, foi ele que salvou tantas pessoas! — exclamou ela.

— O que você está dizendo? — Gunnar olhou para ela com ar interrogativo.

— Foi ele que ajudou as pessoas a descerem da trilha, que cedeu seu lugar! — disse a ministra.

O quê? Ele sacrificara sua vida?

Gunnar estava confuso. O que ela estava dizendo?

Um menino que poderia estar vivo, e que agora não vivia mais. Foi isso que ela falou?

Ele escolhera a vida dos outros ao invés de sua própria?

Várias pessoas foram até eles contando a mesma coisa, ou versões da mesma coisa.

Que Simon salvara tantos, ajudando-os a descer a escarpa.

Uma nova tristeza o invadiu.

Uma tristeza indizível.

Ele poderia estar vivo! Foi sua própria culpa!

No Hospital de Ullevål, Viljar Hanssen estava lutando pela vida, enquanto Gunnar Linaker, o goleiro do time de futebol de Troms, desistira. Ou seja, seu corpo desistira. O rei dos goleiros respirava quando os policiais o tiraram do acampamento, onde ele fora baleado enquanto gritava "Corra!" para o resto dos campistas de Troms. Ele respirava quando eles o levaram até o barco. No caminho sobre o estreito, a respiração parou, mas a equipe de resgate conseguiu restabelecê-la. No helicóptero, ele foi acoplado a uma máquina.

No momento em que seus pais chegaram do aeroporto, ele estava no respirador. O médico explicou que, se tirassem o respirador, ele não poderia viver. O primeiro tiro atingiu a coluna, subiu em direção ao pescoço e à cabeça, onde se expandiu. O outro entrou diretamente no occipício. Ele fora derrubado pelo primeiro tiro, disse o médico, mas a bala não atingiu o cerebelo, por isso ele continuou a respirar. A essa altura, não havia mais fornecimento de sangue para o cérebro.

— Isso é tão injusto! Tão injusto! — gritou a irmã Hanne ali no quarto estéril do hospital. Ela reconhecera o irmão por causa da tatuagem da canela quando o tiraram da ilha.

Agora, eles estavam sentados à sua volta, fazendo as despedidas. A decisão sobre o momento da morte caberia a eles.

Na mesma tarde, as máquinas foram desligadas.

A dor era negra e imensa. Mas estavam agradecidos por terem se despedido de Gunnar enquanto ele ainda estava quente.

Numa outra ala, Viljar estava no respirador.

Durante a noite inteira, a mãe ligava para os hospitais de toda a região leste. Até para a cidade de Trondheim ela telefonou. Mas ninguém podia lhe dar a notícia que ela queria: que o filho estava com eles e vivo.

No hotel de Sundvolden, os outros que estiveram na encosta lhes contaram o que haviam visto. Que Viljar fora baleado na cabeça, no meio do olho, que o sangue havia jorrado, que pedaços do crânio haviam voado para fora. A gente deve ter perdido Viljar, pensaram os pais, mas não o disseram. Era preciso cuidar de Torje.

Por volta das 2 horas da madrugada, Christin conseguiu completar a ligação para um dos números de emergência e deu uma descrição dos ferimentos de Viljar.

— Seu filho deve estar na ilha ainda — disse o homem do outro lado da linha.

— Na ilha?

— Sim, os mortos ainda não foram transferidos de lá. Meus pêsames.

Às 7 horas da manhã, o telefone da mãe tocou. Uma voz perguntou:

— Seu filho tem algum sinal característico?

— Uma cicatriz. No pescoço. Uma queimadura. De quando ele era pequeno.

— Então ele foi identificado no hospital de Ullevål.

— Identificado?

— Só posso dizer isso.

— O que significa?!

— Ele está aqui. Ele ainda está vivo.

Pediram que eles fossem para lá imediatamente.

— Não sabemos como estará a situação quando vocês chegarem.

— O que você quer dizer?

— Não posso dizer mais nada. Queremos que vocês estejam aqui para contarmos mais.

Eles correram para o carro. Torje estava exausto e acabou dormindo no banco de trás. Os pais se concentraram no caminho. Ali tem uma placa. Ali há uma curva. Ali tem um cruzamento. Baixaram e subiram as janelas. Para baixo e para cima. Para baixo. E para cima. Precisavam se conscientizar para respirar.

Talvez Viljar estivesse vivo quando chegassem. Talvez não.

Encostaram na frente do hospital de Ulleval e correram para dentro. Tiveram permissão para vê-lo na UTI.

Era surreal. Seu filho estava deitado ali. O irmão mais velho. Ele estava no fundo de um envoltório branco, de onde saíam fios e mangueiras. A informação dada pelo hospital era clara. Ele está vivo agora, mas vocês precisam estar preparados para tudo, foi a mensagem que receberam.

No início da tarde de sábado, a família recebeu uma atualização sobre o estado do rapaz de 17 anos.

— Ele muito provavelmente sobreviverá este dia.

Entretanto, os médicos não poderiam dizer se Viljar algum dia acordaria.

E, se acordasse, quem seria aquele que acordava?

Em Utøya, os peritos criminais começaram seu trabalho: registrar e preservar vestígios. Tudo era anotado num formulário cor-de-rosa chamado *postmortem*.

Uma das peritas criminais era Danijela Andersen, a mulher de Håvard Gåsbakk. Por causa dos dois filhos pequenos, ela não acompanhara as notícias e não ficou sabendo de nada antes de Håvard ligar para casa tarde da noite na sexta-feira. Ela nunca o ouvira tão sério.

— É uma loucura! Insano. Há muitos mortos. São crianças!

Agora era a vez dela. Três equipes dividiram os mortos entre si, trabalhando em duplas. Danijela e seu colega começaram com os dez que foram transportados de barco até Elstangen na noite anterior e que agora estavam na tenda da Defesa Civil. As equipes receberam cem caixas da Kripos que continham rótulos, etiquetas com números, esparadrapos, fitas adesivas, kits de exame de sangue, lonas pretas e sacos mortuários. Os sacos brancos para cadáveres tinham zíper e duas alças para transporte.

O tempo havia melhorado. Estava mais claro, mas também mais quente. Eles tiveram de trabalhar com rapidez.

— Você já viu um cadáver? — perguntou-lhe o colega experiente da Kripos antes de eles começarem.

Ela fez que sim.

Tiraram a primeira manta branca.

Um jovem rapaz. Eles o fotografaram e registraram todos os detalhes sobre ele no formulário cor-de-rosa. Onde as balas haviam entrado e saído, que lesões haviam causado, arranhões, feridas. Puseram-no num saco mortuário com o número 1.

A seguir, havia dois meninos que estavam de cuecas, eles receberam os números 2 e 3. Outros tinham pesadas botas de borracha, jaquetas de chuva, blusas de lã.

Em seu trabalho, Danijela sempre estava consciente de que essa pessoa tinha vivido. Ela abotoava as camisas das meninas se estivessem abertas, esticava as blusas para baixo se tivessem subido. A partir do momento em que tirava uma manta até colocar a pessoa num saco mortuário, era ela quem cuidava dela. Ao terminar, passava a mão cuidadosamente sobre a face de cada um. No final, ela fechava seus olhos, caso fosse necessário.

No meio da fila, ela se deparou com um menino com muita roupa. Calça jeans, tênis, blusão, casaco de *fleece* e uma camiseta listrada de vermelho e azul. Ou não, ela era listrada de branco e azul, mas estava tão encharcada de sangue que todo o branco se tornara vermelho.

Danijela tirou um pouco de sangue coagulado do rosto. Ele deve ter sido um menino bonito, pensou.

Quando estava deitado de costas, seus braços ficaram um pouco dobrados para cima. Como que curvados. As pernas também estavam levemente retorcidas. Ele enrijecera assim, inclinado sobre a pedra.

Ela registrou tudo. Preencheu o formulário dos mortos. Ela alisou sua face. Fechou seus olhos. E deu um última olhada no rosto bonito antes de fechar o zíper.

*

A sala de interrogatório era no sexto andar da sede da Polícia. Lá dentro, uma interrogadora aguardava, enquanto uma equipe de investigadores experientes estava sentada atrás de uma parede de vidro. De lá, eles poderiam ver e ouvir o que era dito na sala, ao passo que as pessoas na sala de interrogatório só poderiam ver seus próprios reflexos no vidro.

Anders Behring Breivik tinha sido trancado numa cela na sede da Polícia às 4h49 da mesma manhã. Logo antes de ser preso, eles lhe perguntaram se queria que algum advogado de defesa específico fosse nomeado no processo.

Breivik quis o advogado Geir Lippestad. Era o advogado de quem alugara as salas quando tocava a empresa E-Commerce Group com Kristian. Eles dividiram a geladeira e o refeitório com o advogado, que, na época, estava defendendo o neonazista Ole Nicolai Kvisler, acusado do homicídio do jovem mulato Benjamin Hermansen, sobre quem poucos ouviram falar depois.

Lippestad ainda estava dormindo quando o telefone tocou.

— Prendemos uma pessoa chamada Anders Behring Breivik por atos terroristas. Ele quer você como advogado de defesa.

O nome não lhe disse nada. Lippestad recebeu a instrução de pensar "super-rápido", pois o autor contara que havia mais três células terroristas e várias bombas na cidade. A polícia queria interrogá-lo o mais rápido possível, e o acusado se recusava a ser interrogado sem advogado.

Lippestad compareceu à sede da Polícia às 8h30.

— Então, coube a você a infeliz tarefa e honra de interrogar o maior monstro da história da Noruega desde Vidkun Quisling? — disse Breivik à interrogadora.

Foi lida a acusação. Em seguida, foi-lhe perguntado qual era sua opinião. Ele respondeu que aquilo tudo era deficiente, e era estranho que não contivesse nada sobre sua produção de armas biológicas e suas intenções de usá-las.

Ele ficou sabendo que foram registrados sete mortos no Quarteirão do Governo e mais de oitenta em Utøya.

— Então muitos devem ter nadado — disse ele. E sorriu.

Desde o interrogatório em Utøya, ele formulara sua lista de exigências.

— Estamos dispostos a conceder anistia a todos os traidores das categorias A e B em troca da dissolução do Parlamento e da transferência da autoridade para um conselho de guardiões conservadores, chefiado por mim mesmo ou por outros líderes nacionalistas — disse ele. Se sua primeira lista de exigências fosse aceita, ele identificaria as duas células restantes e assim salvaria trezentas vidas humanas.

Na lista mais restrita de exigências, constava o direito de usar o uniforme dos templários durante o processo judicial, o qual deveria ser aberto, com livre acesso da imprensa. Ele também tinha exigências relativas às condições do cumprimento da pena.

— Vocês não podem misturar cruzados e muçulmanos. Afinal, nos EUA, segregavam os presidiários para evitar conflitos — observou ele.

A interrogadora lhe informou que um computador tinha sido encomendado para ele. Quanto à exigência do uniforme na audiência de determinação de prisão preventiva e durante o julgamento, ela estava sendo estudada. Eles também estavam vendo a questão da impressora; possivelmente a impressão seria feita em outro local do estabelecimento.

— Espero que o esquema não signifique que meus escritos serão apagados todo dia — disse ele, querendo também ter acesso ao programa Photoshop.

— Suas observações já foram registradas — disse a interrogadora. — Vamos ver a parte prática com relação ao computador um pouco mais para a frente.

— Não, quero resolver isso antes de continuar o interrogatório.

— O interrogatório não pode se tornar uma negociação — disse ela. — Seus desejos foram encaminhados às devidas instâncias.

— Em princípio, toda troca de informação é uma negociação — respondeu Breivik. — Além do mais, seria conveniente se eu pudesse falar com uma pessoa que tivesse autorização para deferir as exigências. Afinal, são exigências relativamente modestas, mas são absolutas!

Vinte e quatro horas se passaram desde que a bomba explodiu. O Quarteirão do Governo tinha sido isolado. O Exército posicionara soldados fortemente armados perto do Parlamento, do Palácio Real e de outros edifícios sensíveis. O nível de alerta em Oslo estava elevado. *Agora*, os helicópteros estavam no ar. A prioridade máxima da polícia era averiguar se havia risco de outros ataques.

— Há explosivos por aí que ainda não foram detonados? — perguntou a interrogadora.

— Levando em consideração que você não está disposta a negociar, você deve dispensar esta pergunta — respondeu Breivik. — Não é que me recuso a prestar esclarecimentos, mas preciso receber algo em troca! Se essas exigências modestas não forem aceitas, farei de tudo para criar complicações, vou sabotar o processo judicial, vou renunciar a ter advogado de defesa e vou pedir licença por doença.

Ele mostrou o dedo com o curativo, que corria risco de ficar inflamado se não recebesse os devidos cuidados.

A interrogadora fez mais uma tentativa.

— Há outras pessoas que conhecem seus planos?

— Sim, mas não posso... isso faz parte do fundamento para as negociações, por isso você deve passar para a próxima.

O chefe da equipe do Ministério Público entrou na sala dizendo que todas as exigências da segunda lista haviam sido aceitas. A polícia se encarregaria de buscar seu uniforme que, de acordo com o que ele contara, estava pendurado no guarda-roupa de seu quarto.

Breivik se virou para Lippestad e perguntou se ele achava que a polícia honraria sua palavra.

— Pode confiar no que dizem — respondeu o advogado.

— Bem, mas então podemos continuar — disse Breivik, dirigindo-se à interrogadora. — Pode fazer uma lista de suas perguntas e me dar. Aí não tem essa de fazer outras perguntas além daquelas que estão na lista. Do jeito que está agora, teoricamente falando, você sempre tem a possibilidade de cancelar nosso acordo assim que tiver a resposta para tudo que quer saber.

— Não é assim que trabalhamos aqui, você não pode receber minhas perguntas de antemão — disse a interrogadora. — Agora espero que você jogue limpo!

Então ele cedeu e começou a explicar. Sobre o planejamento. Sobre Knights Templar. Sobre a bomba. Sobre Utøya.

— Economizaria tempo se vocês lessem meu manifesto. Tudo está escrito ali. — Ele pediu cigarros. Marlboro Gold. — Serei mais prestativo se me derem cigarros.

Os cigarros foram entregues.

A seguir, ele perguntou se faltava muito tempo para o almoço. Estava com vontade de pizza e Coca-Cola.

Sua vontade foi atendida. Ele comeu com apetite.

Depois do intervalo para o almoço, a interrogadora foi direto ao ponto.

— Quero saber o que aconteceu e por quê.

— Tem gente do Partido Trabalhista acompanhando esse interrogatório? — Breivik apontou para o vidro espelhado.

— Aqui só tem pessoas que desempenham algum papel em relação ao presente interrogatório — foi a resposta que recebeu.

Breivik sorriu. Ele sorriu outra vez ao ser perguntado por que sorriu.

— É um mecanismo de defesa, cada um tem sua maneira de reagir, não é?

Ao mesmo tempo que o interrogatório estava sendo realizado no sexto andar da sede da Polícia, os policiais estavam revistando o apartamento da Hoffsveien e o sítio de Vålstua. A interrogadora quis saber se eles estavam correndo risco de vida ao fazer isso.

Breivik balançou a cabeça. A única coisa perigosa em Vålstua era uma caixa de nicotina pura de 99,5%, alertou ele. Duas gotas poderiam matar uma pessoa. Eles deveriam usar luvas grossas se fossem abri-la e, de preferência, máscaras antigás. A caixa estaria dentro de um saco plástico numa prateleira de produtos químicos, na parte inferior, no meio de muito entulho. O plano tinha sido injetar nicotina nas balas para que todos os tiros fossem mortais. Mas então ele se deu conta de que seria contra a Convenção de Genebra e desistiu da ideia.

Ele esboçou um mapa do sítio, assinalando onde as coisas ficavam. Assim seria mais fácil para a polícia se orientar.

— É uma merda tirar vidas humanas — disse Breivik de repente. — Só que não agir é uma merda maior. Já que o Partido Trabalhista está traindo o país e o povo tão categoricamente há tantos anos, a traição tem um preço, e esse preço eles pagaram ontem. Sabemos que o Partido Progressista é torpedeado nas campanhas eleitorais. A mídia desumaniza os conservadores. Eles estão fazendo isso desde a Segunda Guerra, um abuso contínuo dos conservadores culturais. Isso terá consequências.

Ele explicou que Knights Templar consistia em indivíduos extremamente dotados, muito inteligentes e muito potentes. Os que se ordenaram como comandantes de células unipessoais eram extremamente fortes. O único problema com a estrutura da célula unipessoal eram as limitações da capacidade de trabalho de uma única pessoa. — Se uma pessoa só tiver que processar 5 toneladas de fertilizantes, é um trabalho tão duro que você não faz ideia.

Aí ele pediu uma pausa para ir ao banheiro.

Assim foi a dinâmica do interrogatório o dia inteiro, alternando entre as ações reais de Breivik, seu universo político e seus desejos e caprichos. Ele era capaz de reclamar dos problemas logísticos que o impediram de explodir o Quarteirão do Governo de manhã, conforme havia planejado, e da consequente falta de tempo para executar Gro Harlem Brundtland.

— Estou muito bem. Mentalmente, nunca estive mais forte que agora. Eu me preparei para tortura e coisas assim, e estou positivamente surpreso por não ter sido submetido a isso. Não tenho qualquer pensamento negativo agora, só pensamentos positivos. — Ele contou que na cela já pensara em como malhar com o uso de objetos simples, como uma cadeira ou um livro.

Ele ainda estava um pouco sob influência de substâncias químicas. O efeito dos anabolizantes no organismo duraria mais umas duas semanas.

— Do ponto de vista biológico, sou fraco — explicou ele. — Mas compensei isso malhando.

A interrogadora pegou uma foto de Breivik de roupa branca de proteção com capuz, aquela que ele comprara do professor de Matemática britânico.

— Ah, vocês acharam as outras fotos também? — sorriu Breivik.

— Essa é a foto que queremos que você explique.

— As outras fotos são muito mais legais! Mas, tudo bem, é Knights Templar Chemical Warfare, e a foto é para ilustrar a injeção de armas biológicas no cartucho. Mas nem estou de luvas, deveria ter usado luvas! — exclamou Breivik. — Aliás, você já viu meu filme?

A interrogadora não o tinha visto.

— Você deveria ver o filme!

Ele mencionou a mãe.

— A vida dela acabou — disse. — Pois se a mídia me chamar de monstro, os vizinhos vão fazer a mesma coisa, e aí ela não conseguirá mais viver. Só que essa missão é muito mais importante que eu, muito mais importante que ela!

Era tarde da noite. Ele se virou para Lippestad.

— Você não precisa escutar se não quiser, quero dizer, se quiser voltar para casa.

— Vou ficar até o final do interrogatório — respondeu o advogado.

Ainda restava a pergunta *por quê*.

— Se você sentir aquela dor no peito, então sabe que, a fim de parar a dor, é preciso infligir dor. Mas achei absolutamente horrível. O primeiro tiro foi o pior, foi contra a maior ameaça da ilha... aquele que começou a ficar desconfiado. Se eu pudesse escolher, eu tiraria Utøya, de certa forma é sujo demais, mesmo que seja extremamente eficiente, a história vai mostrar isso, de qualquer forma é... é uma coisa medonha. Com certeza, ser pai e perder o filho é um inferno. Ao mesmo tempo, é responsabilidade deles tomar as providências para que o filho não se torne um marxista extremo que trabalha em prol do multiculturalismo. É...

Ele olhou para a interrogadora.

— É um pesadelo que acho impossível você entender sem ter realizado aquilo. E espero que você nunca tenha essa experiência, pois foi um inferno. Tirar outras vidas. É que estavam com tanto medo e gritavam de terror, por assim dizer. Possivelmente imploraram por sua vida. Não me lembro. Talvez tenham dito: Por favor. Não atire. Eles só ficavam parados, não faziam nada. Estavam paralisados, e então eu os executei. Um por um.

Aí ele bocejou.

— Mas estou exausto, gente. Esse interrogatório não pode durar muito mais.

Mas nunca ingenuidade

Como pode ser, por que se deitaram aqui?

O questionamento passou pela cabeça de Danijela.

Era domingo de manhã, o relógio marcava 8 horas. A ilha estava em silêncio. Ninguém berrava ordens, ninguém gritava. Os que estavam ali agora sabiam o que fazer e trabalhavam concentrados.

Danijela estava na Trilha do Amor, onde havia dez mantas.

Debaixo delas, estavam dez pessoas. Por ser perita criminal, Danijela estava acostumada a pensar como investigadora. Por que o corpo acabou exatamente ali? Por que estava deitado assim? Havia sido deslocado? Como ocorreu a morte?

Normalmente, eles gastavam várias horas para examinar uma pessoa morta, mas na situação atual não podiam se permitir mais que meia hora. Os mortos estavam ao ar livre. Um tempo mais quente tinha chegado à província de Buskerud.

Sua tarefa era coletar provas num caso de homicídio, mas o autor já fora pego e confessara todos os assassinatos. O caso estava praticamente resolvido.

No decorrer do sábado, eles examinaram metade dos mortos e os puseram em sacos mortuários brancos. Em seguida, os corpos foram transportados pelo *MS Thorbjørn* até o continente, onde carros funerários pretos aguardavam para levá-los ao Instituto de Medicina Legal. No Hospital Universitário Nacional, não havia capacidade de refrigeração suficiente, por isso haviam sido alugados contêineres refrigerados.

Na Trilha do Amor, onde Danijela estava agora, havia vista desimpedida para o interior da ilha, a floresta e o acampamento. A trilha sinuosa ladeava a cerca. Por trás do arame, os penhascos se lançavam para baixo. Do lado da trilha que dava para a floresta, havia uma clareira ralamente coberta de pinheiros.

Ela se sentou perto dos mortos. Essa era a posição de trabalho, ajoelhada sobre os corpos. Ao olhar para cima, ela entendeu o porquê. Quem estivesse de cócoras ali tinha uma ilusão de estar escondido. Um morrinho baixo subia meio metro acima da trilha. Quem estivesse atrás dele, poderia ter a impressão de estar resguardado.

Deve ter sido isso, pensou ela. Eles acharam que estavam escondidos.

Ela tirou a primeira manta.

Deitados parcialmente um em cima do outro, os jovens formavam uma fileira na trilha estreita. Era doloroso de ver.

Primeiro, ela tirou fotos do grupo inteiro, depois, fotos de perto de cada um, de um lado, do outro, de frente, de cima.

Ela marcou os corpos com bandeiras no chão. Uma bandeira perto do topo da cabeça, outra perto da sola dos pés. Mais tarde, as coordenadas de GPS do local seriam identificadas. Tudo teria de ser muito exato. Os familiares saberiam que ali, exatamente ali, encontramos seu filho.

Ela começou pelo lado direito. Havia duas pessoas quase entrançadas. Um menino forte e comprido estava com o braço sobre uma menina relativamente pequena. Cabelos longos e escuros saíam de um capuz amarelo fosforescente. Os cabelos estavam molhados. O rosto estava meio escondido. A perita criminal afastou o capuz para o lado. Desprovida de cor, a pele do rosto estava límpida, lisa como marfim.

Com cuidado, Danijela tirou o braço do menino comprido que cingia a menina da pele de marfim. Enquanto os outros na trilha estavam vestidos de jaquetas e blusas quentes, ele usava camiseta e bermuda. Tinha a cabeça raspada, o rosto estava virado para o lado. No bolso, ele tinha um *walkie-talkie*. Estava desligado.

— Mãe, preciso desligar agora... — Anders Kristiansen dissera à mãe naquela sexta-feira à tarde. Como monitor, ele tinha deixado o aparelho de comunicação ligado. Mensagens chiavam sem parar. — ... pois chegou um policial que vai nos dar informações, sim, estou vendo ele chegar em cima do morro. Preciso ir. Tchau!

Isso foi a última coisa que os pais ouviram de Anders. Sábado cedinho, eles partiram de Bardufoss no mesmo voo da família Sæbø, sem saber nada ao certo sobre o filho. Primeiro, receberam uma mensagem de que Anders estava no hospital de Ringerike, mas depois ficou claro que não era Anders. Stian, o irmão oito anos mais velho, averiguou e teve de contar aos pais que haviam sido mal informados. Gerd só gritava. Gerd, que era tão calma e equilibrada.

— Meu filho! — berrava ela.

Gerd e Viggo não aguentaram ficar com os outros familiares agoniados e desesperados no Hotel de Sundvolden e se hospedaram na casa de Stian em Oslo. Alguns amigos ligaram consolando os pais e dizendo que Anders certamente se escondia numa outra ilha. Talvez ele tivesse nadado para uma das ilhotas, permanecendo ali, sem coragem de sair.

— Meu menino não está se escondendo, de jeito nenhum — respondeu Gerd. — Isso não é o estilo dele.

Um parente distante também telefonou.

— Isso é um aviso de Deus! — comunicou o pietista. — Anders teve de morrer para que seus olhos fossem abertos! — O parente disse que Gerd deveria voltar à fé, a fé verdadeira. Perder Anders era o sacrifício que ela teria de pagar.

Gerd desligou na sua cara.

Estava chegando perto do horário da igreja de domingo. A família Kristiansen fora convidada para um culto memorial na Catedral de Oslo. Eles não aguentaram ir. Gerd não queria misturar Deus nisso tudo.

A Catedral estava abarrotada. Do lado de fora, havia um mar de flores, rosas, lírios, miosótis. A cidade estava em estado de choque, o país em luto.

Jens Stoltenberg faria o discurso mais difícil de sua vida. Dentro da igreja, ele mal conteve as lágrimas.

— Parece uma eternidade — disse ele. — Foram horas, dias e noites, repletos de choque, desespero, raiva e choro. Hoje é o momento de luto.

Como líder do país, ele não deveria apenas se concentrar no luto, mas também instigar a união.

— Em meio à tragédia, estou orgulhoso de morar num país que conseguiu se manter erguido no momento crítico. Estou impressionado com o tamanho da dignidade, da dedicação e da resistência que encontrei. Somos um país pequeno, mas somos um povo orgulhoso. Ainda estamos chocados com o que ocorreu, mas nunca abriremos mão de nossos valores. Nossa resposta é mais democracia, mais abertura e mais humanidade. Mas nunca ingenuidade.

A última linha seria o mantra, a resposta da Noruega diante da tragédia. De um dia para o outro, Jens Stoltenberg passou de primeiro-ministro do Partido Trabalhista a líder do país inteiro.

Enfrentando o ódio com o amor, essa foi a imagem de como a Noruega lidou com os atentados nesse primeiro momento. As palavras de Stoltenberg tocaram o sentimento do povo. Ele próprio elogiou o povo. Havia esperado que a reação seria de ódio e vingança. Mas o contrário aconteceu. As pessoas se deram as mãos e choraram.

Viljar estava em coma, e Torje tinha de ser o irmão mais velho.

No fim de semana, os médicos do Hospital de Ullevål disseram que provavelmente teriam de amputar o braço esquerdo de Viljar. O principal nervo fora despedaçado pelos tiros. Mas queriam esperar até que ele acordasse, se é que acordaria.

Ao saber disso, Torje colocou o braço esquerdo dentro da blusa.

— Preciso descobrir como é, assim posso treiná-lo quando ele acordar — disse o rapaz de 14 anos. Era difícil amarrar os sapatos, impossível cortar qualquer coisa, em suma, era muito pouco prático.

— Ouvi falar que existe um tipo de conjunto de faca e garfo para uma só mão — disse o pai. — Amanhã vamos comprar um daqueles.

Se Viljar fosse mesmo acordar, era importante que acordasse logo. Quanto mais tempo ficasse em coma, mais grave seriam os danos.

A noite de domingo para segunda-feira era a terceira sem Viljar acordar. Seus pais se revezaram para ficar ao lado da cama dele, chegando a adormecer com a cabaça sobre seu edredom.

Nessa noite, o homem que disparara as cinco balas no corpo de Viljar foi levado ao mesmo hospital às caladas. A polícia quis radiografar seu corpo para ver se escondia algum dispositivo detonador de bomba.

Um grande número de investigadores e analistas da polícia e do serviço de inteligência estava examinando o manifesto e tudo que o autor deixara de papéis, ferramentas, produtos químicos e rastros eletrônicos. Também procuravam possíveis referências e códigos velados em seus escritos.

A radiografia não revelou nenhum detonador implantado, e o acusado foi mandado de volta à Central de Detenção no momento em que a sede da Polícia acordava para um novo dia. Seria um dia corrido. Depois de três dias de interrogatórios intensos, o caso do acusado seria levado a juízo para decretação de prisão preventiva. Sua vontade era comparecer pessoalmente e trajar uniforme.

No Foro de Oslo, o juiz Kim Heger estava preparando a audiência. A polícia lhe encaminhara a solicitação do acusado sobre o uso de uniforme durante a audiência.

Heger rejeitou terminantemente tal pedido.

A resposta foi levada a Breivik, que a considerou uma quebra de promessa. Além do mais, ele reclamou que não havia recebido caneta e papel na cela, o que o impedia de se preparar para a audiência.

— Se não quiser comparecer, seu advogado comparecerá sem você — avisou a polícia.

— Se meu advogado fizer isso, vou escolher outro advogado, e assim a audiência será adiada de qualquer forma.

Aí ele mudou de opinião. Ele queria estar presente durante a audiência mesmo assim, desde que recebesse uma cópia do manifesto. Pretendia ler algumas páginas para o juiz.

— Se eu não puder usar o uniforme, quero vestir minha camisa vermelha da Lacoste.

Isso lhe foi permitido.

— E também quero me barbear.

— Esse tipo de equipamento não esta disponível na detenção, mas você pode lavar o rosto e escovar os dentes.

A afluência de jornalistas e espectadores começou a crescer na frente do Foro. Considerando ser elevado o risco de tentativa de homicídio contra o acusado, a polícia tinha destacado forças numerosas.

Por volta de 14h30, duas Mercedes Geländewagen blindadas subiram da garagem da sede da Polícia. No banco de trás de uma delas, estava o acusado, usando algemas e grilhões. Alguns jovens da multidão perto do Foro acabaram de atacar um Volvo cinza que estava descendo para a garagem. Pensaram que estava transportando Breivik.

As pesadas viaturas pretas, com batedores na frente e atrás, entraram no Túnel de Vaterland, que fora fechado para o trânsito normal. Saindo do túnel, os carros pegaram a pista contrária e desceram diretamente para o estacionamento chamado Edifício de Ibsen, e de lá entraram na garagem do Foro.

O acusado foi acompanhado dentro do elevador, que subiu até o oitavo andar, onde a audiência seria realizada. Havia sete pessoas na sala 828.

Ao entrar, o acusado olhou surpreso em volta. Suas algemas estavam acopladas aos grilhões e ele tinha problemas de ficar em pé.

— Você pode se sentar — disse Kim Heger e começou a ler a peça de acusação.

Breivik passou o olhar pela sala.

— Onde está todo mundo?

— As únicas pessoas aqui somos nós — respondeu o juiz. — A audiência se realiza a portas fechadas.

— Quem decidiu isso? — indagou Breivik.

— Eu decidi isso — respondeu o juiz experiente, inclinando-se para a frente e olhando para o acusado sobre as lentes dos óculos.

— Deve ter sido o Partido Trabalhista que decidiu isso, com certeza.

— Não, eu decidi isso, e assim será — afirmou o juiz com severidade. Breivik resmungou, mas foi cortado imediatamente.

— Agora precisamos prosseguir com a audiência — disse Heger. — É assim e ponto final, aqui não há outras pessoas além de nós.

Anders Behring Breivik foi formalmente acusado de acordo com o artigo 147 do Código Penal, o chamado artigo de terrorismo, que tem uma pena máxima de 21 anos.

Ele não admitiu culpabilidade e pediu sua própria soltura.

Durante os procedimentos, Breivik quis ler algo do manifesto. Perguntou se poderia ler em inglês, já que essa era sua língua de trabalho.

— Não, a língua dos tribunais da Noruega é o norueguês — respondeu o juiz.

Não obstante, Breivik começou a ler um trecho do manifesto cuja impressão ele pedira à polícia:

*And what country can preserve its liberties, if its rulers are not warned from time to time, that this people preserve the spirit of resistance? The tree of liberty must be refreshed from time to time, with the blood of patriots and tyrants.**

Então ele foi interrompido. O juiz não quis ouvir nada disso.

Naquela segunda-feira, as pessoas se reuniram. Elas sentiram necessidade de comunhão. Na capital, mais de 200 mil pessoas se congregaram na Praça da Prefeitura. Em Salangen, houve passeata com tochas, assim como

---

*E que país pode manter suas liberdades, se os governantes não são avisados, de tempos em tempos, que seu povo mantém o espírito de resistência? A árvore da liberdade precisa ser regada de vez em quando com o sangue de patriotas e tiranos. (*N. da R.*)

em Bardu e Nesodden. Um terço dos habitantes da Noruega participou das chamadas "Marchas das Rosas" ou dos comícios nas praças.

Em Utøya, todos os mortos haviam sido registrados. Descobriu-se que quinze pessoas foram contadas duas vezes. De acordo com os novos números, havia 69 mortos em Utøya e oito no Quarteirão do Governo. Mas poucos haviam sido identificados.

Na Praça da Prefeitura, as pessoas seguravam rosas. O príncipe herdeiro disse que "Essa noite as ruas se encheram de amor", o hino nacional era cantado em cânone de um lado da praça ao outro. Depois entoaram *À Juventude*. A multidão encheu a praça, o cais, o centro comercial de Aker Brygge, as ruas em volta, passando pelo Parlamento e se estendendo em direção à Catedral.

— Estamos arrasados, mas não vamos desistir!

O primeiro-ministro estava no palco. As pessoas levantaram as rosas.

— A maldade pode matar uma pessoa, mas nunca derrotar um povo!

Muito mais tarde, depois do final de todas as reuniões da noite, o primeiro-ministro caminhou calmamente por Bygdøy Allé. Saindo da residência atrás do Palácio Real, ele passou pelo bairro de Frogner e agora andava no meio da alameda. Depois dos dias de chuva, o ar estava limpo, purificado, e já se tornara mais ameno, mais suave. Ele estava acompanhado de seu secretário de Estado, Hans Kristian Amundsen, e do ministro da Casa Civil, Karl Eirik Schjøtt-Pedersen. Eles tinham seguranças na frente e atrás. Stoltenberg cantarolava uma música de sua juventude. Procurando as palavras e as captando pouco a pouco, ele cantou:

Estou de pilequinho andando no meio de Bygdøy Allé
e meu único objetivo é chegar em casa e dormir...

Amundsen entoou a canção, tentando imitar o vocalista da banda deLillos, Lars Lillo-Stenberg.

Mas antes disso, preciso ver!
O sol aparecer, as pessoas em pé
Aí vou estar tranquilo, aí posso dormir bem...

Ali, naquelas ruas, o primeiro-ministro crescera. Ali, no bairro de Frogner, ele frequentara a mesma turma de Lars Lillo-Stenberg. Era na década de 1980, quando as festas duravam 24 horas nas mansões das ruas laterais da alameda, quando os farristas tardios ainda apareciam à mesa do café da manhã da família Stoltenberg, onde meu e seu e nosso dava tudo na mesma. Naquela época, a era dos *hippies* não tinha acabado totalmente na Noruega, a era dos *yuppies* ainda não se fizera sentir, a vida era simples e tranquila, e essas ruas eram suas.

A pequena Oslo é um planeta
Eles cantavam mais alto agora.
Todas as ruas são países
Cada bairro um continente
E quem sempre corre é a gente.

Nessas ruas, Anders Behring Breivik também crescera, exatamente vinte anos depois de Jens Stoltenberg, na década de 1980. Sua rua elegante, Fritzners Gate, atravessava a ainda mais imponente Gimle Terrasse, cujo número 3 era o destino atual dos três homens.

Foram convidados para a casa de Roger Ingebrigtsen, o secretário de Estado do Ministério da Defesa, que, dois dias antes, pensara que sua companheira Lene havia perdido Ylva, a única filha. Agora, a menina de 14 anos estava fora de perigo.

Inspiraram o ar de julho pós-chuva.

— Clima aveludado — disse Stoltenberg. Era o que o verão norueguês tinha de melhor. O dia seguinte seria bonito. Subiram as escadas até a pequena colina onde ficava Gimle Terrasse.

Hans Kristian Amundsen ligara de antemão dizendo que estavam a caminho. Agora, um menino baixinho de cabelos ruivos apareceu na porta de entrada e perguntou:

— Vocês vão para o Roger?

Aí, ele subiu a escada correndo, na frente dos seguranças, na frente do primeiro-ministro, para alertar os que estavam lá dentro.

As janelas da sala de jantar estavam escancaradas. Roger reunira as famílias de Troms que de repente haviam sido arremessadas para Oslo. Tone, Gunnar e Håvard estavam sentados à mesa comprida de jantar, assim como Viggo e Gerd. Christin e Sveinn Are estavam sentados juntos com Torje e a mãe de Ylva.

Faltavam quatro filhos.

Não havia informação certa sobre Simon, tampouco sobre Anders. Viljar estava em coma, Ylva acabara de acordar depois das cirurgias.

Jens Stoltenberg passou pela porta. Ele se perguntou como isso iria correr, ele tinha medo de dizer algo errado.

— Vieram andando? — perguntou o anfitrião.

— Gosto de caminhar e mal posso fazer outra coisa. Não dirijo um carro há seis anos, por isso já esqueci completamente como se faz — respondeu Jens Stoltenberg.

Todos riram.

Uma brisa suave se insinuou pelas janelas abertas. Os postes de luz começaram a se acender na noite azul lá fora, lá embaixo. Tinham vista para todo o fiorde de Oslo, até Nesodden. Na mesa, as velas tremulavam.

O primeiro-ministro deu a volta cumprimentando todos, abraçando alguns. Um calor estranho o inundou. É bom estar aqui, pensou ele, e o absurdo da ideia o tocou. Eles conversaram. Eles riram. Eles contaram causos, eles contaram sobre os filhos, ah, quantas histórias bonitas sobre os filhos, e eles choraram.

Havia vinho tinto. Havia aspargo grelhado. Havia carne. Havia sobremesa boa. Para muitos em torno da mesa, era a primeira vez que comiam comida, comida de verdade, desde sexta-feira. Gunnar finalmente conseguiu encontrar ar no fundo de sua barriga.

Tone relaxou e pensou: que estranho, estou saboreando a comida. Até Håvard se descontraiu. Ele não disse muita coisa, mas estava fora de sua bolha. Acompanhou a conversa, sorriu às vezes, fez um ou outro comentário. De repente, ele se levantou.

Com voz grave de baixo, desatou a cantar:
I've heard there was a secret chord,
that David played, and it pleased the Lord...

Estarem juntos assim, ali, era um pequeno sopro de uma espécie de felicidade para todos eles.

A perda ainda não se fizera sentir com toda a força. A morte ainda era distante.

Eles sabiam, mas ainda não tinha caído a ficha.

Os dias logo se tornariam pesados.

No dia seguinte, quando a tropa de elite chegou para relatar sua operação, Jens Stoltenberg ficou preocupado.

Stoltenberg conhecia Utøya e a área em volta como a palma da mão. Ele já havia remado até a ilha, pego o *MS Thorbjørn*, dirigido um barco a motor pelo estreito. O primeiro-ministro achava óbvio que a polícia tivesse saído do Cais de Thorbjørn.

— De Storøya?! Mas por quê? — perguntou.

Eles ficaram sem respostas boas.

— Vocês devem ter perdido muito tempo com aquela manobra — concluiu ele.

Ele também ficou preocupado ao ouvir a história sobre o barco policial que parou, com água no motor. Mais tarde, ele perceberia que a operação foi uma odisseia de disposições infelizes.

O caixão estava atrás de uma coluna da capela.

Seis dias depois do massacre, Anders Kristiansen foi identificado. Na quinta-feira, os pais ficaram sabendo que ele tinha sido encontrado, e foram informados sobre onde os tiros tinham entrado em seu corpo. Eles tiveram receio de vê-lo morto.

A última vez que estiveram juntos foi em meados de julho, quando o levaram até o aeroporto de Bardufoss. Era época de férias, ambos os pais estavam de folga e queriam acompanhá-lo. Quando o viram ali na capela, a dor ficou grande demais. Não era possível assimilar. Gerd começou a falar como se ele ainda estivesse vivo.

— Nossa, como você está comprido, menino! — disse ela. O filho media 1,92 m e preenchia o caixão completamente. — Você vai esbarrar na tampa! — disse Stian, o irmão mais velho, por entre as lágrimas.

Eles queriam levá-lo para casa imediatamente. Não receberam permissão para isso, ainda não haviam sido finalizados todos os exames. Então os pais queriam esperar. Stian os convenceu a viajar na frente para Bardu, Anders iria depois, assim que estivesse pronto.

— Afinal, ele estava juntando dinheiro para viajar o mundo, mãe. Deixe ele fazer essa última viagem sozinho. Ele já é um menino grande.

Lara não quis acreditar que fosse verdade. Ela precisou vê-la com os próprios olhos. A alma sempre está perto do corpo, pensou ela, então, para poder encontrar Bano, ela teria de fazê-lo agora, enquanto o corpo ainda estava ali.

Eles estavam na mesma capela que a família Kristiansen visitara logo antes.

— Vá você primeiro, Lara — disseram a mãe e o pai à filha. Eles mesmos pararam perto da porta.

Passo a passo, Lara se aproximou do caixão aberto. Bano trajava um longo vestido branco. A boca azulada parecia sorrir. O cabelo estava penteado para trás das orelhas. Ela tinha um esparadrapo na testa. As mãos estavam azuis e como que encolhidas. Estavam cuidadosamente unidas sobre o corpo.

Lara ficou observando-a. Era Bano, mas ao mesmo tempo não era Bano.

De repente, ela sentiu uma energia. Bano quer que eu consiga superar isso! Tenho que conseguir, por sua causa.

Foi também na quinta-feira que atribuíram um horário na capela à família Sæbø.

Simon parecia estar dormindo. O cabelo recém-lavado estava bem macio e fofo, igual quando era criança. Fazia muito tempo que Tone não passava a mão em seu cabelo sentindo o quanto era macio, pois ele tinha o costume de encher o cabelo de gel assim que saía do banho. Agora tinha exatamente o aspecto que ele não queria. Tone tentou alisar o cabelo do jeito que ele gostava, mas não dava, o cabelo só caía de volta.

— Acho que ele não iria gostar de ter o cabelo assim — disse Tone.

— Lavei o cabelo com todo o carinho possível, com amor, como se fosse meu próprio filho — disse a mulher que estava ali.

Tone passou a mão no rosto de Simon, deu-lhe um beijo, mas se afastou depressa.

— Ele está molhado! Por que está molhado? — perguntou ela à funcionária da capela.

— Faz muito frio na câmara de refrigeração, ele está só um pouco embaçado — disse ela.

Era tão definitivo. Vê-lo assim. Rezaram o pai-nosso.

Na capela, havia velas acesas, elas queimavam calmamente, incutindo uma atmosfera sacral. Tone teve tanto medo. Pensara que alguém fosse abrir uma gaveta numa parede e mostrar o filho com um número no dedo do pé, assim como nos filmes.

Eles ficaram contemplando o rosto querido, branco; em alguns lugares a pele tinha um tom ligeiramente azulado.

Gunnar estava com lágrimas nos olhos.

— Imagine só, ele matou Simon, sem sequer saber quem ele era!

Naquela noite, a sexta noite, Christin, a mãe de Viljar, ficou com uma sensação ruim. Será que Viljar estava prestes a desistir? A preocupação dos médicos era que ele não sobrevivesse mais uma noite. Infecções se espalharam pelo corpo, de modo que tiveram de diminuir a temperatura do ambiente. Ele estava deitado ali, completamente imóvel. Pálido, magro, um buraco em vez de um olho, cercado de máquinas que apitavam e zuniam. Ele ainda não mostrara nenhum sinal de acordar.

— Nem sabemos se ele algum dia vai acordar — disseram os médicos. Mas eles pediram que continuassem a conversar com ele, a tocá-lo, a ler para ele, a falar sobre coisas pelas quais ele se interessava, que lhe deixavam feliz, que poderiam lhe dar vontade de acordar.

Martin Ellingsen, um amigo de Viljar e membro da AUF, viera de Tromsø. Ele estava absolutamente arrasado. Perdera Anders, Simon e talvez Viljar. Era para Martin também ter ido a Utøya, mas como tirou notas muito ruins em Alemão, a mãe o forçara a ir para um curso de línguas no Instituto Goethe em Berlim. Por isso ele tivera de cancelar sua inscrição no acampamento de verão.

— Utøya acontece todo ano, no ano que vem você vai — Anders Kristiansen dissera a ele. — É melhor você ir a Berlim.

Agora Martin estava ali, e sua missão era tentar convencer Viljar de que a vida é a coisa mais legal que temos.

— E aí, Viljar? — começou ele, hesitante, e ficou observando o amigo. Será que Viljar iria acordar? Será que ele seria capaz de falar? Será que ele seria *Viljar*?

— Comprei uma caixa de cerveja lá em casa que vamos curtir assim que você sair daqui e for para Tromsø — disse Martin. — E Tuva disse que a gente pode dar uma cantada em todas as amigas dela.

Martin soluçou um pouco. Ele olhou para o rosto de Viljar enquanto falava. Estava sentado na beira da cama. Ele falou besteira, contou fofocas, recitou poemas de Frode Grytten.

— Passeios de *snowmobile* em Svalbard, Viljar! Ou será que você quer ir a Nova York? *Herói de dia, herói de noite, super-herói, Viljar!*

Mas Viljar não se mexeu.

Estava clareando.

Era uma manhã linda, seria um dia bonito.

Viljar estava branco na cama.

De repente, Martin começou a cantar. Christin e Sveinn Are haviam se calado. A esperança estava definhando.

Martin cantou, bem baixinho:

Ah, se eu pudesse escrever no céu
seu nome eu escreveria!
Se minha vida fosse um barco ao léu,
você meu porto seria.

A voz de Martin chiou, e, quando ele ia inspirar para continuar, uma voz débil soou da cama.

... ah, se eu pudesse buscar as nuvens
e um leito te preparar...
e essa montanha fosse um piano...
então...

Viljar abriu seu único olho. Ele olhou para eles e sorriu.

Segunda parte

Narciso entra em cena

A CELA FICAVA no porão do Foro.

Ele estava sentado no banco, aguardando, enquanto homens armados mantinham guarda do lado de fora.

Foram buscá-lo na prisão de Ila de manhã cedo, abriram a porta e o levaram para a garagem da prisão. Ali, pediram a ele que entrasse num furgão branco.

Para os não iniciados, o carro parecia completamente comum, não muito diferente daquele que ele alugara no ano anterior e explodira na frente da Torre Alta.

Dentro do carro, eles o prenderam com algemas e cinto a um assento. O carro era blindado. Ele estava impedido de olhar para fora. Com vários policiais ao seu lado, ele ficou preso ao assento por uma boa meia hora até chegarem em Oslo, onde o motorista entrou na garagem do Tribunal. De lá, eles o levaram mais para dentro do edifício, passando por vários corredores, e o trancaram na cela de espera do porão, uma cela de segurança, para onde ele não pôde levar nada.

Ele estava ali agora, vestido de roupa formal, terno escuro, camisa recém-passada e uma gravata cor de bronze.

A equipe da defesa havia descido e o cumprimentado, antes de subir para seu recinto atrás da grande sala de audiências do segundo andar.

Nessa hora ele estava sozinho, esperando que alguém o viesse buscar. Estava esperando a cortina subir.

A restrição de acesso à mídia fora suspensa em meados de dezembro, por isso ele sabia os detalhes sobre a sala de audiência, quem eram os juízes de direito, os juízes de fato, os promotores públicos, os assistentes de acusação. Ele se preparara bem e lera tudo que conseguira encontrar de comentários sobre o caso, acompanhando, em especial, o debate sobre sua própria imputabilidade.

Por muito tempo, ele achou divertido. No começo, nem levou aquilo a sério, mal se preocupando com a conclusão a que os psiquiatras forenses haviam chegado. De qualquer forma, ele usaria o processo judicial como palco. A operação havia passado à terceira fase.

O relógio da sala 250 mostrava 8h30. O mostrador cinza tinha ponteiros de alumínio puro. Apesar de novinha em folha, a sala tinha um aspecto fosco.

A mesa dos juízes era apenas minimamente elevada do chão. Ao longo da mesa de faia sem nós, havia seis cadeiras de couro preto com espaldar alto. Atrás das cadeiras, prateleiras baixas de madeira clara, que logo seriam preenchidas com grossos fichários dos autos do processo. Os juízes poderiam, assim, girar a cadeira e esticar a mão para pegar o que precisavam.

Na parede pintada de cinza, atrás dos juízes, estava o brasão da Noruega. O leão dourado sobre fundo vermelho era o único elemento de cor da sala.

Na frente dos juízes, no nível do chão, estava uma mesa menor com quatro cadeiras atrás: os lugares dos psiquiatras forenses. Assim, no centro da sala, quase como se estivessem no banco dos réus, estariam sentados à vista de todos. Suas cadeiras e sua mesa estavam viradas para o público, não para o réu. Eram os rostos dos psiquiatras forenses que muitos tentariam ler nas próximas semanas.

Quase todo o resto já fora esclarecido. Ele reconhecera os fatos, embora não a culpabilidade, mas afinal isso era uma formalidade. Ele receberia a pena máxima prevista por lei, desde que fosse julgado imputável. Ou será que ele seria absolvido e submetido a tratamento psiquiátrico compulsório como alternativa?

Ele era louco ou era um terrorista político?

Formando um ângulo reto com a mesa dos juízes, mas no nível do chão, estava a mesa do Ministério Público, e, atrás dela, os lugares dos representantes legais das vítimas e de seus familiares. Logo em frente ao Ministério Público, o réu estaria sentado entre seus advogados de defesa. Atrás deles, havia uma parede de vidro blindado, que, por sua vez, os separava da plateia. Revestida de uma película à prova de bomba, a única janela que dava para fora da sala ficava logo atrás da última fileira de assentos. Persianas cinza-claro e levemente cintilantes cobriam o vidro fosco. Enquanto o processo durasse, as persianas nunca seriam abertas.

No centro da sala, em meio a todos os atores do processo, havia uma pequena mesa com três laterais fechadas e uma cadeira. A mesa poderia ser levantada e baixada. Quem fosse prestar declarações ou depor poderia optar por ficar sentado ou em pé.

Era tudo apinhado, tudo perto. As vítimas que depunham ficariam a apenas alguns metros de distância do autor, na mesma cadeira onde ele próprio havia sido inquirido.

A sala estava dividida longitudinalmente: entre os atores e o público, uma porta baixa de vidro se mantinha fechada. Logo atrás do réu, depois da parede blindada, havia alguns lugares para o público, mas a maioria ficaria sentada em longas fileiras que atravessavam a sala. O Tribunal de Justiça procurou acomodar o maior número possível de cadeiras, o espaço entre as fileiras era tão apertado que mal se podia andar ao longo delas. O único acesso à maioria dos assentos era pelo corredor central. Seria impossível sair da sala despercebido, salvo nos intervalos.

Na primeira fileira atrás da porta baixa de vidro sentariam os desenhistas e comentaristas dos grandes jornais. Os estabelecimentos midiáticos menores teriam acesso à segunda fileira. Depois, havia fileiras para os familiares de sobreviventes e mortos, as vítimas, seus acompanhantes e advogados. O grupo de apoio das famílias dos sobreviventes e mortos tinha lugares marcados, assim como a cúpula da AUF, enquanto outros interessados tiveram assentos reservados em sistema de rodízio no decorrer do processo. As últimas duas fileiras foram reservadas para a imprensa credenciada. Ali havia tomadas e pontos de fones de ouvido para quem precisasse de serviço de intérprete. Da sala dos intérpretes, de onde havia vista desimpedida para todos os atores do processo, tudo que era dito seria traduzido simultaneamente para o inglês, o curdo ou o georgiano, dependendo da necessidade da mídia e da nacionalidade das vítimas e suas famílias.

A sala nunca tinha sido usada antes. Estava sem qualquer arranhão. Ao mesmo tempo, tudo era atenuado, comedido. Ela não roubava o brilho de ninguém.

Já em agosto do ano anterior, vinte dias após a ação terrorista, o homem da cela de espera encontrara o primeiro par de psiquiatras. Eram uma mulher e um homem: Synne Sørheim, fechada e fria, e Torgeir Husby, levemente corpulento e rubicundo.

Ambos deixaram claro que sentiam desconforto ao encontrá-lo. Disseram-se incapazes, tanto intelectualmente como emocionalmente, de realizar entrevistas sozinhos com ele. Também falaram que temiam uma situação de refém, sobretudo com relação à mulher perita.

Durante as onze primeiras entrevistas, ele usava grilhões, e a mão esquerda estava presa a um cinturão. Ele foi colocado num canto, com três mesas de conferência entre ele e os dois psiquiatras. Além disso, dois guardas prisionais estavam presentes na sala. As entrevistas número doze e treze ocorreram na sala de visitas. Ele foi trancado dentro de um cubículo atrás de uma parede de vidro, enquanto os peritos, um de cada vez, ficaram do outro lado do vidro. Naquelas ocasiões, os guardas ficaram do lado de fora.

Para a primeira entrevista, ele vestiu seu suéter listrado da Lacoste, aquele que usara na manhã do dia da ação, ao dirigir o carro de fuga para a Praça de Hammersborg e depois passar pelo Quarteirão do Governo debaixo de um guarda-chuva, na garoa.

Os psiquiatras o cumprimentaram com um aperto de mão. Depois, ele foi encaminhado para a cadeira atrás das três mesas. Na mão direita, ele tinha um papelzinho que colocou sobre a mesa à sua frente. A primeira coisa que disse a eles foi que todos os psiquiatras forenses do mundo provavelmente invejavam a tarefa de avaliá-lo.

Já que isso não suscitou qualquer reação significativa, Breivik continuou. Tinha uma lista de sete perguntas que eles teriam de responder para que ele colaborasse.

— Por quê? — perguntaram os peritos.

— Não quero contribuir para minha própria difamação.

Os peritos não quiseram responder as perguntas. Nessa situação, quem definia as premissas eram eles. O réu insistiu que precisava saber sua visão de mundo para participar do interrogatório.

— Se ideologicamente vocês forem da esquerda, são parciais — pleiteou.

Os argumentos passavam para a frente e para trás entre os dois lados, não parando nunca. Breivik disse que eles certamente tentariam amordaçá-lo.

— O aparelho do poder pende para o lado marxista, e depois da Segunda Guerra mandaram o ministro da Justiça para o manicômio. — Ele tinha de descobrir qual era sua posição política antes de responder qualquer coisa.

Enfim, os psiquiatras forenses cederam. Pediram que apresentasse as perguntas. Ele leu o papelzinho.

— A primeira é: o que vocês acham do escritor Knut Hamsun e da demissão do ministro da Justiça depois da Segunda Guerra? A segunda é: consideram todos os nacional-darwinistas psicopatas?

Os psiquiatras forenses pediram que explicasse o termo nacional--darwinista.

— O darwinista é um pragmático que usa a lógica para abordar as decisões políticas. Um problema político pode ter duas abordagens, os homens são pragmáticos, lógicos, enquanto as mulheres usam as emoções para solucionar o problema. O darwinismo vê o ser humano sob a perspectiva animal e age de acordo com os olhos de um cão — respondeu ele, acrescentando: — Um exemplo é quando os EUA bombardearam o Japão. Eles usaram uma abordagem pragmática. Melhor matar 300 mil, mas salvar milhões. Nós consideramos isso humanismo suicida.

— Quem são "nós"?

— Nós somos Knights Templar.

Os peritos lhe pediram que retomasse a série de perguntas.

— A pergunta número três é se vocês acham que o comando militar americano carece de empatia. Pergunta número quatro: explique as principais diferenças entre pragmatismo e sociopatia.

— O que você entende pela palavra sociopatia? — perguntaram os peritos.

Breivik sorriu.

— Não é a mesma coisa que psicopatia?

Ele disse que as próximas perguntas eram mais pessoais.

— Pergunta número cinco: são nacionalistas ou internacionalistas? Número seis: apoiam o multiculturalismo? Número sete: algum de vocês já teve ligação a organizações marxistas em algum momento de sua vida?

Ele olhou para os dois.

— Como vai avaliar se estamos falando a verdade caso respondamos às perguntas? — indagaram.

Ele sorriu.

— Já sei. Milhares de horas trabalhando com vendas me deixaram capaz de prever com 70% de probabilidade o que a pessoa com quem falo está pensando. Então já sei que nenhum de vocês é de orientação marxista, mas os dois são politicamente corretos e apoiam o multiculturalismo. Não posso esperar mais.

— Você está chutando ou você sabe o que os outros pensam?

— Sei — respondeu Breivik. — A diferença é grande.

Ele contou que lera bastante sobre psicologia e, por exemplo, poderia avaliar se a pessoa era da zona leste ou da zona oeste olhando a roupa, a maquiagem e o relógio.

No final da entrevista, ele decidiu que aceitava os peritos. Olhou para os dois e sorriu.

— Acho que tive sorte.

Em seu primeiro *status praesens*, Sørheim e Husby já tiraram algumas conclusões. "O observando acredita que sabe o que as pessoas com quem fala estão pensando. Consideramos o fenômeno como tendo um fundo psicótico", escreveram. "Ele se apresenta como único e o centro de tudo que acontece, pois acha que todos os psiquiatras do mundo têm inveja do trabalho dos peritos. Compara sua situação com o processo contra os traidores da pátria instaurado depois da Segunda Guerra. Uma expressão de ideias de grandiosidade", anotaram. "O observando parece ter uma experiência de identidade ambígua, já que refere a si mesmo alternando entre a primeira pessoa do singular e do plural", concluíram. "O observando usa palavras que ele mesmo ressalta ter cunhado, por exemplo, nacional-darwinista, marxista suicida e humanismo suicida. Consideramos o fenômeno como neologismo." Esse tipo de neologismo pode fazer parte do quadro de uma psicose.

Depois das treze entrevistas, os psiquiatras chegaram à conclusão de que Anders Behring Breivik sofria de *esquizofrenia paranoica*. Em sua opinião, ele estava psicótico quando cometeu o ato terrorista e ainda continuou em estado psicótico durante suas observações. Portanto, ele era inimputável e deveria receber tratamento, não pena de prisão.

O relatório ficou pronto no final de novembro de 2011, e permitiram que Breivik o lesse. A seu ver, eles estavam tentando ridicularizá-lo. Chamaram seu compêndio de "banal, infantil e pateticamente egocêntrico", motivado por "delírios de grandiosidade sobre sua própria importância extraordinária". Mas também o descreveram como "antes inteligente do que o contrário".

Ele se gabara de que sua psique era extremamente forte, mais forte do que a de qualquer pessoa que conhecia. Senão ele não teria sido capaz de levar a cabo o que fizera em Utøya, ressaltou.

Aí ele começou a receber cartas de partidários de toda a Europa; eles achavam que não serviria a sua causa se ele fosse julgado inimputável. De repente, percebeu o que estava em jogo: ele poderia ser considerado louco.

Então tudo cairia por terra.

O Tribunal poderia lhe tirar toda a honra. Julgá-lo como idiota.

Algumas semanas depois de ter lido o relatório, ele telefonou para Geir Lippestad, que trabalhava com base nas conclusões do parecer psiquiátrico. Pediu que o advogado viesse imediatamente.

Ele estava transtornado ao telefone, portanto, na antevéspera do Natal, todos os quatro membros da equipe de defesa foram até Ila para lhe fazer uma visita. Eles o ouviram através da parede de vidro na sala de visitas. Anders Behring Breivik lhes pediu que mudassem de estratégia.

— Quero ser julgado imputável — disse ele.

O réu teve o apoio daqueles que tinham mais motivo para odiá-lo. Várias das famílias dos mortos e sobreviventes estranharam o fato de que ele poderia ficar isento de punição formal. Mette Yvonne Larsen, uma das principais advogadas das vítimas, solicitou a nomeação de outros peritos, para que o Tribunal pudesse ter dois relatórios em que se basear. Cada vez mais advogados de vítimas passaram a fazer pressão para que houvesse outra observação.

A promotoria não achou isso necessário. Lippestad era contra. Breivik disse que não aguentaria mais uma rodada de entrevistas. Além do mais, ele corria o risco de que uma nova observação tivesse o mesmo resultado da primeira, e aí seria ainda mais difícil lutar pela imputabilidade.

— Um esclarecimento a mais nunca prejudicou um processo — disse enfim Wenche Elizabeth Arntzen, a juíza designada para presidir os procedimentos processuais. Ela ordenou a nomeação de dois novos peritos.

A comunidade de psiquiatras forenses na Noruega é pequena, e os mais destacados estavam fora de cogitação por já terem se pronunciado na mídia. Entretanto, acabaram encontrando Terje Tørrissen e Agnar Aspaas, que preenchiam os critérios de não serem colegas muito próximos e de tampouco terem feito declarações a respeito do caso.

Além das entrevistas com os peritos, Anders Behring Breivik agora seria observado 24 horas por dia durante quatro semanas. Todo dia, logo cedo, uma equipe de uma dúzia de enfermeiros, psicólogos e auxiliares de enfermagem psiquiátrica chegaria para acompanhá-lo até de noite, conversando com ele, comendo com ele, jogando jogos de tabuleiro com ele, e depois anotando suas observações num relatório que o novo time de peritos teria de levar em consideração.

Em meados de fevereiro de 2012, exatamente dois meses antes de o julgamento começar, ocorreu a primeira entrevista com um dos novos psiquiatras forenses. Breivik quis que a entrevista fosse gravada, para que Lippestad pudesse ouvi-la depois.

Terje Tørrissen era um homem de estatura relativamente baixa com testa enrugada e cabelos ralos. Ele cumprimentou Breivik, que foi levado à sala de entrevistas entre dois agentes penitenciários.

— Gostaria de informá-lo de que não lemos o relatório anterior — disse Tørrissen com seu sotaque cantado, típico da região de Sunnmøre, falando em voz abafada.

— É muito impressionante que vocês tenham conseguido se conter — sorriu Breivik. — Achava que não houvesse um psiquiatra sequer em toda a Noruega que não tivesse feito algum comentário, afinal, é muito tentador, dada a importância do caso.

Ao ver como foi interpretado na mídia, Breivik percebeu que ele tinha se enganado sobre como sua galanteria seria recebida. Os uniformes, os presentes de martírio, os títulos, as condecorações, sim, até sua linguagem era ridicularizada. Ele decidiu moderar sua retórica, dali em diante ele não mais chamava a si mesmo de salvador, e sim de simples soldado.

— Só para você saber — disse ele a Tørrissen. — Nunca me comportei de forma ameaçadora em relação a outras pessoas, à exceção de uma janela de tempo de três horas no dia 22. Sou educado e gentil com todos. A imagem que se criou na mídia de que sou um monstro psicótico que come bebês no café da manhã...

Ele riu. Tørrissen notou que era uma risada autoirônica, mas adequada.

— ... é absurda, e você não precisa ter medo de mim. Estou disposto a cooperar.

Tørrissen lhe perguntou sobre seu comportamento dez dias antes, na audiência aberta de decretação de prisão preventiva, ocasião em que Breivik fizera um pequeno discurso. Sua autoproclamação de cavaleiro do povo indígena norueguês suscitara risadas entre os membros da AUF na plateia. Ele havia chamado os assassinatos de ataques defensivos, realizados em legítima defesa, exigindo ser libertado imediatamente.

Os risos se espalharam à medida que ele falou, e depois de um minuto o juiz interrompeu o discurso.

— Para quem me conhece, era só um teatro aquilo que aconteceu na sala de audiências — explicou Breivik. -- Na verdade, falo para um pequeno grupo de pessoas, alguns poucos milhares na Europa, mas o número pode muito bem crescer. Estou ciente de que se trata de uma descrição da realidade que é totalmente estranha para a maioria. Mas é um espetáculo... Faço meu papel. Se eu disser que espero receber a Cruz de Guerra com três palmas, obviamente sei que não vou ganhar nada disso. E quando digo que espero ser solto imediatamente, sei que isso não é uma realidade. Só faço o jogo que planejei o tempo todo.

— Mas por que não ser simplesmente você mesmo?

— De certa forma sou eu mesmo, pois represento uma visão de mundo totalmente diferente, que é desconhecida desde a Segunda Guerra. Ela existe no Japão e na Coreia do Sul, mas numa sociedade marxista, ela é estranha.

— O que você chama de uma sociedade marxista não é antes uma sociedade social-democrata?

— Posso muito bem dizer uma sociedade social-democrata. Consigo distinguir entre as duas. Quando falo marxista cultural o objetivo é provocar. De certa forma, é uma técnica de supressão. Os esquerdistas usam essas técnicas, chamando outras pessoas de obscurantistas; então a gente usa isso contra a esquerda. Por sinal, você conhece as sete perguntas que fiz aos peritos anteriores?

— Não, mas pode fazê-las.

— Quando um caso tão grande como o de 22 de julho acontece num país, é impossível não ser afetado emocionalmente. Os profissionais da psiquiatria não têm experiência com pessoas que cometem atos violentos por motivos políticos, e isso é um grande problema. Não sabem como os nacionalistas militantes pensam, não sabem como os islamistas militantes pensam, nem mesmo como pensam os marxistas militantes. É um mundo à parte, do qual acho que pouquíssimos psiquiatras têm algum conhecimento. Vocês não aprenderam sobre isso na escola, não sei se existe algum curso suplementar na área. Talvez você possa me informar.

Tørrissen não poderia fazer isso. Ele respondeu que seu mandato era descobrir se o observando estava doente, ou seja, se ele tinha um grave transtorno mental ou não.

O ponto fraco da psiquiatria era que ela não levava em consideração a religião ou a ideologia, argumentou Breivik.

— Se dependesse da profissão psiquiátrica, todos os padres seriam internados em manicômios por terem recebido um chamado de Deus! — riu ele, espraiando-se sobre como os islamistas rezavam cinco vezes por dia para se tornarem guerreiros destemidos, e que, além disso, poderiam ter sexo com 72 virgens se fossem mortos. Ele mesmo usara a meditação Bushido. Explicou que se tratava de manipular sua própria mente para suprimir o medo, mas também outras emoções. — Esse é o motivo por que apareço desprovido de emoção. Sem isso, não seria capaz de sobreviver.

Ele disse que os psiquiatras não deveriam subestimar a importância de tudo que ele aprendera da al-Qaeda. Os militantes islâmicos eram sua fonte de inspiração. Ele era como eles. Uma pessoa que comete atos violentos por motivos políticos.

— Não se pode isolar o elemento ideológico, mesmo que se possa deixar de incluí-lo num relatório — ressaltou. Ao contrário do primeiro par de psiquiatras, os dois colegas estudaram o jargão e o teor dos sites nos quais Breivik fora ativo, como Gates of Vienna e www.document.no.

Pouco tempo antes do processo judicial, apresentaram seu relatório. Terje Tørrissen e Agnar Aspaas concluíram que Breivik sofria de um *transtorno de personalidade antissocial*, com traços narcisistas. Ele tinha uma "concepção grandiosa de seu próprio significado", vendo a si mesmo como "único". Nutria forte desejo de "fama, sucesso e poder" e carecia completamente de "empatia emocional, remorso ou expressão de sentimentos" para com as vítimas dos atos que havia cometido.

Juridicamente falando, um transtorno de personalidade narcisista significa que a pessoa é imputável, pois o transtorno não é considerado de fundo psicótico. Tørrissen e Aspaas concluíram que Breivik não estava psicótico no momento dos fatos da acusação e tampouco durante o período de observação. Consequentemente, ele poderia ser condenado à pena de prisão.

Esses eram os dois relatórios que se confrontavam nessa manhã de segunda-feira, 16 de abril de 2012, o dia do início do julgamento.

O dia começou como um sorriso escarnecedor. Durante semanas, o tempo estivera cinzento. A chuva caíra sobre árvores desfolhadas e gramados ainda cobertos da folhagem marrom e apodrecida do ano anterior. A neve pardacenta escorrera pelas ruas, deixando à vista o cascalho das coberturas antiderrapantes do inverno e as fezes caninas de toda a temporada. A cidade ainda não tinha passado pela faxina da primavera. Temperaturas abaixo de zero durante as noites ainda mantinham as sementes e os brotos em estado de hibernação, os poucos graus positivos durante os dias não conseguiam acordá-los.

Mas, no decorrer daquela noite, a cobertura de nuvens se abrira. Cores que as pessoas não viam fazia tempo estavam reluzindo. Será que não havia um pequeno botão no ramo da cerejeira? E a tulipa saindo do caule, ela seria cor-de-rosa ou amarela?

Era pior quando o tempo estava bonito, disse Gerd Kristiansen. A dor era sempre mais difícil de carregar em dias ensolarados, pois Anders, *seu Anders*, gostava tanto do sol.

Os que acompanhariam o primeiro dia do julgamento madrugaram. Esperavam-se filas quilométricas no controle de segurança. Algumas tendas brancas com janelas de plástico, como aquelas que se usam como abrigo da chuva em festas de verão, tinham sido montadas na frente da entrada e continham escâneres portáteis.

Na praça em frente ao Foro, mal sobrava um único espacinho livre, cada metro quadrado tinha sido tomado por barreiras ou pela imprensa. Carros com antenas no teto transmitiam imagens ao vivo para o mundo inteiro. Dentes branquíssimos cintilavam molhados entre lábios vermelhos. Os rostos da TV tinham um ar de gravidade.

Os raios de sol formavam halos em torno dos jornalistas na fila de segurança do lado de fora do prédio do Tribunal, reluzindo nas barreiras e cegando os policiais que portavam armas carregadas em mãos fortes diante da porta maciça de entrada.

Ali dentro, a luz do dia resistia sobre alguns metros do piso de granito. A seguir, o prédio escurecia. A escada se espiralava ao longo de um elevador de vidro até o andar de cima. Cordas pretas dividiam o Foro em zonas. A cor do crachá indicava em que zona a pessoa poderia estar. Os de tarja azul eram daqueles a quem esse processo dizia respeito: vítimas, famílias de sobreviventes e mortos, e seus advogados. Os verdes eram dos profissionais de saúde. Os pretos eram dos atores do processo, enquanto a imprensa tinha crachás vermelhos. Era obrigatório usar o crachá laminado ao pescoço durante todo o processo. A fita era preta, exceto a dos crachás da imprensa, que era vermelha e deveria ser usada de forma bem visível para que os seguranças facilmente pudessem ver se os jornalistas permaneciam no lugar a eles destinados. Nos crachás, constavam o nome, a foto e os códigos de barra, de modo que o escâner avisava se alguém saísse de sua zona.

Todo o segundo andar fora dedicado ao caso. Havia duas salas com lugares de trabalho para a imprensa, uma delas com tradução simultânea e outra de controle para a transmissão televisiva. Havia salas de espera para testemunhas, de descanso e uma onde as famílias dos sobreviventes e dos mortos poderiam ficar sozinhas. No final, ficava a sala 250, vigiada por mais uma equipe de seguranças. Lá, a entrada era permitida a pouquíssimas pessoas.

No entanto, os que passavam, entravam na sala mais escura de Oslo.

Os dois ponteiros prateados apontavam para o número nove.

As fileiras da plateia estavam cheias. Pescoços com fitas pretas e pescoços com fitas vermelhas faziam das fileiras um desenho listrado. Havia o mesmo número de pescoços de cada cor, uma centena de vermelhos, uma centena de pretos.

Naquele lado da porta de vidro que havia sido reservado ao público, fotógrafos selecionados estavam a postos para captar a entrada dos atores do processo. Os fotógrafos foram autorizados a tirar fotos até a abertura formal da audiência.

Espalhadas pela sala, havia várias câmeras montadas na parede, as lentes alcançavam quase todos os ângulos. Na sala de controle estava uma produtora da NRK, a televisão estatal da Noruega, com um conjunto de monitores à sua frente. Ela editava, de forma eficaz, as imagens — "Câmera 1, ali, Câmera 2, segure, passar para Câmera 6" — que eram passadas ininterruptamente para a transmissão televisiva ao vivo e para salas de audiências em todo o país.

Dezessete salas de tribunais mostravam a mesma coisa que o público via na sala de audiências 250. As salas de audiências locais haviam instalado telas e alto-falantes para receber o áudio e o vídeo de Oslo.

No Tribunal de Justiça de Troms Norte, estavam Tone e Gunnar Sæbø. Assim como Gerd e Viggo Kristiansen. Agora eles iriam vê-lo, ouvi-lo falar, aquele que lhes tirara os filhos.

A família Rashid fugiu de tudo. Durante semanas, os jornais estiveram cheios de detalhes sobre o julgamento. Mustafa, Bayan, Lara e Ali só queriam ficar longe, e foram para a Espanha. Não aguentaram dar ao autor do crime a atenção implícita do acompanhamento do processo.

A promotoria ocupou seus lugares. Depois entraram os assistentes de acusação, os advogados de defesa. Guardas policiais já estavam a postos.

Ele está no prédio, escreveu um jornalista de uma agência de notícias. *He is in the building*, voou a mensagem para o mundo. *Er ist in dem Gebäude*, estava escrito alguns segundos depois, e então *Il est dans le bâtiment*.

Faltavam dez minutos para as 9 horas.

A porta da cela de espera foi aberta. Ele se levantou do banco e foi algemado. Agentes de detenção vestidos de camisas azul-claro o levaram para fora da cela e o acompanharam pelo corredor.

As portas do elevador se abriram e ele entrou com dois homens. O elevador era estreito. Ficaram apinhados.

As portas se abriram para um corredor branco. Eles saíram, dobraram uma esquina e entraram em outro corredor. Essa última parte fora reformada juntamente com a sala de audiências 250. As janelas ao longo do corredor eram de vidro fosco. Os caixilhos parafusados foram pintados em tom de cinza industrial. Só era possível vislumbrar a luz do dia lá fora.

Um agente de detenção ia na frente, depois era ele, e, na retaguarda, outro agente. Ele encheu os pulmões de ar. Endireitou as costas, aprumou os ombros. A porta para a sala 250 foi aberta. Ele entrou.

Ninguém ali, ele havia entrado num ângulo morto, um pequeno corredor do lado da sala de audiências onde ninguém podia vê-lo. Ele seguiu a camisa azul mais uns dez passos, então houve uma chuva de flashes, uma enxurrada de câmeras clicando. *Ele está na sala*, teclaram os repórteres. Lentes polidas estavam viradas exclusivamente para ele.

Eles ajustaram os zooms num rosto descorado. Ele não estava tão bem treinado como antes, tinha ficado um pouco flácido, estava mais bochechudo.

Ele não conseguiu conter o sorriso. Foi um arreganho, até os olhos. Ele franziu a boca para ganhar controle sobre os lábios. Há muito tempo visualizara esse momento, tendo pensado nele, sonhado com ele. Agora havia chegado.

Ele acenou com a cabeça para seus advogados de defesa e se sentou entre eles, enquanto continuou olhando para a plateia. Os olhos saltitavam, pois não era ele quem deveria olhar para os outros, eram os outros que deveriam olhar para ele. Mas ele simplesmente tinha de olhar para todos, todos aqueles que estavam olhando para ele.

Suas mãos estavam unidas por algemas na frente do corpo, acorrentadas a um cinto largo, que, por sua vez, estava preso no quadril. Um agente de detenção espadaúdo se atrapalhou com a chave para abrir as algemas. O réu olhou para o público como se pedisse desculpas enquanto o homem suava para tirar as algemas. Assim que tinham sido tiradas e pendiam livres no cinto do quadril, o réu de repente se virou para os fotógrafos. Ele bateu o punho direito contra o peito, estendeu o braço, elevando-o numa saudação de punho fechado. Por tempo suficiente para que os fotógrafos conseguissem registrar o momento, ele segurou o punho fechado à altura da cabeça. Uma exclamação de espanto passou pela sala. Os flashes explodiram. Faltavam cinco minutos para as 9 horas.

Ele levanta a mão numa saudação da extrema direita, escreveram as agências noticiosas. A cada segundo, os jornalistas da sala disparavam novas mensagens. *Ele se serve de um copo de água. Bebe. Olha para uma pilha de papéis à sua frente.*

Os promotores o cumprimentam, apertando sua mão!

Perplexos, os jornalistas estrangeiros assistiram a essa forma norueguesa de gentileza. Eles realmente apertaram sua mão?

Agora os assistentes de acusação e os advogados das vítimas também o cumprimentam!

Em muitos países, ele estaria sentado dentro de uma jaula. Seria obrigado a abrir mão do terno e da camisa branca, teria o cabelo raspado, e a gravata de seda cintilante seria impensável.

Mesmo sem ser de uniforme penitenciário dentro de uma jaula, muitos na plateia queriam vê-lo humilhado. A humilhação era o que ele temia acima de tudo. Ser odiado não era nada perto de ser humilhado.

De permitir que vissem suas falhas.

Certa vez Tørrissen lhe perguntara sobre vulnerabilidade.

— Você tem pontos vulneráveis? — perguntou.

— Não ser amado — respondeu Breivik. — O maior medo de um ser humano deve ser o de não ser amado — acrescentou. — Ou de não ser apreciado.

Ele se endireitou e torceu para uma coisa: que a mãe não fosse depor. Ela já havia sido convocada, mas pediu que a dispensassem. Ela era seu calcanhar de aquiles, dissera ele aos psiquiatras. Só ela seria capaz de abalá-lo agora, fazer com que tudo desmoronasse. Por isso, ele não quis receber sua visita na prisão antes do início do julgamento. Até agora, seus desejos foram atendidos. Os olhos do mundo inteiro estavam voltados para ele.

Os promotores públicos e os assistentes de acusação retornaram a seus lugares depois dos cumprimentos. Ele se sentou.

Ele se senta.

Eram 9 horas.

Os juízes entram.

A sala se levantou; os dois promotores públicos, os advogados de defesa, os advogados das vítimas, os espectadores, a imprensa, todos se levantaram, à exceção de uma pessoa: o réu.

Ele continua sentado. Ele sorri.

Ou melhor, ele tentava disfarçar um sorriso. Estava sentado de pernas abertas, como se para frisar que não estava de grilhões embaixo da mesa. Ele se mexia na cadeira confortável que tinha um espaldar largo e bom. Olhava em volta, acomodando-se melhor na cadeira. Seu olhar passava pelas fileiras.

Ele se espelhava em sua plateia. Então os lábios se franziram num sorriso. Ele vira alguém conhecido! Um ex-sócio e amigo estava na primeira fileira. O que será que estava fazendo ali? Bem, ele fora convidado a usar um dos lugares do jornal *VG* para depois contar aos leitores *como foi rever seu antigo amigo.* Os dois desviaram os olhos.

— A sessão se iniciou!

O martelo foi batido na mesa com mão ágil. A juíza presidente, Wenche Elizabeth Arntzen, era uma mulher de autoridade. Delicada e graciosa, por volta de 50 anos, ela usava o cabelo curto e ondulado. Tinha olhos claros, azuis, e uma boca fina. No colarinho, sob a toga, era possível vislumbrar uma blusa de renda.

O réu quis definir a agenda desde já e tomou a palavra sem mais nem menos.

— Não reconheço o judiciário norueguês, pois vocês receberam o mandato de partidos que apoiam o multiculturalismo.

Ele pigarreou. A voz estava sem força. A juíza olhou diretamente para ele, prestes a dizer algo, quando ele continuou.

— Além disso, tomei conhecimento de que você é amiga da... irmã de Gro Harlem Brundtland.

Apesar da aspereza das palavras, ele parecia acanhado. Ele quase murmurava, estava totalmente sem brio. O público pôde confirmar o que lera sobre as audiências de determinação de prisão preventiva: ele realmente tinha uma voz aguda.

A juíza perguntou se isso significava que ele apresentaria uma queixa concreta de parcialidade contra ela. Os advogados de defesa balançaram a cabeça. Não que eles soubessem.

De maneira alguma. Ele não quis fazer isso. Ele só quis se impor, *chamar atenção*.

Wenche Arntzen apresentou as regras para a realização do julgamento, expressando-se com brevidade e clareza. Não havia tempo a perder. Ela pediu que o réu se levantasse e confirmasse seu nome completo e data de nascimento.

— Anders Behring Breivik, nascido a 13 de fevereiro de 1979.

Ao chegar à profissão, a juíza falou:

— Bem, você não trabalha...

Breivik protestou.

— Sou escritor e trabalho na prisão — disse ele em voz abafada. O público mal conseguiu ouvi-lo.

Esse não foi seu momento de glória.

Ele recebeu ordem de se sentar.

Aí a acusação seria lida. A palavra foi dada à parte feminina da dupla do Ministério Público, Inga Bejer Engh, uma loura elegante.

— A palavra é sua! — disse Arntzen.

Bejer Engh se levantou. Ela parecia calma. Em alto e bom som, ela começou a recitar a peça de acusação: ele estava sendo acusado nos termos do artigo de terrorismo, o artigo 147 (a) do Código Penal.

— Pela presente, a Procuradoria da Justiça de Oslo instaura processo contra Anders Behring Breivik, nos termos do artigo 39 do Código Penal... sentença de medida de segurança de tratamento psiquiátrico compulsório... por ter, em estado psicótico, cometido ato que, em outra circunstância, seria punível.

Em outras palavras, o Ministério Público se baseou no primeiro relatório psiquiátrico, aquele que considerava Breivik doente e passível de tratamento.

A acusação continuou. Um ato de terrorismo, leu Bejer Engh. Detonação. Perda de vidas. Homicídio doloso qualificado. Com circunstâncias especialmente agravantes.

— A bomba explodiu às 15h25min22s com enorme potência de fogo e onda de choque, conforme suas intenções, pondo em perigo imediato um grande número de pessoas que se encontravam nos edifícios do Quarteirão do Governo ou na rua, causando enormes danos materiais... Por meio da explosão, ele matou as seguintes oito pessoas...

A promotora Bejer Engh lia de forma ritmada, quase cantada. Todas as sílabas deveriam ser incluídas, os nomes deveriam soar. Ela não hesitou, havia ensaiado esses nomes. Os nomes tinham um significado. Essas pessoas tinham vivido. Elas eram as protagonistas desse julgamento. Era tudo sobre elas.

— Ele estava na entrada da Torre Alta, perto do furgão, e morreu instantaneamente de ferimentos maciços causados pela onda de choque e por estilhaços/objetos que o atingiram.

— Ela estava na entrada da Torre Alta, perto do furgão, e morreu instantaneamente de ferimentos maciços causados pela onda de choque e por estilhaços/objetos que a atingiram.

O pronome era a única diferença entre as descrições dos dois assessores jurídicos. Eles estiveram ali, exatamente ali, no pior lugar imaginável, quando a bomba explodiu. Tinham nascido em 1979 e 1977.

A promotora bebeu um gole de água. O copo a seu lado estava constantemente sendo esvaziado e enchido outra vez. A sala estava em silêncio, de vez em quando, soluços abafados vinham depois de alguns dos nomes. Mas ninguém chorou à vista de todos. Os enlutados tapavam a boca para não fazer barulho. Baixavam a cabeça para não ser vistos.

A promotora havia chegado a Utøya.

Ela estava na frente da Lanchonete.

Ele estava no camping.

Ele estava no Salão Pequeno.

Ela estava no Salão Grande.

Ela estava na Trilha do Amor.

Ele estava na floresta ao leste da Escolinha.

Ela estava no morro de Stoltenberg.

Ela estava na baía dos Bolcheviques.

Ele estava perto da casa da bomba de água.

Ela estava à beira do lago na ponta sul.

Ele foi encontrado a 6 metros de profundidade.

Ele fugiu e caiu de um penhasco.

Além dos homicídios supracitados, ele tentou matar uma série de pessoas, mas sem sucesso, disse a promotora.

Ao ouvir pela primeira vez onde cada bala havia entrado, um repórter de uma agência de notícias sueca murmurou, quase para si mesmo: *occipício, foram baleados na parte de trás da cabeça.* O homem de idade anotou isso em seu relatório. A intervalos de poucos segundos, ele mandava novas linhas para a redação em Estocolmo, que corrigia seus erros ortográficos, editava os textos demasiadamente brutos, antes de enviá-los instantaneamente para os assinantes, estações de TV e jornais locais em toda a Suécia. O homem acrescentou um complemento à frase original *Foram baleados na parte de trás da cabeça.* Ele apertou as teclas e enviou uma explicação aos assinantes: *enquanto estavam fugindo. Foram baleados na parte de trás da cabeça, enquanto estavam fugindo.*

A nuca, a parte de trás da cabeça, a garganta, o ouvido, os tiros que rachavam seus crânios vinham *de trás,* de alguém que os estava perseguindo. Essa era a verdade, agora o mundo inteiro saberia como tinha sido.

O réu não olhou para Bejer Engh enquanto ela lia, ele ficava olhando para baixo. Mas seus advogados mantiveram os olhares fixados nela, prestando atenção. Por hoje, não havia mais a preparar. Agora só faltava assimilar os nomes e as idades das vítimas. Nascido em 1995, em 1993, em 1994, em 1993, em 1994, em 1993, 1996, 1992, 1997, 1996...

Breivik estava sentado com a cabeça abaixada. Às vezes, ele movimentava os lábios, chupava-os, mexia na caneta, uma caneta especial, macia, para evitar que a usasse para machucar alguém, por exemplo, a si mesmo.

Bejer Engh passou dos mortos aos vivos.

Isso não trouxe nenhum alívio. Amputações. Projéteis no corpo. Órgãos internos danificados. Nervo óptico danificado. Extensos danos teciduais. Hemorragia cerebral. Fratura aberta do crânio. Tecido cerebral destruído. Colectomia. Nefrectomia. Fragmentos de projéteis na parede torácica. Transplante de pele. Fratura da órbita ocular. Dano permanente a nervos. Corpos estranhos no rosto. Estômago, fígado, pulmão esquerdo e coração comprometidos. Remoção cirúrgica de 150 pequenos fragmentos do rosto. Amputação do braço na altura do cotovelo. Braço e perna do mesmo lado amputados.

Eram ferimentos de guerra.

— A ação de Utøya causou forte medo em parte da população norueguesa. O réu cometeu crimes extremamente graves numa escala sem precedentes para nosso país em tempos modernos.

Bejer Engh estava chegando ao fim.

Breivik ainda optava por olhar para baixo. Mais tarde, ele chamaria isso de mostrar consideração. *Ele não quis tornar o dia para as famílias das vítimas pior do que já era.*

Às 10h30, a promotoria havia terminado, e a palavra foi dada ao réu. Ele se levantou e disse: — Reconheço os fatos, mas não a culpabilidade, e invoco o direito de necessidade.

O Tribunal fez um intervalo.

Em seguida, um homem alto de cabelos ralos subiu ao pódio. Era o segundo promotor, Svein Holden, de 38 anos. Ele apresentaria as alegações iniciais sobre a vida do réu e de seu crime.

O réu, que ficou sem qualquer expressão facial durante o relato de como matara 77 pessoas, agora relaxou um pouco mais, olhando ao redor da sala de audiências enquanto o promotor recontou sua vida.

Meses de interrogatórios policiais geraram milhares de páginas cheias. A tarefa dos promotores era descobrir o que era verdade, o que era mentira, o que era importante, o que era irrelevante. Muito do que Breivik contara havia sido verificado e conferido, e a polícia não o pegara em nenhuma mentira deslavada.

Mas havia assuntos sobre os quais ele dava respostas evasivas, como, por exemplo, os templários a que supostamente pertenceria. O Ministério Público chegou à conclusão de que *Knights Templar*, o grupo que Breivik disse ter sido formado em Londres em 2002 e do qual ele era comandante, não existia.

Era simplesmente uma invenção.

Ou será que eram fantasias? Alucinações?

A questão era a seguinte: será que Breivik acreditava em sua existência?

Mais uma vez, tratava-se de um homem louco ou de um terrorista político?

Essa seria a questão fundamental e predominante durante as dez semanas do julgamento.

Holden argumentou a favor da primeira opção, alegando que houve uma mudança decisiva na vida de Breivik em 2006. Ele parou de pagar a anuidade ao Partido Progressista, fechou a empresa que vendia diplomas falsos, sofreu uma grande perda de ações, voltou para a casa da mãe e começou a jogar videogames 24 horas por dia.

Numa grande tela atrás dos advogados das vítimas apareceu uma fotografia do peidódromo. Do jeito que ele o deixou no dia 22 de julho e que a polícia o encontrou e lacrou na mesma noite.

Havia uma lata de Red Bull aberta na escrivaninha. Um cofre no chão. Uma impressora. Papeizinhos Post-it por todo lado. Grafite nas paredes. Uma cama por fazer.

A foto fora tirada num dia ensolarado. Feixes de luz atravessavam uma persiana fechada.

Quando ele se mudou para esse lugar, sua vida estava se desfazendo, argumentou Holden. As alucinações estavam prestes a assumir o controle, alegou. A essa altura, Breivik jogava World of Warcraft de forma excessiva como *Justiciar Andersnordic* e já estava perdendo a sanidade.

— É um jogo violento? — interrompeu a juíza.

— Isso depende de como se define violência — respondeu Holden, prometendo voltar à pergunta mais adiante.

Foi depois de um ou dois anos de videogames que ele começou a escrever seu compêndio, afirmou Holden, quer dizer, pouca coisa era de sua própria autoria, mas ele reunira e se aproveitara daquilo que existia em blogs *por aí*. Holden falou sobre os três livros do compêndio, e disse que se concentraria no terceiro, em que o próprio Breivik *estava mais presente*. Essa era a declaração de guerra, na qual *o leitor era incitado a participar de uma guerra civil*, e onde os preparativos e a receita da bomba estavam registrados, contou Holden ao público do Tribunal.

As famílias das vítimas ouviam caladas, de cabeças curvadas. Os jornalistas tentavam pegar cada palavra, alguns tuitavam constantemente. Tão logo haviam sido pronunciadas, as palavras de Holden estavam nos jornais on-line.

Parte do diretório da AUF estava mais preocupada com seus celulares do que com o enunciado do promotor público. Era como se na verdade não quisessem escutar isso, essa coisa sobre o autor, sua vida. Para eles, ele não existia como pessoa, louco ou não, mesmo que estivesse sentado bem na sua frente. Tinha sido tão abrupto, tão agudamente doloroso. Agora queriam seguir adiante. Queriam fugir. Para longe dele. A AUF tampouco havia adotado alguma posição oficial sobre a questão da imputabilidade, isso não lhe dizia respeito, o Estado de Direito que cuidasse disso. O mais importante era que ele nunca fosse solto. As mensagens entravam e saíam de seus telefones, que estavam no modo silencioso.

Na primeira fileira, uma repórter pesadamente maquiada da CNN tinha colocado o fone de ouvido com cuidado sobre o cabelo. Depois, um cheiro de perfume se espalhou das fileiras de trás, o odor de almíscar forte, masculino. Era o repórter da Al Jazeera que acabara de entrar outra vez depois de sua transmissão ao vivo.

Holden começou a falar sobre *aquisições*. Armas, munição, equipamentos, produtos químicos para a bomba, fertilizantes, uniforme. A polícia vestiu um manequim com aquilo que o réu usara em 22 de julho, incluindo as botas ainda lamacentas, com esporas.

Breivik sorriu ao ver uma foto do emblema que ele pusera na manga de seu uniforme. *Permissão para caçar traidores multiculturalistas*, estava escrito. *Válido apenas para as categorias a, b e c.*

Holden mostrou imagens do sítio de Vålstua num dia claro de verão, mostrou fotos dos liquidificadores da Electrolux, dos coloridos sacos chineses de fertilizantes. A polícia descobriu que a bomba fora feita exatamente de acordo com a descrição apresentada por Breivik no manifesto. Realizaram uma explosão de teste do mesmo tipo de bomba, e Holden apresentou as fotos.

Breivik acompanhou a exposição atentamente. Ele estava num seminário sobre si mesmo.

— Ele também fez um filme — disse Holden. — O réu baixou o Movie Trailer do programa Windows Movie Maker — falou, passando a exibir o filme que fora editado com base em 99 imagens.

Música sacra encheu a sala 250. Uma fotografia icônica em preto e branco apareceu na tela. O soldado do Exército Vermelho que coloca a bandeira soviética no Reichstag de Berlim em 1945. De acordo com o filme, o nascimento do marxismo cultural. Uma imagem depois da outra mostrava como a Europa era tomada pelos marxistas. A música sacra se misturava com música eletrônica. Então a música mudou. Quartos de tom árabes saíram dos alto-falantes do Tribunal, e um homem cantou em voz plangente *amanamananah...* havia imagens de mulheres com véus, grávidas com granadas em vez de filhos, havia imagens de hordas de refugiados a caminho da Europa. Depois, veio a esperança de mudança, indicada por cartazes com as palavras força, honra, sacrifício e martírio. Havia motivos medievais e templários acompanhados da trilha sonora do videogame Age of Conan. O fim, que se chamava "Novo começo", mostrou a sociedade ideal. Tudo terminou com uma frase: O Islã será banido da Europa outra vez.

Os olhos de Breivik ficaram estreitos e se encheram de lágrimas. A boca se esticou para cima em direção ao nariz. O rosto inteiro ficou vermelho, ele chorou sem constrangimento, enquanto fitou os olhos nas imagens que desapareceram num *fade out*. Narciso não poderia ter feito melhor.

Até então, ninguém o vira derramar uma única lágrima. Agora veio o desabafo.

As 77 vidas perdidas não o incomodaram. Mas isso o tocou.

— Como você está? — perguntou a advogada à sua esquerda, de acordo com os leitores labiais contratados pelo maior tabloide norueguês, o *VG*.

— Estou bem — respondeu Breivik. — Só não estava preparado para isso.

Que iriam mostrar seu filme. Seu. Filme.

O Tribunal fez um intervalo.

No saguão externo, os repórteres tentaram encontrar uma explicação para as lágrimas do réu.

— Ele tem um amor muito grande, afetuoso e caloroso por si mesmo. Ao ver sua própria obra, ele se emociona muito. Essa é minha leitura — explicou um psicólogo ao jornal *Aftenposten*.

Alguns também encontraram uma espécie de explicação em seu manifesto. Ali ele descrevera como a música de Age of Conan, cantada em norueguês antigo por Helene Bøksle, seria a trilha sonora perfeita para morrer. "Imagine o seguinte... que você ouve essa música enquanto luta para acabar com um dos flancos do inimigo..." escreveu ele. "Essa voz angelical canta para você do céu... essa voz é tudo que você ouve enquanto a luz se transforma em escuridão e você entra no Reino do Céu... realmente deve ser a maneira mais fantástica de morrer uma morte gloriosa de mártir."

Eram 13h30 quando o promotor mostrou uma imagem da ilha que tinha *500 metros de comprimento e 350 de largura* e foi dada à AUF como doação em 1950.

Breivik abafou um bocejo.

Holden relatou a sequência de eventos a partir do momento em que Breivik foi transportado até a ilha no *MS Thorbjørn*. Chegando à lanchonete, o promotor disse que reproduziria a gravação de uma das chamadas de emergência da ilha.

Breivik sorriu. Cada vez que seus lábios se franziam num sorriso, ele tentava se controlar, relutantemente. Dessa vez, disfarçou as contrações sugando o lábio inferior.

Um toque de telefone apitou pelos alto-falantes, espalhando-se pela sala e por dezessete outras salas de audiências de tribunais.

Alguém atendeu, e uma voz fria respondeu:

— Telefone de Emergência da Polícia, pois não.

— Olá, foram disparados tiros em Utøya, em Buskerud, no lago de Tyrifjorden — disse uma menina com sotaque de Trøndelag. Sua respiração era mais alta que as palavras. Ao telefonar, tinha acabado de ver o namorado ser morto a tiro. Eram 17h26, Breivik estivera na ilha havia dez minutos. Ele acabara de entrar na lanchonete. A menina, que se chamava Renate, estava escondida num banheiro.

O policial perguntou se eram vários tiros. Por um momento, ouvia-se a respiração ofegante de Renate, então ela respondeu.

— Sim, são constantes. Há pânico total. *Ele está aqui dentro.*

A menina começara a sussurrar. Ela não disse mais nada, estava segurando o celular para cima, para que a polícia pudesse ouvir a mesma coisa que ela ouvia.

Soou um grito na gravação. Mais um. Vários. A sala de audiências estava em silêncio total. Não havia um movimento sequer, por um breve instante, não havia nem o barulho de teclas. Estavam ali, sim, estavam longe, numa cadeira segura da sala, mas mesmo assim estavam ali, em meio ao massacre. Pois através da gravação ouvia-se o som da arma de Breivik. Primeiro, os tiros eram espaçados, um por um. Em seguida, vieram vários em ritmo acelerado. Cada vez mais.

Os olhos do assassino, a essa altura sentado entre os advogados de defesa, revelaram que ele escutava atentamente.

A gravação durou três minutos. Holden a passou na íntegra.

Três minutos. Cinquenta tiros. Treze mortos.

Muitos dos que estavam no tribunal choraram.

Breivik olhou para baixo, para uma unha.

Antes de erguer o olhar outra vez.

O monólogo

O SEGUNDO DIA. Esse era o dia para o qual ele se preparara. O dia em que apresentaria o monólogo.

Mais tarde, muitos figurariam no processo, a promotoria, as testemunhas, os peritos, os advogados de defesa. Mas nesse dia prometeram-lhe o pódio sozinho.

Ele foi andando vagarosamente, de forma calculada, até o banco das testemunhas. Nas mãos, levava uma pilha de papéis. Ele deixou as folhas na mesa e ajeitou as abotoaduras.

— Você deve prestar declarações verídicas sobre fatos de relevância para sua causa... — disse a juíza com severidade.

— Prezada juíza Arntzen. Peço que me seja permitido estabelecer os parâmetros para minha defesa, e espero que não me interrompa, pois tenho uma lista de itens...

— Você precisa baixar o volume do microfone um pouco, para que a transmissão aos outros tribunais funcione.

Ele estava pronto. Esse era o lançamento do livro.

— Estou aqui hoje como representante do movimento de resistência norueguesa e europeia. Quando falo, é em nome dos noruegueses que não querem que sejamos destituídos de nossos direitos de povo indígena.

A mídia e a promotoria alegaram que realizei os ataques por ser um perdedor patético e malvado, que não tenho integridade, que sou um mentiroso contumaz, que não tenho moral, sou louco e, portanto, devo ser ignorado pelos outros conservadores culturais a Europa. Dizem que estou fora do mercado de trabalho, que sou narcisista, antissocial, tenho fobia a bactérias, tive um relacionamento incestuoso com minha mãe, que sofro com a falta de pai, que sou um assassino de crianças, um assassino de bebês, embora não tenha matado ninguém menor de 14 anos. Que sou covarde, homossexual, pedófilo, necrófilo, sionista, racista, psicopata e nazista. Tudo isso foi alegado. Que sou mental e fisicamente retardado com um QI por volta de 80.

Ele leu rápido. Tinha muito que falar. O significado das palavras era mais importante do que a maneira como eram lidas. Ele se apressou.

— Essas características não me surpreendem. Esperava isso. Sabia que a elite cultural iria me ridicularizar. Mas está beirando a comédia.

Ele olhou brevemente para cima antes de fixar os olhos em seus papéis outra vez.

— A resposta é simples. Realizei o atentado mais sofisticado e espetacular da Europa do pós-guerra. Eu e meus irmãos e irmãs nacionalistas representamos o que eles temem. Eles querem intimidar os outros para que não façam a mesma coisa.

Os juízes o observavam com cuidado, escutando atentamente. Como ele se comportava sem restrições? Ele se atrapalhava? Ele era consistente? Era a primeira vez que o viram e ouviram falar livremente. No dia anterior, ele mal chegara a ter a palavra. Como será que preencheria a meia hora à sua disposição?

A Noruega e a Europa eram sufocadas por conformidade total, ouviram. E aquilo que se chamava de democracia era na realidade uma ditadura marxista cultural. Isso já era tema conhecido.

— Os nacionalistas e os conservadores culturais estavam enfraquecidos depois da derrota das Potências do Eixo. A Europa nunca teve um McCarthy, por isso os marxistas se infiltraram nas escolas e nos meios de comunicação. Assim tivemos o feminismo, as cotas de gênero, a revolução sexual, uma Igreja transformada, a desconstrução das normas sociais e um ideal socialista igualitário da sociedade.

O réu sugeriu que fosse realizado um referendo com as seguintes perguntas: você acha antidemocrático o fato de que o povo norueguês nunca foi consultado sobre a transformação da Noruega num Estado multiétnico? Você acha antidemocrático o fato de que a Noruega recebe tantos africanos e asiáticos que os noruegueses correm o risco de se tornarem uma minoria em sua própria capital?

— Os partidos nacionalistas e conservadores culturais são boicotados pela mídia. Nossas opiniões são vistas como inferiores, somos cidadãos de segunda classe, isso não é uma democracia de verdade! Olha o que está acontecendo com os Democratas da Suécia. Na Noruega, a mídia está fazendo uma campanha de difamação sistemática contra o Partido Progressista há vinte anos e vai continuar a fazer isso. Entre os britânicos, 70% veem a imigração como um grande problema e acham que a Grã-Bretanha se tornou um país disfuncional, 70% estão descontentes com o multiculturalismo.

— Você está lendo seu manifesto agora? — perguntou a juíza.

— Não — respondeu Breivik e prosseguiu. — Quantas pessoas na Noruega vocês acham que têm a mesma opinião? Cada vez mais conservadores culturais percebem que a luta democrática não leva a nada. Então, o caminho para as armas é curto. Quando a revolução pacífica é impossibilitada, a revolução violenta se torna a única opção.

A voz era monótona, sem emoção. Ele não era nenhum demagogo. Se sentia uma animação interna, ela não passava para fora. Era como na época do Partido Progressista. Embora estivesse no pódio, ele não conseguia inspirar, fazer com que alguém aplaudisse com entusiasmo. Lia com amargor na voz. Na verdade, falava consigo mesmo.

— As pessoas que me chamam de malvado não entenderam a diferença entre brutal e malvado. A brutalidade não é necessariamente maldade. A brutalidade pode ter boas intenções.

Nas fileiras da plateia, as pessoas suspiravam e encolhiam os ombros. Alguns membros da AUF começaram a cochichar entre si.

— Se conseguirmos forçá-los a mudar de direção ao executar setenta pessoas, isso contribuirá para que não percamos nosso grupo étnico, nossa cristandade, nossa cultura. Isso, por sua vez, impedirá uma guerra civil, que poderá resultar na morte de centenas de milhares de noruegueses. A realização de uma pequena barbaridade é melhor do que uma grande barbaridade.

Ele respirou fundo e passou ao que chamou da balcanização da Noruega e da caça às bruxas contra os conservadores culturais.

— Será que a AUF e o Partido Trabalhista fazem isso porque são malvados ou porque são ingênuos? E se apenas forem ingênuos, devemos perdoá-los ou puni-los? A resposta é que a maioria dos membros da AUF já foi doutrinada e sujeita à lavagem cerebral. Pelos pais. Pelo currículo escolar. Por adultos do Partido Trabalhista. Não se tratava de crianças civis, inocentes, e sim de ativistas políticos. Muitos tinham posições de liderança. A AUF parece bastante com a Juventude Hitlerista. Utøya era um acampamento de doutrinação, era...

— Peço que se contenha em consideração aos familiares das vítimas — disse Arntzen com rispidez.

— Saber que vou ser preso não me assusta. Nasci numa prisão, passei minha vida inteira numa prisão, onde não há liberdade de expressão, onde não é permitido resistir, mas onde se espera aplausos pela destruição de meu povo. O nome dessa prisão é Noruega. Não importa se eu estiver trancafiado em Skøyen ou em Ila. A urgência é a mesma independentemente de onde você mora, pois, no final, o país inteiro será desfeito no inferno multiculturalista que chamamos de Oslo.

— Está chegando ao fim, Breivik? — perguntou a juíza. A meia hora que lhe fora dada já havia passado.

— Estou na página seis de treze.

— Você precisa passar à conclusão — pediu Arntzen.

Breivik ficou amuado.

— Toda minha defesa depende de que me seja permitido ler tudo. — Ele tomou um gole de água e continuou a ler com voz monótona, um pouco afetada. — De acordo com o Instituto Nacional de Estatística, os imigrantes serão maioria em Oslo em 2040. E nesse cálculo os imigrantes de terceira geração, os adotados, os imigrantes indocumentados e ilegais não foram incluídos. Quarenta e sete por cento dos que nascem nos hospitais de Oslo não são noruegueses étnicos. O mesmo se aplica à maioria dos alunos da 1ª série.

Os três homens das equipes de psiquiatras forenses estavam olhando para Breivik, enquanto Synne Sørheim fazia anotações constantes em seu Mac.

— Os esquerdistas europeus alegam que os muçulmanos são pacíficos e condenam a violência. Isso é mentira e propaganda.

— Breivik, preciso lhe pedir que conclua — disse Arntzen com insistência.

— Não é possível encurtar o enquadramento de minha defesa — retrucou ele chateado, e acrescentou: — Se eu não puder apresentar os fundamentos, não faz qualquer sentido eu prestar esclarecimentos. — A juíza quis manter as rédeas curtas desde o início. Ela não poderia começar a afrouxá-las no segundo dia.

— Há um consenso entre as elites europeias e os muçulmanos de realizar o projeto multicultural para desconstruir a cultura norueguesa e europeia, e assim virar tudo de ponta-cabeça. O mal é o bem, o bem é o mal. Em Oslo, as culturas agressivas, como o Islã, vão dominar cada vez mais, vão crescer como um câncer. É tão difícil entender isso? Nosso grupo étnico representa o mais valioso e o mais vulnerável, nossa cristandade e nossa liberdade. No fim, vamos ficar com sushi e telas planas, mas vamos ter perdido o mais valioso...

— Breivik! — disse a juíza. Ela pronunciou seu nome depressa, quase sem vogais, como "Brvk!".

— Tenho mais cinco páginas...

— Isso vai muito além do que foi anunciado ontem — disse Arntzen, dirigindo-se a Lippestad.

— Entendo o Tribunal, mas peço que lhe seja permitido continuar — disse Lippestad, ao mesmo tempo solicitando a Breivik que abreviasse o depoimento. Ele ressaltou que foram dedicados cinco dias a seus esclarecimentos.

— Originalmente, isso tinha vinte páginas, as quais comprimi para treze. Agora se fala muito dos cinco dias que me deram. Nunca pedi cinco dias, só pedi uma hora! É essa hora que tenho agora. É extremamente importante que eu possa prestar declarações! — exclamou Breivik.

— Continue! — disse Arntzen.

— Obrigado! — respondeu Breivik.

— Aí chegamos a outro problema europeu. Demandas como leis islâmicas. A Noruega gasta o dinheiro do petróleo em benefícios de previdência social para os imigrantes. A Arábia Saudita gastou 600 bilhões de coroas em centros islâmicos na Europa, eles financiaram 1,5 mil mesquitas e 2 mil escolas...

A essa altura, a assistente de acusação Mette Yvonne Larsen interrompeu dizendo que muitas das partes lesadas, de diversos tribunais, estavam estranhando o fato de Breivik ter permissão para falar por tanto tempo.

— Você ouviu como as partes lesadas estão reagindo. Vai respeitar isso? — perguntou a juíza.

— Vou, sim — respondeu o réu.

— Isso é relevante para você?

— É relevante ter respeito, sim.

— Então lhe peço que o tenha e termine o mais rápido possível.

— Faltam três páginas — disse Breivik. — Se não puder ler o resto, não vou prestar qualquer depoimento no processo!

Então o promotor público Svein Holden tomou a palavra.

— Em nossa opinião, é importante e correto deixar o réu prosseguir. Breivik continuou.

— Oslo é uma cidade destruída. Cresci na zona oeste, mas vejo que a Prefeitura compra apartamentos de habitação pública para muçulmanos que só criam guetos. Muitos muçulmanos têm desprezo pela cultura norueguesa, pelo feminismo, pela revolução sexual, pela decadência. Tudo começa com exigências de regimes especiais e acaba com a reivindicação de autogoverno. Sitting Bull e Crazy Horse são heróis celebrados pelos povos indígenas dos EUA, eles lutaram contra o general Custer. Será que eram malvados ou heroicos? Os livros de história americana os descrevem como heróis, não terroristas. Ao mesmo tempo, os nacionalistas são chamados de terroristas. Isso não é expressão de hipocrisia e racismo extremo?

A juíza o observava. Seus olhos se estreitavam.

— Os noruegueses são o povo indígena da Noruega! A Noruega apoia os ativistas dos direitos indígenas na Bolívia e no Tibete, mas não em nosso próprio país. Não aceitamos ser colonizados. Entendo que é difícil compreender minhas informações, pois a propaganda diz o contrário. Mas logo todos vão acordar. Mark Twain disse que, na era das mudanças, o patriota é uma pessoa malsucedida. Quando lhe tiverem dado razão, todos irão querer segui-lo, pois aí não custa mais ser patriota. Esse processo é sobre encontrar a verdade. A documentação e os exemplos que apresentei são verdadeiros. Então, como é que aquilo que fiz pode ser ilegal?

Synne Sørheim mascava chiclete enquanto fazia anotações. Os três homens com quem dividia a mesa estavam todos sentados com as mãos entrelaçadas embaixo do queixo, observando aquilo que se passava diante deles.

Os juízes assistentes de Arntzen estavam reclinados nas cadeiras, quase afundando nos encostos altos e pretos. Mas mantiveram os olhos no réu. Seus rostos estavam calmos, não revelavam nada. Só os cantos da boca da juíza presidente baixavam cada vez mais, até a posição de repouso, à medida que o discurso de Breivik se estendia.

O réu tomou um copo de água.

— Terminou então, Breivik? — perguntou Arntzen.

— Falta uma página.

Ele pousou o copo outra vez.

— Sarkozy, Merkel e Cameron admitiram que o multiculturalismo fracassou na Europa. Não funciona. Na Noruega, o contrário está acontecendo, estamos optando por mais imigração em massa da Ásia e da África.

Ele olhou para os papéis, hesitou por alguns segundos, antes de exclamar.

— Para sua informação, estou praticando a autocensura!

"Somos as primeiras gotas de água que indicam a chegada da tempestade! Uma tempestade de limpeza. Rios de sangue vão escorrer pelas cidades grandes da Europa. Meus irmãos e minhas irmãs vão ganhar. Como posso ter tanta certeza? As pessoas vivem na cegueira da prosperidade, elas vão perder tudo, a vida vai ficar cheia de sofrimento, elas vão perder sua identidade, por isso é importante que outros patriotas na Europa assumam sua responsabilidade, assim como eu fiz. A Europa precisa de mais heróis!"

Embora seu discurso provavelmente tivesse sido polido de antemão, e a argumentação fosse construída de acordo com a lógica, dentro de seu próprio universo, ele não pôde deixar de, assim como no manifesto, insistir nos pontos que considerava os melhores.

— Thomas Jefferson disse o seguinte: A árvore da liberdade deve ser regada de vez em quando com o sangue de patriotas e tiranos...

Ele pigarreou.

— Estou quase terminando. As elites políticas de nossos países são tão descaradas que esperam que nós aplaudamos a desconstrução. E aqueles que não aplaudem são tachados de racistas e nazistas malignos. Essa é a verdadeira loucura; são eles que devem ser submetidos a avaliação psiquiátrica e rotulados de doentes, eu não. Não é racional inundar seu país com africanos e asiáticos, deixando nossa cultura se perder. Essa é a verdadeira loucura. Essa é a verdadeira maldade.

Ele respirou fundo.

— Agi em estado de necessidade, em nome de meu povo, minha religião, minha cidade e meu país. Portanto, exijo ser absolvido dessas acusações. Essas foram as treze páginas que eu tinha preparado.

Ponto final. Faltaram os aplausos.

*

— Qual é sua relação pessoal com o cristianismo? — perguntou a assistente de acusação Siv Hallgren no dia seguinte.

— Bem, sou um cristão militante e não especialmente religioso. Mas sou um *pouco* religioso. Queremos a herança cultural cristã, o ensino da doutrina cristã nas escolas e parâmetros cristãos para a Europa.

— Mas e você mesmo? Você professa a fé cristã? Você acredita na ressurreição?

— Sou cristão, acredito em Deus. Sou um pouco religioso, mas não *tão* religioso.

— Você leu a Bíblia?

— Claro. Fiz isso na época em que tinha ensino de doutrina cristã na Noruega. Antes de o Partido Trabalhista acabar com ele.

Hallgren, que representava as famílias dos mortos, pediu que ele definisse a cultura norueguesa.

— Pode-se... pode-se dizer que o próprio âmago da cultura norueguesa é o grupo étnico norueguês.

Ele hesitou, pensou um pouco e encontrou a resposta.

— Tudo que existe na Noruega, tudo, desde as maçanetas das portas até o design das marcas de cerveja e o comportamento. Tudo é cultura. Fórmulas de cortesia, formas de tratamento. Absolutamente tudo é cultura.

Disse Breivik.

Maçanetas de portas e marcas de cerveja. Cristianismo e cultura norueguesa.

A leviandade ecoou na sala 250.

O coração do processo

EM MEIO AO processo, havia um grande coração pulsante.

Os mortos.

Os assassinatos quase tinham sido relegados ao segundo plano pelas discussões sobre o estado mental do autor e suas ideias no período anterior ao julgamento. Mas era pelos assassinatos que ele seria punido, não pelas ideias.

No segundo semestre do ano anterior, Svein Holden e Inga Bejer Engh haviam sido incumbidos de planejar o julgamento. Eles próprios tinham crianças pequenas e levavam vidas norueguesas normais e privilegiadas com suas respectivas famílias.

Os dois promotores públicos gastaram muito tempo ouvindo os familiares dos mortos e dos sobreviventes enquanto planejavam o processo, buscavam crianças na escolinha, preparavam o julgamento, trocavam fraldas, liam atas de interrogatórios, cantavam cantigas de ninar. Os encontros com outros pais e mães, poucos anos mais velhos que eles, foram fortes. Alguns tinham raiva, outros estavam dominados pela dor, pois algo havia sido quebrado dentro deles. Os promotores encontraram tanto a agressão como as histórias sobre *meu filho, minha filha, nossa criança.*

Era importante tanto incluir as emoções como afastá-las. Foi assim que os promotores raciocinaram ao se perguntar o que seria necessário para criar a melhor estrutura possível para o julgamento.

Svein Holden fez uma lista:

Bom contato com as pessoas afetadas.

Bons procedimentos com a polícia.

Boa visão geral do caso.

Tratar isso como qualquer processo penal.

Só que não era um processo penal qualquer. O volume era muito grande: 77 assassinatos.

O procurador-geral tinha deixado claro que cada assassinato teria de ser investigado. Era necessário determinar o horário e o local, quando e como. Os que perderam seus entes queridos precisavam saber o maior número de detalhes possível, já que isso favoreceria o processo de cicatrização.

A polícia tirou uma lição das investigações realizadas depois das bombas de Madri e Londres, casos em que não tinha explicitado a causa da morte e o momento da morte de cada um. Todos simplesmente se tornaram vítimas de terrorismo, mortos na mesma hora, no mesmo local. Não foram tratados como indivíduos pelo Tribunal.

Além do mais, a investigação deveria ser a mais escrupulosa possível para resistir às teorias de conspiração que poderiam surgir anos mais tarde.

Muitos dos familiares dos sobreviventes quiseram deixar sua marca no processo. Havia uma campanha em andamento para que todos os que estiveram em Utøya e todos os que estiveram no Quarteirão do Governo fossem mencionados por nome como vítimas na acusação. Afinal, todos foram vítimas de tentativa de homicídio. Num processo normal, nunca se deixaria de incluir tentativa de homicídio na acusação.

Mas as regras também diziam que todos aqueles cujos nomes constassem da acusação teriam de ser convocados como testemunhas.

Então, como a acusação deveria ser talhada?

A ideia surgiu aos dois promotores certa noite no gabinete do procurador-geral. Quantas pessoas foram atingidas por projéteis no Quarteirão do Governo? Quantas foram atingidas por balas em Utøya?

Receberam os números e, com eles, encontraram os nomes que constariam da acusação. Aqueles que foram atingidos fisicamente por metal ou chumbo. No Quarteirão do Governo eram nove, além dos oito mortos. Em Utøya somaram 33, além dos 69 mortos.

O procurador-geral fez alguns cálculos, pois os limites do processo já estavam definidos. Ele duraria dez semanas. Todos teriam de ser chamados como testemunhas. Daria tempo, sim, dentro das semanas a seu dispor.

Mas na verdade quantas pessoas foram atingidas diretamente pela ação de terrorismo?

Com relação ao Quarteirão do Governo, decidiram escrever que "pelo menos mais duzentas pessoas foram fisicamente feridas pela explosão". Citariam lacerações, fraturas e danos auditivos. Quanto a Utøya, eles também queriam focar os traumas infligidos a muitos dos jovens por terem visto amigos sendo mortos, por terem perdido colegas.

Ninguém seria esquecido, mesmo que seu nome não fosse citado.

Num caso normal de homicídio, geralmente se mostram fotos do morto na tela do Tribunal, imagens panorâmicas do local onde a vítima foi encontrada e fotos tiradas de perto para documentar a causa da morte.

Svein Holden achava que a mesma coisa deveria ser feita no processo de 22 de julho.

— Um processo penal funciona assim — disse Holden. — As fotos são exibidas. Como de costume. — Os médicos-legistas eram da mesma opinião.

Bejer Engh tinha suas dúvidas. Ela temia que fosse brutal demais. Mais uma vez os promotores consultaram o grupo de apoio das famílias. Os familiares dos mortos não queriam a exposição de imagens de jeito nenhum. Seria cruel demais. No Quarteirão do Governo, alguns corpos foram tão destruídos que apenas certos membros estavam inteiros. Em Utøya, havia crânios despedaçados, vítimas besuntadas de sangue, de massa cerebral. As fotos foram tiradas por peritos criminais na trilha, na floresta, no chão da lanchonete. Mais tarde, quando os mortos foram levados à mesa de autópsia, tiraram novas fotos, quando as vítimas estavam limpas de sangue, e as feridas de bala ficaram mais visíveis. Era esse tipo de foto que se costumava mostrar no Tribunal.

A opinião das famílias foi decisiva para Holden. Os promotores optaram por deixar as provas fotográficas em pastas de acesso exclusivo do colegiado de juízes.

Inga Bejer Engh perguntou a si mesma como deveria lidar com as fotos. Será que só olharia por cima quando fosse obrigada? Ou será que deveria olhar muito para elas a fim de se tornar imune?

Todos os corpos foram também radiografados. Foram feitas imagens em 3-D de cada um. Por meio das imagens era possível revelar os ferimentos de explosão nas vítimas do Quarteirão do Governo e era possível ver cada fragmento minúsculo das balas que se expandiram no tecido das vítimas de Utøya. Era possível ver a bala num coração, lascas espalhadas dentro de um cérebro, o metal que cortara a artéria do pescoço, que entrara na medula espinhal. Era possível seguir o curso de cada bala, para ver qual delas causara a morte.

Os médicos forenses se preocupavam em elucidar os danos da melhor forma possível e queriam mostrar as vítimas em 3-D ao Tribunal. Mas tudo o que iria ser exibido na sala 250 seria transmitido a diversas salas, e não havia garantia de que alguém não estivesse com um iPhone e tirasse fotos.

— Não podemos mostrar seus corpos na tela! — protestou Bejer Engh.

— Mas o que vamos fazer então? Mostrar desenhos? — perguntou Holden.

Conversando com os médicos-legistas, Holden aventou a ideia de uma boneca em que se poderia apontar. Seria necessário arranjar uma boneca sem sexo definido e um ponteiro.

Tudo bem. Então encomendariam uma boneca.

Mas como ela ficaria? Presa ao chão? Em cima de um pedestal? Numa placa giratória? A boneca representaria 77 pessoas diferentes. Era importante que fosse tratada com dignidade.

E qual seria a aparência da boneca? Que cor ela teria?

Ela não deveria ser branca, isso poderia parecer racista. Como será que os pais das vítimas estrangeiras reagiriam então?

Tampouco poderia ser preta, isso daria uma impressão equivocada. Chegaram a um acordo.

A boneca seria cinza.

A essa altura, o coração do processo judicial pulsava forte. Era dia 8 de maio. O relógio marcava 11 horas. As mesas da lanchonete dos credenciados, a alguma distância da sala 250, estavam sendo esvaziadas, pois todos os que as ocuparam voltavam para a sala de audiências. No intervalo, a lanchonete fora tomada por um grupo ruidoso. Seus integrantes se sentaram um pouco mais juntinhos do que os outros fregueses costumavam sentar, riram mais vezes, fizeram um pouco mais de barulho. Todos tinham o mesmo tom de cabelo, de tez, eram um pouco mais escuros do que a maioria ali no saguão e formavam um conjunto de várias gerações. Haviam pedido café, tomado água. Eram parentes. Estavam entrando na sala por Bano.

Eram curdos da Noruega, da Suécia e do Iraque. Vários dos parentes próximos de Bano não conseguiram o visto antes do enterro, os pedidos não chegaram a tempo. Bano foi enterrada no dia seguinte à identificação. Ela foi a primeira muçulmana a ser sepultada em Nesodden, onde uma pastora oficiou a cerimônia dentro da igreja, enquanto um imã discursou durante a inumação.

Mas o julgamento fora planejado com muita antecedência. Agora estavam ali por ela.

Desde o início de maio, o Tribunal examinara doze laudos de autópsia por dia. Além da apresentação das provas dos danos, cada vítima foi lembrada com uma foto e um texto, ambos escolhidos pelos familiares, o que conferiu um caráter cerimonial a essa primeira semana de maio. Nesse dia, o Tribunal havia chegado à vítima número 31 de Utøya.

Os parentes tinham lugares reservados. Uma intérprete estava pronta em sua cabine. Bayan agarrou a mão de Mustafa, que estava sentado ao lado dela.

A juíza pediu que Gøran Dyvesveen, o perito criminal da Kripos, falasse devagar e com clareza, para que a intérprete pudesse captar tudo. Ele prometeu fazer isso. Eram 11h11.

— Bano Rashid estava na Trilha do Amor. Ela morreu em consequência de feridas de bala na cabeça — disse Dyvesveen. Três dos juízes se viraram para as prateleiras, procurando a pasta certa com as fotos de Bano. Ali, na imagem da pasta, viram-na, deitada de lado sobre a trilha acidentada. Viram a imagem panorâmica dos mortos, que estavam apinhados, quase deitados um em cima do outro. Em uma das imagens, os dez estavam cobertos por mantas, algumas brancas, outras azuis. Aí pareciam um grande amontoado na trilha. Sem saber nada sobre os dez que estavam deitados ali, era possível perceber que, naqueles seus derradeiros momentos, eles haviam procurado a proteção um do outro.

O irmão de Bayan, que estava sentado do outro lado dela, também pegou sua mão. Logo, a fileira inteira estava segurando as mãos. Na frente dos mais velhos, Lara e Ali estavam cercados de suas primas e primos, apertando as mãos com força.

Na parede da sala de audiências foi mostrada uma fotografia da trilha, o local dos assassinatos, mas sem os mortos. Um ponto vermelho indicou onde Bano havia sido encontrada.

— O ponto mostra a posição da cabeça — disse o perito criminal.

Em seguida, a médica-legista Åshild Vege se posicionou ao lado da boneca, que estava revestida com um tecido de toque suave. Veludo cinza.

Vege apresentou os ferimentos que foram infligidos a Bano.

— Bano morreu em consequência das feridas de bala na cabeça, que causaram perda de consciência imediata e morte rápida.

Na tela da parede estavam as mesmas informações. O nome da moça de 18 anos e onde fora atingida pelas balas.

Holden era o esteta no que dizia respeito ao ambiente da sala de audiências. Ele queria que todas as ilustrações, todos os gráficos, tudo o que os peritos criminais, as testemunhas periciais e, principalmente, os médicos-legistas traziam passasse por um copidesque e uma revisão adicional antes de ser apresentado. Holden fazia questão de que tudo tivesse o mesmo layout: letra preta, o mínimo de elementos destoantes, fonte Times New Roman.

No Tribunal, as coisas deveriam ter um aspecto limpo e arrumado.

O quadro de texto sobre as feridas de bala de Bano foi substituído por duas imagens dela. Ao receber o pedido do Tribunal do envio de uma foto, os pais não conseguiram decidir qual foto enviar e acabaram mandando duas. Uma mostrava Bano sorridente, de traje típico de Trysil. A outra mostrava Bano sorridente, de traje de festa curdo.

— Bano nasceu no reino das mil e uma noites — abriu sua assistente de acusação. — Aos 7 anos, fugiu com a família da guerra no Iraque. Todos que a conheciam sabiam que ela se tornaria alguém de destaque...

A voz de Mette Yvonne Larsen tremia. Ela conhecia Bano havia muitos anos, sua filha era colega de sala da menina muçulmana e uma de suas amigas mais próximas. Ela leu um breve texto sobre o que havia sido importante para Bano, acrescentando que ela fora eleita para a Câmara Municipal de Nesodden, *post mortem*.

Eram 11h19. Havia levado oito minutos.

O Tribunal passou para Anders Kristiansen. Aquele que colocara um braço protetor em torno de Bano quando ela morreu.

Ele era o próximo ponto vermelho na trilha.

No dia seguinte, o procedimento continuou. Continuaria durante uma semana inteira.

— Agora vamos passar para a escarpa à beira do lago. Nessa área, cinco pessoas morreram — disse Gøran Dyvesveen da Kripos, um dia depois de ter apontado para Bano e Anders e os outros oito na trilha.

— Todos os cinco foram levados para terra, e não estavam ali quando começou o exame do local do crime.

Ele apontou para a imagem panorâmica que estava ampliada na parede, indicando a encosta que ficava logo ao sul da Trilha do Amor.

— Aqui estavam os dez que vimos ontem. Esta escarpa é a que vamos abordar agora.

A foto fora tirada a partir do lago, ilustrando a declividade. Havia um desnível de 13 metros.

— Aqui não é natural se locomover até a beira do lago de forma alguma — disse Dyvesveen. — Diria que é tão íngreme que se torna impossível subir sem algum tipo de equipamento.

Um círculo branco indicou uma pedra na borda do lago. O perito criminal explicou a posição do menino sobre a pedra, quando foi localizado. Caberia à médica-legista descrever os ferimentos. Primeiro, ela sempre informava o nome e a idade da vítima.

— Faltavam três dias para Simon completar 19 anos — disse ela. Então mostrou na boneca onde os tiros lhe atingiram, entraram pelas costas, saíram pelo peito. — Simon morreu em consequência das feridas de bala no peito, que levaram à perda de consciência e morte rápida.

Ouvia-se respiração pesada. Tone e Gunnar achavam que tudo era surreal. Afinal, Simon não estava ali, não era ali que ele estava.

A assistente de acusação Nadia Hall leu o elogio fúnebre.

— O ativismo social e o interesse pela cultura foram despertados desde cedo em Simon. Aos 15 anos, Simon ocupou o cargo de líder do Conselho Juvenil do município. Ele foi o primeiro membro da divisão da AUF em Salangen, e teria ido direto de Utøya para uma conferência na Rússia. Ele viajou até o Camboja para fazer um filme sobre água potável. Sua morte brutal antes de completar 19 anos é sentida como uma grande tragédia. A perda de Simon empobrecerá a vida de muitas pessoas nos próximos anos. Ele deixa mãe e pai e um irmão mais novo.

Em geral, Breivik olhava para os papéis durante os laudos de autópsia. Nesse dia não foi diferente.

Ele não disse nada, não comentou nada, fazendo-se o mais despercebido possível.

Após o encerramento da sessão, Tone e Gunnar Sæbø saíram com os pais de Anders Kristiansen. Os dois casais haviam passado dois dias juntos, já fizeram o que tinham de fazer em Oslo, agora estavam voltando para suas casas em Troms.

Deixando o Foro, os quatro andaram em direção ao Parque do Palácio Real. Perto da Galeria Nacional, um policial interditou a rua. Os pais pararam.

Então viram do que se tratava.

Veio uma moto, depois um furgão branco e depois mais uma viatura da polícia.

— Um paralelepípedo! Tem alguma pedra de paralelepípedo aqui? — gritou Viggo Kristiansen.

Mas não havia nenhuma pedra solta.

Os carros passaram a toda velocidade. Os pais ficaram ali.

— Ah, a gente deveria ter arremessado com muita força! — disse Gunnar Sæbø.

Os dois pais se entreolharam. Fitaram os olhos na impotência do outro.

— Por que ficamos apenas sentados ali? — perguntou Viggo com dureza. — Ali na sala de audiências. Por que não fizemos nada? Por que não gritamos nada? Caralho, por que nós todos nos comportamos tão bem?

Até os soluços eles tentaram abafar ali na sala pintada de cinza. Era como se não devessem se fazer notar. Não ser incômodos.

Gunnar olhou para Viggo.

— Estávamos paralisados — respondeu ele. — Afinal, estamos paralisados.

O desejo de viver

DEPOIS DE POUCO mais de uma semana com laudos de autópsias e elogios fúnebres sobre os mortos de Utøya, o cronograma registrava: as partes lesadas.

O tempo estava mais quente. Alguns dos atores pegaram um pouco de cor depois de uma pausa de quatro dias em torno do 17 de Maio, o Dia Nacional. As famílias dos mortos já voltaram para suas províncias e agora seguiam o julgamento em diversos tribunais pelo país.

Não havia mais a leitura de necrológios, e sim relatos de testemunhas sobreviventes.

Perdi meu melhor amigo.

Ouvi um grito alto e sombrio.

Não tenho certeza se ouvi tiros primeiro e gritos depois, ou gritos primeiro e tiros depois.

Ele implorou: Por favor, por favor, não faça isso.

Pensei que agora tinha chegado minha vez.

Eu tinha duas pedras na mão.

Pus a língua entre os dentes para que não fizessem barulho.

Os sobreviventes eram recatados. Eles eram sérios. Muitos sofriam de sentimento de culpa. Culpa de sobrevivente.

Eu estava nadando um pouco na frente dele. Ele ficou para trás. Aí eu me virei, e então ele não estava mais ali.

Ou aquela que retirou uma bala da coxa antes de pôr-se a nadar: *Eu era a líder da delegação de minha província, e perdi os três mais novos.*

Todos os sobreviventes foram perguntados sobre como estavam se sentindo agora. Isso também não deu lugar a grandes discursos.

Estou ok. As coisas estão indo mais ou menos.

Ou: *As coisas vão se ajeitando.*

E: *Varia muito, tem altos e baixos, na verdade é barra-pesada.*

Alguns dos jovens que Breivik tentara matar pediram que ele saísse da sala durante seu depoimento. Mas a maioria queria que ele ouvisse. Uma menina o chamou de *babaca* e *idiota*, expressões que figuravam entre as mais fortes. A maioria não lhe dirigiu sequer um olhar. Mas ele estava sentado ali, sendo obrigado a ouvi-los.

Para muitos, vê-lo sentado assim fazia parte da terapia do trauma. Aquele que atirara contra eles não machucaria mais ninguém.

Um rapaz se preparou para seu depoimento como nunca se preparara para nada antes.

Ele foi convocado a depor no dia 22 de maio.

Era Viljar.

Depois de começar a cantar na sexta noite, ele alternava momentos de consciência e inconsciência, um estado que aos poucos era mais uma intoxicação de morfina do que um coma. Ele acordava e adormecia, acordava e cochilava outra vez. Os pais e os médicos ainda não sabiam nada sobre a condição de seu cérebro, o quanto fora danificado pelo tiro que passou pelo olho e despedaçou o crânio. Foi bom ele ter lembrado aquelas estrofes da música, era um bom sinal, disseram os médicos. Mas ele não disse mais nada, só tornava a dormir. O canto de sua boca chegava a estremecer quando Martin contava algo engraçado, quando a mãe passava a mão em seu rosto e o pai lhe dava um carinho, ou quando Torje contava sobre a partida de futebol que jogara na Norway Cup. Somente o próprio Viljar sabia como estava sua cabeça, mas ele não tinha forças para dizer nada.

No dia em que acordou, encontrando força suficiente em sua voz para falar, ele chamou a mãe.

— Mãe, enxergo tão mal, você pode buscar meus óculos?

— Viljar, você... perdeu um olho, você levou um tiro no olho, mas o outro olho...

— De qualquer forma, vai ficar melhor com óculos — insistiu ele, que não tinha falado uma frase tão longa desde que chegou de Utøya.

— Estão na parte de cima da prateleira do lado esquerdo da porta da sala do apartamento do Roger... — disse Viljar.

Estavam de fato.

— Um sinal muito, mas muito bom mesmo — disseram os médicos aliviados.

Viljar era capaz de recontar as histórias cabeludas de Martin da sexta noite, a noite em que, de acordo com os médicos, ele estivera mais próximo do limite da morte e sua temperatura caíra muito. Cada batimento do coração fora um esforço. Cada pulsação, uma dádiva. Viljar estivera ali, em algum lugar, o tempo todo, ele lembrava o frio, o frio que passara. Lembrava o que Martin tinha dito, lembrava os abraços e as lágrimas, e que quisera responder, quisera sorrir, quisera abrir os olhos e rir, mas o corpo não obedecera. Ele estava cansado demais. E com muito frio.

E então, ao acordar de verdade, ele entendeu algo antes de eles dizerem qualquer coisa. Por isso ele mesmo o disse.

— Sei que Anders estaria aqui agora, e Simon, se...

Viljar olhou para Martin.

— Eles pelo menos teriam me mandado uma mensagem se estivessem...

Martin fez que sim. As lágrimas brotaram.

— ... se estivessem... Estão mortos, não é?

Anders e Simon foram enterrados sem Viljar. Na mesma semana, Viljar completou 18 anos. No enterro de Simon, o primeiro-ministro Jens Stoltenberg esteve presente. No enterro de Anders, Lars Bremnes cantou *Ah, se eu pudesse escrever no céu...*

Viljar estava sendo operado em Oslo. Foram muitas cirurgias. Somente em outubro, três meses depois de ter sido baleado, ele pôde voltar para Svalbard.

Ele dormia muito. Era desgastante juntar esforços. O adolescente, que já era esgalgado, tinha perdido vinte quilos. Uma grande cicatriz vermelha passava do topo da cabeça, descendo pela lateral. A órbita do olho fora reconstituída. Ele usava um olho de vidro e uma prótese de mão.

A vida era angústia e saudade. O medo de morrer poderia paralisá-lo de repente. Às vezes, ele se sentia como uma meia pessoa. Não por causa do que havia acontecido com ele, mas por ter perdido os companheiros. Tantos sonhos não realizados!

Lá para o final do inverno, ele recebeu a carta de convocação como testemunha.

De noite, ele ficava pensando em como acertar com sua fala. De dia, ele testava as frases nos colegas de sala.

— Você pode me balear quantas vezes quiser! Mas você não conseguiu nada! — disse ele. — Caralho, vou mostrar àquele ABB que estou segurando a barra!

Uma noite, os pais de Johannes Buø fizeram uma visita. Johannes, 14 anos, judoca e fã de Metallica, o melhor amigo de Torje, tinha sido morto perto da Escolinha. Seu pai era diretor da Secretaria de Cultura de Svalbard, onde, durante os últimos anos, Johannes morara com os pais e Elias, o irmão três anos mais novo. Quando o laudo da autópsia de Johannes fora apresentado ao Tribunal no início de maio, a família viajou para Oslo. Eles ficaram atrás da parede de vidro, com visão para o pescoço do réu. De repente, Elias se levantou de sua cadeira e se sentou sozinho num assento vago bem na ponta da primeira fileira. Tão logo foi anunciado um intervalo, ele se levantou e se posicionou rente à parede de vidro, no cantinho. Ali, o menino de cabelos encaracolados ficou aguardando. Pois ele já havia reparado que, quando saía de seu lugar entre os advogados de defesa, Breivik *teria* de olhar para aquele ponto. Ele andaria exatamente em sua direção. Só o vidro os separaria. Então, assim que Breivik viesse, o menino de 12 anos lhe faria a cara mais feia possível. Foi o que fez.

Agora, a família Buø estava desenhando a sala de audiências para Viljar.

— Ele fica sentado ali — apontaram. — Entre seus advogados. E você vai estar sentado aqui.

Eles desenharam um quadrado no meio da sala. O banco das testemunhas. Incluíram os juízes, a promotoria, o público.

— Ele vai estar sentado a 2 metros de distância de você, será que você aguenta?

— Quanto mais perto, melhor — respondeu Viljar.

Ele estava prestes a reencontrar a si mesmo. Mas precisava repetir o que falaria para consegui-lo. As emoções teriam de ser deixadas de lado, senão ele seria incapaz de depor. Por isso, era preciso ensaiar muito, para não tocar em nada que pudesse abalá-lo, com que não conseguisse lidar, que o fizesse desmoronar. ABB não merecia isso.

Ele tremeu quando o avião pousou em Oslo. Mas já estava pronto. Não poderia falhar agora, aquilo era por Anders, por Simon, por tudo em que acreditaram. Como tantas outras vezes, ele se perguntou o que eles teriam dito agora. Que conselhos lhe teriam dado. Anders sobre o conteúdo. Simon sobre a forma. Certa vez que estava emperrado, ele chegou a digitar o número de Anders, e aí… merda! Anders está morto!

Ele precisava suportar isso sozinho. E precisava dar conta do recado.

No dia 22 de maio, Viljar pôs uma camisa preta e calças pretas, para ressaltar a seriedade. Por cima ele vestiu uma jaqueta escura, azul-marinho. Em torno do pulso direito, enrolara uma tira de couro. Ele usava sapatos marrons e óculos estilosos com armação preta. Nada foi deixado ao acaso no dia em que Viljar Robert Hanssen estava indo depor lá em Oslo.

De passos levíssimos, ele andou pelo corredor central até o banco das testemunhas. Breivik olhou em sua direção, assim como sempre fazia quando alguém entrava. Viljar cravou o olhar nele, fixando-o. Breivik baixou o olhar.

Ah, pensou Viljar. Vazio. Exatamente como o irmão mais novo de Johannes havia dito: Você não vai ver nada em seu olhar.

Uma voz suave chegou até ele do lado esquerdo. Era Inga Bejer Engh.

— Você poderia começar com um relato do que vivenciou em Utøya?

Ele poderia fazer isso, sim.

— Eu estava no acampamento. Meu irmão mais novo estava dormindo na barraca. Fui à reunião na casa sede para descobrir o que havia acontecido em Oslo. Lembro que falei com Simon Sæbø. Eu me lembro de ele dizer que, caso isso fosse político, não estaríamos seguros nem ali.

Ele contou que reuniram todo o pessoal de Troms. Então ouviram um estampido. E começaram a correr.

— Corremos pela Trilha do Amor. Eu e meu irmão mais novo rumamos para uma espécie de fenda da encosta. Os estampidos estavam chegando mais perto, no fim estavam muito perto.

A promotora pediu que mostrassem um mapa da escarpa. Viljar tentou apontar.

— Se foi no meio do pulo bem aqui que fui baleado, ou se foi quando aterrissei, não sei, mas acabei aqui embaixo e meu irmão estava por perto.

No decorrer do depoimento, Breivik cochichou pequenos comentários a Tord Jordet, um dos advogados adjuntos da equipe de defesa.

— Aí senti um apito insano no meu ouvido, e, de algum jeito, acabei na beira do lago. Tentei me levantar e pode-se dizer que eu parecia um pouco o Bambi no gelo. Chamei meu irmão. Mas aí pensei que era melhor deitar na posição fetal em algum lugar. Então me deitei em volta de uma pedra na borda do lago e fiquei ali. Eu estava consciente o tempo todo. Foi meio estranho ser baleado, não doeu, só foi incômodo. Um novo tipo de dor. Eu estava deitado ali e comecei a me orientar. Vi meus dedos, presos apenas por tirinhas de pele. Notei que não estava enxergando de um olho e percebi que tinha alguma coisa errada ali. Passei a mão pela cabeça, e, um pouco para cima, senti algo mole, eu estava tocando meu cérebro, senti meu cérebro. Era um pouco esquisito, por isso parei logo. Lembro que Simon Sæbø estava deitado ali, mas àquela altura não sabia que ele estava morto. Lembro que falei com ele, dizendo que tudo daria certo e que a gente sairia dessa juntos.

— Você o conhecia bem?

— Muito bem.

— E você só ficou sabendo de sua morte depois?

— Pois é. Acho que nem era capaz de assimilar isso… naquele momento. Lembro claramente que enquanto estava deitado ali, que… bem, já assisti muito filme americano ruim e vi que é importante respirar e se manter acordado. Então tentei falar, e, ah, disse muitos disparates. No fim, acho que estava falando de piratas ou coisa parecida.

— Alguém falou com você?

— Eles me mandaram ficar quieto. Parece que o atirador fez mais uma rodada, sem que eu percebesse. Então eles tentaram me calar, assim "por favor, cale a boca!".

— Seu irmão, onde ele foi parar?

— Ele desapareceu. A última coisa que vi foi ele saindo dali. Como eu já estava tentando convencer ele a fazer. Não o vi mais, e para mim, isso foi o pior. Tentei me distrair pensando em coisas que me faziam feliz no dia a dia. Pensei que ia voltar para Svalbard, andar de *snowmobile*, pensei em meninas e outras coisas maravilhosas. Pensei em tudo, menos onde estava meu irmão. Para mim, morrer não era uma alternativa, o que foi inteligente. Até certo ponto. Não entendi o quanto eu estava ferido. Lembro que comecei a sentir frio e ter câimbras. Tremi muito. Lembro, não sei por quanto tempo durou, que apaguei. Não sei quando aconteceu, mas acho que foi pouco tempo antes de eles nos buscarem.

Daquele momento em diante, Viljar não lembrou nada antes de ele ser transferido para um barco.

— As ondas batiam com força nas costas. Aí tinha um homem ao meu lado perguntando "qual é seu nome, onde você mora" para me manter acordado. Lembro que perguntei se tinham visto um menino pequeno, ruivo. E que ele respondeu que não.

— Onde você foi atingido? Já entendemos que foi baleado na cabeça.

— Levei meio que um tiro na coxa, só de raspão. Depois temos os dedos aqui, é óbvio, fui baleado na mão, depois no ombro, tudo aqui em cima foi pulverizado. Levei um tiro nesse antebraço, essa pequena cicatriz, e fui baleado na cabeça. Se somarem cinco, então é isso.

— E o tiro na cabeça, como isso afetou você posteriormente?

— Esse olho foi danificado, mas é prático, pois não preciso olhar para aquele lado.

Viljar fez um gesto com a cabeça em direção a Breivik, que estava sentado do lado direito dele. Demorou um breve segundo, como se ele precisasse de algum tempo para entender o que o rapaz do banco das testemunhas havia dito, aí Breivik começou a sorrir. A plateia fez a mesma coisa.

— Mas quanto ao cérebro e essas coisas... — continuou Viljar. — Ainda tenho miolos.

A plateia agora dava risadas. Alguns soltaram gargalhadas. Um momento de descontração. Breivik sorriu junto.

— Pois é, parece que sim — disse Bejer Engh. — E vai continuar assim?

De antemão, Viljar decidira o que queria e o que não queria compartilhar. "Péssimo, muito ruim mesmo" fora sua resposta à pergunta sobre como as coisas iam na escola. Ele poderia falar sobre dores fantasmas, cirurgias na cabeça, o olho que se podia tirar e colocar feito uma bolinha de gude. Mas a vida íntima ele guardaria para si mesmo. Nem fodendo compartilharia isso com ABB e o resto da Noruega. Ele deu respostas resumidas às perguntas da promotora sobre como as coisas estavam indo.

— Grandes desafios com angústia e inquietação — disse ele. — Somente me sinto seguro dentro de um carro em movimento. Síndrome do pânico e paranoia. Ainda acho que as coisas são difíceis. Não em Svalbard, e talvez não em Tromsø, mas acho desagradável estar em Oslo. Estar aqui agora.

Ele fez uma pausa.

— Tive que cancelar um evento da AUF porque fiquei com medo de ir. Isso é duro. A vida mudou totalmente — disse ele, contando sobre tudo que tivera de reaprender. Ele, que sempre tinha sido tão ativo, que jogava futebol, andava de *snowmobile*, esquiava, amava tudo que envolvia velocidade e emoção.

— Não posso mais preparar os esquis e simplesmente sair andando... — disse ele e fez uma pausa antes de continuar. — Todos precisamos ter autoconfiança e nos sentir bem. Ter o rosto transformado faz algo com você, e...

Agora Breivik baixou a cabeça.

Viljar não disse mais.

Já compartilhara o suficiente.

— Você está liberado então — disse a juíza Arntzen.

— Maravilha — disse Viljar.

Ele se levantou, deu meia-volta e saiu. Para fora.

Lá era quase verão.

Ele tinha a vida pela frente. Era capaz de andar, sentar-se e ficar em pé. Ele tinha miolos. E muitos por quem viver.

Seminário de psiquiatria

— Isso é uma humilhação! — gritou Breivik. — Isso é um insulto!

— Breivik, você terá a palavra mais tarde!

— É ridículo que eu não possa comentar isso. Está sendo transmitido ao vivo! É uma humilhação! — Breivik estava com o rosto em brasa.

— A NRK precisa cortar a transmissão! — ordenou a juíza Wenche Arntzen.

A imagem desapareceu gradativamente, passando do rosto indignado de Breivik para os portões do Foro, enquanto o drama se desenrolava na sala de audiências 250.

O drama versava sobre a vida de Breivik. Para ele, era uma questão de direito a uma vida privada. Para o Tribunal, era uma questão de fazer o diagnóstico certo.

Breivik construíra a história de sua vida como uma armadura. Uma armadura que ficava cada vez mais lustrosa à medida que ele a polia em seu isolamento. Na sala de audiências sem brilho, entre as paredes pintadas de cinza fosco, havia surgido um bando de peritos que, com ferramentas diversas, tentava penetrar, infiltrar-se, entrar à força dentro da armadura.

Era sexta-feira, dia 8 de junho. No dia anterior, o Tribunal esteve em recesso.

Wenche Elizabeth Arntzen tinha ido ao enterro de seu pai, o advogado do Supremo Tribunal Andreas Arntzen, que falecera duas semanas antes. O enterro foi agendado para o primeiro dia de folga do Tribunal.

Os dois juízes togados do processo de 22 de julho vinham da alta nobreza jurídica. O avô de Wenche Arntzen, Sven Arntzen, foi procurador-geral em 1945 e instaurou o processo contra Vidkun Quisling. John Lyng, o avô de seu colega Arne Lyng, tinha sido procurador da Justiça nos processos penais contra os traidores da pátria depois da Segunda Guerra e promotor na ação contra o nazista Henry Rinnan, que, assim como Quisling, fora condenado à morte.

Lyng e Arntzen eram acompanhados de três juízes leigos: uma jovem professora grávida, de origem colombiana, uma conselheira familiar aposentada e um assessor do setor da educação. No primeiro dia do julgamento, a composição do colegiado leigo na mesa dos juízes havia sido outra, mas na mesma noite ficou claro que um dos juízes assistentes tinha postado no Facebook que "A pena de morte é a única coisa justa nesse caso!!!!!!!!!" Ele teve de se declarar desqualificado, e a conselheira familiar mais velha, que era suplente, assumiu seu lugar.

Esses cinco juízes estavam observando o descontrole de Breivik.

Durante oito semanas, ele tinha sido muito calmo. Agora estava perdendo as estribeiras completamente.

Na semana anterior, ele tinha estado bem contente. As testemunhas apresentadas pela defesa ressaltaram que Breivik não era o único a ter as ideias que tinha. Historiadores, filósofos e pesquisadores especializados em religião, terrorismo ou extremismo direitista vieram discursar sobre onde Breivik se encaixava num cenário ideológico, que, embora extremista, não era desconhecido. Além disso, representantes dos grupos Fim à Islamização da Noruega, Vigrid e Liga de Defesa Norueguesa foram convidados a apresentar suas visões políticas.

Sob várias perspectivas, o Tribunal foi informado sobre um mundo onde as ideias de Breivik eram correntes. Seus pensamentos não eram alucinações bizarras, muitos de fato os compartilhavam. Essa era a conclusão predominante na primeira semana de junho.

A defesa também tentara arrolar Fjordman, o guia ideológico de Breivik, cujo nome verdadeiro, revelado algumas semanas depois da ação terrorista, era Peder Are Nøstvold Jensen. Àquela altura, um homem baixinho, com o rosto redondo de uma criança e cabelos enrolados, saíra debaixo do escudo de Fjordman. Jensen trabalhava numa casa de repouso em Oslo, mas encarnava o blogueiro antijihadista nas horas vagas. Era quase possível confundi-lo com alguém inofensivo do jeito que de repente surgiu como Peder Jensen, um homem de 30 e tantos anos com uma barriguinha incipiente. O ar de mistério desaparecera, mas Jensen não abandonou suas ideias e não quis saber de qualquer responsabilidade por ter inspirado Breivik.

Breivik se apropriara do ideário de Jensen. O que os separava era que Breivik se propôs a converter os pensamentos em ações.

Jensen não quis depor. Fjordman fugira para o exterior, onde a polícia não tinha autoridade legal para buscá-lo como testemunha.

Outra pessoa que não compareceu foi Wenche Behring Breivik. Boa parte do outono, ela passara internada numa clínica psiquiátrica em Vinderen. Pediu dispensa de depor como testemunha, e o Tribunal de Justiça deferiu o pedido, considerando-a "inapta a depor". O tendão de aquiles resistiu.

Ulrik Fredrik Malt, professor titular de psiquiatria, era um senhor de idade que dava a impressão de estar acostumado a ficar com a palavra. Era o primeiro de uma dúzia de peritos que instruiria o Tribunal sobre psiquiatria, de modo que pudesse julgar corretamente. São ou Doente. Imputável ou Inimputável. Pena ou Medida de Segurança.

O senhor de cabelos grisalhos se posicionou no banco das testemunhas e olhou para os atores do processo. Durante a primeira hora, ele fez uma introdução sobre como usar os manuais em que o Tribunal se apoiava, antes de passar para o caso específico, que estava sentado a poucos metros de distância.

— O comandante. O aspecto da salvação — disse ele. — Vida e morte. Penso nas execuções. É claro que há algo que vai na direção de ideias de grandiosidade, mas será que são delírios de grandiosidade?

Não, Breivik desistira muito facilmente. Se fossem delírios, a pessoa ficaria mais agressiva ao ser derrubada de seu papel elevado. A pessoa lutaria com unhas e dentes pelo trono, enquanto Breivik simplesmente atenuou a importância da Knights Templar e abdicou do uniforme tão logo alguém disse que parecia ridículo.

Malt passou adiante no mapa dos diagnósticos.

— Vamos ver o transtorno de personalidade antissocial, a indiferença fria para com os sentimentos dos outros. Atitude irresponsável marcante e persistente diante de normas e obrigações sociais. Incapacidade de manter relacionamentos duradouros. Baixa tolerância à frustração, baixo limiar para explosões de agressividade, incluindo o uso de violência. Incapacidade de sentir culpa ou aprender com a punição. Tendência marcante a conferir sentimento de culpa aos outros ou racionalizar o comportamento que levou o paciente a entrar em conflito com a sociedade.

A essa altura, muitos na plateia já ticaram todos os critérios. No entanto, para que valessem, estes precisavam estar preenchidos já antes de 22 de julho.

— Não vi em nenhuma das descrições de testemunha feitas por seus amigos que ele teria sido um canalha insensível. Andou pichando um pouco, mas muitos já fizeram isso. Andou tendo umas contas clandestinas no exterior, mas quem conhece a zona oeste de Oslo sabe que esse tipo de coisa não é nada incomum lá, embora isso não torne a prática mais simpática. Se for um critério, o número de pessoas com esse transtorno terá de ser ajustado para cima. Baixo limiar para acessos de raiva. Nenhuma indicação disso antes de 22 de julho. Falta de capacidade de sentir culpa e de aprender com experiências e punição. Possivelmente tenha tido um problema aí.

Mas não era o suficiente para que Malt desse esse diagnóstico. E os delírios narcisistas? O diagnóstico dado por Tørrissen e Aspaas:

— Quando se vê o que ele escreve no manifesto, lá em seu quarto, as fantasias sobre poder e dinheiro e um amor ideal estão presentes. Que ele seja único e que tenha admiração por si próprio, sim, os dois. Direitos exclusivos, idem, temos de dizer que sente isso, já que não segue as leis. Falta de empatia, isso se aplica, sim. Será muito natural diagnosticá-lo com o transtorno de personalidade narcisista. Vocês devem achar que até aqui tudo bem. Mas não está tudo bem. Agora começam as perguntas que precisamos nos fazer como sociedade e seres humanos e psicólogos. Que respostas essas perguntas realmente nos dão?

Um enorme ponto de interrogação encheu toda a tela na parede.

A juíza Arntzen interrompeu, perguntando se não estava na hora de ter uma pequena pausa.

— Que pena! — exclamou Malt. — Mas então podemos deixar o ponto de interrogação ali, pois agora vamos chegar à parte mais interessante.

Breivik estava furioso.

— Ele precisa ser cortado! — exigiu ele no intervalo.

O que deixava Breivik tão perturbado era o fato de que o depoimento estava sendo transmitido ao vivo para os espectadores de TV. Ao contrário dos laudos das autópsias e das testemunhas de Utøya, que não foram transmitidos, isso estava passando ao vivo. E se tratava de sua mente. As pessoas poderiam ligar a TV, sentar no sofá e ficar rindo. Ele teria a oportunidade de se defender no final de cada dia, sim, mas, enquanto os depoimentos dos psiquiatras eram transmitidos, seus comentários não o seriam. Seus comentários seriam filtrados por jornalistas marxistas culturais e nunca chegariam diretamente ao povo. Que tipo de pódio era esse?

Depois do breve intervalo, Lippestad pediu a palavra exigindo que a testemunha fosse cortada, pois já violara o limite da proteção de privacidade.

— Os diagnósticos que ele está apresentando são, em parte, muito estigmatizantes.

No banco das testemunhas, Malt estava morrendo de vontade de continuar. Tudo desandou numa discussão tempestuosa. O colegiado de juízes se retirou para chegar a uma conclusão.

Ao longo das fileiras da plateia, a conversa estava animada enquanto se aguardava a palavra do Tribunal. Alguns dos espectadores saíram da sala de audiências, dando preferência aos cafés ao ar livre nas redondezas do Foro. O seminário de psiquiatria se transferiu para a rua.

O julgamento havia passado por uma notável mudança de clima. Até os mais experientes repórteres policiais tinham andado cabisbaixos ao ouvir os laudos das autópsias e os depoimentos brutais das testemunhas, mas agora a brincadeira intelectual de diagnósticos fez as línguas se soltarem.

As mesmas discussões exaltavam os ânimos em torno das mesas dos refeitórios das empresas, entre os pratos dos restaurantes mais finos de Oslo, entre amigos, namorados e colegas. As pessoas eram capazes de começar a brigar sobre a imputabilidade de Breivik no ônibus. O assunto poderia entreter todos os convidados de um jantar, desde a hora dos aperitivos até muito depois do conhaque. O caso havia gerado uma população de psicólogos amadores.

Na Noruega, tantas pessoas foram afetadas por seus atos, ele entrara em seus pensamentos à força, e agora queriam saber:

Qual era o problema de Breivik?

As respostas muitas vezes seguiam as divisões políticas. As pessoas da esquerda figuravam excessivamente entre os que o consideravam um terrorista da extrema direita. Que ele captara as tendências do momento, e que essas ideologias e esses ideólogos teriam de ser derrocados por meio do debate. Em outras palavras: ele era imputável. Quanto mais a pessoa pendia para a direita, maior era a probabilidade de considerá-lo louco. Que ele não poderia ser levado a sério, que era irrelevante.

Aqueles que ele admirava também destacavam a insanidade. Obra de um homem louco, essa foi a opinião de Fjordman, compartilhada por Hans Rustad e os antijihadistas Robert Spencer, Bat Ye'or, Pamela Geller e Barão Bodissey. Eles estavam enfurecidos. A crítica contra o Islã que eles pregavam antes de 22 de julho havia sido tão limpa e tão boa. Agora, Breivik sujara tudo com sangue.

Breivik perdeu. Deixaram Malt continuar. O enorme ponto de interrogação ressurgiu na tela.

— Uma coisa é detonar uma bomba. Algo muito diferente é desembarcar numa ilha e atirar em jovens e contar sobre isso como se tivesse colhido cerejas. Será que existe um quadro que predispõe a pessoa a algo que opto por chamar de matança maquinal? E aí vem a alteração do comportamento sexual, sabemos que...

— Excelência. É ridículo que eu não possa contestar isso. Está sendo transmitido pela TV. É um insulto!

Arntzen pediu que ficasse quieto.

— Mas meus comentários não são transmitidos!

— Não, não são.

Malt havia chegado à conclusão.

— Autismo, que engloba a chamada Síndrome de Asperger. Dificuldade de entender os sinais sociais. Problemas em compreender o que os outros pensam e sentem. O que a maioria faz para lidar com isso é ficar especialista em como ser sociável. Eles se tornam muito educados, muito certinhos e tentam da melhor maneira possível aprender as regras do jogo. Mas a questão é que o tempo todo eles têm uma relação teórica com a empatia. Não conseguem sofrer junto com o outro. Podem ter amigos. Também é possível fazer negócios. Isso funciona, mas na hora de ter intimidade com alguém num relacionamento... E compartilhar os sentimentos... Isso eles não conseguem. E aí chegamos ao ponto mais importante e mais doloroso...

Ele tomou fôlego rapidamente.

— A primeira vez que vi Breivik entrar nesta sala de audiências, e, como psiquiatra, tenho costume de dar muita ênfase aos primeiros dois ou três milissegundos, não vi nenhum monstro; vi um homem profundamente solitário... Profundamente solitário... Aí ele entrou naquela sua casca e ficou duro... Mas... Em essência, é apenas um homem profundamente solitário. Estamos aqui não só com um filho da mãe militante da direita, estamos aqui com um ser humano que, independentemente do que infligiu a nós, está sofrendo. Devemos tentar decifrar seu cérebro, tornar seu mundo compreensível. Sua personalidade e sua ideologia extremista se entrelaçam numa tentativa de sair de sua própria prisão.

Ele acaba destruindo não apenas sua própria vida, mas a vida de muitos outros. Estamos aqui com um ser humano que não só continuará em sua própria prisão, mas numa prisão de verdade. É importante que estejamos cientes de que se trata de muito mais do que simplesmente um extremista da direita. É uma tragédia para a Noruega e para nós. Em minha opinião, é também uma tragédia para Breivik.

As câmeras foram desligadas. A dissecção terminara. A palavra foi dada a Breivik.

— Quero parabenizar Malt por um assassinato de caráter bem executado. No início, fiquei bastante ofendido, mas depois achei até cômico.

Ele anotara alguns pontos numa folha de papel.

— Nunca tive comportamento desviante como criança — disse ele. — Quanto à alegação de solidão, nunca fui solitário. Não capaz de formar amizades, bem, isso já deve ter sido refutado por meus, hem, bem, os que eram meus amigos antes. Depressões: nunca fui deprimido. A alegação de que me dou o direito de decidir quem vai viver e quem vai morrer. Che Guevara e Castro mataram pessoas em Cuba, pois aqueles que incitam a revolução sempre estão cientes de que pode haver mortes. Tem uma alegação de que nunca tive um relacionamento duradouro. Desde 2002, tive dois relacionamentos que duraram uns seis meses. Quem trabalha uma média de 12 a 14 horas por dia não tem tempo de ter um relacionamento. Mas nesse período namorei e não tive problemas para me aproximar de mulheres. Deram a impressão de que odeio as mulheres, no entanto, amo as mulheres. Odeio o feminismo. Quando decidi realizar uma ação armada não achei prudente criar uma família com mulher e filhos. Narcisismo: do jeito que foi apresentado, metade da zona oeste de Oslo se encaixa nessa categoria. Parece uma piada de diagnóstico. Malt foi chamado pelos advogados das vítimas, e é importante ter consciência de que sua agenda é me apresentar como o mais louco possível, mas não o suficiente para ser considerado inimputável. A juíza deste processo deve cortar todas as testemunhas da psiquiatria. Este processo tem a ver com extremismo político e não com psiquiatria. Obrigado.

No próximo dia do Tribunal, foram apresentadas sete novas testemunhas, todas psiquiatras e psicólogos. No dia seguinte, mais cinco. Alguns o conheciam, outros não. Os diagnósticos abundavam.

O jovem psicólogo Eirik Johannessen era um dos que passaram mais tempo com Breivik. Como funcionário da prisão de Ila, continuou tendo entrevistas com ele durante o julgamento. Não encontrara sinais de psicose.

De acordo com Johannessen, as ideias eram expressão de opiniões da extrema direita, e a maneira como ele as apresentava poderia ser explicada com base em sua elevada autoimagem. Ele ressaltou que diversas pessoas observaram Breivik várias vezes por semana durante dez semanas sem detectar qualquer traço psicótico.

Assim como Tørrissen e Aspaas, o time de Ila acabou chegando ao diagnóstico de transtorno de personalidade narcisista. Johannessen, o psicólogo especialista, conversou muito com Breivik sobre a ideologia e suas fantasias de grandiosidade. Enquanto Husby e Sørheim acharam que a maneira como Breivik falava de seu papel em Knights Templar era sinal de psicose, Johannessen tinha uma interpretação mais simples: ele estava mentindo.

Era só algo que Breivik inventara. Ele sabia perfeitamente que não existia.

— Por que você acha que ele está mentindo? — perguntou Inga Bejer Engh.

— Ele pretende recrutar as pessoas para uma organização, e isso não é fácil para quem esta sozinho. Além disso, ajuda a criar medo, e ele quer que seus adversários vivam com medo.

— Ele mente para nos deixar com mais medo? — continuou a promotora.

— E para se apresentar como uma pessoa mais interessante. Ao invés de dar a impressão de fracassado.

Quando surgiu a palavra *fracassado*, Breivik pegou um papelzinho amarelo e anotou alguma coisa nele. Ele estava inquieto, deixando a cadeira se inclinar sobre os pés traseiros.

Johannessen se referiu a um antigo amigo de Breivik, que, ao depor no Tribunal, disse que Breivik sempre teve ambições muito elevadas.

— Não ter sucesso, ser fracassado, era tão difícil de suportar que contribuiu para transformá-lo num extremista. Sua ideologia ganhou importância para ele como meio de se salvar.

De acordo com Johannessen, a infância e a juventude de Breivik foram uma história de rejeição. E, quando optou por se dedicar totalmente à ideologia, ele também foi rejeitado, por exemplo, ao tentar fazer contato com Fjordman.

Breivik fez muitas anotações durante o depoimento. Cada vez que o jovem psicólogo sugeria que ele havia mentido ou exagerado sua própria importância, ele se lançava para a frente e escrevia. Lippestad estava a seu lado, bastante calmo, mastigando seus óculos de leitura.

Johannessen deu ênfase à capacidade de auto-observação de Breivik, já que uma pessoa psicótica não seria capaz de fazer isso.

— Hoje devo ter parecido um pouco mais inimputável — ele poderia dizer ao final de um dia no Tribunal, e aí veriam na TV que foi exatamente o que os comentaristas haviam dito naquele dia.

Johannessen saiu do banco das testemunhas a passos lentos. A palavra foi dada a Breivik. Ele estava ardendo, e ergueu a cabeça.

— É um equívoco total dizer que Fjordman me rejeitou — esbravejou Breivik. Ele entrara em contato com Fjordman apenas para pedir seu e-mail, o que ele tinha recebido.

— Nunca fui rejeitado por ninguém na minha vida inteira — arrematou ele.

Os dois pares de psiquiatras tiveram oportunidade de apresentar suas observações ao final. A primeira dupla não mudou uma vírgula de sua conclusão original. Nada do que eles observaram no Tribunal alterou sua conclusão. Tampouco desejaram receber as observações diárias da equipe que acompanhara Breivik durante quatro semanas e que estavam prontas logo antes do início do julgamento. Sørheim e Husby terminaram de escrever seu relatório em novembro de 2011, e mantiveram o que escreveram. Breivik era inimputável. Talvez se pudesse perguntar para que haviam ficado sentados ali, dez semanas a fio.

No decorrer da inquirição dos psiquiatras, a juíza Wenche Arntzen quis saber como a dupla havia chegado à conclusão de todos os delírios.

— A questão de quem vai viver e quem vai morrer, vocês descrevem isso como um delírio por ser tão imoral?

— Agora estou confusa — respondeu Synne Sørheim.

— Atos terroristas podem ter uma motivação ideológica. Isso não implica uma missão autoimposta, não importando o quão absurda possa ser? — perguntou Arntzen.

— Acho que começamos de uma base mais simples do que aquela da qual a juíza tem oportunidade de começar. Nosso ponto de partida é que ali estava ele, sozinho e na maior seriedade, gastando anos para descobrir quem teria de morrer.

A psiquiatria que eles representavam não possuía qualquer categoria para reflexões morais.

A outra dupla de psiquiatras admitiu que tinha estado em dúvida. Terje Tørrissen ficara indeciso depois de dias no Tribunal, durante os quais Breivik não demonstrara qualquer emoção, e quis falar mais um pouco com ele. Desceu no porão e o encontrou na cela de espera. Lá viu o mesmo homem que conhecera durante as observações, gentil, educado, adequado. Para aguentar o julgamento, ele representava um papel, avaliou Tørrissen. Na declaração adicional, entregue por Aspaas e Tørrissen durante o julgamento, descreveram Breivik como um caso especial. Sua insensibilidade desafiava "os sistemas de classificação e os modelos de compreensão vigentes, sobretudo no que diz respeito à demarcação entre a falta de contato com a realidade e o fanatismo político". Ao serem inquiridos por Inga Bejer Engh, os dois desistiram do diagnóstico *transtorno de personalidade antissocial*. O que permaneceu foram apenas *traços narcisistas*. Consequentemente, mantiveram sua conclusão de que ele era imputável.

Depois da apresentação das testemunhas, o Ministério Público concluiria. Breivik era imputável ou não? Não estavam seguros de sua inimputabilidade, mas tinham sérias dúvidas. Levar isso em consideração era um importante princípio do processo legal justo. Esse princípio teria de valer, não importando o crime. Assim raciocinaram. A seu ver, haviam feito de tudo. Mas a dúvida não desaparecera.

A conclusão do Ministério Público: inimputável.

Seguindo o procedimento do processo penal norueguês, no último dia do julgamento, as partes lesadas e as famílias dos mortos apresentariam suas observações finais. Um funcionário do Quarteirão do Governo lamentou a perda dos colegas, uma mãe homenageou a memória da filha formada em Direito, que foi morta na explosão, duas mães que perderam seus filhos em Utøya prestaram depoimentos, depois foi a secretária-geral da AUF e, por fim, Lara Rashid.

Na noite anterior, a moça de 17 anos recebeu um telefonema de sua advogada, que perguntou se ela queria encerrar o processo.

Lara pensou: "Não aguento mais."

Ela disse:

— Quero, sim.

No barco a caminho da cidade, aquele ferryboat que Bano amava, ela estava olhando para o fiorde e pensando no que iria dizer.

Como explicar o que significava perder Bano?

Ela tinha marcado um encontro com quatro amigos no Sjakk Matt, um café perto do Foro. Lá, eles lhe emprestaram um bloco de anotações e uma caneta. Ela escrevia e lia em voz alta. Eles ouviam e rejeitavam. Mais assim, mais assado. Apenas o melhor seria bom o suficiente.

— Você precisa incluir de onde vocês vêm! — disseram. — Quem são, quem Bano era!

Ela queria desistir. Sentia-se incapaz. A blusa de crochê a deixava com frio, a calça jeans estava apertada. Estava na hora de ir. Sendo levada pelos próprios passos, ela passou pelo controle de segurança, entrou pelas portas pesadas, subiu a escada em caracol e entrou na sala 250.

Ela já estava passando pelo corredor central. Logo estaria diante do assassino da irmã.

Ela tomou seu lugar no banco das testemunhas, temendo que a voz fosse falhar. Então ela sentiu um olhar cravado nela. A juíza leiga grávida, com os longos cachos escuros, estava olhando para ela. "Ela parece totalmente emocionada", pensou Lara, e esqueceu o papel. Contaria o mais importante sobre Bano. Aquilo que ela tinha no coração.

— Bano e eu fugimos do Iraque em 1999. Fugimos da guerra civil e de Saddam Hussein. Eu tinha pesadelos de que Hussein viria para a Noruega, eu tinha pesadelos de que a polícia viria nos buscar. Sofri muito com os traumas, demorou bastante para eu me sentir segura aqui. Bano me ajudou. Sempre tínhamos o apoio uma da outra, são dois anos de diferença entre nós, e a gente dividia todos os segredos. Lembro que ela disse: Você pode até perder amigos, mas nunca vai me perder.

A voz não falhou. — Aí eu não fazia ideia de que ela seria a primeira pessoa que eu perderia.

Lara falou sobre como ela só dormia no período pós-Utøya.

— Eu sonhava que estava morta e quem estava viva era ela. Eu misturava o que era real e o que não era, e, quando acordava, achava que a realidade era um pesadelo. Demorei alguns meses para entender o que era o quê. Fiquei com a consciência pesada ao ver a profunda tristeza das pessoas. Deveria ter sido eu, assim não teria tantas pessoas tristes.

Ela teve coragem de ser totalmente honesta.

— Quando todos estavam em luto, eu só senti que estava atrapalhando. Aquilo prejudicou a minha autoconfiança. Nasci como irmã mais nova. Nunca vivi uma vida apenas como irmã mais velha.

As fileiras ondulavam, muitos escutavam e choravam ao mesmo tempo. Era o último dia. Acabou. Mas não para Lara.

— Tive que aprender a fazer as coisas sozinha. Tive que aprender a confiar nas pessoas. Tem sido um período difícil, não quero viver assim. Gostaria que Bano estivesse aqui, gostaria que isso nunca tivesse acontecido. Ele não só tirou minha segurança, ele tirou a pessoa mais segura da minha vida. A dor é tão grande como antes, a sensação de perda aumentou, mas algo novo surgiu. A esperança. Ela não existia antes. Bano não morreu em vão. Ela morreu pela Noruega multicultural. Há um grande vazio, e me corta o coração saber que Bano não vai participar de meu casamento ou ver meus filhos. Mas tenho orgulho dela e sei que ela quer que eu seja feliz.

Assim ela terminou. Bano estava com ela.

Ela se virou para os pais ao sair do banco das testemunhas. Eles estavam com lágrimas nos olhos. O pai ergueu a mão numa saudação discreta, a mãe fez a mesma coisa.

Lara sentiu um calor. Seus olhos disseram: Temos orgulho de você. Estamos muito felizes porque você está viva.

A sentença

No DIA 24 de agosto de 2012, a sentença seria proferida. A sala de audiências tornou a se encher da mídia internacional, que, depois da primeira semana, havia perdido o interesse. Mais uma vez, os lugares eram concorridos.

O réu estava ali, sua saudação da militância direitista voltou, os promotores compareceram, assim como os assistentes de acusação, os advogados de defesa, os espectadores.

O colegiado de juízes entrou, todos se levantaram.

Wenche Arntzen leu o decisório em pé.

— Anders Behring Breivik, nascido a 13 de fevereiro de 1979, é sentenciado por violação do artigo 147, primeiro inciso, letras (a) e (b), do Código Penal... à prisão prorrogável...

Breivik abriu um sorriso. Imputável!

Ele recebeu a pena máxima prevista por lei: 21 anos de prisão. Mas, já que era prorrogável, a pena poderia ser estendida por mais cinco anos, mais cinco anos, mais cinco anos — até que a morte o levasse.

Terceira parte

A montanha

ELE ESCORREGOU ENCOSTA abaixo.

E se jogou atrás de um penedo.

Ele escorregou encosta abaixo.

E entrou correndo por trás do paredão.

Ele desceu derrapando sobre terra e cascalho.

E se enfiou atrás de uma pedra.

Ele desceu correndo a passos largos.

Ele tomou impulso. Três pulos e ele estava lá embaixo.

Tone, lembre-se de que o Simon corre rápido e é bom nadador!

Era o que tinha dito naquela sexta-feira.

Quantas vezes Gunnar não escorregara aquela encosta abaixo por Simon...!

Ele escorregara de noite, escorregara de dia, escorregara no sonho.

Cem vezes. Mil vezes.

Vezes sem fim ele imaginara o filho: pule sobre a tora de madeira, não pare no meio, continue escorregando...

Corra, Simon! Corra!

Gunnar escorregou.

Ele derrapou.

Aí tropeçou.

Perder Simon era como cair num buraco negro.

O lago de Øvre Masterbakkvatn estava calmo. De vez em quando, pequenos círculos se espalhavam, uma truta ártica tomava ar. Alguns corvos voavam sobre as copas das árvores.

Era final de verão, dois anos depois. Tone tinha ido dormir. Gunnar estava acordado.

Ele sentiu que havia falhado como pai. Algo tinha dado errado na educação. Ele, que ensinara o filho a evitar os perigos da natureza, o lobo, o urso, as avalanches de neve. As tempestades, os alces bravos e os lagos fundos.

Na hora H, aquilo falhou.

Por que ele demorou tanto para correr? Por que ficou ali ajudando as pessoas a descer, enquanto ele mesmo ficou para trás? Deveria ter entendido que *era preciso correr já!*

Eles ensinaram os meninos a serem atenciosos. A ajudarem os outros. A deixarem os outros passarem primeiro. Gunnar se lembrou de quando Simon era pequeno e ele mesmo treinava o time mirim. Eles foram para a Norway Cup, e Simon tinha ficado bravo porque o pai o deixou jogar muito pouco, apesar de ele ser muito bom. Gunnar frisou que todos eram iguais, os bons e os menos bons, e que todos teriam chance de jogar exatamente pelo mesmo tempo, e se não houvesse tempo de jogo suficiente, Simon teria de sair do campo primeiro. Teria de ser assim.

Gunnar havia voltado ao cargo de secretário de Desenvolvimento Industrial e Comercial de Salangen. Ficar ocioso não ajudava nada. Tone trabalhava três dias por semana com crianças com necessidades especiais.

Håvard tinha entrado no curso de esportes e campismo de uma escola-residência popular em Voss. Mas primeiro ele tinha ido à triagem para o serviço militar. Na hora de preencher os dados pessoais, ele parou. Nome, endereço, idade, pais... irmãos...

Irmãos. Assinalar.

O que ele deveria marcar?

Será que tinha um irmão?

Depois de Simon morrer, Håvard ficou sem chão. Toda a base sumiu. O trampolim sobre o qual os dois irmãos estiveram juntos cedeu com o desaparecimento de um deles. Primeiro, Håvard desempenhou o papel de bom menino, assumindo o cargo de líder da AUF de Salangen e passando a ser ajudante de lição de casa para os refugiados. Era como se tentasse ser Håvard e Simon a um só tempo. Mas não deu certo. No primeiro outono, com a vinda da escuridão de novembro, ele desmoronou totalmente.

Cada vez que fechava os olhos, ele via o rosto de Simon. Mesmo assim, ficava bravo se a mãe chorasse e irritado ao ver os pais parados em casa olhando para o nada. Não aguentou mais morar ali e se mudou para a casa de sua namorada.

Era tão doloroso. Era doloroso demais.

A grande casa azul de Heiaveien se tornara apertada demais com apenas três pessoas. "A casa da dor" era como Håvard a chamava.

Duas mil pessoas foram ao enterro de Simon. Praticamente o número de habitantes da cidadezinha. Os escritórios, as lojas e as empresas ficaram fechados durante a cerimônia. O primeiro-ministro pegara o avião e fizera um discurso na igreja.

No decorrer de todo aquele verão, Simon fora ao cemitério de manhã para trabalhar como faz-tudo. A última coisa que fez antes de ir para Utøya foi cortar a grama sobre aquilo que seria seu próprio túmulo. Não dava para aguentar. Agora, eram os pais que pegavam o caminho pesado até a igreja. Era só subir pela curva e já estavam lá.

Três dias depois do enterro de Simon, um amigo telefonou para Gunnar.

— Ouvi falar que o chalé de Dahl está à venda.

— Ah é? — respondeu Gunnar desanimado.

Um mês depois, o amigo da família ligou outra vez.

— O chalé foi colocado à venda. Está na internet. Afinal, vocês sempre sonharam com um chalé.

Os lotes de chalé na serra de Masterbakk eram uma raridade. Aquilo era a terra dos lapões, o reino das renas. A área montanhosa fora destinada à criação desses animais, e todo ano, no mês de maio, as renas estavam lá, antes de seguirem para outros pastos mais ao leste. Os poucos chalés nas áreas montanhosas de Salangen estiveram ali durante gerações. Novos lotes nunca estavam à venda.

Mas então havia o chalé de Dahl, que ficava num lugar muito bonito e que ninguém estava usando. A família proprietária se mudara para o sul e não tinha mais uso para o chalé no interior da província de Troms.

Tone e Gunnar tampouco. Os dias eram negros. As noites eram mais escuras ainda.

O amigo não desistiu.

— Imagine o lago de Masterbakk quando está um sossego só e a truta pega a isca — disse ele a Gunnar. — Imagine o pico de Lørken, amarelo de amora ártica em agosto. Imagine descer esquiando o pico de Sagvasstind quando o sol está de volta em fevereiro. Imagine a aurora boreal no inverno quando…

— Tem razão — concordou Gunnar. Ele ficou calado antes de acrescentar: — Vou falar com Tone.

O amigo da família tornou a telefonar.

— Agora já foi aberta a rodada de ofertas.

Tudo bem. Então Gunnar também fez uma oferta. Mas era fora de cogitação, as ofertas sempre acabavam sendo exorbitantes.

O atrativo não eram os picos nem o lago pesqueiro. Era a perspectiva de escapar, ficar livre. Não ficar livre da dor, a dor já se tornara parte deles, mas talvez a montanha pudesse engolir um pouco dela.

O preço subiu. Eles não ousaram mais. Aí o vendedor de repente parou a rodada de ofertas.

Alguém, talvez um amigo, tinha mencionado que Sæbø estava entre os ofertantes.

— Não, agora acho que já recebi mais do que o suficiente por esse chalé — disse o vendedor. — O último ofertante o leva.

Era a família Sæbø.

O chalé de Dahl se incorporara ao meio como se fizesse parte da natureza. A touceira de zimbro se inclinava para a parede. O capim serrano ao abrigo do vento se transformara numa espreguiçadeira para os carneiros. Mirtilos brotava do degrau da porta de entrada. O chalé tinha ficado muito tempo sem cuidados, o fungo se espalhara, o revestimento de madeira estava carcomido.

Primeiro, Tone e Gunnar pensaram que poderiam consertá-lo, calafetar as janelas, vedar as rachaduras. Isso deveriam conseguir.

— Vamos botar fogo nisso tudo — disse o amigo certo dia em que ele e Gunnar tinham ido lá para dar uma olhada. — Vocês devem querer um chalé para os dias de chuva, não é? Para os dias de temperaturas abaixo de zero? Vamos construir outro. Posso ser o mestre de obras — ofereceu ele.

O primeiro 17 de Maio sem Simon, eles tinham estado na crosta da neve.

O céu estava claro, não havia vento, de noite geava e de dia fazia calor de verão. Havia luz 24 horas por dia.

Jogaram gasolina nas paredes e sobre o teto de turfa. Depois atiraram os fósforos lá dentro. As velhas toras pegaram fogo num instante. Ficaram olhando para as chamas que subiram devorando as paredes. Logo o teto estava em chamas.

Eram Tone e Gunnar e alguns amigos íntimos. Ninguém aguentara ficar na cidadezinha no Dia Nacional. As lembranças do ano anterior eram doloridas demais. Tone não conseguia encontrar outras pessoas. Ela tinha ficado arredia.

A neve ainda estava alta. Planícies brancas por toda parte. Embaixo da fogueira do chalé, o lago de Øvre Masterbakk estava coberto de gelo, a meio caminho entre os picos gêmeos de Snørken e Lørken.

Ah, era um lugar lindo nessa terra!

Mas era impossível deixar de pensar no ano passado.

— No ano passado, o Simon estava no pódio... — falou Gunnar.

— Estava mesmo, e fez um belo discurso! — disse um.

Tone forçou um sorriso.

— Mas que coisa ele contar aquela história de JFK — disse Gunnar. Eles concordaram.

— Pois é, incrível...

Um dia, Tone e Gunnar acharam o manuscrito que Simon escrevera, o discurso de 17 de Maio do presidente dos formandos.

Ler o discurso era como ouvir a voz de Simon.

— Eu mesmo recebi o nome de John F. Kennedy. Aliás, ele também era presidente, infelizmente foi assassinado em Dallas. Mas sou muito otimista para esperar o mesmo destino...

Doía muito.

Era o 17 de Maio do ano mais negro, e eles estavam queimando um chalé. No fim, sobrava apenas o rescaldo na neve.

A neve derreteu. Chegou o verão.

— A gente queria ver se estão precisando de ajuda — ofereceu um casal de braços fortes.

— Já estava fazendo bolo mesmo — disse uma vizinha e tirou duas tortas de maçã da mochila.

— Não temos planos para o verão, então se precisarem da gente, temos tempo — afirmaram os amigos.

— Conheço o dono de uma serraria, e esses materiais estavam so brando — disse um homem.

— Talvez possam usar essa churrasqueira.

— Havia promoção de salsichas e pensei que gostariam...

— Precisam de ajuda com a alvenaria? Estou de folga.

Todo dia, amigos vieram andando pela trilha até o chalé, que ficava longe de tudo. Primeiro, viam-se as pessoas a distância, e só se podia adivinhar quem eram os pontinhos lá longe. Quando se aproximavam, as cabeças desapareciam antes da última ladeirinha, aí vinham correndo. Sempre carregavam alguma coisa. Umas tábuas, um martelo, um pão doce.

Ao final do verão, o chalé estava pronto. Só faltava uma nova placa sobre a porta. Um amigo mandara fazer uma placa onde o nome estava talhado em relevo retorcido. Ele a pendurou sob a cumeeira.

Era a placa mais linda que já viram. O chalé de Dahl havia sido renovado e precisava de um novo nome. Cabana de Simon.

Gunnar estava sozinho na varanda. A placa estava pendurada atrás dele.
Lá dentro, Tone estava dormindo. Håvard fora cantar num casamento.

O buraco negro ainda ocupava um espaço grande demais. Precisavam
se agarrar para não ser engolidos.

Ele ainda escorregava.

Ele derrapava. Ele tropeçava.

O sentimento de perda era enlouquecedor.

Mas haviam começado a enxergar o céu estrelado.

E a aurora boreal. E toda a beleza que os cercava.

O céu do tear

— MÃE, VOCÊ esta no céu do tear?

Era como se ouvisse a voz dele. Ele tinha o costume de entrar correndo, abraçá-la, dizer algo sobre o padrão da urdidura e depois sair voando. Desde pequeno, Anders vira a mãe tecer, observando como seus dedos amarravam os fios e as cores se mesclavam, como os fios formavam desenhos bonitos.

Gerd Kristiansen era uma tecelã muito procurada em Bardu. Suas tapeçarias estavam penduradas pelas salas da cidadezinha, eram usadas como colchas em Finnsnes, decoravam as mesas de Salangen.

Para ela, tecer era entrar num mundo diferente. Diante do tear, ela se recompunha, tomando fôlego depois do trabalho desgastante como assistente de enfermagem no Barduheimen, o asilo de idosos.

Um dia de primavera, o filho entrou no quarto que fazia as vezes de oficina de tecelagem. Ele ficou observando suas obras.

— Mãe, você pode tecer uma colcha para mim?

— Nossa, você quer mesmo? — perguntou a mãe feliz. — Que cores você quer?

— Azul, azul como o céu — respondeu ele.

Ela trabalhou por muito tempo, misturando azul e branco para deixar a colcha azul-celeste. Quando ficou pronta, estava exatamente do jeito que ele queria. Era como deitar na relva num dia lindo de verão e olhar para cima, vendo as leves nuvens passar.

Ela tinha acabado de dar o último arremate. Deu tempo de Anders passar a mão sobre a colcha e agradecer, dizer como era bonita. Antes de viajar.

Fazia dois anos.

No início, ela não aguentara tocar no tear.

Agora ela tinha recomeçado um pouquinho. Mas era difícil, os dedos estavam duros e lentos, ela ficava muito cansada.

Dois anos se passaram, e a vida só tinha ficado pior.

O sentimento de perda, o vazio, a solidão. Não era verdade que a dor diminuía. Ela crescia. Pois agora era definitivo: ele nunca voltaria.

Gerd sentiu que as pessoas à sua volta achavam que ela deveria estar melhor agora. Tinha receio de encontrar gente, pois sentia vergonha de chorar e era capaz de perder o controle a qualquer momento, em qualquer lugar. Ela via isso nos olhos das pessoas. Os olhares diziam: Você precisa seguir adiante.

Geralmente, as pessoas perguntavam:

— Já voltou a trabalhar?

Como se isso fosse a medida de alguma coisa. Não, ela não havia voltado a trabalhar. Talvez tivesse conseguido se seu trabalho não girasse em torno de vida e morte. No asilo de Barduheimen, os velhinhos morriam o tempo todo. Ela não conseguia lidar com isso. Eles eram velhos, eles tinham uma morte natural, do jeito que deveria ser. Mas morriam mesmo assim. Ela não aguentava mais mortes.

A direção do asilo de idosos tinha sido flexível. Ela podia ir e vir quando quisesse, dar uma mão se tivesse condições.

O filho sempre mexia em sua cabeça.

Viggo sentia a falta dele o tempo todo.

As lembranças andavam em círculos.

Elas davam voltas. Estavam presentes nos sonhos. Estavam ali nas noites em branco. De acordo com Gerd, a vida consistia em "existir um minuto de cada vez". Cada minuto parecia uma batalha. O tempo passava, mas a vida tinha parado. Ao mesmo tempo, todos falavam que eles teriam de reconstruir a vida. Mas como construir a vida sem seu filho? Como dizia Stian, o filho mais velho, quando não aguentava a conversa sobre a Noruega que havia vencido a maldade e o ódio: — Nunca vou vencer ninguém enquanto estiver sofrendo a perda de meu irmão mais novo.

As rosas, os arcos-íris e a democracia que derrotariam o autor do crime só deixavam a família triste. Eles ficaram nauseados com políticos que diziam que o Partido Trabalhista foi a vítima do massacre. Ficaram revoltados com os membros da AUF que queriam "reconquistar Utøya" antes de os mortos terem sido enterrados.

Lembraram as palavras de Eskil Pedersen, o presidente da AUF, no primeiro dia do julgamento: A dor está menos forte agora.

Será que ele não tinha falado com nenhuma das famílias enlutadas? Será que não sabia como os pais dos integrantes mortos de sua organização estavam se sentindo? Com *A dor está menos forte agora*, nem nove meses depois dos assassinatos, era impossível para eles prestar atenção a qualquer outra declaração dele.

A família Kristiansen estava ressentida com muitas coisas. Primeiro, com a AUF. Aos 15 anos, em 2008, Anders fundara a AUF de Bardu. Ele fora o líder da divisão local durante dois anos. Ao se tornar presidente do Conselho da Juventude da província de Troms, um ano depois da tentativa de golpe de Simon e Viljar, ele renunciou ao cargo de líder da AUF de Bardu e se tornou tesoureiro.

Após a morte de Anders, Eskil Pedersen chegou a visitar Bardu, o que ficaram sabendo através do jornal *Troms Folkeblad*. Ali viram as fotos dos novos membros da AUF. Eles mesmos não haviam sido contatados. Nem sequer um telefonema para oferecer condolências aos pais do tesoureiro morto da AUF de Bardu. Não, Anders já morreu e então não importava mais, era isso que eles sentiam.

Para o primeiro aniversário do massacre, dia 22 de julho de 2012, a AUF planejara uma manifestação em Utøya. Os planos excluíram os pais. Eles poderiam vir em outra data.

O quê? Será que os pais não teriam permissão de prestar homenagem a seus filhos e suas filhas um ano depois, no lugar onde foram mortos?

Não, porque Utøya era a ilha da AUF.

Será que não havia adultos no movimento trabalhista? Não havia um mínimo de educação? Não, o Partido Trabalhista só disse que a ilha era da AUF e que eles deveriam decidir. No fim, a AUF cedeu às pressões do grupo de apoio das famílias dos mortos, chegando a um meio-termo: os pais poderiam chegar às 8 horas da manhã. Mas teriam de deixar a ilha antes da vinda dos membros da AUF, os sobreviventes, aqueles que tinham vencido o autor do crime. O último barco sairia da ilha às 11h45. Depois disso, os pais não poderiam permanecer lá, pois então os jovens recriariam o *clima de Utøya*.

— Queria tanto ter ficado lá, ter entrado no mundo dela — disse um pai da província de Nordland à emissora estatal. Ele perdera sua filha de 16 anos e queria "vivenciar a atmosfera, passar um tempo com os membros da AUF" para tentar entender por que o acampamento de verão era algo que a menina aguardava com tanta expectativa o ano inteiro. Ele simplesmente queria ficar na ilha com os membros da AUF, não sozinho com os enlutados.

— Eu queria procurar o que era tão importante para minha filha aqui — disse uma mãe. — Será que era tão pouco assim?

Vendo a programação do dia, Gerd e Viggo não aguentaram ir até Utøya. Não se sentiram bem-vindos. Tone e Gunnar acabaram indo mesmo assim. Mais tarde, Tone contaria que o primeiro aniversário foi a pior coisa por que passara desde a morte de Simon. Apressar-se até a encosta, colocar as flores, e depois correr para sair da ilha porque os sobreviventes estavam chegando. Desembarcar do ferryboat no cais de Thorbjørn e passar pelo corredor polonês de integrantes felizes da AUF, que estavam ansiosos para embarcar. Tone baixara a cabeça entre os jovens. Eles evitaram seu olhar. Será que fazia parte de ser jovem não se delongar nas coisas tristes? Ser indelicado?

Depois, os membros da AUF fizeram a travessia em grupos. Stoltenberg veio, a primeira-ministra dinamarquesa veio, assim como o presidente da Central Sindical, ministros, o músico Mikael Wiehe, o diretório da AUF e um monte de jovens. Eles ficaram sentados na ladeira diante do palco ao ar livre ouvindo palavras bonitas sobre democracia e união. Os pais não se encaixavam nisso. Haveria o risco de que chorassem, de que estragassem o belo evento.

Além do mais, parte do acordo tinha sido que eles poderiam voltar depois das 17 horas, porque aí os filiados da AUF teriam ido embora. Então, se fossem rápidos e se estivessem a postos no cais de Thorbjørn às 17 horas, poderiam visitar o lugar onde seu filho fora morto um ano antes. A AUF também ofereceu deixar o equipamento de som, assim os pais poderiam criar seu próprio evento. Pois àquela altura, os membros da AUF já teriam ido para o próximo item do programa, o grande concerto comemorativo na Rådhusplassen, a praça em frente à prefeitura de Oslo. O assunto do momento era se Bruce Springsteen iria se apresentar ou não.

— Às vezes me pergunto no que meu filho estava envolvido — disse Gerd. — Será que ele também teria ficado assim?

No primeiro Natal, a família Kristiansen recebeu um cartão natalino impresso do primeiro-ministro. Da cúpula da AUF, eles não receberam qualquer comunicação. Jens Stoltenberg tinha lhes telefonado na primeira véspera do Ano-Novo sem Anders. No segundo aniversário dos assassinatos, o ministro Jonas Gahr Støre telefonou. Dele, eles também receberam uma carta pessoal, escrita à mão, e, numa viagem pela província de Troms, ele tinha feito uma visita de condolências.

Os pais receberam uma longa carta do vice-presidente da AUF, Åsmund Aukrust, que contara como Anders havia sido importante para a AUF e como ele próprio sentia muito a perda.

Aquelas cartas, os pais leram muitas vezes.

A dor é solitária. O grande medo era que Anders ficasse esquecido.

Foi um consolo receber, do Ombudsman da Criança, um DVD com imagens e gravações de Anders na Assembleia Nacional da Juventude em Eidsvoll, onde ele havia sido um dos delegados, e a administração da província lhes mandou vídeos com gravações de discursos que Anders tinha feito. Mas o melhor eram as visitas de Viljar. Aí era como se Anders logo fosse aparecer na porta.

O que lhes causou amargura era que ninguém assumiu a responsabilidade de verdade pelo que havia acontecido. Ao mesmo tempo, um motorista de ônibus da região foi acusado de homicídio culposo porque duas pessoas morreram quando ele por um breve momento foi *desatento*.

— Será que é assim que funciona, se você estiver numa posição inferior na hierarquia social, aí você é julgado? — questionou Viggo.

As perguntas davam voltas na cabeça.

Poderia se dizer que a polícia estava *desatenta* no 22 de julho? Poderia se dizer que as autoridades estavam *desatentas* no período anterior ao ataque? Poderia se dizer que era *irresponsável* o fato de que o único helicóptero policial da Noruega estava em férias coletivas em julho? Poderia se dizer que alguns agentes da polícia não seguiram a instrução relativa a "tiroteio em andamento", que indicava a entrada imediata em ação? Alguém deveria ser condenado por *negligência*?

Viggo diria "sim" a todas as perguntas. Ele ficou bravo quando Stoltenberg disse: *Eu assumo a responsabilidade*, mas sem reconhecer as consequências dos erros e sair. Ficou evidente que a Noruega tinha uma direção da polícia que se paralisou diante da crise. O sistema havia falhado. Setenta e sete pessoas foram mortas. Ninguém seria julgado?

O autor do crime estava atrás das grades, sim, e Viggo lhe desejava tudo de ruim. Ele deveria ter sido condenado a 21 anos de prisão vezes 77. Mas além disso:

Que responsabilidade a AUF tinha pelas crianças e jovens na ilha?

Que avaliações de segurança foram feitas depois da bomba em Oslo?

Havia planos de evacuação?

Havia algum sistema de resposta a emergências?

Como o *MS Thorbjørn* seria usado no caso de uma evacuação da ilha?

Depois do acontecido, a AUF nunca ofereceu respostas adequadas a qualquer dessas perguntas. Viggo não recebeu nenhuma resposta. A única coisa que ouviu era que eles "reconquistariam Utøya".

Um pouco mais de um ano depois da carnificina, a AUF apresentou os novos croquis, projetados pelo escritório de arquitetura Fantastic Norway. As imagens mostravam jovens felizes, gerados por computador, em torno dos novos edifícios. Eles teriam um campanário no centro, construções convidativas, luminosas, modernas. Muitas das famílias dos mortos sentiram que os planos tinham sido prematuros. A dor ainda era total e absoluta. O edifício onde minha filha morreu será demolido? Os jovens vão namorar na Trilha do Amor, onde tantos foram mortos, abatidos? Eles vão tomar sol nas pedras onde os jovens sangraram até a morte?

Várias famílias protestaram contra os planos que foram apresentados. O presidente da AUF lhes respondeu:

— Afinal de contas, acho que cabe à AUF decidir essa questão.

— É assim que um presidente da AUF deve falar? — perguntou Viggo.

— Talvez seja assim mesmo — foi a resposta lacônica de Gerd. — Talvez a AUF sempre tenha sido assim.

Sentiram que nunca haviam entendido a verdadeira natureza da organização em que Anders estivera envolvido. Quem eram essas pessoas? Quase sem exceção, os líderes da AUF tinham galgado os degraus, sendo levados para cima, para dentro do aparato do poder. Foram escolhidos como assessores políticos, secretários de Estado, ganharam cargos na administração e nos gabinetes governamentais.

Mas que a organização fosse ser tão desapiedada para com aqueles que estavam de luto, isso não poderiam ter imaginado.

— É como se quisessem que eu dissesse: Aleluia! Meu filho era da AUF — suspirou Gerd. — O que posso dizer é que a Noruega não cuidou de Anders e que o país agora não cuida da gente. Cuidar também significa não esquecer.

Viggo saiu. Ele tinha algo a fazer.

Estava na hora de pintar a Casinha de Anders no jardim. Ela estava intocada, do jeito que Anders a havia deixado. Sua jaqueta estava pendurada atrás da porta. Seus filmes estavam na prateleira. Viggo conseguira o tom verde azulado que Anders certa vez escolhera.

O filho tinha falado em pintar a porta, mas nunca tivera tempo entre todas as reuniões e viagens para Tromsø. Agora ela estava pedindo uma passada de tinta. Era preciso manter uma especie ae oraem quando todo o resto se desfazia. O processo de luto era um trabalho pesado.

Viggo não se acostumava, não poderia se acostumar, com a ideia de que Anders nunca mais pularia do ônibus escolar, nunca mais chegaria andando pelo caminho de pedestres. Com a ideia de que o ônibus escolar existia, o caminho de pedestres existia, enquanto Anders não existia mais.

Não eram apenas perguntas ao aparato do Estado, à polícia e à AUF que davam voltas na cabeça de Viggo. Ele também tinha perguntas para o filho.

Por que você se deitou na trilha?

Por que não correu?

O que você pensou logo antes de ele atirar?

Doeu?

A casinha recebeu uma demão, a porta, duas. Ele a deixou aberta para secar.

— Imagine como Anders teria ficado feliz de ver a casinha bonita desse jeito — disse Viggo a Gerd ao entrar em casa.

Ao anoitecer, eles sempre iam para o quarto de Anders, no andar de cima. Sempre ligavam a luz do quarto quando escurecia.

Antes de irem dormir, primeiro davam uma passada lá para dizer boa noite, durma bem.

Gerd mantinha o quarto em ordem, bem, ela não o arrumava, mas fazia questão de que não juntasse pó. Stian costumava usar as roupas do irmão mais novo quando passava as férias em casa. Alguns amigos também buscaram peças de roupa como lembranças do amigo.

Quando Anders foi para Utøya, um terno novinho em folha estava pendurado no guarda-roupa. Gerd e Anders tinham ido fazer compras em Tromsø, porque o rapaz de 18 anos queria um terno de verdade. Seu primeiro terno adulto, escuro. Ele queria ir à loja Moods of Norway. Lá, experimentou o terno mais chique. Gerd nunca o vira tão bonito e alinhado.

— Pegue esse daí! — disse a mãe.

— Mas é caro, mãe.

— Vamos rachar a conta — disse Gerd.

Então, um colete chamara sua atenção. No mesmo tecido do terno.

— Experimente esse — pediu ela.

Ficou perfeito.

— Vamos levá-lo também — disse ela. — Eu pago.

Eles o enterraram naquele terno. Acrescentaram três *bottons* que encontraram em sua escrivaninha. *Fora o racismo*, dizia um. *Orgulho de ser vermelho*, dizia o outro. *AUF* reluzia em branco sobre vermelho no terceiro.

Dentro do caixão, quando ele estava na capela branca de Bardu, Gerd o cobrira com a colcha azul. A colcha azul-celeste, azul como o céu. Exatamente do jeito que Anders pedira.

Ela nunca mais seria capaz de tecer com aquela cor.

A punição

ELE TROUXERA ALGUMAS de suas roupas. Mas não era como em casa, onde ele tinha o guarda-roupa no quarto.

As roupas de sua vida anterior eram guardadas no depósito, assim como as peças dos outros prisioneiros. Se ele quisesse outra muda de roupa, teria de pedir. Esse era o problema.

Uns dois meses depois de proferida a sentença, ele estava de saco cheio e elaborou uma carta de reclamação ao serviço penitenciário da prisão de Ila.

"Já que muitas vezes está um pouco frio na cela habitacional, costumo usar um suéter ou um cardigã", escreveu ele. "Sempre que solicito uma dessas peças surgem problemas. Por algum motivo, eles frequentemente trazem uma camisa social da Lacoste, apesar de eu ter explicado repetidas vezes que não quero uma delas, pois são valiosas e precisam ser conservadas. Por isso, em diversas ocasiões, acabei passando frio durante um ou dois dias até conseguir, por meio de insistências, que um dos guardas fosse ao depósito buscar um dos três agasalhos certos."

Anders Behring Breivik estava na unidade de segurança máxima, onde os procedimentos do dia a dia eram rigorosos. Isso o irritava profundamente. Em casa, ele tinha uma série de cremes e frascos de perfume, ali ele não tinha permissão de ter uma bisnaguinha de hidratante que fosse. Toda manhã lhe entregavam num pequeno copo de plástico sua cota diária de creme. Infelizmente, grande parte secava no decorrer do dia, estragando-se. Isso era motivo de reclamação.

Muitas vezes, davam a ele manteiga o suficiente para duas ou, estourando, três fatias de pão, e isso apesar de saberem que ele comia quatro fatias. "Isso cria uma irritação desnecessária, pois preciso comer as fatias sem manteiga ou ficar com culpa por pedir mais." O recolhimento dos talheres de plástico pelos guardas depois das refeições ele chamava de terror psicológico de baixa intensidade. Eles vinham tão rápido que ele se sentia forçado a se apressar para terminar de comer e beber. Já que não era permitido ter uma garrafa térmica na cela, 80% do tempo, o café estava frio quando o recebia.

Na reclamação, aduziu que estava avaliando uma *notitia criminis* à polícia contra a prisão por violação da Constituição, dos direitos humanos e da convenção de tortura.

Ele estava em solitária, numa cela despojada de móveis, com paredes brancas que não poderiam ser enfeitadas. A ala era apelidada de "Porão". Ele reclamava da falta de mobília e de que lhe estavam "negando a inspiração e energia mental que a arte nas paredes" poderia proporcionar. Também reclamava da vista. "Um muro de prisão com seus 9 metros de altura bloqueia tudo, menos as copas das árvores." Ele reclamava da película escura que estava colada nas janelas e que tirava parte da luz natural do sol. "Consequentemente, preciso tomar um suplemento vitamínico para prevenir, entre outros, a deficiência da vitamina D."

Em geral, havia um problema com luz. O interruptor da luz ficava do lado de fora da cela. Era frustrante esperar "até quarenta minutos para que viessem com a escova de dente e desligassem as luzes". A TV também tinha o botão de ligar e desligar do lado de fora do quarto. Ele precisava comunicar o que queria assistir e em que canal. A imagem era ruim e havia um eco irritante porque o aparelho estava posicionado dentro de um armário seguro de aço e vidro acrílico. Quanto ao rádio, ele estava descontente por só captar o sinal da P1 e P3 e não da estação da cultura, P2. Aquilo tudo prejudicava seu bem-estar intelectual.

Ele tinha três celas à sua disposição, cada uma de 8m². Uma era a cela de habitação, com cama, área de refeições e um armário de vidro acrílico. A segunda era uma cela de trabalho, com máquina datilográfica colada a uma mesa. A terceira era uma cela de exercício físico, com esteira ergométrica. Estava descontente com a esteira. Já avisara à direção da prisão que não era um corredor de longas distâncias, e sim um fisiculturista. Evidentemente, por motivos de segurança, pesos soltos estavam fora de cogitação, mas, na primeira semana de prisão, ele concebera maneiras de treinar usando seu próprio peso corporal. Depois, a motivação diminuiu. No decorrer do segundo semestre de 2012, o ânimo caiu. "Um sentimento de desilusão", foi como seu advogado o caracterizou.

Ele estava trabalhando num manuscrito sobre o processo contra si mesmo, com o título provisório de *The Breivik Diaries*, Os diários de Breivik. Escrevia em inglês. Ele não se preocupava com os leitores noruegueses, sua intenção era atingir o mercado internacional.

Porém as condições de trabalho não eram as melhores. Ele não tinha permissão de circular livremente entre as celas. Muitas vezes, ao pedir transferência para a cela de trabalho, ele era obrigado a esperar. Durante um período, nem quis ir para lá. "Minha experiência é que o preço que preciso pagar para usar essa facilidade é alto demais, já que uma batalha diária tem de ser travada para ter acesso à cela por um dia inteiro de trabalho."

A pior parte do deslocamento entre as celas eram as revistas a nu. "Uma revista a nu significa que me mandam tirar todas as roupas, para depois verificarem minuciosamente cada peça de roupa", escreveu ele, observando que era algo que receava todo dia. Além do mais, ficava chateado por ter de reorganizar seus documentos depois dessas revistas. Também era preciso refazer a cama. Tudo ficava tão desarrumado depois de eles terem estado ali.

Se não usasse a cela de trabalho com a máquina datilográfica presa, a única opção era escrever com caneta. Ele havia recebido uma caneta macia de borracha e reclamava de que era impossível escrever mais de dez ou quinze palavras por minuto. A caneta era ergonomicamente malformada e causava dores na mão.

Havia alguns aspectos da vida de prisão que doíam. Entre outros, as algemas que lhe punham nos momentos de locomoção entre as celas ou nas idas ao pátio da prisão. Ele alegava ter ficado com "cortes por fricção", porque "a borda de aço do lado de dentro das algemas rasga a pele do pulso de forma dolorosa". Ele observou que desenvolvera uma fobia de algemas, sentindo-as como "uma humilhação e um desgaste mental". Havia várias tribulações desse tipo.

"As duas câmeras e o olho mágico na porta da cela de estudos contribuem para uma constante sensação de tensão e vigilância." Os controles pelo postigo podiam ocorrer em momentos inconvenientes, por exemplo, "no momento exato em que se usa o banheiro, algo que causa um desgaste psicológico a mais. Às vezes, a sensação é de um choque mental, sobretudo se ainda por cima batem o postigo". De noite, ele podia ser acordado por uma lanterna que emitia luz pela abertura na porta.

Por vezes era difícil se concentrar enquanto estava escrevendo. Ele achava que alguns dos outros prisioneiros na solitária aumentavam o volume do som só para provocá-lo. O barulho das broncas dos guardas e da gritaria de outros prisioneiros também o desconcentrava. "Quero sossego e silêncio. Quero ficar em paz", escreveu ele.

Por um período, a vida de prisão não fora tão ruim. Quando a condição de incomunicável foi suspensa em dezembro de 2011, uma grande pilha de cartas o aguardava. Muitas eram de correligionários. Ele respondeu a vários, e o que escreveu era inserido em blogs. A polícia cumpriu a promessa do computador, então ele fez um modelo de carta de resposta, no qual só era preciso mudar o nome do destinatário e talvez a introdução. Depois, era uma questão de solicitar a impressão das cartas e mandá-las via correio. Na prática, ele tinha seu próprio blog. Era exatamente do jeito que desejara. Suas palavras estavam sendo divulgadas. Elas flutuavam pelo ciberespaço, chegando a todos os seus seguidores. O trono crescia.

O único problema era a falta de selos. Por isso, ele sugeria àqueles que escreviam que incluíssem selos. Seu subsídio diário de 41 coroas não ia muito longe, pois cada selo custava 10 coroas.

O perfil *Angus* era um daqueles com quem ele se comunicava. Angus publicava o que recebia no site *The Breivik Archive*.

Em julho de 2012, umas duas semanas depois do julgamento, Breivik escreveu a ele: "Agora vou dormir durante um ano!" Acrescentou que estava muito interessado em estabelecer contato com correligionários na internet, em blogs e no Facebook. Tinha vontade de escrever artigos sobre a luta contra o marxismo cultural, o multiculturalismo e a islamização.

"Sacrifiquei e perdi minha antiga família e amigos em 22/7, então, na realidade, aqueles com quem me correspondo serão a coisa mais próxima de uma família. Não se deixe assustar por causa disso, pois saiba que me comunico com muitos irmãos e irmãs no mundo inteiro :-) Agora vivo em isolamento e provavelmente viverei em isolamento por muitos e muitos anos. Isso não é problemático, já que evidentemente foi minha própria escolha. Estou acostumado a levar uma vida ascética, portanto não será difícil continuar a viver assim :-) De fato, isso me deu uma mente focada e equilibrada que não está poluída por ganância, desejos e cobiça — e é possível trabalhar. Se eu repetir isso para mim mesmo o suficiente número de vezes, vou acreditar, há-há!"

O prisioneiro Anders Behring Breivik simplesmente poderia se comunicar com quem quisesse. Poderia escrever sobre tudo, à exceção de incitações diretas a crimes.

Depois do julgamento, a prisão de Ila pediu novas instruções. A resposta era que o regulamento deveria ser interpretado de forma mais rigorosa. Tendo em mente a ação terrorista que o prisioneiro havia realizado, além do que ele dissera no Tribunal sobre a ação ainda não ter acabado, todos os enunciados políticos aos correligionários agora seriam vistos como uma incitação à violência.

O regime novo e mais severo foi introduzido a partir de agosto de 2012. Depois de o prazo de recurso da sentença de prisão prorrogável ter expirado em setembro, também lhe tiraram o computador. O prisioneiro não era mais responsabilidade da polícia, e sim do serviço penitenciário. Apenas em casos excepcionais, e somente para fins de formação acadêmica, os prisioneiros poderiam utilizar um computador. A prisão não quis abrir qualquer exceção para Breivik.

Foi uma grande perda. Sem o computador, ele não era mais capaz de cortar e colar e copiar as cartas que escrevia. Teriam de ser escritas uma por uma. Além do mais, elas estavam sendo interceptadas pela censura. A qualidade de vida diminuiu em vários pontos percentuais.

As condições eram humilhantes e intoleráveis, alegou ele na reclamação.

Ele tinha pouco dinheiro e queria cigarros, pasta de tabaco e a bala favorita de alcaçuz. Se ele mesmo limpasse as três celas, o subsídio diário subia para 59 coroas. Até então, não tinha limpado muito na vida. Anteriormente, a mãe cuidara da limpeza, e, antes disso, quando ele morava sozinho, a mãe fazia a faxina de qualquer jeito. No sítio de Vålstua, as camadas de sujeira tinham ficado grossas.

Na prisão de Skien, onde ficou encarcerado por um período, ele tivera acesso a um esfregão. Em Ila, eles lhe deram um pano.

"Em outras palavras, sou forçado a esfregar todas as três celas de joelhos, algo que considero humilhante."

*

Enquanto o filho cumpria a pena em Ila, a mãe passou o inverno de 2013 entre a Hoffsveien e o Hospital do Câncer. Alguns meses depois do ataque terrorista, um tumor começou a crescer em seu corpo. Ele se espalhou rapidamente. Ela foi operada e tratada com quimioterapia, analgésicos e antieméticos.

Ao final do inverno, deram-lhe um quarto no terceiro andar do Hospital do Câncer. As células cancerígenas haviam se espalhado aos órgãos vitais.

Na porta de vidro que dava para o corredor onde Wenche Behring Breivik estava internada, havia uma placa dizendo que não era permitido levar flores ou vasos com plantas, vivas ou secas, para dentro da enfermaria. Ali, a entrada de bactérias estranhas teria de ser restringida ao máximo.

As paredes do corredor tinham um tom branco acinzentado. As portas eram verdes, com números pretos colados. Numa delas, havia uma plaquinha com corrente de metal: as visitas devem se dirigir à recepção.

Era o quarto da mãe do terrorista.

A porta do quarto era larga, o que facilitava a entrada e a saída de uma cama de rodas. Mas o quarto era apertado; além da cama, só havia espaço para uma poltrona e uma mesinha. A vista tinha o mesmo tom cinzento todos os dias, pois o quarto ficava num canto do prédio onde havia uma parede cinza saliente. Cascalho e pedra granítica cobriam o telhado que se projetava do andar inferior. Deitando a cabeça sobre o travesseiro, era possível vislumbrar uma pontinha do céu.

— Sou a mãe mais infeliz da Noruega — Wenche havia dito à polícia logo depois da detenção do filho. — Meu coração está um gelo só.

No decorrer do inverno o coração derretera. Ela não aguentava pensar naquele horror. Nem falar disso, nem ter aquilo na cabeça. Queria lembrar as coisas boas, as coisas que tinham sido boas.

Um dia, no início de março, ela recebeu uma visita no quarto. Havia decidido contar sua história. Ela estava sentada na cama, com uma camisola hospitalar azul-claro, aprumada e com a cabeça erguida. A calva estava polida, alguns fiozinhos balançavam no topo. Os olhos brilhavam azuis e claros, emoldurados por cílios com rímel preto, nas pálpebras cintilava uma sombra cinza-azulada. O rosto estava emaciado, a pele, fininha com manchas de fígado e lesões solares cobria os ossos malares acentuados. O olhar era aberto e direto.

— Eu tinha muito orgulho... — começou ela.

A voz falhou. Ela se recompôs.

— Talvez eu desate a chorar às vezes, mas fazer o quê?

Ela reatou a fala no ponto em que as lágrimas a dominaram. — ... orgulho de ser a mãe de... de Anders e Elisabeth...

Os soluços ficaram incontroláveis, os ombros chacoalharam. Ela se esforçou para recuperar a fala.

— Eu, eu... eu fiz o melhor que pude...

As emoções tiveram um pouco de espaço, aí ela se controlou e disse em voz clara:

— Ah, achamos que tínhamos encontrado a felicidade! — Havia um tom metálico na voz, algo mecânico, algo um pouco antiquado, como um locutor de rádio dos anos 1950.

— O lugar era Nedre Silkestrå. Compramos um apartamento, nos mudamos em 1982 e iniciamos nosso projeto de felicidade doméstica. Que é a coisa mais importante que já experimentei. Ah, eu estava ansiosa. As crianças estavam ansiosas. Para começar nossa nova vida. Agora, nenhum impedimento estorvaria nosso caminho. Aquilo era um início, com trabalho e tarefas, e a decoração do apartamento, e meu trabalho além do mais, eram bons tempos...

O telefone emitiu uma musiquinha. Ela atendeu.

— Alô, ah, olá, Elisabeth. Tudo bem, filha. Sim, superdoente, vomito todo dia. A mesma coisa, bem ruim, sim. Não, não me transferiram ainda, vamos ver. Sim, são bons para explicar, mas eu perco o fio da meada. Você sabe, pacientes com câncer tendem a ficar muito desconfiados com relação àquilo que é dito. Não acho que fico bem em lugar nenhum, e agora vou voltar para casa logo. Tchau então, Elisabeth.

Ela continuou a história.

— Naquela época, Anders não estava muito bem. Horrível. Muitas rupturas em sua vida. É claro que ele ficou esquecido no meio daquilo tudo. Quando você está num conflito, você fica cega para seus filhos e outras pessoas. Você nem vê a si mesma com clareza. Não consegue. — Ela fez uma pausa. — E eu tinha um sentimento de vergonha por não estar à altura. Acho que tinha isso, sim.

— Em que sentido você não estava à altura?

— Não tinha maturidade o suficiente. Não tinha maturidade para minha função.

— Que função?

— A de ser mãe.

Ela parou, endireitou-se um pouco.

— Aquilo com Anders deve ter a ver com minha própria infância. Era uma dureza só. Nunca conheci ninguém que tenha passado por algo pior. As condições eram humildes. Condições duríssimas. Eu tive que cuidar de minha mãe. A maioria das coisas era tabu. Não sei o que posso dizer, sem revelar demais. Tudo era tabu. Não, agora preciso expelir o que tenho no estômago.

— Quer que busque uma enfermeira?

— Faça isso, sim.

Uma mulher de cabelos louros e uniforme branco foi chamada no corredor, e passou para outra enfermeira a mensagem de que a mulher do 334 queria vomitar.

Depois, Wenche ficou sorrindo na cama, o enjoo passara, sim, ela estava revigorada. Retomou a narrativa.

— Bem, a gente acaba voltando para Silkestrå. Com aquelas pequenas saias de pregas e presentinhos na bolsa quando havia aniversários. Era assim naquela época. Muitos aniversários, e festas na escola, e muito aconchego. E o cotidiano era como o cotidiano em geral: levantar cedo, ir para a aula, fazer lição de casa, programação infantil na TV, fazer torta de maçã, bem do jeito de pessoas normais, para ninguém botar defeito.

— No relatório está escrito que Anders era passivo durante as brincadeiras?

— Nesse caso é preciso pensar bem. Primeiro, ele foi colocado lá no Centro Nacional com pessoas desconhecidas, num ambiente desconhecido. Então fica totalmente errado. Entendo muito bem que ele tenha ficado passivo lá. Anders era uma criança tímida. Reservada. E aquele psiquiatra que fez aquele parecer, o desgraçado... Eles foram fazer uma visita na nossa casa, aquele psiquiatra ou psicólogo, para nos estudar, nos avaliar.

Eles queriam observar a rotina da família Behring Breivik, contou Wenche.

— E Anders era muito certinho, sabe? Não era culpa dele que tinha uma mãe organizada.

Ela tomou um pouco de fôlego.

— Não era culpa dele, eu que ensinei o menino a ser como eu. — Frustrada, ela expirou outra vez. — Eu tinha dito a Anders: Vamos introduzir uma nova brincadeira aqui em casa, agora nós dois tiramos a roupa, e aí vamos ver quem termina primeiro. Vou cronometrar, e já! E aí cronometrei, e Anders ganhou. E ali estava o pequeno montinho de roupa dele, todo arrumado, e o meu do lado, e aquilo também estava errado. E com isso ele teve um verdadeiro... psiquiátrico... psiquiátrico... psiquiátrico, não, não consigo encontrar a palavra. De qualquer forma, é preciso tirar a roupa primeiro, depois lavar as mãos, e ele se preocupava em lavar as mãos, em estar limpo. Em seguida se coloca o pijama, aí se come um lanche bem-feito e coisa e tal, e aí se lava as mãos outra vez. Isso também foi apresentado como errado.

Ela balançou a cabeça.

— Do que Anders mais gostava quando era pequeno?

— Ele achava ótimo receber elogios por ter sido um bom menino. Quando a gente fazia aquela brincadeira de arrumar e tirar a roupa de noite, e ele ganhava, saindo vencedor, aquilo era legal. Com isso, economizei muitos anos de educação, e estou contente por causa disso. Eu via o quanto ele gostava disso. Como podem dizer o contrário, que havia algo errado com o menino, não entendo isso.

— Em casa, ele brincava com o quê?

— A gente brincava com Lego. Playmobil. A gente brincava com tudo que se pode brincar. Duplo, Taplo e Poplo, você é quem manda. — Ela riu.

— No relatório do Centro Nacional está escrito que você o deixou se apegar muito a você, que dormiam juntinhos na mesma cama, mas ao mesmo tempo você de repente podia rejeitá-lo e expressar ódio contra ele.

— Ainda não terminei — respondeu ela, tateando para pegar o saco de vômito de plástico fininho que estava perto de sua mão.

— Vou buscar uma enfermeira.

— Pois é, não tem jeito — disse Wenche.

Depois de o enjoo ter amenizado, Wenche quis dizer algo mais.

— Tem que ter espaço para... espaço para... como é que se chama mesmo? Tem que ter espaço para a reconciliação, essa é a palavra. O tempo da reconciliação — disse ela como se fosse o título de um filme.

— Não podemos mudar nada mesmo. Então deixe estar. Antes tente entender. Falta-lhe um grande pedaço.

— Para você também?

— Para mim também.

— Você mesma se reconciliou com os atos de Anders?

— Eu me reconciliei com aquilo poucos meses depois de ter acontecido. Estava convencida de que conseguiria fazer isso. Talvez seja apenas porque sou uma mãe reconciliadora.

— Você perdoou?

— Sim, eu o perdoei.

— O que você pensa: ele estava doente ou era um ato político?

— Era um ato político, racional. Claramente. Foi uma surpresa, mas talvez nem tanto.

— O que você quer dizer com isso?

— Acho que vamos encerrar por aqui. Podemos dar continuidade depois. É melhor você ir para casa e refletir — disse ela. Bem no final, após a despedida e o desejo de dias bons, ela disse: — Bem, afinal, Anders está contente. Pelo menos foi o que disse para mim.

A enfermeira entrou com alguns analgésicos.

— Ah, você é muito boazinha — disse Wenche Behring Breivik à jovem vestida de branco. — E será que poderia ser um amor e fechar a janela? Estou com frio.

A enfermeira fechou a janela, que estivera entreaberta por causa do dia gelado de março. A primavera estava demorando a chegar. Havia uma corrente de gelo no ar. O chão lá fora estava branco e compactado depois de um inverno em que a neve formara grossas camadas. Fazia anos que não havia tanta neve na cidade, calçadas tão escorregadias e condições tão boas na pista de esqui acima do Hospital do Câncer.

No peitoril da janela do quarto 334, havia uma orquídea cor-de-rosa de plástico, ainda embrulhada em papel celofane plissado. Já era tarde. A pontinha de céu que Wenche via ao pôr a cabeça no travesseiro estava começando a escurecer. Da mesma posição, ela enxergava os minúsculos floquinhos de neve, tão leves que demoravam uma eternidade para chegar ao chão.

Do lado de fora do corredor, havia um buquê com tulipas e amentilhos. Alguém tinha deixado as flores perto da porta de vidro que dava para a zona estéril. Ali só entravam orquídeas de plástico.

As tulipas do corredor logo murchariam, os amentilhos macios secariam e se esfarelariam nos ramos. Tudo iria para compostagem, transformando-se em vida nova.

*

Oito dias mais tarde, Wenche Behring Breivik morreu.

Ela faleceu logo antes da Páscoa. O filho apresentou um pedido para ir ao enterro. Foi rejeitado.

Ele não tinha contato nenhum com o pai. Nem com a irmã. Nenhum de seus amigos quisera saber dele. De acordo com várias das pessoas mais próximas, ele pertencia ao passado.

— Já virei a página com relação a Anders — disse um amigo. Mesmo assim, não havia um dia sequer que não pensassem nele. Muitos sofriam com sentimento de culpa. Será que deveriam ter percebido alguma coisa?

Ele mal tinha com quem se corresponder mais. Nas cartas que recebia, a maior parte do texto fora riscado. Ao responder, ele sabia que o conteúdo seria censurado. Houve um esmorecimento. As cartas pararam de chegar. A cela de prisão não se tornou a oficina de escritor que ele planejara. Alguns jornalistas pediram entrevistas. Ele fantasiou sobre a fila de repórteres que desejavam entrevistá-lo e que sonhavam em ser *o primeiro*. Mas ele não quis encontrar nenhum. Se concedesse uma entrevista, ele imaginou que a fila evaporaria, o interesse amornaria. Então ele não mais seria procurado.

Uma vez ele respondeu a um pedido de entrevista. O pedido viera logo depois do julgamento. Só um ano mais tarde, em junho de 2013, ele decidiu responder. Por muito tempo, ponderara se mandaria ou não uma resposta. A jornalista incluíra um envelope com selo e sobrescrito. Ele o tirou do meio de seus documentos, onde tinha ficado guardado havia quase um ano. Optou por começar num tom jovial.

> Prezada Åsne! :-)
>
> Acompanho sua carreira com grande interesse desde 2003. Eu a respeito e admiro por sua mentalidade, competência e inteligência, que lhe trazem possibilidades com as quais quase todas as mulheres e a maioria dos homens podem apenas sonhar ;-)

A bajulação nunca era má ideia. Imagine, conseguir isso tão jovem, escreveu ele.

Em seguida, passou a descrever a estratégia que escolhera durante o julgamento, chamando-a de psicologia dupla. Engano calculado, nem mais, nem menos. Um mal necessário para contra-atacar a propaganda e a duplicidade dos outros atores. Por isso, toda a verdade sobre sua ação ainda não fora divulgada. Ele escreveu que desde o fim do julgamento quisera ser transparente a respeito de tudo, mas a prisão intensificou o controle das cartas, e, desde 8 de agosto de 2012, fora impedido de se expressar.

> Entendo que há prestígio entre os jornalistas de esquerda de ter a oportunidade de ser o primeiro a cutucar profundamente "o pior terrorista ultranacionalista do mundo europeu desde a Segunda Guerra" e feri-lo ao máximo, e com certeza há muitos "extremistas da direita" na Europa que seriam retardados o suficiente para contribuir para seu próprio assassinato de caráter. A meus olhos, pessoas como você são predadores muito perigosos, de quem instintivamente quero ficar bem longe. Sei que você vai cutucar fundo, e se eu fosse estúpido o suficiente para contribuir, você talvez cutucasse mais fundo que Husby/Sørheim e

Lippestad. De maneira alguma quero contribuir para isso, portanto não vou encontrar você ou esclarecer o que não foi esclarecido, a não ser que seja com base em minhas próprias condições. Consequentemente, não quero ter nada a ver com sua obra.

Segundo ele, a verdade somente poderia ser revelada num livro de sua própria autoria. A carta mudou de tom.

No entanto, gostaria de lhe apresentar uma contraoferta. Tenho perspicácia suficiente para entender que "The Breivik Diaries" seria boicotado pelas editoras de renome, por isso gostaria de lhe oferecer a oportunidade de que o livro seja vendido empacotado numa estrutura sua, em outras palavras, que você inicie e/ou termine o livro com um *hackjob* de mim, com ou sem seu nome no livro, e que, além disso, você receba todos os lucros (a parte relativa ao autor). Assim, você vai ganhar financeiramente, ao mesmo tempo que aqueles que você quer impressionar vão parabenizá-la por um assassinato de caráter arrebatador. Posso aceitar que a história seja publicada nessas condições, desde que o livro seja tirado das listas de boicote de pelo menos alguns dos grandes distribuidores.

Por ocasião do lançamento do livro, pressupondo que seja exitoso, você terá chance de realizar a primeira e única entrevista que eu concederei, e também terá os direitos de venda sobre ela, de forma que, por meio de outro

> assassinato de caráter escabroso, possa "lavar
> suas mãos" de possíveis acusações que até en-
> tão possam ter surgido no sentido de você ter
> sido uma idiota útil etc.
> Com saudação narcisista e revolucionária.

Assim ele concluiu.

Numa carta do mês seguinte, cuja abertura "Para a senhorita Seierstad" era muito mais fria, escreveu que todas as críticas contra ele na verdade poderiam ser vistas como um bônus. Eram tão distantes da realidade que lhe davam uma vantagem valiosa, a qual ele aproveitaria ao máximo contra os propagandistas. Agora, ele aguardava a suspensão da proibição de liberdade de expressão, alegando que tinha direito de resposta a toda a propaganda que estava sendo produzida em grande quantidade. "Afinal, o 'Caráter' que tem sido construído e está sendo vendido por escritores e jornalistas de esquerda está muito longe da verdade."

A entrevista acabou não acontecendo.

Breivik se irritava por receber as cartas erradas. Ele só recebia cartas de "evangélicos e pessoas que não gostam de mim", reclamava.

Não eram essas cartas que queria.

Queria as outras cartas. As cartas que, segundo ele, estavam se acumulando na censura. As cartas dos outros de Knights Templar. As cartas para o *comandante da resistência anticomunista norueguesa*. As cartas daqueles que pediam um exemplar assinado de seu livro. As cartas para Andrew Berwick. As cartas para Anders B. Essas eram as cartas que queria.

Mas elas não chegavam.

Desejava formar uma federação carcerária pan-europeia de nacionalistas militantes, com ele mesmo como líder. Por enquanto, ele era o único membro. Pretendia fundar o Partido Fascista Norueguês e a Liga Nórdica. Por enquanto, ele era o único filiado. Mas depois, assim que a guerra civil se espalhasse, assim que as pessoas se empolgassem, inspiradas por seu manifesto, ele seria libertado por seus irmãos.

Nesse meio tempo, enquanto ele esperava, a camisa da Lacoste estava sendo poupada, seguramente guardada no depósito escuro da prisão.

A única coisa que via do mundo real eram as copas das árvores em torno da prisão.

E as paredes brancas.

Como surgiu o presente livro

NA VERDADE, EU apenas escreveria um artigo para a revista *Newsweek*.

— Consiga tudo o que você puder sobre *esse homem*! — a editora-chefe Tina Brown disse ao telefone de Nova York. Era cedo, os atentados tinham acabado de acontecer. O país estava em estado de choque. Eu estava em estado de choque.

Não descobri grande coisa sobre *esse homem* aquela vez, no verão de 2011.

Depois de ter escrito um pouco sobre a reação da Noruega ao terrorismo, deixei o país e segui meu plano original para o segundo semestre: cobrir as revoltas no mundo árabe. A próxima parada era Trípoli, na Líbia. Fiz várias viagens ao Oriente Médio enquanto a Noruega estava de luto.

Então, a data para o julgamento do 22 de julho foi definida. A *Newsweek* pediu que eu escrevesse mais uma matéria. Seria meu segundo artigo sobre a Noruega. Nunca antes havia escrito algo sobre meu próprio país. Era território desconhecido. Voltei de Trípoli para casa logo antes de o julgamento começar, fui credenciada, ganhei um lugar na sala de audiências e sofri um grande abalo.

Eu não estava preparada.

Além do mais, eu tinha me comprometido a escrever um livro, isto é, um pequeno livro, sobre o julgamento.

Por isso eu estava na sala 250 durante as dez semanas de duração do julgamento. Lá dentro, recebíamos diariamente novas gotas da história. Os depoimentos das testemunhas eram curtos, concisos, criados para os fins do Tribunal. Alguns se caractcrizavam pela profundidade, outros pela amplitude. Às vezes se complementavam, às vezes eram independentes.

Cada testemunha passava uns quinze minutos ali, antes de dar lugar à próxima. Pensei que precisava descobrir de onde vinham essas gotas de histórias. Onde brotava a fonte?

Depois do fim do julgamento, percebi que precisaria mergulhar mais fundo.

Então encontrei Simon, Anders e Viljar. Encontrei Bano e Lara.

Esta história é sobre eles.

Um de nós surgiu por intermédio daqueles que contaram suas histórias. Alguns aparecem com o nome completo, alguns com o primeiro nome, outros fazem parte do contexto de amigos, vizinhos, professores, colegas de sala, namoradas, colegas de trabalho, chefes e parentes. Todos contribuíram com histórias importantes.

Pais e irmãos compartilharam sua história de família. Amigos contaram sobre camaradagem.

Tivemos uma cooperação constante. Todos leram seus textos no decorrer do projeto. Ao mesmo tempo, houve grande aceitação pelo fato de que este é meu livro, minha interpretação.

Algumas conversas duraram dias e noites, outras foram breves telefonemas. Falamos sem parar descendo o pico de Sagvasstind, fazendo passeios pelo rio Bardu ou comendo um guisado de frango da culinária curda.

Estou infinitamente agradecida àqueles que compartilharam mais que todos. São eles Bayan, Ali, Mustafa e Lara Rashid. São Gerd, Viggo e Stian Kristiansen. São Tone, Gunnar e Håvard Sæbø. E são Viljar Hanssen e sua família. Vocês me contaram sobre o pior de tudo: a perda de alguém que se ama.

Há muitos outros que também dividiram suas histórias. Não importando se essas sejam contadas em poucas linhas no livro ou ocupem várias páginas, nossas conversas são aquilo que possibilitou o livro. Muito obrigada! Sei que foi custoso.

Muitos no livro são chamados pelos nomes próprios, como, por exemplo, Marte e Maria. Elas se chamam Marte Fevang Smith e Maria Maagerø. Marte foi a única sobrevivente entre os onze baleados na Trilha do Amor. Tudo que escrevi sobre o ocorrido na trilha se baseia em suas memórias, as quais ela também apresentou ao Tribunal.

Muitos figuram no livro apenas no capítulo que trata de 22 de julho, e saem da história naquele mesmo dia. Esses foram os trechos mais dolorosos de mandar aos pais para análise. Estou muito agradecida a todos que me deixaram escrever sobre seus filhos. Para mim, foi importante deixar registrado para a posteridade todo o horror daquele dia. Isso nunca será esquecido.

Todos os pais em questão tiveram a oportunidade de ler o texto sobre seu filho, escolhendo se queriam incluí-lo no livro. Os jovens sobreviventes que contribuíram para o livro também receberam os trechos sobre si mesmos para análise.

A segunda veia do livro é *esse homem*. Alguém cujo nome muitos se recusam a falar. O autor do crime, o observando, o acusado, o réu e, por fim, o condenado à prisão prorrogável. Eu mesma uso seu nome. Na infância era natural usar o nome próprio, a partir de 22 de julho, uso o sobrenome ou o nome completo.

No jornalismo é importante ir às fontes. Esse foi o motivo de meu pedido de uma entrevista com o autor do crime. Já que foi rejeitado, tive de me basear no que os outros dizem sobre ele. Falei com amigos, namoradas, membros da família, colegas de sala, colegas de trabalho e ex-companheiros políticos. Li o que ele próprio escreveu, no manifesto, na internet e em cartas. Além disso, ouvi o que disse durante o julgamento e li o que escreveu em cartas e reclamações depois.

Muitos daqueles que lhe eram próximos se recusaram a falar. Alguns desligaram na minha cara. Outros responderam:

— Não tem mais nada a ver comigo. Já virei a página.

Eu, no entanto, não havia virado a página, e, aos poucos, achei pessoas dispostas a falar. Entre elas, pouquíssimas são identificadas por nome no livro. É como se o fato de tê-lo conhecido estigmatizasse a pessoa. Não obstante, várias pessoas forneceram observações importantes para compreender como Anders Behring Breivik era na infância, na juventude e na idade adulta. Os retratados no capítulo sobre o período de pichação aparecem com seus nomes autênticos de pichador e, portanto, serão conhecidos em seu meio. No capítulo sobre o Partido Progressista, ninguém exigiu que sua identidade fosse escondida. Dei nomes novos a dois parceiros de negócios e dois amigos de infância.

Durante um ano, tentei conseguir uma entrevista com Wenche Behring Breivik, mas a resposta sempre foi a mesma: não. Por meio de suas amigas fiquei sabendo, em março de 2013, que o câncer havia passado à última fase. Então liguei novamente para sua advogada Ragnhild Torgersen. Ela conversaria com sua cliente mais uma vez. Torgersen me ligou de volta:

— Você pode vir até meu escritório amanhã?

Eu poderia ver Wenche Behring Breivik desde que ela mesma e a advogada tivessem a oportunidade de ler a entrevista depois. Conforme o acordo, se Wenche Behring Breivik não estivesse em condições de ler por conta própria, sua advogada o faria. E foi o que ela fez, aprovando o uso da entrevista. Torgersen também estava presente durante a conversa, que nós duas gravamos. Parte da entrevista consta como uma série de perguntas e respostas no final do livro, outras partes foram usadas nos capítulos da infância.

Diversas vezes solicitei também um encontro com Jens David Breivik, o pai do autor do crime, mas ele não quis se expor. Consequentemente, tive de escrever sobre ele com base no que outras pessoas me contaram. Somente quando lhe enviei a íntegra do que havia escrito sobre ele, consegui iniciar um diálogo, tendo ele corrigido as partes que achava erradas e me dado novas informações.

Quanto à infância de Anders Behring Breivik, recebi informações extremamente importantes através dos relatórios do Centro Nacional de Psiquiatria Infantojuvenil. Também falei com profissionais que o observaram naquele período. Segundo minha avaliação, este caso é de tão grande interesse público que justifica a busca de informações em relatórios sujeitos à confidencialidade profissional.

Além disso, os relatórios dos peritos psiquiátricos do processo judicial, Synne Sørheim e Torgeir Husby, e Terje Tørrissen e Agnar Aspaas, foram uma grande ajuda. As descrições das entrevistas entre eles e Breivik se baseiam em seus relatórios. Partes dessa narrativa foram publicadas na mídia, enquanto eu trabalhei com as versões não censuradas.

Também usei os interrogatórios policiais do processo. Entre outros, tive acesso a dezenas de milhares de páginas com interrogatórios, provas e documentos de base. Em alguns contextos, usei citações diretas. Isso se aplica aos que foram feitos com o autor do crime em Utøya e na sede da Polícia, e à inquirição da mãe como testemunha, durante o transporte e, mais tarde, na sede da Polícia, na noite de 22 de julho. Optei por usar documentos que não são acessíveis ao público, pois considero a elucidação do ato de terrorismo tão importante que isso se justifica.

Ainda fiz uso dos documentos policiais referentes às inquirições de pessoas que conheciam Breivik. Nesses casos não citei nomes. Ademais, os interrogatórios policiais geralmente são usados como fonte de informações ou para conferir os fatos da vida do autor do crime.

Em agosto de 2012, a Comissão do 22 de julho apresentou seu relatório, que me serviu de apoio para a sequência de acontecimentos durante a ação terrorista. Os horários naquele dia foram conferidos com o relatório da Comissão. Deste, também citei a ligação de Andreas Olsen e as conversas entre a Kripos e a chefe de operações sobre a emissão de um alerta nacional, além do próprio telefonema de Breivik de Utøya.

Usei ainda o relatório para especificar as datas das compras de armas, roupas, produtos químicos e fertilizantes feitas por Breivik.

Para mapear a sequência de eventos em 22 de julho, tive boa ajuda do livro de Kjetil Stormark, *Da terroren rammet Norge* [Quando o terrorismo atingiu a Noruega]. Quanto aos e-mails enviados por Breivik, citei o livro *Massemorderens private e-poster* [A correspondência eletrônica do assassino em massa], do mesmo autor. Stormark também contribuiu com bons conselhos.

A cena em que o advogado Geir Lippestad recebe o telefonema da polícia, em 23 de julho, e aquela em que Breivik o encontra na prisão de Ila na antevéspera do Natal de 2011 foram tiradas do livro do próprio advogado, *Det vi kan stå for* [O que podemos defender]. Os rituais de iniciação da maçonaria foram extraídos do livro *Frimurernes hemmeligheter* [Os segredos dos maçons], de Roger Karsten Aase. As citações de Carl I. Hagen vêm do livro *Profet i eget land — historien om Carl I. Hagen* [Profeta na própria terra — a história de Carl I. Hagen], de Elisabeth Skarsbø Moen. A história sobre Monica Bøsei e Utøya foi tirada de *Utøya — en biografi* [Utøya — uma biografia], escrita por Jo Stein Moen e Trond Giske.

Outros livros e revistas que forneceram informações úteis de contexto, mas de que não há citações diretas, constam da bibliografia.

O caso de terrorismo recebeu ampla cobertura pela imprensa norueguesa. Muitos artigos foram importantes para minha obra. Além disso, consultei frequentemente os relatórios do julgamento do jornal *VG*, da televisão estatal NRK e da NTB, a Agência de Notícias da Noruega. As informações sobre Natascha provêm do jornal *Dagbladet*, enquanto a reclamação de Breivik à Administração Penitenciária é do jornal *VG*.

O diário usado nos capítulos *Veneno* e *O diário de bordo do químico* provém do manifesto de Breivik. As datas foram verificadas pela investigação da polícia e são consideradas corretas. Sua descrição da fabricação da bomba também foi analisada pela polícia, e é provável que ela tenha sido feita assim como ele descreveu.

Os detalhes do apartamento da Hoffsveien, nº 18 basearam-se em fotos e numa vistoria feita no local no verão de 2013. As descrições da área dos atores nos bastidores da sala de audiências 250 fundamentam-se numa visita feita em outubro de 2013.

As entrevistas com Jens Stoltenberg foram realizadas em três ocasiões: a primeira, logo depois do ataque terrorista, por ocasião da matéria da revista *Newsweek*; a última, em julho de 2013, no dia seguinte ao segundo aniversário dos atentados terroristas.

A entrevista com Gro Harlem Brundtland sobre seu tempo como primeira-ministra e sobre o 22 de julho ocorreu em fevereiro de 2013.

O formato do presente livro foi encontrado em estreita colaboração com minhas editoras, Cathrine Sandnes e Tuva Ørbeck Sørheim. Muito obrigada por todas as dicas, conversas e correções. Nunca teria conseguido sozinha.

Para a pesquisa, recebi ajuda valiosa de Tore Marius Løiten, e, assim como em todos os meus livros anteriores, gostaria de agradecer aos meus pais, Frøydis Guldahl e Dag Seierstad, que, além de serem peritos em regras de pontuação, são meus leitores mais rigorosos.

Um de nós é um livro sobre a sensação de pertencer. E é um livro sobre a comunhão. Os três amigos de Troms tinham claras referências de um *lar*, tanto geograficamente, como politicamente e em suas famílias. Bano pertencia a um só tempo ao Curdistão e à Noruega. Seu desejo mais forte era se tornar "uma de nós". As duas variantes da língua norueguesa, o traje típico, a história local de Nesodden. Não havia atalhos.

Um de nós é também um livro sobre a busca de comunhão sem êxito. No fim, o terrorista optou por deixar a comunidade e atacá-la da forma mais brutal possível.

Ao trabalhar com o livro, percebi que também é uma *narrativa sobre a Noruega*. Uma história contemporânea sobre nós.

A todos vocês que falaram comigo, escreveram para mim ou leram: fizemos este livro juntos.

Por meio do livro, desejo dar algo de volta à comunidade de onde ele saiu. Todos os royalties da publicação na Noruega serão destinados, em sua integridade, à Fundação En Av Oss. De acordo com os estatutos da fundação, as verbas podem ser alocadas para um amplo espectro de projeto em âmbito nacional ou internacional, dentro das áreas de desenvolvimento, educação, esporte, cultura e meio ambiente.

Resolvi deixar a critério das pessoas que mais contribuíram para o livro a decisão sobre quais projetos receberão apoio.

Acho que isso seria compatível com o espírito de seus filhos. Muito obrigada por tudo que compartilharam.

Oslo, 26 de outubro de 2013
Åsne Seierstad

Bibliografia

Aase, Roger Karsten. *Frimurernes hemmeligheter — fortalt fra innsiden.* Kagge Forlag: Oslo, 2009.

Arendt, Hannah. *Eichmann i Jerusalem — en rapport om ondskapens banalitet.* Gyldendal Forlag: Copenhague, 1992.

Borchgrevink, Aage Storm. *En norsk tragedie — Anders Behring Breivik og veiene til Utøya.* Gyldendal Forlag: Oslo, 2012.

Bromark, Stian. *Selv om sola ikke skinner — et portrett av 22. juli.* Cappelen Damm: Oslo, 2012.

Cullen, Dave. *Columbine.* Hachette Book Group: Nova York, 2009.

Flatland, Erika. *Året uten sommer.* Kagge Forlag: Oslo, 2012.

Griffin, Roger: *Terrorist's Creed — Fanatical Violence and the Human Need for Meaning.* Palgrave Macmillan: Hampshire, 2012.

Holen, Øyvind. *HipHop-hoder — fra beat street til bygde-rap.* Spartacus Forlag: Oslo, 2005.

Holen, Øyvind/Noguchi, Michael. *HIPHOP — Grafitti, Rap, Breaking og DJ-ing.* Cappelen Damm: Oslo, 2009.

Hverven Tom Egil/Malling, Sverre. *Terrorens ansikt — skisser fra 22. juli-rettssaken.* Flamme Forlag: Oslo, 2013.

Høigård, Cecilie. *Gategallerier.* Pax Forlag: Oslo, 2007.

Indregard, Sigve (ed.). *Motgift — akademisk respons på den nye høyreekstremismen.* Flamme Forlag/Forlaget Manifest: Oslo, 2012.

Jupskås, Anders Ravik. *Ekstreme Europa — ideologi, årsaker og konsekvenser.* Cappelen Damm: Oslo, 2012.

Juvet, Bjørn/Juvet, Aase Margrethe. *Med livet som innsats — historien om en red-ningsaksjon på Utøya*. Gyldendal Forlag: Oslo, 2012.

Kjelstadli, Knut (ed.). *Norsk innvandringshistorie. Vol. 1 a 3*. Pax Forlag: Oslo, 2003.

Koranen, tradução do Alcorão para o norueguês por Einar Berg. Universitetsforlaget: Oslo, 1989.

Lahlum, Hans Olav. *Et kvart liv — Håvard Vederhus 1989-2011*. Cappelen Damm: Oslo, 2013.

Lippestad, Geir. *Det vi kan stå for*. Aschehoug Forlag: Oslo, 2013.

Moen, Elisabeth Skarsbø. *Profet i eget land — historien om Carl I. Hagen*. Gyldendal Forlag: Oslo, 2006.

Moen, Jo Stein/Giske, Trond. *Utøya — en biografi*. Gyldendal Forlag: Oslo, 2012.

Moi, Toril. *Stemmer. Språk og oppmerksomhet*. Aschehoug Forlag: Oslo, 2013.

Pracon, Adrian/Solheim, Erik Møller. *Hjertet mot steinen — en overlevendes beretning fra Utøya*. Cappelen Damm: Oslo, 2012.

Schau, Kristopher. *Rettsnotater 22. juli-rettssaken*. No Comprendo Press: Oslo, 2012.

Steen, Rune Berglund. *Svartebok over norsk asylpolitikk*. Forlaget Manifest: Oslo, 2012.

Stormark, Kjetil. *Da terroren rammet Norge*. Kagge Forlag: Oslo, 2011.

_____.*Massemorderens private e-poster*. Spartacus Forlag: Oslo, 2012.

Strømmen, Øyvind. *Det mørke nettet — Om høyreekstremisme, kontrajihadisme og terror i Europa*. Cappelen Damm: Oslo, 2011.

Sætre, Simen. *Fjordman — portrett av en antiislamist*. Cappelen Damm: Oslo, 2012.

Sørensen Øystein/Hagtvet, Bernt/Steine, Bjørn Arne (ed.). *Høyreekstremisme — ideer og bevegelser i Europa*. Dreyer Forlag: Oslo, 2012.

Viksveen, Thor. *Jens Stoltenberg — et portrett*. Pax Forlag: Oslo, 2011.

Østerud, Svein (ed.). *22. juli — Forstå — forklare — forebygge*. Abstrakt Forlag: Oslo, 2012.

Østli, Kjetil Stensvik. *Rettferdighet er bare et ord — 22. juli og rettssaken mot Anders Behring Breivik*. Cappelen Damm: Oslo, 2013.

Artigos

Genocide in Iraq — The Anfal campaign against the Kurds. A Middle East Watch Report. Human Rights Watch, Nova York. 1993.

Knausgård, Karl Ove. "Det monofone mennesket". *Samtiden 3*, 2012.

Moi, Toril. "Markedslogikk og kulturkritikk — Om Breivik og ubehaget i den postmoderne kulturen". *Samtiden 3*, 2012.

Vanebo, Ove. "Det etablerte Fremskrittspartiet". *Samtiden 1*, 2013.

Outras fontes

Arquivos da Província de Troms, relatórios e atas, Conselho Juvenil da Província 2008-2011.

Breivik, Anders Behring. *2083. A European Declaration of Independence*, 2011.

Relatório de experiências, o trabalho do Tribunal no processo de 22 de julho, Tribunal de Justiça de Oslo, 2013.

Relatório da Comissão de 22 de julho, Relatórios Públicos Norugueses, 1012:14.

Sørheim, Synne e Husby, Torgeir: Parecer psiquiátrico forense apresentado ao Tribunal de Justiça de Oslo em 29.11.2011.

Tørrissen, Terje e Aspaas, Agnar: Parecer psiquiátrico forense apresentado ao Tribunal de Justiça de Oslo em 10.04.2011.

https://www.ssb.no/statistikkbanken/SelectVarVal/Define.asp?MainTable=InnUt Net&KortNavnWeb=innvutv&PLanguage=0&checked=true

Este livro foi composto na tipologia Minion Pro,
Regular, em corpo 11,5/16, e impresso em
papel off-white no Sistema Cameron
da Divisão Gráfica da Distribuidora Record.